Second Edition

FORME
et FOND

Textes littéraires pour l'étude de la langue

L. C. Breunig   André Mesnard

Helen M. Carlson   Renée Geen

MACMILLAN PUBLISHING CO., INC.
New York

COLLIER MACMILLAN PUBLISHERS
London

Macmillan Publishing Co., Inc.
866 Third Avenue, New York, New York 10022

Collier Macmillan Canada, Ltd.

Earlier edition copyright © 1964 by Macmillan Publishing Co., Inc.

ISBN 0-02-314240-5

Library of Congress Catalog Card Number: 80-80826

PRINTING   3456789   YEAR   3456789

Printed in the United States of America

ACKNOWLEDGMENTS

DOUBLEDAY & COMPANY, INC., for permission to reprint an extract from "The Animals Sick of the Pest." From *A Hundred Fables from LaFontaine* translated by Philip Wayne. Copyright © 1961 by Philip Wayne. Reprinted by permission of Doubleday & Company, Inc.

THE VIKING PRESS, INC., for permission to reprint an extract from "The Animals Sick of the Plague." From *The Fables of La Fontaine* translated by Marianne Moore. Copyright 1954 by Marianne Moore. Reprinted by permission of The Viking Press, Inc.

FABER AND FABER LTD. for permission to reprint an extract from "The Animals Sick of the Plague." From *Selected Fables of La Fontaine* by Marianne Moore. Reprinted by permission of Faber and Faber Ltd.

LIBRAIRIE HACHETTE for permission to reprint an extract from *L'Art de lire* by Emile Faguet. © Librairie Hachette, Editeur, Paris, 1911.

HARCOURT BRACE JOVANOVICH, INC., for permission to reprint "L'Invitation au Voyage." From *Things of This World* by Richard Wilbur. Copyright © 1956 by Richard Wilbur.

WARNER BROS. INC. for permission to reprint the lyrics of "La Vie en rose." Copyright © 1947 Editions Arpège; © 1950 Warner Bros. Inc. Copyrights renewed. All rights reserved. Used by permission.

EDITIONS GALLIMARD for permission to reprint: An extract from an essay in *Variété* and six lines of the extract "Le cimetière marin" from *Charmes*, both by Paul Valéry. The extract "Mouillé" from *Les animaux et leurs hommes—Les hommes et leurs animaux* by Paul Eluard. Ten lines of the extract "La chanson du mal-aimé" from *Alcools* by Guillaume Apollinaire. All, © Editions Gallimard.

Première Partie

LECTURES ET EXERCICES

Pour apprendre à lire, il faut d'abord lire très lentement et ensuite il faut lire très lentement et, toujours, jusqu'au dernier livre qui aura l'honneur d'être lu par vous, il faudra lire très lentement. . . . Même sans dessein d'écrire soi-même, il faut lire avec lenteur, quoi que ce soit, en se demandant toujours si l'on a bien compris et si l'idée que vous venez de recevoir est bien celle de l'auteur et non la vôtre. "Est-ce bien cela?" doit être la question continuelle que le lecteur se fait à lui-même.

Vous me direz qu'il y a des livres qui ne peuvent pas être lus lentement, qui ne supportent pas la lecture lente. Il y en a, en effet; mais ce sont ceux-là qu'il ne faut pas lire du tout. Premier bienfait de la lecture lente: elle fait le départ, du premier coup, entre le livre à lire et le livre qui n'est fait que pour n'être pas lu.

Lire lentement, c'est le premier principe et qui s'applique absolument à toute lecture. C'est l'art de lire comme en essence.

Y en a-t-il d'autres? Oui; mais dont aucun ne s'applique à tous les livres indistinctement. En dehors de "lire lentement", il n'y a pas un art de lire, il y a des arts de lire et très différents selon les différents ouvrages. . . .

Emile Faguet, L'Art de lire

To the memory of
Helen M. Carlson
1908–1965

Preface

"C'est dans les bons auteurs qu'il faut chercher la connaissance des langues." This simple statement, which appeared in the statutes of the Université de Paris in 1600, is no less true today. The texts which we present, by fourteen masters of French literature from Pascal to Valéry, are not intended for an introductory course in literature, but as a basis for language study. If literature is indeed "the significant use of language," does it not follow that one of the most effective ways in which the student can master the language itself is by coming to grips with its literary masterpieces? It seems most appropriate in the courses where the stress is necessarily upon the language that great writers should be studied, not as representatives of periods of French civilization, but as superior artists who have made the best possible use of the instrument which the students themselves are handling.

Experimental versions of this text have been used for the last several years at Barnard College in a course designed to bring students of varying backgrounds and skills up to a standard where they can intelligently approach the study of French literature. The integrated course consists of fourteen units of work, each of which is made up of the following elements: literary texts, questions on the texts, exercises based on the readings and referring to the reference grammar, and laboratory exercises specifically based upon the readings and exercises of that unit.

The present book contains the following material:

(*a*) Literary texts brief enough to be studied intensively. In selecting these passages we have tried to illustrate a wide variety of styles and genres. Since it would have been impossible and inappropriate to present a complete compilation, we have arranged the texts, not according to genres, but chronologically over the four centuries.

(*b*) Questions on the texts. These are designed to test the student's comprehension of the details of each text and to emphasize for him the close connection between style and content, between *forme* and *fond*.

(*c*) Exercises based on the reading just completed. These contain grammar review, idiom study, verb drill, vocabulary building, and compositions, all of them integrated with the literary texts. The exercises of the fourteen units provide a thorough grammar review, arranged according to the salient grammatical difficulties occurring in the reading selections of each chapter. (The superlative, for example, is studied in connection with Mme de Sévigné's letter on the marriage of the Duc de Lauzun.) A review of points closely related to texts that have just been studied has the advantage of impressing these points more deeply on the students' minds. Occasional exercises in translation from the French are included in order to challenge the easy acceptance of vague and approximate readings of the texts. This test of accuracy and subtlety of comprehension also serves to initiate the student into the *art* of translation, one of the pleasures and benefits of language study.

(*d*) The reference grammar, which presents in French a detailed set of rules of French grammar and usage, arranged according to the parts of speech. Before beginning each grammar exercise the student is asked to study carefully relevant sections of the grammar. The sentences illustrating each rule are, wherever appropriate, drawn directly from the texts of the fourteen chapters. Thus the principle of integration which inspired the preparation of the textbook is completed in the reference grammar which follows it.

The student manual for the laboratory exercises is presented in a separate book of *Exercices de laboratoire,* which are recorded on magnetic tapes. Each exercise is based upon a brief excerpt from a text in the chapter just completed in class. The student in the laboratory is asked to repeat the passage, line by line after the voice on the tape; the passage then serves as a basis for a series of oral exercises in pronunciation, grammar review, vocabulary building, and literary analysis. At the end of the hour the student is requested to memorize the selection or a part of it. In addition, each of the laboratory lessons contains one written exercise (dictation, oral comprehension tests, etc.), which is to be forwarded from the laboratory to the student's instructor for grading.

Both the manual of *Exercices de laboratoire* and the tapes are available separately, and it is strongly recommended that they be used in conjunction with the present book. However, the book can, if necessary, constitute a complete course in itself for those who do not want to include laboratory work.

Since the authors wish to require students at this level to use not only a good French-English dictionary but more particularly a recent edition of an all-French dictionary, such as the *Petit Larousse*, no glossary is included.

We wish to express our gratitude to Professor Tatiana Greene, Professor Elizabeth Czoniczer, and other colleagues of the French Department of Barnard College who have taught the experimental versions of this text, and to Professor Renée Kohn for her critical reading of the manuscript. We owe a special debt to Professor Jeanne Varney Pleasants of Columbia University for her encouragement in the use of literary texts for the language laboratory, to Miss Elizabeth Blake for her generous assistance in the preparation of the laboratory exercises, and to Professor Michael Riffaterre of Columbia University and Miss Jacqueline Desrez for their services in the recording of the laboratory tapes. We also express our thanks to Miss Victoria Rippere (Barnard class of 1965) for the preparation of the map which accompanies *Un Cœur simple,* and to Miss Mary Ringwald for her invaluable assistance in the preparation of the manuals from which this text grew.

L. C. Breunig
André Mesnard
Helen M. Carlson
Renée Geen

Table des Matières

LECTURES ET EXERCICES   *Première Partie*

GRAMMAIRE FRANÇAISE   *Deuxième Partie*

Chapitre I

« A »

PASCAL (1623–1662)—*Pensées*

Blaise Pascal, mathématicien, physicien, et l'un des plus grands penseurs du XVIIe siècle, mourut avant d'avoir terminé une Apologie de la religion chrétienne. *Les notes pour cet ouvrage ont été publiées après sa mort sous le titre de* Pensées. *En s'adressant à "l'honnête homme" de son siècle Pascal essaye de l'éveiller de sa torpeur, de lui faire comprendre qu'il existe une contradiction fondamentale entre sa "misère" et sa "grandeur". Pascal a donc perfectionné un style qu'il appelle "l'art de persuader" ou "l'éloquence". Il cherche non seulement à convaincre la raison de son lecteur par la force rigoureuse de sa logique mais encore à l'émouvoir en touchant son imagination et sa sensibilité. Car, disait-il, "le cœur a ses raisons que la raison ne connaît point".*

Voici deux extraits des Pensées.

Disproportion de l'homme. . . . Que l'homme contemple donc la nature entière dans sa haute et pleine majesté; qu'il éloigne sa vue des objets bas [1] qui l'environnent. Qu'il regarde cette éclatante lumière, mise comme une lampe éternelle pour éclairer l'univers; que la terre lui paraisse comme un point au prix du [2] vaste tour que cet astre décrit, et 5 qu'il s'étonne de ce que ce vaste tour lui-même n'est qu'une pointe très délicate [3] à l'égard de celui que les astres qui roulent dans le firmament embrassent. Mais si notre vue s'arrête là, que l'imagination passe outre; elle se lassera plutôt de concevoir, que la nature de fournir. Tout ce monde visible n'est qu'un trait imperceptible dans l'ample sein de la nature. Nulle 10 idée n'en approche. Nous avons beau enfler nos conceptions au delà des

[1] **bas**: terrestres. [2] **au prix de**: en comparaison de. [3] **délicate**: fine.

3

espaces imaginables, nous n'enfantons que des atomes, au prix de la
réalité des choses. C'est une sphère infinie dont le centre est partout, la .
circonférence nulle part. Enfin c'est le plus grand caractère sensible [4] de
la toute-puissance de Dieu, que notre imagination se perde dans cette 15
pensée.

Que l'homme, étant revenu à soi, considère ce qu'il est au prix de ce
qui est; qu'il se regarde comme égaré dans ce canton [5] détourné de la
nature; et que, de ce petit cachot où il se trouve logé, j'entends l'univers,
il apprenne à estimer la terre, les royaumes, les villes et soi-même son [6] 20
juste prix. Qu'est-ce qu'un homme dans l'infini?

Mais pour lui présenter un autre prodige aussi étonnant, qu'il recherche dans ce qu'il connaît les choses les plus délicates; qu'un ciron [7]
lui offre, dans la petitesse de son corps, des parties incomparablement plus
petites, des jambes avec des jointures, des veines dans ses jambes, du sang 25
dans ses veines, des humeurs [8] dans ce sang, des gouttes dans ses humeurs,
des vapeurs dans ces gouttes; que, divisant encore ces dernières choses, il
épuise ses forces en ces conceptions, et que le dernier objet où il peut
arriver soit maintenant celui de notre discours; il pensera peut-être que
c'est là l'extrême petitesse de la nature. Je veux lui faire voir là-dedans un 30
abîme nouveau. Je lui veux peindre [9] non seulement l'univers visible, mais
l'immensité qu'on peut concevoir de la nature, dans l'enceinte de ce
raccourci d'atome. Qu'il y voie une infinité d'univers, dont chacun a son
firmament, ses planètes, sa terre, en la même proportion que le monde
visible; dans cette terre, des animaux, et enfin des cirons, dans lesquels il 35
retrouvera ce que les premiers ont donné; et trouvant encore dans les
autres la même chose, sans fin et sans repos, qu'il se perde dans ces
merveilles, aussi étonnantes dans leur petitesse que les autres par leur
étendue; car qui n'admirera [10] que notre corps, qui tantôt n'était pas per-
ceptible dans l'univers, imperceptible lui-même dans le sein du tout, soit à 40
présent un colosse, un monde, ou plutôt un tout, à l'égard du néant où l'on
ne peut arriver?

Qui se considérera de la sorte s'effrayera de soi-même, et, se con-
sidérant soutenu dans la masse que la nature lui a donnée entre ces deux
abîmes de l'infini et du néant, il tremblera dans la vue de ces merveilles; 45
et je crois que, sa curiosité se changeant en admiration, il sera plus dis-
posé à les contempler en silence qu'à les rechercher avec présomption.

Car enfin qu'est-ce que l'homme dans la nature? Un néant à l'égard
de l'infini, un tout à l'égard du néant, un milieu entre rien et tout. Infini-

---

[4] **sensible:** qui ne peut échapper aux sens.   [5] **canton:** coin.   [6] **son:** au lieu de *leur,*
parce qu'il se rapporte à l'idée contenue dans l'énumération.   [7] **ciron:** le plus petit
des animaux visibles à l'œil nu.   [8] **humeurs:** substances liquides.   [9] **Je lui veux
peindre:** en français moderne, on écrirait: *Je veux lui peindre.* Au XVIIᵉ siècle, et
moins fréquemment aux siècles suivants, le pronom personnel précédait le verbe
auxiliaire plutôt que l'infinitif.   [10] **admirera:** verra avec étonnement.

ment éloigné de comprendre [11] les extrêmes, la fin des choses et leur 50
principe sont pour lui invinciblement cachés dans un secret impénétrable,
également incapable de voir le néant d'où il est tiré, et l'infini où il est
englouti. . . .

*   *   *

L'homme n'est qu'un roseau, le plus faible de la nature; mais c'est
un roseau pensant. Il ne faut pas que l'univers entier s'arme pour 55
l'écraser: une vapeur, une goutte d'eau, suffit pour le tuer. Mais, quand
l'univers l'écraserait,[12] l'homme serait encore [13] plus noble que ce qui le tue,
puisqu'il sait qu'il meurt, et l'avantage que l'univers a sur lui, l'univers
n'en sait rien.

Toute notre dignité consiste donc en la pensée. C'est de là qu'il faut 60
nous relever [14] et non de l'espace et de la durée, que nous ne saurions rem-
plir. Travaillons donc à bien penser; voilà le principe de la morale.

QUESTIONS

Disproportion de l'homme

1. Quelle phrase de Pascal résume le mieux l'idée principale de ce passage?
2. Ce texte est souvent intitulé "les deux infinis". Quels sont ces deux infinis?
3. Caractérisez le mouvement du premier paragraphe. Par quelles étapes
l'auteur passe-t-il de la "vue des objets bas" à celle d' "une sphère infinie"?
4. Notez la série des verbes au subjonctif. Pourquoi Pascal a-t-il employé
ce mode de préférence à l'impératif?
5. Quelle est la fonction du deuxième paragraphe dans l'ensemble du
morceau?
6. Caractérisez le mouvement du troisième paragraphe et montrez en quoi
il ressemble à celui du premier tout en s'y opposant.
7. Notez comment le quatrième paragraphe, en reprenant le thème des
paragraphes précédents, cherche à éveiller l'inquiétude du lecteur. Quels sont
les termes qui expriment cette inquiétude?
8. Le quatrième paragraphe vous semble-t-il opposer l'esprit religieux à
l'esprit scientifique? Justifiez votre réponse.
9. Au cinquième paragraphe relevez les termes qui par leur opposition
font ressortir la position de l'homme dans la nature.

Le roseau pensant

10. Pourquoi l'image du "roseau pensant" résume-t-elle l'idée de ce passage? Notez les termes qui font ressortir la faiblesse de l'homme et ceux qui
expriment sa grandeur.
11. A quoi se rapporte le pronom en dans: "l'univers n'en sait rien"?
12. Relevez et expliquez l'importance des conjonctions: mais, au premier
paragraphe, et donc, au dernier.

[11] **comprendre:** embrasser avec l'esprit. [12] **quand l'univers l'écraserait:** même si
l'univers l'écrasait. [13] **encore:** même dans ce cas. [14] **C'est de là qu'il faut nous
relever:** c'est-à-dire que c'est notre pensée qui sera le principe de notre noblesse.

« B »

MADAME DE SEVIGNE (1626–1696)—*Lettres*

Marie de Rabutin-Chantal, marquise de Sévigné, fréquenta la société mondaine de Paris et la cour de Louis XIV, qu'elle décrivit dans des lettres à sa fille et à ses amis de province. Nous avons de Mme de Sévigné environ 1500 lettres, qui sont des chefs-d'œuvre du genre épistolaire. Ce genre exige un style qui donne l'impression de la spontanéité, puisqu'une lettre est une sorte de "conversation à distance" dans laquelle l'auteur révèle un esprit agile, de l'enjouement, de la sensibilité et surtout le don de se mettre à la place de celui à qui il écrit.

La lettre que vous allez lire est adressée au cousin de Mme de Sévigné, M. de Coulanges, qui habitait Lyon.

A Paris, ce lundi 15 décembre, 1670

Je m'en vais vous mander la chose la plus étonnante, la plus surprenante, la plus merveilleuse, la plus miraculeuse, la plus triomphante, la plus étourdissante, la plus inouïe, la plus singulière, la plus extraordinaire, la plus incroyable, la plus imprévue, la plus grande, la plus 5 petite, la plus rare, la plus commune, la plus éclatante, la plus secrète jusqu'aujourd'hui, la plus brillante, la plus digne d'envie: enfin une chose dont on ne trouve qu'un exemple [1] dans les siècles passés, encore cet exemple n'est-il pas juste; une chose que l'on ne peut pas croire à Paris (comment la pourrait-on croire à Lyon?); une chose qui fait crier miséri- 10 corde à tout le monde; une chose qui comble de joie Mme de Rohan et Mme d'Hauterive; [2] une chose enfin qui se fera dimanche, où ceux qui la verront croiront avoir la berlue; une chose qui se fera dimanche, et qui ne sera peut-être pas faite lundi. [3] Je ne puis me résoudre à la dire; devinez-la: je vous le donne en trois. Jetez-vous votre langue aux chiens? [4] Eh bien! 15 il faut donc vous la dire: M. de Lauzun [5] épouse dimanche au Louvre, devinez qui? Je vous le donne en quatre, je vous le donne en dix; je vous le donne en cent. Mme de Coulanges dit: Voilà qui est bien difficile à deviner; c'est Mme de La Vallière. [6] Point du tout, Madame. — C'est donc

[1] **un exemple:** peut-être celui de la veuve de Louis XII qui se remaria avec le duc de Suffolk.   [2] **Mme de Rohan et Mme d'Hauterive:** ces deux grandes dames avaient épousé de simples gentilhommes.   [3] **qui ne sera peut-être pas faite lundi:** Mme de Sévigné doute encore que ce projet de mariage puisse se réaliser. En effet, le 18 décembre le roi annoncera qu'il va interdire le mariage et en novembre 1671 Lauzun sera emprisonné.   [4] **Jetez-vous votre langue aux chiens?** aujourd'hui on dirait: donnez-vous votre langue aux chats?   [5] **M. de Lauzun:** un simple comte.   [6] **Mme de La Vallière:** maîtresse du roi. Les trois demoiselles qui suivent comptaient parmi les plus beaux partis de la cour.

Mlle de Retz? — Point du tout, vous êtes bien provinciale. — Vraiment 20
nous sommes bien bêtes, dites-vous, c'est Mlle Colbert? — Encore moins.
— C'est assurément Mlle de Créquy? — Vous n'y êtes pas. Il faut donc à la
fin vous le dire: il épouse dimanche, au Louvre, avec la permission du
Roi, Mademoiselle, Mademoiselle de . . . Mademoiselle . . . devinez le
nom: il épouse Mademoiselle, ma foi! par ma foi!, ma foi jurée! Made- 25
moiselle, la grande Mademoiselle; ⁷ Mademoiselle, fille de feu Monsieur,⁸
Mademoiselle, petite-fille de Henri IV; mademoiselle d'Eu, mademoiselle
de Dombes, mademoiselle de Montpensier, mademoiselle d'Orléans,
Mademoiselle, cousine germaine du Roi; Mademoiselle destinée au trône;
Mademoiselle, le seul parti de France qui fût digne de Monsieur.⁹ Voilà 30
un beau sujet de discourir. Si vous criez, si vous êtes hors de vous-mêmes,
si vous dites que nous avons menti, que cela est faux, qu'on se moque de
vous, que voilà une belle raillerie, que cela est bien fade à imaginer; ¹⁰
si enfin vous nous dites des injures: nous trouverons que vous avez raison;
nous en avons fait autant que vous.   35

Adieu; les lettres qui seront portées par cet ordinaire ¹¹ vous feront
voir si nous disons vrai ou non.

QUESTIONS

1. Combien de fois Mme de Sévigné répète-t-elle le mot *chose* dans la
première phrase? Pourquoi a-t-elle choisi ce mot? Quel est l'effet de la répétition?

2. Dans la liste des superlatifs notez et expliquez les antonymes. Quelle
intention révèlent-ils chez l'auteur?

3. Pourquoi Mme de Sévigné ne peut-elle se résoudre à dire la chose (l. 14)?

4. Par quel moyen excite-t-elle la curiosité de ses lecteurs dans les lignes
qui suivent?

5. Pourquoi nomme-t-elle M. de Lauzun avant de nommer Mademoiselle?

6. Dans le petit dialogue (l. 14–22) identifiez les interlocuteurs.

7. Expliquez le double sens du mot *mademoiselle* et notez l'effet que
l'auteur en tire.

8. Quelles sont les deux constructions répétées dans la syntaxe de la
dernière phrase de ce paragraphe?

9. Quel ton le procédé de la répétition donne-t-il à toute la lettre?

10. Faites un portrait de Mme de Sévigné d'après cette lettre.

11. Commentez cette lettre comme exemple de style épistolaire.

⁷ **la grande Mademoiselle:** "Mademoiselle" (avec majuscule) était, sous l'Ancien
Régime, le titre donné à la fille aînée de Monsieur, frère du roi. La duchesse de
Montpensier, nièce de Louis XIII, fille de Gaston d'Orléans, fut célèbre à l'époque de
Louis XIV sous le nom de "la Grande Mademoiselle". ⁸ **Monsieur:** titre du frère
puîné du roi. Ici il s'applique à Gaston d'Orléans, frère de Louis XIII. A partir de
1660 il fut porté par Philippe d'Orléans, frère de Louis XIV. ⁹ **Monsieur:** voir la
note 8. ¹⁰ **cela est bien fade à imaginer:** Mme de Sévigné veut dire que c'est une
invention sans esprit. ¹¹ **ordinaire:** le courrier ordinaire.

EXERCICES

I. Le subjonctif d'exhortation (c'est-à-dire, la construction: **que** + **le subjonctif dans la proposition indépendante**) [*Voir* Grammaire 8.60–8.61]

A. Dans le passage des *Pensées* intitulé *Disproportion de l'homme*, relevez tous les subjonctifs d'exhortation et dressez-en une liste.

B. En vous fondant sur ces modèles, traduisez les phrases suivantes:

    1. Let there be light.
    2. Don't let me forget.
    3. Let them eat cake.
    4. Let her come.
    5. Let her leave.
    6. Let him be aware of his condition.
    7. Let him live.
    8. Let him die.
    9. Let him answer the question.
    10. Let them guess the answer.

II. L'article [*Voir* Grammaire 2.1–2.12]

A. Ecrivez les phrases suivantes, en remplaçant, si besoin est, les tirets par la forme de l'article qui convient:

    1. Nous n'enfantons que _____ atomes au prix de _____ réalité _____ choses.

    2. C'est _____ sphère infinie dont _____ centre est partout, _____ circonférence nulle part.

    3. C'est _____ plus grand caractère sensible de _____ toute-puissance de _____ Dieu. . . .

    4. . . . (qu') il apprenne à estimer _____ terre, _____ royaumes, _____ villes et soi-même son juste prix.

    5. . . . qu' _____ ciron lui offre dans _____ petitesse de son corps _____ parties incomparablement plus petites, _____ jambes avec _____ jointures, _____ veines dans ses jambes, _____ sang dans ses veines, _____ humeurs dans ce sang, _____ gouttes dans ses humeurs, _____ vapeurs dans ces gouttes. . . .

    6. Je lui veux peindre non seulement _____ univers visible, mais _____ immensité qu'on peut concevoir de _____ nature, dans _____ enceinte de ce raccourci _____ atome.

7. . . . et trouvant encore dans _____ autres _____ même chose sans _____ fin et sans _____ repos. . . .
8. . . . ces deux abîmes de _____ infini et _____ néant. . . .
9. Car enfin qu'est-ce que _____ homme dans _____ nature?
10. . . . voilà _____ principe de _____ morale.

B. Traduisez oralement en anglais les phrases ci-dessus. Soulignez les articles exprimés en français mais omis en anglais.

III. Le superlatif de l'adjectif [Voir Grammaire 5.99–5.102]

A. Relisez le début de la lettre de Mme de Sévigné (lignes 1 à 7).

En employant les mêmes adjectifs, écrivez vous-même la première phrase d'une lettre commençant par

1. Je vais vous annoncer *l'événement*. . . .
2. Je vais vous annoncer *les nouvelles*. . . .
3. Je vais vous annoncer *les événements*. . . .

IV. Le présent et le futur dans la phrase conditionnelle [Voir Grammaire 8.100 note]

A. Relisez les lignes 31–34 dans la lettre de Mme de Sévigné. Indiquez le temps de chaque verbe dans cette phrase.

B. En vous fondant sur ce modèle, traduisez par écrit les phrases suivantes:

1. If people do not believe this in Paris, they will believe it even less in Lyons.
2. If the king gives his permission, they will marry.
3. Mme de Sévigné will be surprised if the marriage takes place.
4. If the Coulanges try to guess the name of the bride, they will be mistaken.
5. If they do not believe Mme de Sévigné, they will be right.

V. Tournures idiomatiques

Ecrivez des phrases, en employant chacune des expressions en italiques:

1. *apprendre à* + l'infinitif
2. *travailler à* + l'infinitif
3. *se lasser de* + l'infinitif
4. *empêcher* quelqu'un *de* + l'infinitif
5. *se moquer de* quelqu'un
6. *y être*
7. *à l'égard de*

10

VI. Révision des verbes: AVOIR, ÊTRE [*Voir* Grammaire **8.140a, c, d; 8.141**]

EXERCICE ORAL

Identifiez les formes suivantes, en indiquant la personne, le nombre, le temps et le mode:

1. fut	8. ont	15. aura
2. auras	9. aurons eu	16. étiez
3. avaient	10. êtes	17. soyons
4. eût	11. fût	18. aviez eu
5. étant	12. ayant	19. serions
6. serai	13. aient	20. aurait été
7. eut	14. as été	21. ayez

VII. Etude de vocabulaire

A. Quelle est la signification du mot **morale** dans la phrase de Pascal: ". . . voilà le principe de *la morale*" et dans l'expression "*la morale d'une fable*"?

Notez aussi le nom *le moral*. Traduisez en anglais les phrases suivantes:

Les bonnes nouvelles ont relevé *le moral* de l'armée.
Le physique influe sur *le moral*.

B. Distinguez entre les verbes en italiques, en traduisant les phrases suivantes:

Ma sœur va *se marier*.
Elle va *épouser* Roger.
Elle va *se marier avec* Roger.
Un père est toujours content de *marier* sa fille.
L'abbé Bernard les *mariera*.

C. Il y a en anglais un grand nombre de mots qui ressemblent aux mots français (mots congénères ou mots apparentés) et qui gardent le même sens dans les deux langues.

EXEMPLES:

fr.		*angl.*
fragile	=	fragile
le mariage	=	marriage
danser	=	to dance

Mais il faut faire attention à certains mots français apparentés à des mots anglais mais qui ont un sens différent et qu'on appelle parfois "faux amis".

EXEMPLES:

	fr.		angl.
1.	décevoir	=	to disappoint
	tromper	=	to deceive
2.	user	=	to wear out
	se servir de	=	to use
3.	actuel	=	of the present
	réel	=	actual

Dans les exemples qui suivent, remplacez les tirets par les mots qui manquent:

	fr.		angl.
1.	sensible	=	_____
	_____	=	sensible
2.	l'injure	=	_____
	_____	=	injury
3.	supporter	=	_____
	_____	=	to support
4.	ignorer	=	_____
	_____	=	to ignore
5.	se défier de	=	_____
	_____	=	to defy

VIII. Thème

Traduisez en français le passage suivant:

It has been said that it is the ambition of authors of "pensées" to put a book into a page, a page into a sentence, and a sentence into a word. This epigrammatic form of expression attracted serious theological moralists like Pascal as well as literary courtiers like La Rochefoucauld, who wished to depict the motives and characters prominent in the brilliant society in which they lived.

Chapitre II

« **A** »

LA ROCHEFOUCAULD (1613–1680)—*Maximes*

François, duc de La Rochefoucauld, déçu dans ses ambitions, renonça à son activité politique et militaire pour fréquenter la société des salons mondains à Paris. Dans le salon de Mme de Sablé on se plaisait, par divertissement, à donner à des réflexions morales la forme de maximes. *Il s'agissait de trouver l'expression la plus concise et la plus frappante d'une observation d'ordre général sur l'homme. Le mot provient de l'expression latine:* sentencia maxima, *sentence très grande (dans le sens de "très générale"). Les 641 maximes de La Rochefoucauld se distinguent par leur ton désabusé et parfois amer et surtout par la rigueur et le laconisme de la forme qui offre des effets piquants de symétrie et de contraste.*

2. L'amour-propre est le plus grand de tous les flatteurs.

19. Nous avons tous assez de force pour supporter les maux d'autrui.

25. Il faut de plus grandes vertus pour soutenir la bonne fortune que la mauvaise.

26. Le soleil ni la mort ne se peuvent regarder fixement. 5

31. Si nous n'avions point de défauts, nous ne prendrions pas tant de plaisir à en remarquer dans les autres.

41. Ceux qui s'appliquent trop aux petites choses deviennent ordinairement incapables des grandes.

49. On n'est jamais si heureux ni si malheureux qu'on s'imagine. 10

56. Pour s'établir dans le monde, on fait tout ce qu'on peut pour y paraître établi.

64. La vérité ne fait pas autant de bien dans le monde que ses apparences y font de mal.

84. Il est plus honteux de se défier de ses amis que d'en être trompé.   15

89. Tout le monde se plaint de sa mémoire, et personne ne se plaint de son jugement.

102. L'esprit est toujours la dupe du cœur.

110. On ne donne rien si libéralement que ses conseils.

119. Nous sommes si accoutumés à nous déguiser aux autres, qu'enfin 20 nous nous déguisons à nous-mêmes.

122. Si nous résistons à nos passions, c'est plus par leur faiblesse que par notre force.

135. On est quelquefois aussi différent de soi-même que des autres.

136. Il y a des gens qui n'auraient jamais été amoureux s'ils n'avaient 25 jamais entendu parler de l'amour.

138. On aime mieux dire du mal de soi-même que de n'en point parler.

149. Le refus de la louange est un désir d'être loué deux fois.

157. La gloire des grands hommes se doit toujours mesurer aux moyens dont ils se sont servis pour l'acquérir.   30

166. Le monde récompense plus souvent les apparences du mérite que le mérite même.

169. Pendant que la paresse et la timidité nous retiennent dans notre devoir, notre vertu en a souvent tout l'honneur.

171. Les vertus se perdent dans l'intérêt, comme les fleuves se perdent 35 dans la mer.

209. Qui vit sans folie n'est pas si sage qu'il croit.

216. La parfaite valeur est de faire sans témoins ce qu'on serait capable de faire devant tout le monde.

218. L'hypocrisie est un hommage que le vice rend à la vertu.   40

250. La véritable éloquence consiste à dire tout ce qu'il faut et à ne dire que ce qu'il faut.

276. L'absence diminue les médiocres passions, et augmente les grandes, comme le vent éteint les bougies et allume le feu.

277. Les femmes croient souvent aimer, encore qu'elles n'aiment pas: 45 l'occupation d'une intrigue, l'émotion d'esprit que donne la galanterie, la pente naturelle au plaisir d'être aimées, et la peine de refuser, leur persuadent qu'elles ont de la passion lorsqu'elles n'ont que de la coquetterie.

303. Quelque bien qu'on nous dise de nous, on ne nous apprend rien de 50 nouveau.

304. Nous pardonnons souvent à ceux qui nous ennuient, mais nous ne pouvons pardonner à ceux que nous ennuyons.

305. L'intérêt, que l'on accuse de tous nos crimes, mérite souvent d'être loué de nos bonnes actions.   55

306. On ne trouve guère d'ingrats tant qu'on est en état de faire du bien.

313. Pourquoi faut-il que nous ayons assez de mémoire pour retenir jusqu'aux moindres particularités de ce qui nous est arrivé, et que nous n'en ayons pas assez pour nous souvenir combien de fois nous les avons contées à une même personne?

324. Il y a dans la jalousie plus d'amour-propre que d'amour.   60

409. Nous aurions souvent honte de nos plus belles actions si le monde voyait tous les motifs qui les produisent.

410. Le plus grand effort de l'amitié n'est pas de montrer nos défauts à un ami, c'est de lui faire voir les siens.

417. En amour, celui qui est guéri le premier est toujours le mieux guéri. 65

QUESTIONS

1. Quels rapports pouvez-vous saisir entre les maximes 2 et 303; 157, 171 et 409; 138 et 149; 277 et 324; 31 et 410; 122 et 169?

2. Notez les antithèses dans les maximes 25, 41, 49, 64, 102, 135, 216, 218, 305 et montrez comment chaque antithèse met en lumière l'idée essentielle de la maxime.

3. Expliquez le sens et la fonction du pronom *en* dans les maximes 31, 84, 138, 169, 313.

4. Distinguez entre les deux formes d'un même verbe dans les maximes 56, 304; montrez comment le changement de forme fait ressortir l'idée essentielle de la maxime.

5. Quel est l'effet de la répétition d'un même mot dans les maximes 89, 119, 136, 166, 250, 417?

6. Notez les deux maximes qui contiennent une comparaison introduite par *comme* et expliquez les termes de la comparaison.

7. Quelle opposition La Rochefoucauld entend-il souligner dans les maximes 19, 31, 306, 313?

8. Justifiez l'analogie entre le soleil et la mort dans la maxime 26.

9. Refaites les maximes 31 et 136 en remplaçant la proposition condition- nelle négative par une proposition affirmative commençant par *parce que*. En quoi la forme conditionnelle est-elle préférable?

10. On a défini la maxime comme "l'expression concise d'une vérité générale d'ordre moral". Selon une autre définition la maxime "doit représenter sous une forme lapidaire une opinion d'ordre psychologique". Laquelle de ces deux définitions trouvez-vous la plus juste dans le cas de La Rochefoucauld? Pour- quoi?

« B »

LA BRUYERE (1645–1696)—*Les Caractères*

Jean de La Bruyère, qui était d'origine bourgeoise, servit de précepteur au duc de Bourbon et resta ensuite comme gentilhomme dans la maison du duc de Condé où il put observer les mœurs de la noblesse à la fin du XVIIe siècle. Il a porté à un haut degré de perfection le genre littéraire du portrait, qui était déjà en vogue dans la société mondaine sous le règne de Louis XIV et qui, comme la maxime, est né du goût de l'observation psychologique, général à cette époque. Dans chacun de ses portraits, La Bruyère est arrivé à peindre un type général et universel sous des traits individualisés et pittoresques. Ces portraits se trouvent dans son unique livre, Les Caractères, qui contient en outre des pensées et des maximes. Voici deux portraits.

Giton [1] a le teint frais, le visage plein et les joues pendantes, l'œil fixe et assuré, les épaules larges, l'estomac [2] haut, la démarche ferme et délibérée; [3] il parle avec confiance, il fait répéter celui qui l'entretient, et il ne goûte que médiocrement tout ce qu'il lui dit; il déploie un ample mouchoir et se mouche avec grand bruit; il crache fort loin et il éternue 5 fort haut; il dort le jour, il dort la nuit, et profondément; il ronfle en compagnie. Il occupe à table et à la promenade plus de place qu'un autre; il tient le milieu en se promenant avec ses égaux, il s'arrête et l'on s'arrête, il continue de marcher et l'on marche: tous se règlent sur lui; il interrompt, il redresse [4] ceux qui ont la parole; on ne l'interrompt pas, on l'écoute aussi 10 longtemps qu'il veut parler, on est de son avis, on croit les nouvelles qu'il débite. S'il s'assied, vous le voyez s'enfoncer dans un fauteuil, croiser les jambes l'une sur l'autre, froncer le sourcil, abaisser son chapeau [5] sur ses yeux pour ne voir personne, ou le relever ensuite et découvrir son front par fierté et par audace. Il est enjoué, grand rieur, impatient, présomptueux, 15 colère, libertin, [6] politique, [7] mystérieux sur les affaires du temps; il se croit des talents et de l'esprit: il est riche.

Phédon a les yeux creux, le teint échauffé, [8] le corps sec et le visage maigre; il dort peu et d'un sommeil fort léger; il est abstrait, [9] rêveur, et il a, avec de l'esprit, l'air d'un stupide; il oublie de dire ce qu'il sait, ou de 20

---

[1] **Giton:** les personnages dans les portraits, comme dans les comédies de Molière, portent d'habitude des noms stylisés d'origine classique. [2] **l'estomac:** la poitrine. [3] **délibérée:** résolue. [4] **redresse:** corrige. [5] **abaisser son chapeau:** on pouvait garder son chapeau dans un salon, sauf devant les dames et devant le roi. [6] **libertin:** libre penseur. [7] **politique:** qui prétend connaître les secrets d'Etat. [8] **échauffé:** marqué de rougeurs et de boutons. [9] **abstrait:** absorbé dans ses pensées.

parler d'événements qui lui sont connus, et, s'il le fait quelquefois, il s'en
tire mal, il croit peser à ceux à qui il parle, il conte brièvement, mais
froidement, il ne se fait pas écouter, il ne fait point rire; il applaudit, il
sourit à ce que les autres lui disent, il est de leur avis; il court, il vole
pour leur rendre de petits services, il est complaisant, flatteur, empressé; 25
il est mystérieux sur ses affaires, quelquefois menteur; il est superstitieux,[10] scrupuleux, timide; il marche doucement et légèrement, il
semble craindre de fouler la terre; il marche les yeux baissés et il n'ose les
lever sur ceux qui passent; il n'est jamais du nombre de ceux qui forment
un cercle pour discourir, il se met derrière celui qui parle, recueille 30
furtivement ce qui se dit, et il se retire si on le regarde; il n'occupe point
de lieu, il ne tient point de place; il va les épaules serrées, le chapeau
abaissé sur ses yeux pour n'être point vu, il se replie et se renferme dans
son manteau; il n'y a point de rues ni de galeries si embarrassées [11] et si
remplies de monde où il ne trouve moyen de passer sans effort et de se 35
couler [12] sans être aperçu. Si on le prie de s'asseoir, il se met à peine sur le
bord d'un siège, il parle bas dans la conversation, et il articule mal; libre
néanmoins sur les affaires publiques, chagrin [13] contre le siècle, médiocrement prévenu des [14] ministres et du ministère; il n'ouvre la bouche que
pour répondre; il tousse, il se mouche sous son chapeau, il crache presque 40
sur soi, et il attend qu'il soit seul pour éternuer, ou, si cela lui arrive, c'est
à l'insu de la compagnie, il n'en coûte à personne ni salut ni compliment:
il est pauvre.

QUESTIONS

1. Où se trouvent les deux propositions qui résument la différence entre
Giton et Phédon? Justifiez la place qu'elles occupent.

2. Dans la description physique des deux personnages notez les contrastes
dans les détails suivants: le teint, les yeux, le visage, les épaules.

3. Notez les contrastes dans le comportement des deux hommes: leur
démarche, leur façon de parler, de dormir, de s'asseoir, de se moucher, de
cracher, d'éternuer.

4. Tous deux abaissent leur chapeau sur les yeux. Est-ce dans la même
intention?

5. Tous deux sont "mystérieux". S'agit-il des mêmes mystères?

6. L'auteur écrit que Giton occupe toujours "plus de place qu'un autre".
Quelle phrase dans le portrait de Phédon correspond à celle-ci? Commentez
cette phrase.

7. Expliquez: "Tous se règlent sur lui" (l. 9). Y a-t-il une expression dans
le portrait de Phédon qui corresponde à celle-ci?

8. Quel est, selon vous, le trait de caractère dominant de Giton? De Phédon?
A quoi faut-il attribuer ces traits?

[10] **superstitieux:** consciencieux jusqu'à la superstition.   [11] **embarrassées:** encombrées.
[12] **se couler:** se glisser.   [13] **chagrin:** mécontent.   [14] **prévenu des:** en faveur des.

9. Notez et expliquez l'importance du verbe dans le style de La Bruyère. De l'adjectif.

10. La plupart des phrases dans ce passage se composent de petites propositions indépendantes. Pourquoi?

11. Pourquoi la symétrie entre les deux paragraphes n'est-elle pas parfaite?

EXERCICES

I. Emploi de CE QUI **et** CE QUE [V. Gramm. 4.20–4.21]

EXERCICES ORAUX

A. Analysez l'emploi de **ce qui** et **ce que** dans les maximes de La Rochefoucauld Nᵒˢ 56, 216, 250 et 313.

B. En prenant ces maximes comme modèle, complétez ces autres maximes du même auteur:

1. _____ nous empêche souvent de nous abandonner à un seul vice est que nous en avons plusieurs.

2. _____ fait que la plupart des femmes sont peu touchées de l'amitié, c'est qu'elle est fade quand on a senti de l'amour.

3. On ne souhaite jamais ardemment _____ on ne souhaite que par raison.

4. La petitesse de l'esprit fait l'opiniâtreté: nous ne croyons pas aisément _____ est au-delà de _____ nous voyons.

5. _____ on nomme libéralité n'est le plus souvent que la vanité de donner, que nous aimons mieux que _____ nous donnons.

II. Emploi de CEUX QUI **et** CEUX QUE [V. Gramm. 4.27c]

EXERCICES ORAUX

A. Analysez l'emploi de **ceux qui** et **ceux que,** maximes Nᵒˢ 41 et 304.

B. En prenant ces maximes comme modèle, complétez ces autres maximes de La Rochefoucauld:

1. Tous _____ connaissent leur esprit ne connaissent pas leur cœur.

2. La fortune tourne tout à l'avantage de _____ elle favorise.

3. On ne méprise pas tous _____ ont des vices; mais on méprise tous _____ n'ont aucune vertu.

4. _____ sont incapables de commettre de grands crimes n'en soupçonnent pas facilement les autres.

5. Nous aimons toujours _____ nous admirent, et nous n'aimons pas toujours _____ nous admirons.

III. La phrase conditionnelle [V. Gramm. 8.108]

A. Indiquez les temps des verbes employés dans les maximes Nᵒˢ 31, 136 et 409.

B. En prenant ces maximes comme modèle, traduisez par écrit les phrases suivantes:

1. Some of the maxims would not be so striking if they were less concise.
2. If La Rochefoucauld had not been so lucid, he would not have written such maxims.
3. According to La Rochefoucauld, were we not so proud, we would not complain so much of other people's pride.
4. If La Rochefoucauld had had Pascal's faith, would his maxims have been different?
5. If you were to compare La Rochefoucauld's *Maximes* with Pascal's *Pensées*, which work would you consider more profound?

IV. Emploi de QUELQUE . . . QUE + le subjonctif [V. Gramm. **5.35–5.37; 8.69**]

A. Traduisez en anglais la maxime Nº 303.

B. Lisez à haute voix les maximes de La Rochefoucauld qui suivent, en remplaçant les tirets par les formes de **quelque . . . que** qui conviennent et en mettant le verbe entre parenthèses à la forme voulue:

1. _____ découvertes _____ l'on (*faire*) dans le pays de l'amour-propre, il y reste encore bien des terres inconnues.
2. _____ prétexte _____ nous (*donner*) à nos afflictions, ce n'est souvent que l'intérêt et la vanité qui les causent.
3. _____ méchants _____ (*être*) les hommes, ils n'oseraient paraître ennemis de la vertu. . . .
4. _____ soin _____ l'on (*prendre*) de couvrir ses passions par des apparences de piété et d'honneur, elles paraissent toujours au travers de ces voiles.
5. _____ incertitude et _____ variété *qui* (*paraître*) dans le monde, on y remarque néanmoins un certain enchaînement secret. . . .

V. Emploi de l'article devant les parties du corps [V. Gramm. **5.9–5.13**]

A. EXERCICE ORAL

Dans les portraits de Giton et de Phédon, signalez les articles définis employés là où l'anglais emploierait l'adjectif possessif.

B. En vous fondant sur ces exemples, traduisez les phrases suivantes:

1. His hands are dirty.
2. She has blue eyes and red hair.
3. He shrugged his shoulders.
4. Raise your hand.

5. We close our eyes.
6. Open your mouth.
7. He spoke with a cigarette in his mouth.
8. People are pointing at me.
9. I have a headache and a sore throat.
10. Don't stick out your tongue.

VI. Révision des verbes. La première conjugaison: DONNER, MENER, LEVER, APPELER, JETER, ACHETER, GELER, PRÉFÉRER [V. Gramm. 8.130–8.136]

A. Ecrivez l'infinitif de tous les verbes de la première conjugaison employés dans les portraits de Giton et de Phédon, et soulignez ceux dont l'orthographe change au présent de l'indicatif et du subjonctif, au futur et au conditionnel.

B. EXERCICE ORAL

Faites parler Giton: J'ai le teint frais . . . , etc.

C. EXERCICE ORAL

Adressez-vous à Phédon: Vous avez les yeux creux . . . , etc.

D. Ecrivez au singulier les formes suivantes:

1. Nous achetons	11. Nous nous levons
2. Achetez	12. Vous lèverez
3. Vous jetez	13. Vous vous leviez
4. Nous nous appelons	14. Nous gelons
5. Nous appellerions	15. Nous jetterions
6. Nous appelions	16. Nous préférons
7. Vous appelez	17. Nous préférerons
8. Vous achèterez	18. Répétez
9. Vous menez	19. Nous cédons
10. Vous meniez	20. Vous espérez

VII. Etude de vocabulaire

Dans la formation de mots nouveaux, un procédé très riche consiste à ajouter à un mot déjà existant dans le vocabulaire

soit un *préfixe* (le procédé s'appelle *composition*), soit un *suffixe* (le procédé s'appelle *dérivation*), soit à la fois *un préfixe et un suffixe.*

A. Etudiez l'exemple du verbe régulier **poser,** qui abonde en formes composées et dérivées. S'il y a dans la liste suivante des mots que vous ne savez pas définir en français, consultez le *Petit Larousse illustré* (éd. 1960 et suiv.), où vous trouverez aussi une liste des préfixes et des suffixes.

VERBES COMPOSÉS	MOTS DÉRIVÉS
poser (*infinitif*)	la pose; posé, e; posément; poseur, -euse (*adj.* et *nom*); la position; positif, -ive; positivement; le positivisme; positiviste (*adj.* et *n. masc.*)
apposer	l'apposition
composer	composant, e; le composant; composé, e; le composé; composite; le compositeur, -trice; la composition; le compost; la compote; le compotier
décomposer	décomposable; décomposé, e; la décomposition
déposer	déposant, e (*adj.* et *nom*); le dépositaire; la déposition; le dépôt
disposer	dispos, e; la disposition; disponible; la disponibilité
indisposer	indisposé, e; l'indisposition; indisponible; l'indisponibilité
prédisposer	la prédisposition
entreposer	l'entrepôt
exposer	l'exposant, e; l'exposé; l'exposition
imposer	imposable; imposant, e; imposé, e (*adj.* et *nom*); l'imposition; l'imposteur; l'imposture; l'impôt
interposer	l'interposition
juxtaposer	la juxtaposition
opposer	opposant, e (*adj.* et *nom*); · opposé, e (*adj.* et *nom*); l'opposition
préposer	le préposé, e; prépositif, -ive; prépositivement; la préposition
proposer	le propos (*loc. adv.*: à propos, mal à propos, hors de propos, à tout propos, de propos délibéré), (*loc. prép.*: à propos de); la proposition
reposer	le repos; reposant, e; reposé, e; le reposoir
supposer	supposé, e; la supposition; le suppositoire
superposer	superposable; la superposition
transposer	transposable; transpositeur (*adj.* et *nom masc.*); la transposition

B. EXERCICE ÉCRIT

1. Trouvez des mots dérivés du verbe **parler**.
2. Trouvez des mots dérivés des verbes: **lever, élever, enlever, prélever, relever, soulever.**

3. Définissez en français les verbes: **mener, amener, se démener, emmener, promener, se promener, ramener, surmener.**

4. Trouvez des verbes composés sur **jeter.**

VIII.   Sujet de composition

Faites un portrait à la manière de La Bruyère.

Chapitre III

« A »

LA FONTAINE (1621–1695)—*Fables*

Jean de La Fontaine, poète plein de charme et d'originalité, est connu surtout pour ses Fables. *"Je me sers d'animaux pour instruire les hommes", écrivait-il, en reconnaissant sa dette envers Esope, célèbre fabuliste grec. Mais La Fontaine ne se borne pas à instruire: son génie réside dans un art qui porte la langue française du XVIIe siècle à un sommet de perfection poétique.*

Dès qu'un artiste se met à peindre des animaux il risque, pour les besoins d'un enseignement, de les rendre si peu vraisemblables qu'ils ne sont plus que des hommes légèrement déguisés. A l'autre extrême il peut les peindre si exactement, si objectivement qu'ils finissent par n'intéresser que le zoologue. La Fontaine a évité ces deux écueils. Subordonnant la moralité au récit, il trouve des détails justes qui confèrent à ses animaux une vie personnelle et il mène l'action de telle manière que du récit même se dégagent des vérités profondes sur la conduite des hommes. Son style tour à tour concis, éloquent, lyrique et dramatique, souvent enjoué et malicieux, s'accorde parfaitement à l'action dans toutes ses modulations.

LES ANIMAUX MALADES DE LA PESTE

Un mal qui répand la terreur,
Mal que le Ciel en sa fureur
Inventa pour punir les crimes de la terre,
La Peste (puisqu'il faut l'appeler par son nom),
Capable d'enrichir en un jour l'Achéron,[1]   5
Faisait aux Animaux la guerre.

[1] l'Achéron: fleuve des Enfers, dans la mythologie grecque.

22

Ils ne mouraient pas tous, mais tous étaient frappés:
On n'en voyait point d'occupés
A chercher le soutien d'une mourante vie;
Nul mets n'excitait leur envie; 10
Ni loups ni renards n'épiaient
La douce et l'innocente proie;
Les tourterelles se fuyaient:
Plus d'amour, partant [2] plus de joie.
Le Lion tint conseil, et dit: "Mes chers amis, 15
Je crois que le Ciel a permis
Pour nos péchés cette infortune.
Que le plus coupable de nous
Se sacrifie aux traits du céleste courroux;
Peut-être il obtiendra la guérison commune. 20
L'histoire nous apprend qu'en de tels accidents,[3]
On fait de pareils dévouements.[4]
Ne nous flattons donc point; voyons sans indulgence
L'état de notre conscience.
Pour moi, satisfaisant mes appétits gloutons, 25
J'ai dévoré force [5] moutons.
Que m'avaient-ils fait? Nulle offense;
Même il m'est arrivé quelquefois de manger
Le berger.
Je me dévouerai donc, s'il le faut; mais je pense 30
Qu'il est bon que chacun s'accuse ainsi que moi;
Car on doit souhaiter, selon toute justice,
Que le plus coupable périsse.
—Sire, dit le Renard, vous êtes trop bon roi;
Vos scrupules font voir trop de délicatesse. 35
Eh bien! manger moutons, canaille, sotte espèce,
Est-ce un péché? Non, non. Vous leur fîtes, Seigneur,
En les croquant, beaucoup d'honneur;
Et quant au berger, l'on peut dire
Qu'il était digne de tous maux, 40
Etant de ces gens-là qui sur les animaux
Se font un chimérique empire."
Ainsi dit le Renard; et flatteurs d'applaudir.[6]
On n'osa trop approfondir
Du Tigre, ni de l'Ours, ni des autres puissances, 45
Les moins pardonnables offenses.

---

[2] **partant:** par conséquent.   [3] **accidents:** événements malheureux.   [4] **dévouements:** sacrifices.   [5] **force:** beaucoup de.   [6] **applaudir:** infinitif de narration. Signifie: applaudirent.

Tous les gens querelleurs, jusqu'aux simples mâtins,[7]
Au dire de chacun, étaient de petits saints.
L'Ane vint à son tour, et dit: "J'ai souvenance
      Qu'en un pré de moines passant,   50
La faim, l'occasion, l'herbe tendre, et, je pense,
      Quelque diable aussi me poussant,
Je tondis de ce pré la largeur de ma langue.
Je n'en avais nul droit, puisqu'il faut parler net."
A ces mots, on cria haro [8] sur le Baudet.   55
Un Loup, quelque peu clerc,[9] prouva par sa harangue
Qu'il fallait dévouer ce maudit animal,
Ce pelé, ce galeux, d'où venait tout leur mal.
Sa peccadille fut jugée un cas pendable.
Manger l'herbe d'autrui! quel crime abominable!   60
      Rien que la mort n'était capable
D'expier son forfait: on le lui fit bien voir.

Selon que vous serez puissant ou misérable,
Les jugements de cour vous rendront blanc ou noir.

(Livre VII, 1678)

QUESTIONS

    1. Pourquoi l'auteur a-t-il placé le mot *Peste* au début du quatrième vers?

    2. Relevez toutes les formes négatives aux vers 7 à 14. Quel en est l'effet?

    3. Le discours du Lion est-il, à votre avis, sincère ou cynique? Justifiez votre réponse.

    4. Tous les vers de ce poème sont des vers de huit ou de douze syllabes sauf le vers 29. Combien de syllabes celui-ci contient-il? Expliquez ce changement de mètre.

    5. Etudiez les coupes au vers 30, qui est un vers à douze syllabes (vers alexandrin).

    6. Notez, au vers 38, le sens du verbe *croquer*. D'habitude on "croque" des macarons, des pralines, des biscuits. Pourquoi le Renard se sert-il de ce verbe plutôt que du verbe *dévorer* que le Lion avait employé au vers 26?

    7. Trouvez d'autres détails qui font ressortir l'attitude du Renard et caractérisez le ton de son discours.

    8. Comment le Renard suit-il l'ordre du Lion énoncé au vers 31?

    9. Pourquoi l'auteur n'a-t-il consacré que cinq vers (44 à 48) aux confessions "des autres puissances"?

    10. *Souvenance* (v. 49) est un mot archaïque qui signifie: souvenir très lointain. Pourquoi l'auteur l'a-t-il choisi?

    11. Relevez tous les détails donnés par l'âne pour atténuer son crime.

    12. L'âne est-il conscient de sa faute?

[7] **mâtins:** gros chiens de garde.   [8] **haro:** cri que l'on poussait pour dénoncer quelqu'un.
[9] **clerc:** savant.

13. Expliquez le sens et commentez la concision des six derniers mots du vers 62.

14. La morale de cette fable est-elle un précepte ou une observation? Qu'en conclure sur l'attitude de l'auteur?

15. On a dit que ce poème est "un petit drame". Divisez-le en actes et donnez un titre à chaque acte.

« B »

MONTESQUIEU (1689–1755)—*Les Lettres persanes*

Au XVIII *siècle, les écrivains "philosophes" s'attaquent presque tous aux institutions contemporaines et à l'organisation de la société. Prudents, cependant, face à une autorité encore toute puissante, et désireux de donner plus de portée à des critiques souvent hardies, ils les voilent parfois en les présentant sous forme de lettres ou de contes exotiques. Ainsi, pour son roman épistolaire,* Les Lettres persanes *(1721), Charles de Secondat, baron de Montesquieu, historien et philosophe de "l'âge des lumières", composa 161 lettres imaginaires, dont la plupart sont envoyées par deux voyageurs orientaux, "Usbek" et "Rica". Montesquieu attribuera l'agrément de cette œuvre au "contraste éternel entre les choses réelles et la manière singulière, neuve ou bizarre, dont elles étaient racontées". Ce contraste est illustré dans la lettre XXX, où Rica se moque de la badauderie des Parisiens avec une désinvolture et une ingénuité feintes qui font ressortir toute la relativité de leur civilisation.*

LETTRE XXX. RICA À IBBEN, À SMYRNE

A Paris, le 6 de la lune de Chalval,[1] 1712

Les habitants de Paris sont d'une curiosité qui va jusqu'à l'extravagance. Lorsque j'arrivai, je fus regardé comme si j'avais été envoyé du ciel: vieillards, hommes, femmes, enfants, tous voulaient me voir. Si je sortais, tout le monde se mettait aux fenêtres; si j'étais aux Tuileries,[2] je   5
voyais aussitôt un cercle se former autour de moi; les femmes mêmes faisaient un arc-en-ciel nuancé de mille couleurs, qui m'entourait; si j'étais aux spectacles, je trouvais d'abord cent lorgnettes dressées contre ma figure: enfin jamais homme n'a tant été vu que moi. Je souriais quelquefois d'entendre des gens qui n'étaient presque jamais sortis de leur   10
chambre, qui disaient entre eux: "Il faut avouer qu'il a l'air bien persan." Chose admirable! je trouvais de mes portraits partout; je me voyais multiplié dans toutes les boutiques, sur toutes les cheminées, tant on craignait de ne m'avoir pas assez vu.

[1] **Chalval:** dixième mois du calendrier persan.   [2] **Tuileries:** palais royal et jardins, près du Louvre.

Tant d'honneurs ne laissent pas d'être à charge: je ne me croyais pas 15
un homme si curieux et si rare; et, quoique j'aie très bonne opinion de
moi, je ne me serais jamais imaginé que je dusse troubler le repos d'une
grande ville où je n'étais point connu. Cela me fit résoudre à quitter l'habit
persan, et à en endosser un à l'européenne, pour voir s'il resterait encore
dans ma physionomie quelque chose d'admirable. Cet essai me fit con- 20
naître ce que je valais réellement: libre de tous les ornements étrangers,
je me vis apprécié au plus juste. J'eus sujet de me plaindre de mon
tailleur, qui m'avait fait perdre en un instant l'attention et l'estime publique; car j'entrai tout à coup dans un néant affreux. Je demeurais quelquefois une heure dans une compagnie sans qu'on m'eût regardé, et qu'on 25
m'eût mis en occasion d'ouvrir la bouche. Mais si quelqu'un par hasard
apprenait à la compagnie que j'étais Persan, j'entendais aussitôt autour
de moi un bourdonnement: "Ah! ah! Monsieur est Persan? C'est une chose
bien extraordinaire! Comment peut-on être Persan?"

QUESTIONS

1. A quoi sert l'énumération à la ligne 3?
2. Relevez tous les emplois du mot *tout* au premier paragraphe.
3. Justifiez l'emploi des chiffres *mille* (1.7) et *cent* (1.8).
4. Quel rôle jouent les adverbes: *aussitôt* (l. 6), *d'abord* (l. 8), *jamais* (1. 9 et l. 10), *partout* (l. 12), *tant* (l. 13), *assez* (l. 14)?
5. Quel rapport y a-t-il entre les mots notés dans les questions 1 à 4 et "l'extravagance" mentionnée dans la première phrase?
6. Caractérisez le procédé stylistique illustré par l'emploi de ces mots.
7. Expliquez le sourire de Rica à la ligne 9.
8. Qu'est-ce qui le décide à quitter l'habit persan (l. 18–19)? Qu'y a-t-il d'ironique dans la raison qu'il donne?
9. Le mot *admirable* à la ligne 20 a-t-il le même sens qu'à la ligne 12?
10. Pourquoi Rica a-t-il sujet de se plaindre de son tailleur?
11. Qu'a d'inattendu l'expression: *un néant affreux* (l. 24) dans le contexte?
12. La dernière phrase de cette lettre est passée en proverbe. Quel en est le sens, à votre avis?
13. En quoi cette lettre illustre-t-elle le "contraste" dont parle Montesquieu dans la remarque citée à la fin de notre présentation?

EXERCICES

I. La négation [V. Gramm. 1.8–1.17]

A. Relevez toutes les négations dans *Les Animaux malades de la peste*.

B. En vous fondant sur ces exemples, traduisez les phrases suivantes:

1. Nothing can punish their crimes except the plague.
2. There was no more happiness in the kingdom.
3. The lion is not afraid to speak first.

4. No other animal is more powerful than he.

5. Let them not be too hasty to forgive the lion.

6. What sin has he committed? None, said the fox.

7. According to the fox, man has no dominion over animals.

8. Neither the lion nor the fox is very sincere.

9. What has the ass done? Nothing, or almost nothing.

10. We are not always judged according to our actions.

II. L'infinitif [V. Gramm. 8.77–8.84]

A. Relevez tous les infinitifs employés dans *Les Animaux malades de la peste* et classez-les selon les catégories suivantes:

sujet
complément sans préposition
complément précédé de "à"
complément précédé de "de"
complément précédé de "pour"

B. Lisez à haute voix les phrases suivantes, en remplaçant, s'il y a lieu, les tirets par une préposition:

1. Le poète ose à peine _____ mentionner le nom du mal envoyé _____ punir les animaux.

2. Les animaux n'étaient plus occupés _____ se nourrir, ils n'étaient même plus capables _____ manger.

3. Le lion croit _____ pouvoir _____ obtenir la guérison commune.

4. Chacun doit _____ s'accuser _____ apaiser la colère du Ciel.

5. Il est difficile _____ ne pas se flatter, mais le lion veut _____ essayer _____ le faire.

6. Il lui est arrivé _____ manger des moutons _____ satisfaire ses appétits gloutons.

7. Pouvez-vous _____ imaginer les offenses du Tigre?

8. L'âne se souvient _____ avoir mangé de l'herbe qu'il n'avait pas le droit _____ manger.

9. Comment fait-on _____ voir à l'âne que _____ manger l'herbe d'autrui est un cas pendable?

10. Il faut _____ être puissant _____ ne pas être jugé coupable.

III. Comparaison de traductions

Comparez à l'original les traductions de *a.* Marianne Moore et de *b.* Philip Wayne. Indiquez dans chaque cas les mérites ou faiblesses de ces traductions:

1. a. The Animals Sick of the Plague.

   b. The Animals Sick of the Pest.

2. a. It did not bear off all, but all were endangered.
     Any that lingered barely stirred —
  Could merely breathe and that diseasedly.
     Nothing aroused their energy.
     Neither wolf nor fox disappeared
     To stalk young prey as it sunned.
     The demoralized doves scattered
     And love starved; life was moribund.

  b. Not that all died, but everyone was hit
     While that the plague was rife
  No soul was up and doing, or was fit
     To bolster up a dying life.
     No dish aroused their taste.
     Nor wolf nor fox in the waste
  Spied out their innocent prey.
     Fled were the turtledoves;
     No joy was in their loves.

3. a. As for me, I have preyed on flocks of sheep so often
     That I have become a glutton.
     Because they had wronged me? not once.
  Moreover I would devour him when I mastered
     The shepherd.

  b. Myself, to satisfy a glutton greed,
     I've ravaged among sheep, a harmless crew
  Who wronged me not. I ate them without heed,
     Sometimes in fact, without much more ado,
     The shepherd too.

4. a. The fox said, "Sire, you are too good to rend;
  Your sense of honor is excessively nice.
  Eat sheep, Sire! Poor dolts, their loss is no sacrifice!"

  b. "Sire," said the fox, "You are the best of kings.
     Your scruples are too delicate, too nice.
  To eat up riff-raff muttons, silly things,
     I wouldn't call a sin at any price."

5. a. When his turn came the ass said, "To take a backward glance,
     I recall passing clerical domain,
  The herbs and grass and hunger close to sustenance.
     Fiend take me, how could I refrain?
  I nipped off as much grass as would lie on my tongue;
  So sinned, if what we say must be disinterested."

  b. Then came the ass and said, "I reflect
     I passed a field belonging to an abbey;

There hunger, chance, sweet grass and, I expect,
    Some devil prompting me to have a bite —
  I know the thing was shabby,
    I know I had no right —
I took a munch, not stopping to reflect."

IV. L'article [V. Gramm. 2.1–2.12]

A. Relevez les emplois de l'article défini et du partitif dans la "lettre persane" que vous venez de lire.

Expliquez pourquoi l'article défini ou le partitif a été omis dans les phrases suivantes:

1. . . . vieillards, hommes, femmes, enfants, tous voulaient me voir.
2. . . . jamais homme n'a tant été vu que moi.
3. Chose admirable!
4. . . . j'étais Persan . . . Monsieur est Persan? . . . Comment peut-on être Persan!

B. Recopiez le passage suivant, tiré des *Lettres persanes*, en remplaçant, s'il y a lieu, les tirets par l'article qui convient:

_____ roi de _____ France est le plus puissant prince de _____ Europe. Il n'a point _____ mines _____ or comme _____ roi _____ Espagne son voisin; mais il a plus _____ richesses que lui, parce qu'il les tire de _____ vanité de ses sujets, plus inépuisable que _____ mines. On lui a vu entreprendre ou soutenir _____ grandes guerres, n'ayant _____ autres fonds que _____ titres d'honneur à vendre; et, par un prodige de _____ orgueil humain, ses troupes se trouvaient payées, ses places munies, et ses flottes équipées.

D'ailleurs, ce roi est _____ grand magicien: il exerce son empire sur _____ esprit même de ses sujets; il les fait penser comme il veut. S'il n'a qu'un million _____ écus dans son trésor, et qu'il en ait besoin de deux, il n'a qu'à leur persuader qu'un écu en vaut deux, et ils le croient. S'il a _____ guerre difficile à soutenir, et qu'il n'ait point _____ argent, il n'a qu'à leur mettre dans _____ tête qu'un morceau de papier est _____ argent, et ils en sont aussitôt convaincus. Il va même jusqu'à leur faire croire qu'il les guérit de toutes sortes _____ maux en les touchant, tant est grande _____ force et _____ puissance qu'il a sur _____ esprits!

Ce que je dis de ce prince ne doit pas t'étonner; il y a _____ autre magicien plus fort que lui, qui n'est pas moins maître de son esprit, qu'il l'est lui-même de celui _____ autres. Ce magicien s'appelle _____ pape: tantôt il lui fait croire que trois ne sont qu'un; que _____ pain qu'on mange n'est pas _____ pain, ou que _____ vin qu'on boit n'est pas _____ vin; et mille _____ autres choses de cette espèce.

V. Révision des verbes. La première conjugaison: COMMENCER, MANGER; NETTOYER, ESSUYER; ESSAYER [V. Gramm. 8.137–8.138]

A. Ecrivez le participe présent et le participe passé des verbes suivants:
   1. nager
   2. remplacer
   3. nettoyer
   4. essayer
   5. créer

B. Ecrivez au pluriel les formes suivantes:
   1. Je commence
   2. Je mange
   3. Je trace
   4. Je protège
   5. J'annonce

C. Ecrivez au singulier les formes suivantes:
   1. Nous avancions
   2. Ils commencèrent
   3. Vous mangiez
   4. Nous corrigions
   5. Vous prononciez

D. Ecrivez au singulier les formes suivantes:
   1. Nous nettoyons
   2. Vous employez
   3. Vous essuyez
   4. Nous essayons
   5. . . . quoique vous nettoyiez . . .
   6. . . . sans que nous nous noyions
   7. Vous vous ennuyez
   8. Vous payez
   9. Nous déploierons
   10. Ils appuieraient

VI. Etude de vocabulaire

A. Les verbes d'origine récente sont en général des verbes réguliers de la première conjugaison. Notez les exemples suivants:

boxer	radiographier
parachuter	télégraphier
photographier	téléphoner
radiodiffuser	téléviser

B. Trouvez les infinitifs auxquels s'apparentent les mots suivants:

MOTS DÉRIVÉS

1. compressible; compressif, -ive; la compressibilité; la compresse; le compresseur; la compression.
2. la dépression.
3. exprès, -esse (*adj.*); exprès (*adv.*); expressément; expressif, -ive; l'expression; l'expressionnisme.
4. l'impression; impressionner; impressionnable; impressionnant, e; l'impressionnisme.
5. oppresser; l'oppresseur; oppressif, -ive; l'oppression.
6. la suppression.

C. Faites ressortir les différents sens du mot **salut,** en traduisant les expressions suivantes:

1. le *salut* public
2. addresser un *salut* à quelqu'un
3. L'Armée du *Salut*
4. *Salut* à tous!
5. faire le *salut* militaire

D. Pour éviter de les confondre entre eux, traduisez les mots suivants:

1. le ministre; le ministère
2. étrange; étranger
3. la confiance; la confidence
4. la mémoire; le mémoire
5. la partie; le parti; la part
6. pécher; pêcher

E. FAUX AMIS

Remplacez les tirets par les mots qui manquent:

	fr.		*angl.*
1.	dresser	=	_____
	_____	=	to dress
2.	large	=	_____
	_____	=	large
3.	troubler	=	_____
	_____	=	to trouble
4.	le trouble	=	_____
	_____	=	trouble
5.	attendre	=	_____
	_____	=	to attend

VII.   Sujet de composition

Composez deux maximes à la manière de La Rochefoucauld.

Chapitre IV

« A »

VOLTAIRE (1694–1778)—*Candide*

François-Marie Arouet, dit Voltaire, a pratiqué presque tous les genres "hors le genre ennuyeux" mais c'est peut-être dans les "contes philosophiques" que son esprit vif et railleur a trouvé sa meilleure expression. Dans ces récits rapides et divertissants, la candeur même du héros, presque toujours un jeune homme plein de bonne volonté, met en relief tout ce qu'il y a d'absurde et de ridicule dans la conduite des êtres humains, rencontrés au cours de ses aventures. Les contes révèlent admirablement la netteté et l'agilité du style de Voltaire, et ici surtout pétille la fameuse ironie "voltairienne", grâce à laquelle l'auteur laisse entendre le contraire de ce qu'il exprime. Lire Voltaire c'est apprendre à lire entre les lignes.

Voici le premier des trentes chapitres de Candide *(1759), le plus célèbre des contes philosophiques.*

COMMENT CANDIDE FUT ÉLEVÉ DANS UN BEAU CHÂTEAU, ET COMMENT IL FUT CHASSÉ D'ICELUI [1]

Il y avait en Westphalie,[2] dans le château de monsieur le baron de Thunder-ten-tronckh, un jeune garçon à qui la nature avait donné les mœurs les plus douces. Sa physionomie annonçait son âme. Il avait le jugement assez droit, avec l'esprit le plus simple; c'est, je crois, pour cette raison qu'on le nommait Candide. Les anciens domestiques de la maison soupçonnaient qu'il était fils de la sœur de monsieur le baron, et d'un bon

[1] **il fut chassé d'icelui:** il en fut chassé; **icelui:** forme vieillie encore employée au XVIIIe siècle dans les romans d'aventure dont Voltaire se moque. [2] **Westphalie:** province d'Allemagne, que Voltaire avait vue et qu'il avait trouvée "triste" et "stérile".

33

et honnête gentilhomme du voisinage, que cette demoiselle ne voulut jamais épouser parce qu'il n'avait pu prouver que soixante et onze quartiers,[3] et que le reste de son arbre généalogique avait été perdu par l'injure du temps.   10

Monsieur le baron était un des plus puissants seigneurs de la West-phalie, car son château avait une porte et des fenêtres. Sa grande salle même était ornée d'une tapisserie. Tous les chiens de ses basses-cours composaient une meute dans le besoin; ses palefreniers étaient ses piqueurs; le vicaire du village était son grand-aumônier. Ils l'appelaient 15 tous Monseigneur, et ils riaient quand il faisait des contes.

Madame la baronne, qui pesait environ trois cent cinquante livres, s'attirait par là une très grande considération, et faisait les honneurs de la maison avec une dignité qui la rendait encore plus respectable. Sa fille Cunégonde, âgée de dix-sept ans, était haute en couleur, fraîche, grasse, 20 appétissante. Le fils du baron paraissait en tout digne de son père. Le précepteur Pangloss [4] était l'oracle de la maison, et le petit Candide écoutait ses leçons avec toute la bonne foi de son âge et de son caractère.

Pangloss enseignait la métaphysico-théologo-cosmolo-nigologie.[5] Il prouvait admirablement qu'il n'y a point d'effet sans cause, et que dans 25 ce meilleur des mondes possibles, le château de monseigneur le baron était le plus beau des châteaux, et madame la meilleure des baronnes possibles.

"Il est démontré, disait-il, que les choses ne peuvent être autrement: car tout étant fait pour une fin, tout est nécessairement pour la meilleure 30 fin. Remarquez bien que les nez ont été faits pour porter des lunettes, aussi avons-nous des lunettes. Les jambes sont visiblement instituées pour être chaussées, et nous avons des chausses. Les pierres ont été formées pour être taillées et pour en faire des châteaux; aussi monseigneur a un très beau château; le plus grand baron de la province doit être le mieux 35 logé; et les cochons étant faits pour être mangés, nous mangeons du porc toute l'année. Par conséquent, ceux qui ont avancé que tout est bien ont dit une sottise; il fallait dire que tout est au mieux."

Candide écoutait attentivement, et croyait innocemment; car il

---

[3] **quartiers:** terme de blason: une division de l'écu qui représente la descendance d'une famille noble. En France il suffisait d'avoir huit quartiers pour être réputé de bonne noblesse. En Allemagne il en fallait seize. [4] **Pangloss:** nom formé de deux mots grecs: **pan** (**tout**) et **glossa** (**langue**). [5] **-nigologie:** *cf.* **nigaud,** sot, niais. Dans le personnage de Pangloss Voltaire se moque de la doctrine de l'Optimisme du philosophe allemand Leibnitz et de son disciple Wolff, inventeur de la "cosmologie". Selon cette doctrine Dieu, étant bon, a créé le meilleur des mondes possibles. Tout étant enchaîné pour le mieux il ne peut y avoir d' "effet" sans "cause"; chaque chose a donc, selon Wolff, sa "raison suffisante". L'ironie de *Candide* proviendra en grande partie du contraste constant entre le "tout est bien" de Pangloss et l'étalage féroce de catastrophes et d'horreurs dont notre héros et ses amis seront les témoins.

trouvait mademoiselle Cunégonde extrêmement belle, quoiqu'il ne prît 40
jamais la hardiesse de le lui dire. Il concluait qu'après le bonheur d'être
né baron de Thunder-ten-tronckh, le second degré de bonheur était
d'être mademoiselle Cunégonde; le troisième, de la voir tous les jours, et
le quatrième d'entendre maître Pangloss, le plus grand philosophe de la
province, et par conséquent de toute la terre.   45

Un jour, Cunégonde, en se promenant auprès du château, dans le
petit bois qu'on appelait parc, vit entre des broussailles le docteur
Pangloss qui donnait une leçon de physique expérimentale à la femme de
chambre de sa mère, petite brune très jolie et très docile. Comme mademoiselle Cunégonde avait beaucoup de disposition pour les sciences, 50
elle observa, sans souffler, les expériences réitérées dont elle fut témoin;
elle vit clairement la raison suffisante du docteur, les effets et les causes,
et s'en retourna tout agitée, toute pensive, toute remplie du désir d'être
savante, songeant qu'elle pourrait bien être la raison suffisante du jeune
Candide, qui pouvait aussi être la sienne.   55

Elle rencontra Candide en revenant au château, et rougit; Candide
rougit aussi; elle lui dit bonjour d'une voix entrecoupée, et Candide lui
parla sans savoir ce qu'il disait. Le lendemain, après le dîner, comme on
sortait de table, Cunégonde et Candide se trouvèrent derrière un paravent; Cunégonde laissa tomber son mouchoir, Candide le ramassa; elle lui 60
prit innocemment la main, le jeune homme baisa innocemment la main
de la jeune demoiselle avec une vivacité, une sensibilité, une grâce toute
particulière; leurs bouches se rencontrèrent, leurs yeux s'enflammèrent,
leurs genoux tremblèrent, leurs mains s'égarèrent. Monsieur le baron de
Thunder-ten-tronckh passa auprès du paravent, et, voyant cette cause et 65
cet effet, chassa Candide du château à grands coups de pied dans le
derrière; Cunégonde s'évanouit; elle fut souffletée par madame la baronne
dès qu'elle fut revenue à elle-même; et tout fut consterné dans le plus
beau et le plus agréable des châteaux possibles.

QUESTIONS

1. Notez les différentes façons dont Voltaire fait le portrait physique de ses
personnages: Candide, la baronne, Cunégonde. Fait-il aussi le portrait du
baron? du précepteur? Dans quelle mesure les noms seuls suffisent-ils à rendre
le caractère de ceux-ci?

2. Montrez comment le temps du verbe *voulut* (l. 7) renforce la raillerie
contre l'orgueil nobiliaire des Allemands.

3. Quelle est la valeur de la conjonction *car* au début du deuxième paragraphe? Qui est visé par l'ironie de cette phrase?

4. Précisez le rapport entre *chiens* et *meute; palefrenier* et *piqueurs; vicaire*
et *aumônier*.

5. Que sous-entend la phrase: "ils riaient quand il faisait des contes" à la
fin du deuxième paragraphe?

6. Précisez le sens de la conjonction *aussi* dans la démonstration de Pangloss. Relevez d'autres expressions dans ce paragraphe qui illustrent la méthode déductive du raisonnement de Pangloss. Qu'est-ce qui rend son raisonnement absurde?

7. En quoi la syntaxe du paragraphe suivant forme-t-elle une parodie de celle du discours de Pangloss?

8. Comment s'exerce l'ironie de Voltaire à l'avant-dernier paragraphe?

9. Notez le grand nombre de verbes au dernier paragraphe. Caractérisez le rythme qu'ils contribuent à produire. Quel est le rapport entre ce rythme et l'incident raconté?

10. Quel raffinement la baronne apporta-t-elle dans la punition qu'elle infligea à Cunégonde?

11. Relevez le contraste dans la dernière phrase du chapitre. Quelle intention de l'auteur y est sous-entendue?

« B »

TOCQUEVILLE (1805–1859)
De la démocratie en Amérique

Envoyé aux Etats-Unis par le gouvernement français pour y faire une enquête sur le système pénitentiaire, Alexis de Tocqueville, homme politique et historien, finit par écrire une œuvre d'une portée bien plus vaste sur la Démocratie en Amérique *(1840). Ayant constaté l'égalité des conditions "comme le point central où toutes [ses] observations venaient aboutir," il organise son œuvre autour de ce "point central" et il laisse entendre qu'à l'avenir c'est l'esprit démocratique qui prévaudra dans le monde. Cette œuvre, créée de manière objective et impersonnelle, n'en révèle pas moins l'esprit admirablement lucide et la perspicacité prophétique de son auteur qui, bien plus que simple historien, était un philosophe de l'histoire.* De la démocratie en Amérique *est un bel exemple du genre discursif dont le style, procédant par un enchaînement rigoureux de raisonnements logiques, met à profit la netteté et la précision de la langue française. Vous allez lire un extrait tiré de la troisième partie.*

POURQUOI LES AMÉRICAINS ONT SI PEU DE SUSCEPTIBILITÉ DANS LEUR PAYS, ET SE MONTRENT SI SUSCEPTIBLES DANS LE NÔTRE

. . . Aux Etats-Unis, les rangs ne diffèrent que fort peu dans la société civile, et ne diffèrent pas du tout dans le monde politique; un Américain ne se croit donc pas tenu à rendre des soins particuliers à aucun de ses semblables et il ne songe pas non plus à en exiger pour lui-même.

Comme il ne voit point que son intérêt soit de rechercher avec ardeur la 5 compagnie de quelques-uns de ses concitoyens, il se figure difficilement qu'on repousse la sienne; ne méprisant personne à raison de la condition, il n'imagine point que personne le méprise pour la même cause, et, jusqu'à ce qu'il ait aperçu clairement l'injure, il ne croit pas qu'on veuille l'outrager.   10

L'état social dispose naturellement les Américains à ne point s'offenser aisément dans les petites choses. Et, d'une autre part, la liberté démocratique dont ils jouissent achève de faire passer cette mansuétude dans les mœurs nationales.

Les institutions politiques des Etats-Unis mettent sans cesse en con- 15 tact les citoyens de toutes les classes et les forcent de suivre en commun de grandes entreprises. Des gens ainsi occupés n'ont guère le temps de songer aux détails de l'étiquette et ils ont d'ailleurs trop d'intérêt à vivre d'accord pour s'y arrêter. Ils s'accoutument donc aisément à considérer, dans ceux avec lesquels ils se rencontrent, les sentiments et les idées 20 plutôt que les manières, et ils ne se laissent point émouvoir pour des bagatelles.

J'ai remarqué bien des fois qu'aux Etats-Unis, ce n'est point une chose aisée que de faire entendre à un homme que sa présence importune. Pour en arriver là, les voies détournées ne suffisent pas toujours. Je con- 25 tredis un Américain à tout propos, afin de lui faire sentir que ses discours me fatiguent; et à chaque instant je lui vois faire de nouveaux efforts pour me convaincre; je garde un silence obstiné, et il s'imagine que je réfléchis profondément aux vérités qu'il me présente; et, quand je me dérobe enfin tout à coup à sa poursuite, il suppose qu'une affaire pressante m'appelle 30 ailleurs. Cet homme ne comprendra pas qu'il m'excède, sans que je le lui dise, et je ne pourrai me sauver de lui qu'en devenant son ennemi mortel.

Ce qui surprend au premier abord, c'est que ce même homme transporté en Europe y devient tout à coup d'un commerce méticuleux et difficile, à ce point que souvent je rencontre autant de difficulté à ne 35 point l'offenser que j'en trouvais à lui déplaire. Ces deux effets si différents sont produits par la même cause.

Les institutions démocratiques donnent en général aux hommes une vaste idée de leur patrie et d'eux-mêmes.

L'Américain sort de son pays le cœur gonflé d'orgueil. Il arrive en 40 Europe et s'aperçoit d'abord qu'on ne s'y préoccupe point autant qu'il se l'imaginait des Etats-Unis et du grand peuple qui les habite. Ceci commence à l'émouvoir.

Il a entendu dire que les conditions ne sont point égales dans notre hémisphère. Il s'aperçoit, en effet, que, parmi les nations d'Europe, la 45 trace des rangs n'est pas entièrement effacée; que la richesse et la naissance y conservent des privilèges incertains qu'il lui est aussi difficile de

méconnaître que de définir. Ce spectacle le surprend et l'inquiète, parce
qu'il est entièrement nouveau pour lui; rien de ce qu'il a vu dans son
pays ne l'aide à le comprendre. Il ignore donc profondément quelle place 50
il convient d'occuper dans cette hiérarchie à moitié détruite, parmi ces
classes qui sont assez distinctes pour se haïr et se mépriser, et assez
rapprochées pour qu'il soit toujours prêt à les confondre. Il craint de se
poser trop haut, et surtout d'être rangé trop bas; ce double péril tient
constamment son esprit à la gêne et embarrasse sans cesse ses actions 55
comme ses discours.

La tradition lui a appris qu'en Europe le cérémonial variait à l'infini
suivant les conditions; ce souvenir d'un autre temps achève de le troubler,
et il redoute d'autant plus de ne pas obtenir les égards qui lui sont dus,
qu'il ne sait pas précisément en quoi ils consistent. Il marche donc tou- 60
jours ainsi qu'un homme environné d'embûches; la société n'est pas pour
lui un délassement, mais un sérieux travail. Il pèse vos moindres démarches, interroge vos regards et analyse avec soin tous vos discours, de
peur qu'ils ne renferment quelques allusions cachées qui le blessent. Je
ne sais s'il s'est jamais rencontré de gentilhomme campagnard plus 65
pointilleux que lui sur l'article du savoir-vivre; il s'efforce d'obéir lui-
même aux moindres lois de l'étiquette, et il ne souffre pas qu'on en néglige
aucune envers lui; il est tout à la fois plein de scrupule et d'exigence; il
désirerait faire assez, mais il craint de faire trop, et comme il ne connaît
pas assez bien les limites de l'un et de l'autre, il se tient dans une réserve 70
embarrassée et hautaine. . . .

QUESTIONS

1. Précisez le sens de l'expression: *rendre des soins* dans la première phrase.

2. A quoi se rapporte le pronom *la sienne* dans la deuxième phrase? Comment la dernière partie de cette phrase (à partir de: ne méprisant personne . . .) développe-t-elle, tout en la répétant, l'idée de la première partie?

3. Relevez toutes les formes négatives au premier paragraphe. Comment
ces formes font-elles ressortir l'idée principale du paragraphe?

4. A quelle expression, au milieu du troisième paragraphe, se rapporte le
mot: *bagatelles* (l. 22)? Ce mot a-t-il une valeur entièrement objective?
Justifiez votre réponse.

5. Quelle partie du premier paragraphe le cinquième illustre-t-il? Précisez
le rapport entre l'observation générale et l'exemple particulier.

6. Expliquez la différence de temps dans les deux verbes: *je rencontre* (l.
35) et *j'en trouvais* (l. 36). Où se trouve l'auteur dans ces deux cas?

7. Quels sont les "deux effets" mentionnés dans la phrase suivante?

8. Comment interprétez-vous le verbe *émouvoir* (l. 43)?

9. Quel est le sens exact du mot *conditions* à la ligne suivante? Quel
mot dans ce paragraphe en est synonyme?

10. Expliquez la nature et la fonction de: *que* (l. 45), *que* (l. 46), *qu'*
(l. 47), *que* (l. 48).

11. A quels verbes se rapporte le "double péril" mentionné à la fin de ce paragraphe? Pourquoi l'un de ces infinitifs est-il à la voix active, l'autre au passif?

12. Le verbe *achève* (l. 58) marque la fin d'un développement. Quel verbe en marque le début?

13. Précisez le sens du mot *égards* (l. 59) (De quel mot du premier paragraphe est-il synonyme?) Pourquoi l'Américain redoute-t-il tant de ne pas obtenir ces égards?

14. A partir de la deuxième phrase le style du dernier paragraphe rappelle celui d'un auteur du XVIIᵉ siècle que vous avez lu. Lequel? Justifiez votre réponse.

15. Résumez l'idée principale de cet extrait de la *Démocratie en Amérique* en vous référant à l'expression: *la même cause* à la ligne 37. Indiquez l'enchaînement des idées dans ces paragraphes.

16. Trouvez-vous que les observations de Tocqueville s'appliquent aux Américains d'aujourd'hui?

EXERCICES

I. La négation [V. Gramm. 1.8–1.17]

A. Ecrivez les phrases suivantes en mettant le verbe au passé composé:

1. Il ne finit rien.
2. Il ne perd jamais rien.
3. Nous ne perdons plus rien.
4. Ils ne perdent plus jamais rien.
5. Personne n'en dit plus jamais rien.
6. Ils ne font jamais rien.
7. Ils ne font que travailler.
8. Il ne fait jamais que la moitié du travail.
9. Il ne répond pas et elle ne répond pas non plus.
10. Nous n'y allons jamais, ni eux non plus.

B. EXERCICE ORAL

Traduisez les phrases que vous avez écrites dans la Section A.

C. Traduisez par écrit les phrases suivantes:

1. I have difficulty in not offending him.
2. He scorns no one.
3. In the United States no one scorns him.
4. Nothing of what he has seen in his own country helps him to understand this society.
5. He is afraid of not obtaining the consideration which is due him.
6. He neglects no law of etiquette.
7. We have never encountered such a man.

8. Classes differ only very little in American society and not at all in the political world.
9. In Europe he no longer understands the environment in which he finds himself.
10. Has he never visited Europe? No, never.

II. Le pronom personnel [V. Gramm. 4.1–4.14]

EXERCICE ORAL

Traduisez en français les phrases suivantes:

1. Mme de Sévigné sends them the letter.
2. She sends it to them.
3. She writes it, but she does not send it to them.
4. She will send it to them tomorrow.
5. She does not wish to send it to them.
6. She has not sent it to them.
7. Will she send it to us?
8. Send it to me.
9. Do not send it to me.
10. Send it to him.
11. Candide found Cunégonde very beautiful but never had the boldness to tell her so.
12. He found her beautiful.
13. He wanted to tell her so.
14. He did not tell her so.
15. Why did he not tell her so?
16. The American finds a new situation in Europe.
17. What does he find there?
18. He talks about it to his friends.
19. He talks to them about it.
20. He thinks about it, but he does not wish to talk to them about it.

III. L'adjectif et le pronom possessifs [V. Gramm. 4.28–4.31; 5.3–5.13]

A. EXERCICE ORAL

Lisez à haute voix les citations suivantes, en remplaçant les tirets par les adjectifs ou pronoms possessifs qui conviennent:

1. Comme il ne voit point que _____ intérêt soit de rechercher avec ardeur la compagnie de quelques-uns de _____ concitoyens, il se figure difficilement qu'on repousse _____. . . .
2. Les institutions démocratiques donnent en général aux hommes une vaste idée de _____ patrie et d'eux-mêmes.
3. . . . ce double péril tient constamment _____ esprit à la gêne, et embarrasse sans cesse _____ actions comme _____ discours.

4. Il pèse _____ moindres démarches, interroge _____ regards, et analyse avec soin tous _____ discours. . . .

5. _____ physionomie annonçait _____ âme.

6. . . . le petit Candide écoutait _____ leçons avec toute la bonne foi de _____ âge et de _____ caractère.

7. Si j'étais aux spectacles, je trouvais d'abord cent lorgnettes dressées contre _____ figure. . . .

8. Je trouvais de _____ portraits partout. . . .

9. J'eus sujet de me plaindre de _____ tailleur. . . .

10. Nul mets n'excitait _____ envie. . . .

11. . . . "Mes chers amis,
Je crois que le ciel a permis
Pour _____ péchés cette infortune."

12. ". . . voyons sans indulgence
L'état de _____ conscience."

13. L'âne vint à _____ tour. . . .

14. Il est mystérieux sur _____ affaires. . . .

15. Tout le monde se plaint de _____ mémoire, et personne ne se plaint de _____ jugement.

16. On ne donne rien si libéralement que _____ conseils.

17. Si nous résistons à _____ passions, c'est plus par _____ faiblesse que par _____ force.

18. Le plus grand effort de l'amitié n'est pas de montrer _____ défauts à un ami, c'est de lui faire voir _____.

19. Que l'homme contemple donc la nature entière dans _____ haute et pleine majesté, qu'il éloigne _____ vue des objets bas qui l'environnent.

20. Qu'il y voie une infinité d'univers, dont chacun a _____ firmament, _____ planètes, _____ terre, en la même proportion que le monde visible. . . .

B. EXERCICE ÉCRIT

Traduisez en français les phrases suivantes:

1. Is this book yours?
2. No, this book is not mine.
3. I like my interpretation but not his.
4. We have visited her country but not yours.
5. Their American friends try to understand their customs.
6. He will not speak of his arrival in our country.
7. His friends often speak of his difficulties on that day.
8. Your politeness pleases her father.
9. They admire her beauty and her intelligence.
10. One cannot always please one's parents.

IV.   Tournures idiomatiques

Ecrivez des phrases en employant chacune des expressions en italiques:

1. *achever de* + l'infinitif
2. *s'efforcer de* + l'infinitif
3. *s'apercevoir de* . . .
4. *s'apercevoir que* . . .
5. *commencer à* + l'infinitif
6. *commencer par* + l'infinitif
7. *finir par* + l'infinitif
8. *aider à* + l'infinitif
9. *obéir à* . . .
10. *plaire à* . . .
11. *d'autant plus* . . . *que* . . .
12. *à la fois*

V.   Révision des verbes: FINIR; VENDRE [V. Gramm. 8.132]

Ecrivez en français les verbes suivants:

1. I finish
2. He chooses
3. We finish
4. They choose
5. He spells
6. He interrupts
7. You sell
8. You were selling
9. I was choosing
10. She will reply
11. They would finish
12. . . . so that I may finish
13. . . . provided that he reply
14. We have lost
15. You would have chosen

VI.   Etude de vocabulaire

A. Les verbes formés sur un adjectif sont souvent des verbes en **-ir**, conjugués comme **finir**. Notez les exemples suivants:

embellir	blanchir
maigrir	noircir
raidir	jaunir
vieillir	rougir

B. Faites une liste de tous les mots qui se rattachent au verbe **vieillir**.

C. Que signifient les expressions suivantes, dérivées du verbe **vendre**:

1. un vendeur, une vendeuse
2. la vente au comptant
3. la vente à crédit
4. la vente à tempérament
5. la vente aux enchères, la vente publique
6. une salle de vente; la salle des ventes
7. vendre (des marchandises) au détail
8. vendre (des marchandises) en gros
9. marchandise de bonne vente

D. FAUX AMIS

Remplacez les tirets par les mots qui manquent:

fr.		*angl.*
1. candide	=	_____
_____	=	candid
2. le vicaire	=	_____
_____	=	vicar
3. demander	=	_____
_____	=	to demand
4. l'agrément	=	_____
_____	=	agreement
5. l'opportunité	=	_____
_____	=	opportunity

E. Pour éviter de les confondre entre eux, traduisez les mots suivants:

1. jouir de; jouer de; jouer à
2. la politique; le politique
3. d'ailleurs; ailleurs
4. le peuple; les gens
5. prouver; éprouver
6. la preuve; l'épreuve
7. hardi; robuste
8. douter; se douter; redouter

VII. Thème

Après avoir relu l'extrait de *Candide*, traduisez en français le passage suivant, qui termine ce conte:

". . . And Pangloss sometimes used to say to Candide: 'All events are connected in the best of possible worlds; for after all, if you had

not been driven out of a fine castle with lusty kicks in the backside
for love of Miss Cunégonde, if you had not been subjected to the
Inquisition, if you had not covered America on foot, if you had not
run your sword through the baron, if you had not lost all your
sheep from the good land of Eldorado, you would not be here eat-
ing candied citrons and pistachio nuts.' 'That is well said,' replied
Candide, 'but we must cultivate our garden.' "

Chapitre V

MUSSET (1810–1857)—*Les Caprices de Marianne*

Poète romantique, Alfred de Musset voulut que son art fût l'expression directe et toute personnelle de ses sentiments. Tandis que dans sa poésie lyrique il se confesse ouvertement, cet "étalage du moi" se fait d'une manière plus discrète et nuancée dans les divers personnages qu'il crée pour ses pièces de théâtre. Dans Les Caprices de Marianne *(1833) le personnage de Cœlio incarne le moi idéaliste et sentimental de Musset, qui croit à la possibilité d'un grand amour, et Octave révèle son côté libertin, débauché, ironique de jeune dandy. Et de toutes les femmes qui l'ont fait souffrir—à vingt-trois ans!—il fait Marianne.*

Bien que Musset appelle cette pièce une "comédie" elle ne l'est guère au sens classique du mot. Malgré les obstacles qui séparent les jeunes amoureux dans une comédie classique, et qui en constituent l'action, le spectateur sait très bien que le mariage les attend inévitablement au dénouement de la pièce. Dans Les Caprices de Marianne, *au contraire, ces obstacles étant insurmontables, seules la mort et la séparation peuvent dénouer l'intrigue. Une telle action semblerait plutôt convenir au "drame" sérieux où se mêlent les éléments comiques et tragiques. Mais, à l'encontre de ce genre qu'alourdit souvent le réalisme moralisateur, la pièce de Musset charme le spectateur par sa grâce, sa légèreté, et l'introduit dans une ambiance de fantaisie qui rappelle parfois les comédies de Shakespeare. C'est sans doute ce souvenir de Shakespeare dont Musset a subi si heureusement l'influence qui justifie le mieux le terme de "comédie".*

La langue des Caprices *est variée comme le caractère même de son auteur. Elle change selon l'interlocuteur: d'oratoire chez Cœlio, elle se fait pétillante chez Octave, sèche, impertinente, ou coquette chez Marianne et franchement burlesque dans les répliques des deux fantoches,*

Claudio et Tibia. Dans tous ses dialogues Musset garde une justesse de ton et une aisance pleine de verve et de jeunesse.

Au XIXe siècle on jouait les Caprices *d'après un texte remanié pour les besoins des conventions théâtrales de l'époque. La version originale que vous allez lire a été représentée pour la première fois en 1935 par Gaston Baty, au Théâtre Montparnasse.*

CLAUDIO,[1] juge.   CIUTA, vieille femme.
CŒLIO.   HERMIA, mère de Cœlio.
OCTAVE.   MALVOLIO, intendant d'Hermia.
TIBIA, valet de Claudio.   DOMESTIQUES.
MARIANNE, femme de Claudio.

(*Naples.*[2])

ACTE PREMIER

Scène I

Une rue devant la maison de Claudio. MARIANNE, *sortant de chez elle un livre de messe à la main;* CIUTA, *l'abordant.*

CIUTA. — Ma belle dame, puis-je vous dire un mot?

MARIANNE. — Que me voulez-vous?

CIUTA. — Un jeune homme de cette ville est éperdument amoureux de vous; depuis un mois entier, il cherche vainement l'occasion de vous l'apprendre; son nom est Cœlio; il est d'une noble famille et d'une figure 5
distinguée.

MARIANNE. — En voilà assez. Dites à celui qui vous envoie qu'il perd son temps et sa peine, et que, s'il a l'audace de me faire entendre une seconde fois un pareil langage, j'en instruirai mon mari. (*Elle sort.*)

CŒLIO (*entrant*). — Eh bien! Ciuta, qu'a-t-elle dit?   10

CIUTA. — Plus dévote et plus orgueilleuse que jamais. Elle instruira son mari, dit-elle, si on la poursuit plus longtemps.

◇◇◇◇◇◇◇◇◇◇◇

1. Marianne aurait-elle pu dire plus tôt: "En voilà assez" (l. 7)? Justifiez votre réponse.

2. Qu'est-ce qui prépare, dès le début de la scène, l'emploi des deux adjectifs: "dévote" et "orgueilleuse" de la ligne 11?

[1] **Claudio:** nom emprunté à Shakespeare, ainsi que Cœlio (<Celia), Hermia, et Malvolio. [2] **Naples:** Au XIXe siècle on montait la pièce dans un décor évoquant l'Italie de la Renaissance. Gaston Baty a choisi un décor et des costumes qui suggèrent l'Itale de l'époque de Musset. (Voir nos illustrations et aussi l'édition de la pièce préparée par Gaston Baty, Paris, Editions du Seuil, 1952.)

Cœlio. — Ah! malheureux que je suis, je n'ai plus qu'à mourir. Ah! la plus cruelle de toutes les femmes! Et que me conseilles-tu, Ciuta? quelle ressource puis-je encore trouver?   15

Ciuta. — Je vous conseille d'abord de sortir d'ici, car voici son mari qui la suit. (*Ils sortent. — Entrent Claudio et Tibia.*)

Claudio. — Es-tu mon fidèle serviteur? mon valet de chambre dévoué? Apprends que j'ai à me venger d'un outrage.

Tibia. — Vous, Monsieur!   20

Claudio. — Moi-même, puisque ces impudentes guitares ne cessent de murmurer sous les fenêtres de ma femme. Mais, patience! tout n'est pas fini. — Ecoute un peu de ce côté-ci: voilà du monde qui pourrait nous entendre. Tu m'iras chercher ce soir le spadassin [3] que je t'ai dit.

Tibia. — Pourquoi faire?   25

Claudio. — Je crois que Marianne a des amants.

Tibia. — Vous croyez, Monsieur?

Claudio. — Oui; il y a autour de ma maison une odeur d'amants; personne ne passe naturellement [4] devant ma porte; il y pleut des guitares et des entremetteuses.   30

Tibia. — Est-ce que vous pouvez empêcher qu'on donne des sérénades à votre femme?

Claudio. — Non; mais je puis poster un homme derrière la poterne, et me débarrasser du premier qui entrera.

Tibia. — Fi! votre femme n'a pas d'amants. — C'est comme si vous 35 disiez que j'ai des maîtresses.

Claudio. — Pourquoi n'en aurais-tu pas, Tibia? Tu es fort laid, mais tu as beaucoup d'esprit.

Tibia. — J'en conviens, j'en conviens.

Claudio. — Regarde, Tibia, tu en conviens toi-même; il n'en faut 40 plus douter, et mon déshonneur est public.

Tibia. — Pourquoi public?

Claudio. — Je te dis qu'il est public.

Tibia. — Mais, Monsieur, votre femme passe pour un dragon de vertu

◇◇◇◇◇◇◇◇◇◇◇

3. Comment les répliques de Cœlio et de Ciuta s'opposent-elles par leur ton (l. 13–17)?

4. Qu'est-ce que Claudio tient absolument à croire concernant Marianne? Relevez les expressions dans ses répliques qui par leur exagération même font ressortir son obsession.

5. Aux lignes 40–41 qu'est-ce qui rend le raisonnement de Claudio absurde?

---

[3] **spadassin:** assassin à gages.   [4] **naturellement:** d'une manière naturelle.

dans toute la ville; elle ne voit personne, elle ne sort de chez elle que pour 45
aller à la messe.

CLAUDIO. — Laisse-moi faire. — Je ne me sens pas de colère,[5] après tous les cadeaux qu'elle a reçus de moi. — Oui, Tibia, je machine en ce moment une épouvantable trame, et me sens prêt à mourir de douleur.

TIBIA. — Oh! que non.   50

CLAUDIO. — Quand je te dis quelque chose, tu me ferais plaisir de le croire. (*Ils sortent.*)

CŒLIO, *rentrant.* — Malheur à celui qui, au milieu de la jeunesse, s'abandonne à un amour sans espoir! Malheur à celui qui se livre à une douce rêverie, avant de savoir où sa chimère le mène, et s'il peut être payé 55 de retour! Mollement couché dans une barque, il s'éloigne peu à peu de la rive; il aperçoit au loin des plaines enchantées, de vertes prairies et le mirage léger de son Eldorado. Les vents l'entraînent en silence, et quand la réalité le réveille, il est aussi loin du but où il aspire que du rivage qu'il a quitté; il ne peut plus ni poursuivre sa route ni revenir sur ses pas. (*On* 60 *entend un bruit d'instruments.*)

Quelle est cette mascarade?[6] N'est-ce pas Octave que j'aperçois? (*Entre Octave.*)

OCTAVE. — Comment se porte, mon bon monsieur, cette gracieuse mélancolie?   65

CŒLIO. — Octave! ô fou que tu es! tu as un pied de rouge sur les joues! — D'où te vient cet accoutrement! N'as-tu pas de honte en plein jour?

OCTAVE. — O Cœlio! fou que tu es! tu as un pied de blanc sur les joues! — D'où te vient ce large habit noir? N'as-tu pas de honte en plein 70 carnaval?

◇◇◇◇◇◇◇◇◇◇◇

6. Distinguez entre le ton du mot *mourir* tel que Claudio l'emploie à la ligne 49 et celui du même mot prononcé par Cœlio à la ligne 13.

7. Quel mot anglais rend le mieux le ton oratoire de "malheur" aux lignes 53 et 54?

8. Dans la métaphore de la barque, développée dans cette même réplique, quelles images évoquent Marianne?

9. On a remarqué dans la salutation d'Octave (l. 64–65) un écho shakespearien (cf. "Good my lord, how does your honor for this many a day?" *Hamlet*, Acte III). S'il est vrai qu'Octave pense à Shakespeare, quelle tournure dans sa phrase donne un ton légèrement moqueur à la salutation?

10. Pourquoi Octave est-il "rouge" (l. 66) et Cœlio "blanc" (l. 69)?

11. A quoi tient l'humour des réponses d'Octave (l. 69–79)?

[5] **Je ne me sens pas de colère:** j'éprouve une violente colère.   [6] **mascarade:** groupe de gens masqués. Dans sa version scénique Gaston Baty introduit trois musiciens et une danseuse qui accompagnent Octave en costume de carnaval.

Cœlio. — Quelle vie que la tienne! Ou tu es gris,[7] ou je le suis moi-même.

Octave. — Ou tu es amoureux, ou je le suis moi-même.

Cœlio. — Plus que jamais de la belle Marianne.   75

Octave. — Plus que jamais de vin de Chypre.

Cœlio. — J'allais chez toi quand je t'ai rencontré.

Octave. — Et moi aussi j'allais chez moi. Comment se porte ma maison? Il y a huit jours que je ne l'ai vue.

Cœlio. — J'ai un service à te demander.   80

Octave. — Parle, Cœlio, mon cher enfant. Veux-tu de l'argent? Je n'en ai plus. Veux-tu des conseils? Je suis ivre. Veux-tu mon épée, voilà une batte [8] d'arlequin. Parle, parle, dispose de moi.

Cœlio. — Combien de temps cela durera-t-il? Huit jours hors de chez toi! Tu te tueras, Octave.   85

Octave. — Jamais de ma propre main, mon ami, jamais; j'aimerais mieux mourir que d'attenter à mes jours.

Cœlio. — Et n'est-ce pas un suicide comme un autre, que la vie que tu mènes!

Octave. — Figure-toi un danseur de corde, en brodequins d'argent, 90
le balancier au poing, suspendu entre le ciel et la terre; à droite et à gauche, de vieilles petites figures racornies, de maigres et pâles fantômes, des créanciers agiles, des parents et des courtisans, toute une légion de monstres, se suspendent à son manteau et le tiraillent de tous côtés pour lui faire perdre l'équilibre; des phrases redondantes, de grands mots 95
enchâssés [9] cavalcadent autour de lui; une nuée de prédictions sinistres l'aveugle de ses ailes noires. Il continue sa course légère de l'orient à l'occident. S'il regarde en bas, la tête lui tourne; s'il regarde en haut, le pied lui manque. Il va plus vite que le vent, et toutes les mains tendues autour de lui ne lui feront pas renverser une goutte de la coupe joyeuse 100
qu'il porte à la sienne. Voilà ma vie, mon cher ami; c'est ma fidèle image que tu vois.

Cœlio. — Que tu es heureux d'être fou!

Octave. — Que tu es fou de ne pas être heureux! Dis-moi un peu, toi, qu'est-ce qui te manque?   105

◇◇◇◇◇◇◇◇◇◇◇◇

12. Quelles images donnent à la métaphore du danseur de corde une certaine ambiance de cauchemar?

13. A quoi se rapporte le pronom *la sienne* (l. 101)? Que tient déjà le danseur? Que faut-il penser de ce tour de force?

[7] **gris**: à moitié ivre.   [8] **batte**: sabre de bois que portait Arlequin, personnage de la *commedia dell'arte*. On portait souvent un costume d'arlequin en temps de carnaval.
[9] **enchâssé**: a ici un sens figuré qui suggère une éloquence pompeuse.

Cœlio. — Il me manque le repos, la douce insouciance qui fait de la vie un miroir où tous les objets se peignent un instant et sur lequel tout glisse. Une dette pour moi est un remords. L'amour, dont vous autres vous faites un passe-temps, trouble ma vie entière. O mon ami, tu ignoreras toujours ce que c'est qu'aimer comme moi! Mon cabinet d'étude est désert, 110 depuis un mois j'erre autour de cette maison la nuit et le jour. Quel charme j'éprouve, au lever de la lune, à conduire sous ces petits arbres, au fond de cette place, mon chœur modeste de musiciens, à marquer moi-même la mesure, à les entendre chanter la beauté de Marianne! Jamais elle n'a paru à sa fenêtre; jamais elle n'est venue appuyer son front charmant sur 115 sa jalousie.

Octave. — Qui est cette Marianne? Est-ce que c'est ma cousine?

Cœlio. — C'est elle-même, la femme du vieux Claudio.

Octave. — Je ne l'ai jamais vue. Mais à coup sûr, elle est ma cousine. Claudio est fait exprès. Confie-moi tes intérêts, Cœlio.   120

Cœlio. — Tous les moyens que j'ai tentés pour lui faire connaître mon amour ont été inutiles. Elle sort du couvent, elle aime son mari, et respecte ses devoirs. Sa porte est fermée à tous les jeunes gens de la ville, et personne ne peut l'approcher.

Octave. — Ouais! est-elle jolie? — Sot que je suis! tu l'aimes, cela 125 n'importe guère. Que pourrions-nous imaginer?

Cœlio. — Faut-il te parler franchement? ne te riras-tu pas de moi?

Octave. — Laisse-moi rire de toi, et parle franchement.

Cœlio. — En ta qualité de parent, tu dois être reçu dans la maison.

Octave. — Suis-je reçu? Je n'en sais rien. Admettons que je suis reçu. 130 A te dire vrai, il y a une grande différence entre mon auguste famille et une botte d'asperges. Nous ne formons pas un faisceau bien serré, et nous ne tenons guère les uns aux autres que par écrit.[10] Cependant Marianne connaît mon nom. Faut-il lui parler en ta faveur?

Cœlio. — Vingt fois j'ai tenté de l'aborder; vingt fois j'ai senti mes 135

◇◇◇◇◇◇◇◇◇◇◇

14. Dans la tirade qui commence à la ligne 106, relevez les détails par lesquels Cœlio souligne ou suggère les différences entre Octave et lui-même.

15. Quelle traduction anglaise de "jalousie" (l. 116) rappelle l'emploi qu'on faisait de cet objet en Italie?

16. Expliquez dans le contexte le sens de la phrase: "Claudio est fait exprès" (l. 120).

17. Pourquoi Octave dit-il qu'il est "sot" (l. 125)?

18. Trouvez l'expression qui explique la comparaison entre la famille d'Octave et une botte d'asperges (l. 131–132).

19. Notez la position et la répétition de "Vingt fois . . ." (l. 135). Cf. "Jamais . . . jamais!" aux lignes 114–115. Pourquoi Cœlio s'exprime-t-il ainsi?

---

[10] **écrit:** documents d'état civil, de généalogie, etc.

genoux fléchir en approchant d'elle. J'ai été forcé de lui envoyer la vieille Ciuta. Quand je la vois, ma gorge se serre et j'étouffe, comme si mon cœur se soulevait jusqu'à mes lèvres.

OCTAVE. — J'ai éprouvé cela. C'est ainsi qu'au fond des forêts, lorsqu'une biche avance à petits pas sur les feuilles sèches, et que le chasseur 140 entend les bruyères glisser sur ses flancs inquiets, comme le frôlement d'une robe légère, les battements de cœur le prennent malgré lui; il soulève son arme en silence, sans faire un pas et sans respirer.

CŒLIO. — Pourquoi donc suis-je ainsi? n'est-ce pas une vieille maxime parmi les libertins, que toutes les femmes se ressemblent? Pourquoi donc 145 y a-t-il si peu d'amours qui se ressemblent? En vérité, je ne saurais aimer cette femme comme toi, Octave, tu l'aimerais, ou comme j'en aimerais une autre. Qu'est-ce donc pourtant que tout cela? Deux yeux bleus, deux lèvres vermeilles, une robe blanche et deux blanches mains. Pourquoi ce qui te rendrait joyeux et empressé, ce qui t'attirerait, toi, comme l'aiguille 150 aimantée attire le fer, me rend-il triste et immobile? Qui pourrait dire: ceci est gai ou triste? La réalité n'est qu'une ombre. Appelle imagination ou folie ce qui la divinise. — Alors la folie est la beauté elle-même. Chaque homme marche enveloppé d'un réseau transparent qui le couvre de la tête aux pieds: il croit voir des bois et des fleuves, des visages divins, et 155 l'universelle nature se teint sous ses regards des nuances infinies du tissu magique. Octave! Octave! viens à mon secours.

OCTAVE. — J'aime ton amour, Cœlio; il divague dans ta cervelle comme un flacon syracusain.[11] Donne-moi la main; je viens à ton secours, attends un peu. L'air me frappe au visage et les idées me reviennent. Je 160 connais cette Marianne; elle me déteste fort sans m'avoir jamais vu. C'est une mince poupée qui marmotte des *Ave* sans fin.

CŒLIO. — Fais ce que tu voudras, mais ne me trompe pas, je t'en conjure; il est aisé de me tromper; je ne sais pas me défier d'une action que je ne voudrais pas faire moi-même. 165

◇◇◇◇◇◇◇◇◇◇◇◇

20. Expliquez le sens et la justesse de la comparaison introduite par *comme* à la ligne 141.

21. Octave dit: "J'ai éprouvé cela" (l. 139). Mais "les battements de cœur" qu'il décrit ensuite sont-ils de la même nature que ceux de Cœlio? Justifiez votre réponse.

22. Octave dit que l'amour de Cœlio "divague" (l. 158). Montrez comment la forme et la suite des phrases dans la tirade (l. 144–157) provoquent cette remarque.

[11] **comme un flacon syracusain:** ellipse pour: comme un flacon de vin syracusain ferait divaguer ta cervelle.

OCTAVE. — Si tu escaladais les murs?

CŒLIO. — Entre elle et moi est une muraille imaginaire que je n'ai pu escalader.

OCTAVE. — Si tu lui écrivais?

CŒLIO. — Elle déchire mes lettres ou me les renvoie.   170

OCTAVE. — Si tu en aimais une autre? Viens avec moi chez Rosalinde.

CŒLIO. — Le souffle de ma vie est à Marianne; elle peut d'un mot de ses lèvres l'anéantir ou l'embraser. Vivre pour une autre me serait plus difficile que de mourir pour elle; ou je réussirai, ou je me tuerai. Silence! la voici qui rentre; elle détourne la rue.   175

OCTAVE. — Retire-toi, je vais l'aborder.

CŒLIO. — Y penses-tu? dans l'équipage où te voilà! Essuie-toi le visage: tu as l'air d'un fou.

OCTAVE. — Voilà qui est fait. L'ivresse et moi, mon cher Cœlio, nous nous sommes trop chers l'un à l'autre pour nous jamais disputer; elle fait 180 mes volontés comme je fais les siennes. N'aie aucune crainte là-dessus; c'est le fait d'un étudiant en vacance qui se grise un jour de grand dîner, de perdre la tête et de lutter avec le vin; moi, mon caractère est d'être ivre; ma façon de penser est de me laisser faire, et je parlerais au roi en ce moment, comme je vais parler à ta belle.   185

CŒLIO. — Je ne sais ce que j'éprouve. — Non, ne lui parle pas.

OCTAVE. — Pourquoi?

CŒLIO. — Je ne puis dire pourquoi; il me semble que tu vas me tromper.

OCTAVE. — Touche là.[12] Je te jure sur mon honneur que Marianne sera 190 à toi, ou à personne au monde, tant que j'y pourrai quelque chose. (*Cœlio sort. — Entre Marianne. Octave l'aborde.*)

OCTAVE. — Ne vous détournez pas, princesse de beauté! laissez tomber vos regards sur le plus indigne de vos serviteurs.

◇◇◇◇◇◇◇◇◇◇◇

23. Dans la réplique qui commence à la ligne 172 relevez les oppositions qui renforcent le tour oratoire de ces phrases.

24. En tenant compte des inquiétudes de Cœlio, expliquez dans le contexte le sens de la phrase: "elle fait mes volontés comme je fais les siennes" (l. 180–181).

25. Cœlio répète le verbe *tromper* pour la troisième fois à la ligne 189. Où l'a-t-il déjà prononcé? Quel effet Musset veut-il produire par cette répétition?

26. Caractérisez le style de la salutation d'Octave à Marianne (l. 193–194).

[12] **Touche là:** indication de Gaston Baty: "Il lui prend la main. Un peu de solennité et beaucoup d'amitié dans la promesse."

MARIANNE. — Qui êtes-vous? 195

OCTAVE. — Mon nom est Octave; je suis cousin de votre mari.

MARIANNE. — Venez-vous pour le voir? entrez au logis, il va revenir.

OCTAVE. — Je ne viens pas pour le voir, et n'entrerai point au logis, de peur que vous ne m'en chassiez tout à l'heure, quand je vous aurai dit ce qui m'amène. 200

MARIANNE. — Dispensez-vous donc de le dire et de m'arrêter plus longtemps.

OCTAVE. — Je ne saurais m'en dispenser, et vous supplie de vous arrêter pour l'entendre. Cruelle Marianne! vos yeux ont causé bien du mal, et vos paroles ne sont pas faites pour le guérir. Que vous avait fait Cœlio? 205

MARIANNE. — De qui parlez-vous, et quel mal ai-je causé?

OCTAVE. — Un mal le plus cruel de tous, car c'est un mal sans espérance; le plus terrible, car c'est un mal qui se chérit lui-même, et repousse la coupe salutaire jusque dans la main de l'amitié; un mal qui fait pâlir les lèvres sous des poisons plus doux que l'ambroisie, et qui fond 210 en une pluie de larmes le cœur le plus dur, comme la perle de Cléo-pâtre;[13] un mal que tous les aromates, toute la science humaine ne sauraient soulager, et qui se nourrit du vent qui passe, du parfum d'une rose fanée, du refrain d'une chanson, et qui suce l'éternel aliment de ses souffrances dans tout ce qui l'entoure, comme une abeille son miel dans 215 tous les buissons d'un jardin.

MARIANNE. — Me direz-vous le nom de ce mal?

OCTAVE. — Que celui qui est digne de le prononcer vous le dise; que les rêves de vos nuits, que ces orangers verts, cette fraîche cascade vous l'apprennent, que vous puissiez le chercher un beau soir, vous le trouverez 220 sur vos lèvres; son nom n'existe pas sans lui.

MARIANNE. — Est-il si dangereux à dire, si terrible dans sa contagion, qu'il effraye une langue qui plaide en sa faveur?

OCTAVE. — Est-il si doux à entendre, cousine, que vous le demandiez? Vous l'avez appris à Cœlio. 225

MARIANNE. — C'est donc sans le savoir, je ne connais ni l'un ni l'autre.

◇◇◇◇◇◇◇◇◇◇

27. Octave hésite, comme La Fontaine dans *Les Animaux malades de la peste*, à dire le nom du "mal" dont il parle (l. 207 et suiv.). Est-ce pour la même raison?

28. Jusqu'à quelle réplique le badinage sur le "mal" se prolonge-t-il? Comment nous permet-il de mieux connaître Marianne? Quels sentiments se révèlent dans ses réponses?

[13] **la perle de Cléopâtre:** on raconte que Cléopâtre a fait dissoudre une perle dans du vinaigre et qu'elle a bu le mélange.

Musset. *Les Caprices de Marianne*. Acte I, Scène 1. (Studio Lipnitzki.)

OCTAVE. — Que vous les connaissiez ensemble, et que vous ne les sépariez jamais, voilà le souhait de mon cœur.

MARIANNE. — En vérité?

OCTAVE. — Cœlio est le meilleur de mes amis; si je voulais vous faire 230 envie, je vous dirais qu'il est beau comme le jour, jeune, noble, et je ne mentirais pas; mais je ne veux que vous faire pitié, et je vous dirai qu'il est triste comme la mort, depuis le jour où il vous a vue.

MARIANNE. — Est-ce ma faute s'il est triste?

OCTAVE. — Est-ce sa faute si vous êtes belle? il ne pense qu'à vous; à 235 toute heure il rôde autour de cette maison. N'avez-vous jamais entendu chanter sous vos fenêtres? N'avez-vous jamais soulevé, à minuit, cette jalousie et ce rideau?

MARIANNE. — Tout le monde peut chanter le soir, et cette place appartient à tout le monde. 240

OCTAVE. — Tout le monde aussi peut vous aimer; mais personne ne peut vous le dire. Quel âge avez-vous, Marianne?

MARIANNE. — Voilà une jolie question! et si je n'avais que dix-neuf ans, que voudriez-vous que j'en pense?

OCTAVE. — Vous avez donc encore cinq ou six ans pour être aimée, 245 huit ou dix pour aimer vous-même et le reste pour prier Dieu.

MARIANNE. — Vraiment? Eh bien! pour mettre le temps à profit, j'aime Claudio, votre cousin et mon mari.

OCTAVE. — Mon cousin et votre mari ne feront jamais à eux deux qu'un pédant de village; vous n'aimez point Claudio. 250

MARIANNE. — Ni Cœlio; vous pouvez le lui dire.

OCTAVE. — Pourquoi?

MARIANNE. — Pourquoi n'aimerais-je pas Claudio? C'est mon mari.

OCTAVE. — Pourquoi n'aimeriez-vous pas Cœlio? C'est votre amant.

MARIANNE. — Me direz-vous aussi pourquoi je vous écoute? Adieu, 255 seigneur Octave; voilà une plaisanterie qui a duré assez longtemps. (*Elle sort.*)

OCTAVE. — Ma foi, ma foi! elle a de beaux yeux. (*Il sort.*)

❖❖❖❖❖❖❖❖❖❖

29. Pourquoi Octave s'exprime-t-il par une phrase conditionnelle aux lignes 230–232? Et Marianne, aux lignes 243–244?

30. Montrez comment la suite des "pourquoi" renforce la vivacité de la repartie de Marianne (l. 252–255).

Scène II

La maison de Cœlio. HERMIA, *plusieurs domestiques,* MALVOLIO.

HERMIA. — Disposez ces fleurs comme je vous l'ai ordonné; a-t-on dit
aux musiciens de venir?   260

UN DOMESTIQUE. — Oui, madame; ils seront ici à l'heure du souper.

HERMIA. — Ces jalousies fermées sont trop sombres; qu'on laisse
entrer le jour sans laisser entrer le soleil. — Plus de fleurs autour de ce lit;
le souper est-il bon? Aurons-nous notre belle voisine, la comtesse Pergoli?
A quelle heure est sorti mon fils?   265

MALVOLIO. — Pour être sorti, il faudrait d'abord qu'il fût rentré. Il
a passé la nuit dehors.

HERMIA. — Vous ne savez ce que vous dites. — Il a soupé hier avec
moi, et m'a ramenée ici. A-t-on fait porter dans le cabinet d'étude le
tableau que j'ai acheté ce matin?   270

MALVOLIO. — Du vivant de son père, il n'en aurait pas été ainsi. Ne
dirait-on pas que notre maîtresse a dix-huit ans, et qu'elle attend son
sigisbée?

HERMIA. — Mais du vivant de sa mère, il en est ainsi, Malvolio. Qui
vous a chargé de veiller sur sa conduite? Songez-y; que Cœlio ne ren- 275
contre pas sur son passage un visage de mauvais augure; qu'il ne vous
entende pas grommeler entre vos dents, comme un chien de basse-cour
à qui l'on dispute l'os qu'il veut ronger, ou, par le ciel, pas un de vous ne
passera la nuit sous ce toit.

MALVOLIO. — Je ne grommelle rien, ma figure n'est pas un mauvais 280
présage: vous me demandez à quelle heure est sorti mon maître, et je
vous réponds qu'il n'est pas rentré. Depuis qu'il a l'amour en tête, on ne
le voit pas quatre fois la semaine.

HERMIA. — Pourquoi ces livres sont-ils couverts de poussière? Pourquoi ces meubles sont-ils en désordre? Pourquoi faut-il que je mette ici la 285
main à tout, si je veux obtenir quelque chose? Il vous appartient bien de
lever les yeux sur ce qui ne vous regarde pas, lorsque votre ouvrage est à
moitié fait et que les soins dont on vous charge retombent sur les autres.
Allez, et retenez votre langue. (*Entre Cœlio.*)

Eh bien, mon cher enfant, quels seront vos plaisirs aujourd'hui? (*Les* 290
domestiques se retirent.)

◇◇◇◇◇◇◇◇◇◇◇

31. Remarquez les ordres que donne Hermia et toutes les questions qu'elle
pose jusqu'à la sortie des domestiques. Comment cette juxtaposition d'ordres
et de questions révèle-t-elle l'état d'esprit de la mère de Cœlio?

32. Saisissez-vous un rapport entre le "visage de mauvais augure" (l. 276)
et le nom de celui à qui Hermia s'adresse?

Cœlio. — Les vôtres, ma mère. (*Il s'assoit.*)

Hermia. — Eh quoi! les plaisirs communs, et non les peines communes? C'est un partage injuste, Cœlio. Ayez des secrets pour moi, mon enfant, mais non pas de ceux qui vous rongent le cœur et vous rendent 295 insensible à tout ce qui vous entoure.

Cœlio. — Je n'ai point de secret, et plût à Dieu, si j'en avais, qu'ils fussent de nature à faire de moi une statue!

Hermia. — Quand vous aviez dix ou douze ans, toutes vos peines, tous vos petits chagrins se rattachaient à moi; d'un regard sévère ou in- 300 dulgent de ces yeux que voilà, dépendait la tristesse ou la joie des vôtres, et votre petite tête blonde tenait par un fil bien délié au cœur de votre mère. Maintenant, mon enfant, je ne suis plus que votre vieille sœur, incapable peut-être de soulager vos ennuis, mais non pas de les partager.

Cœlio. — Et vous aussi, vous avez été belle! Sous ces cheveux 305 argentés qui ombragent votre noble front, sous ce long manteau qui vous couvre, l'œil reconnaît encore le port majestueux d'une reine, et les formes gracieuses d'une Diane chasseresse. O ma mère! vous avez inspiré l'amour! Sous vos fenêtres entr'ouvertes a murmuré le son de la guitare; sur ces places bruyantes, dans le tourbillon de ces fêtes, vous avez promené une 310 insouciante et superbe jeunesse; vous n'avez point aimé; un parent de mon père est mort d'amour pour vous.

Hermia. — Quel souvenir me rappelles-tu?

Cœlio. — Ah! si votre cœur peut en supporter la tristesse, si ce n'est pas vous demander des larmes, racontez-moi cette aventure, ma mère, 315 faites-m'en connaître les détails.

Hermia. — Votre père ne m'avait jamais vue alors. Il se chargea, comme allié de ma famille, de faire agréer la demande du jeune Orsini, qui voulait m'épouser. Il fut reçu comme le méritait son rang, par votre grand-père, et admis dans notre intimité. Orsini était un excellent parti, et 320 cependant je le refusai. Votre père, en plaidant pour lui, avait tué dans mon cœur le peu d'amour qu'il m'avait inspiré pendant deux mois d'assiduités constantes. Je n'avais pas soupçonné la force de sa passion pour moi. Lorsqu'on lui apporta ma réponse, il tomba, privé de connaissance, dans les bras de votre père. Cependant une longue absence, un 325 voyage qu'il entreprit alors, et dans lequel il augmenta sa fortune, devaient

<hr />

33. Pourquoi le "partage" mentionné à la ligne 294 est-il injuste?

34. Quel parallélisme est suggéré par l'emploi de l'adverbe *aussi* (l. 305)? Comment Cœlio en poursuit-il le développement jusqu'à la fin de la tirade? Que laisse prévoir la dernière phrase?

35. Expliquez le changement de *vous* en *tu* (l. 313).

36. Pourquoi Musset a-t-il introduit la narration d'Hermia dans la pièce? A qui correspond Orsini? à qui le père de Cœlio?

avoir dissipé ses chagrins. Votre père changea de rôle et demanda pour lui ce qu'il n'avait pu obtenir pour Orsini. Je l'aimais d'un amour sincère, et l'estime qu'il avait inspirée à mes parents ne me permit pas d'hésiter. Le mariage fut décidé le jour même, et l'église s'ouvrit pour nous quelques 330 semaines après. Orsini revint à cette époque. Il fut [14] trouver votre père, l'accabla de reproches, l'accusa d'avoir trahi sa confiance et d'avoir causé le refus qu'il avait essuyé. Du reste, ajouta-t-il, si vous avez désiré ma perte, vous serez satisfait. Epouvanté de ces paroles, votre père vint trouver le mien, et lui demander son témoignage pour désabuser Orsini. — 335 Hélas! il n'était plus temps; on trouva dans sa chambre le pauvre jeune homme traversé de part en part de plusieurs coups d'épée.

Scène III
Le jardin de Claudio. CLAUDIO et TIBIA, entrant.

CLAUDIO. — Tu as raison, et ma femme est un trésor de pureté. Que te dirai-je de plus? c'est une vertu solide.

TIBIA. — Vous croyez, Monsieur?   340

CLAUDIO. — Peut-elle empêcher qu'on ne chante sous ses croisées? Les signes d'impatience qu'elle peut donner dans son intérieur sont les suites de son caractère. As-tu remarqué que sa mère, lorsque j'ai touché cette corde, a été tout d'un coup du même avis que moi?

TIBIA. — Relativement à quoi?   345

CLAUDIO. — Relativement à ce qu'on chante sous ses croisées.

TIBIA. — Chanter n'est pas un mal, je fredonne moi-même à tout moment.

CLAUDIO. — Mais bien chanter est difficile.

TIBIA. — Difficile pour vous et pour moi, qui, n'ayant pas reçu de voix 350 de la nature, ne l'avons jamais cultivée. Mais voyez comme ces acteurs de théâtre s'en tirent habilement.

CLAUDIO. — Ces gens-là passent leur vie sur les planches.

TIBIA. — Combien croyez-vous qu'on puisse donner par an?

CLAUDIO. — A qui? à un juge de paix?   355

TIBIA. — Non, à un chanteur.

CLAUDIO. — Je n'en sais rien. — On donne à un juge de paix le tiers de ce que vaut ma charge. Les conseillers de justice ont moitié.

◇◇◇◇◇◇◇◇◇◇◇

37. Quelle est la valeur comique de "Vous croyez, Monsieur?" (l. 340)? Cf. l. 27 et aussi l. 391.

38. Relevez et commentez toutes les autres questions dans le dialogue entre Claudio et Tibia qui contribuent au décousu des répliques.

[14] **fut:** le verbe *aller* peut être remplacé par *être* au passé simple, au subjonctif imparfait et aux temps composés.

TIBIA. — Si j'étais juge en cour royale, et que ma femme eût des amants, je les condamnerais moi-même. 360

CLAUDIO. — A combien d'années de galère?

TIBIA. — A la peine de mort. Un arrêt de mort est une chose superbe à lire à haute voix.

CLAUDIO. — Ce n'est pas le juge qui le lit, c'est le greffier.

TIBIA. — Le greffier de votre tribunal a une jolie femme. 365

CLAUDIO. — Non, c'est le président qui a une jolie femme; j'ai soupé hier avec eux.

TIBIA. — Le greffier aussi! Le spadassin qui va venir ce soir est l'amant de la femme du greffier.

CLAUDIO. — Quel spadassin? 370

TIBIA. — Celui que vous avez demandé.

CLAUDIO. — Il est inutile qu'il vienne après ce que je t'ai dit tout à l'heure.

TIBIA. — A quel sujet?

CLAUDIO. — Au sujet de ma femme. 375

TIBIA. — La voici qui vient elle-même. (*Entre Marianne.*)

MARIANNE. — Savez-vous ce qui m'arrive pendant que vous courez les champs? J'ai reçu la visite de votre cousin.

CLAUDIO. — Qui cela peut-il être? Nommez-le par son nom.

MARIANNE. — Octave, qui m'a fait une déclaration d'amour de la part 380 de son ami Cœlio. Qui est ce Cœlio? Connaissez-vous cet homme? Trouvez bon que ni lui ni Octave ne mettent les pieds dans cette maison.

CLAUDIO. — Je le connais; c'est le fils d'Hermia, notre voisine. Qu'avez-vous répondu à cela?

MARIANNE. — Il ne s'agit pas de ce que j'ai répondu. Comprenez-vous 385 ce que je dis? Donnez ordre à vos gens qu'ils ne laissent entrer ni cet homme ni son ami. Je m'attends à quelque importunité de leur part, et je suis bien aise de l'éviter. (*Elle sort.*)

CLAUDIO. — Que penses-tu de cette aventure, Tibia? Il y a quelque ruse là-dessous. 390

TIBIA. — Vous croyez, Monsieur?

CLAUDIO. — Pourquoi n'a-t-elle pas voulu dire ce qu'elle a répondu? La déclaration est impertinente, il est vrai; mais la réponse mérite d'être connue. J'ai le soupçon que ce Cœlio est l'ordonnateur de toutes ces guitares. 395

◆◆◆◆◆◆◆◆◆◆◆

39. Malgré les coq-à-l'âne, montrez comment un seul thème unit toute la scène.

40. Quelles allusions dans les répliques de Tibia renforcent le pressentiment que donnait déjà la fin de la deuxième scène?

TIBIA. — Défendre votre porte à ces deux hommes est un moyen excellent de les éloigner.

CLAUDIO. — Rapporte-t'en à moi. — Il faut que je fasse part de cette découverte à ma belle-mère. J'imagine que ma femme me trompe, et que toute cette fable est une pure invention pour me faire prendre le 400 change, et troubler entièrement mes idées. (*Ils sortent.*)

Musset. *Les Caprices de Marianne.* Acte I, Scène 3. (Studio Lipnitzki.)

EXERCICES

I. L'interrogation [V. Gramm. **1.3–1.7; 4.39–4.49; 5.14–5.17**]

A. Lisez à haute voix les phrases suivantes, traduisez-les en anglais, puis expliquez l'emploi des formes interrogatives:

1. Peut-elle empêcher qu'on chante sous ses croisées?
2. Le souper est-il bon?
3. Et n'est-ce pas un suicide comme un autre, que la vie que tu mènes?
4. Est-ce que vous pouvez empêcher qu'on donne des sérénades à votre femme?
5. Vous croyez, Monsieur?
6. Qui est ce Cœlio?
7. Qui vous a chargé de veiller sur sa conduite?
8. Qui cela peut-il être?
9. Qui vois-tu?
10. De qui parlez-vous?
11. A qui penses-tu?
12. Qu'est-ce qui te manque?
13. Que te dirai-je de plus?
14. Que vous avait fait Cœlio?
15. De quoi parles-tu?
16. Relativement à quoi?
17. Quel souvenir me rappelles-tu?
18. Quels seront vos plaisirs aujourd'hui?
19. Quelle vie que la tienne!
20. Lequel des deux amis va parler à Marianne?
21. Pourquoi n'a-t-elle pas voulu dire ce qu'elle a répondu?
22. Pourquoi y a-t-il si peu d'amours qui se ressemblent?
23. Comment se porte cette gracieuse mélancolie?
24. D'où te vient ce large habit noir?
25. Combien croyez-vous qu'on puisse donner par an?

B. Traduisez par écrit les phrases suivantes:

1. Who loves Marianne?
2. Whom does she love?
3. Whom does Cœlio love?
4. What makes him sad?
5. Which wine does Octave prefer?
6. How old is Marianne?
7. What did you reply to that?

8. Who is this Octave?
9. What did she say?
10. To whom did she say it?
11. What is this masquerade?
12. What is a masquerade?
13. Whom does she obey?
14. What harm have I done?
15. What do young girls dream about?
16. Why are these books covered with dust?
17. Don't you understand what I am saying?
18. Is it my fault if he is sad?
19. Have the musicians been told to come?
20. Is Cœlio's mother not capable of sharing his sorrows?
21. Do you know what has happened to her?
22. What do you think of this adventure? Which one?
23. What makes Claudio angry?
24. Which one of these two young men is more sensitive?
25. Which one are you talking about?

II.   **L'adjectif et le pronom démonstratifs** [V. Gramm. 4.15–4.27; 5.1–5.2]

Recopiez les phrases suivantes en remplaçant les tirets par les adjectifs ou pronoms démonstratifs qui conviennent:

1. Un jeune homme de _____ ville est éperdument amoureux de vous.
2. _____ impudentes guitares ne cessent de murmurer.
3. Ecoute un peu de _____ côté-ci.
4. Malheur à _____ qui s'abandonne à un amour sans espoir.
5. D'où te vient _____ accoutrement?
6. Combien de temps _____ durera-t-il?
7. Quel charme j'éprouve à conduire sous _____ petits arbres, au fond de _____ place, mon chœur modeste de musiciens.
8. Qui est _____ Marianne? Est-_____ que _____ est ma cousine?
9. Qu'est-_____ donc pourtant que tout _____?
10. Qui pourrait dire: _____ est gai ou triste?
11. Me direz-vous le nom de _____ mal?
12. N'avez-vous jamais soulevé, à minuit, _____ jalousie et _____ rideau?
13. _____ est mon mari.
14. Racontez-moi _____ aventure.
15. _____ gens-là passent leur vie sur les planches.

III. Tournures idiomatiques

A. EXERCICE ORAL

Traduisez idiomatiquement en anglais les phrases suivantes:

1. Ah! malheureux que je suis, je n'ai plus qu'à mourir.
2. J'ai à me venger d'un outrage.
3. Depuis un mois j'erre autour de cette maison.
4. Du vivant de son père, il n'en aurait pas été ainsi.
5. J'en conviens.
6. Tu ignoreras toujours ce que c'est qu'aimer comme moi.
7. Si tu lui écrivais?
8. Ils s'en tirent habilement.
9. Malheur à celui qui se livre à une douce rêverie, avant de savoir où sa chimère le mène, et s'il peut être payé de retour.
10. Il faut que je fasse part de cette découverte à ma belle-mère.

B. Ecrivez des phrases dans lesquelles vous emploierez les expressions suivantes:

1. *il s'agit de* . . .
2. *rire de* . . .
3. *approcher* . . .
4. *s'approcher de* . . .
5. *mériter de* + l'infinitif
6. *cesser de* + l'infinitif
7. *s'éloigner de* . . .
8. *se tirer de* . . .
9. *attendre* . . .
10. *s'attendre à* . . .
11. *être prêt à* + l'infinitif
12. *de la part de* . . .
13. *au sujet de* . . .
14. *tout à l'heure*

IV. Révision des verbes: ALLER; VENIR, TENIR [V. Gramm. 8.140a, c; 8.141]

A. Traduisez par écrit:

1. Go away!
2. The women came.
3. The men will come.
4. Is he coming?
5. She was becoming ill.
6. She became ill.
7. Who would return if it were possible?
8. I don't remember it.
9. Do you remember it?
10. It is useless for him to come.
11. I am afraid to come.
12. I am afraid he is coming.
13. I am afraid he is not coming.
14. Am I holding it?

15. Will you obtain it?
16. They were holding it.
17. These friends always go to Italy in the summer.
18. They went there last summer.
19. I am glad they came back.
20. I shall go to Naples.

B. Ecrivez les phrases suivantes, en employant la forme correcte des verbes entre parenthèses:

1. Il faut que nous (*venir*).
2. Il veut que je (*venir*).
3. Nous voulons que vous (*revenir*).
4. Il faut qu'il l'(*obtenir*).
5. Je regrette qu'elle s'en (*aller*).

C. Identifiez le temps des verbes suivants:

1. vinrent
2. allât
3. alla
4. obtint
5. aillent

V. Etude de vocabulaire

A. En ajoutant des préfixes, écrivez au moins sept verbes composés sur **venir.**

B. Trouvez des mots dérivés de

1. tenir   5. maintenir
2. contenir   6. obtenir
3. détenir   7. retenir
4. entretenir   8. soutenir

C. Prononcez les verbes suivants et donnez-en la signification:

embraser   (dérivé de *braise*)
embrasser   (dérivé d'*en* + *bras*)

Donnez la signification des noms suivants dérivés du verbe *embrasser:*

l'embrassade
l'embrasse
l'embrassement

Traduisez les expressions suivantes, en faisant ressortir le sens du verbe *embrasser:*

Allons, embrassez-vous!
(à la fin d'une lettre) Je vous embrasse de tout mon cœur.

Il a embrassé la foi chrétienne.

L'explication n'embrasse pas tous les faits.

L'étude de la philosophie embrasse tout.

Il embrasse tout d'un coup d'œil.

Qui trop embrasse mal étreint. (*prov.*)

D. Pour éviter de les confondre entre eux, traduisez les mots suivants:

1. la course; la cour; le cours
2. l'amoureux; l'amant; l'aimant
3. l'aliment; l'élément
4. disposer; disposer de
5. teindre; tendre (*verbe*)
6. le sol; le soleil

VI. Thème

En vous rapportant au texte de la pièce, traduisez en français le passage suivant:

Cœlio was in love with Marianne, and for weeks he had been seeking an opportunity to talk to her. For a month he had been wandering around outside the house night and day, but he was wasting his time. Marianne never saw anyone; she left her home only to go to mass. When Cœlio's musicians serenaded her at night, she never appeared at her window.

Claudio, Marianne's husband and a jealous old man, thought that his wife had encouraged lovers. He would have liked to prevent those serenades, get rid of the musicians, and punish the lovers. He was far from being convinced that his young wife was faithful to him. He thought that Marianne's indignation after her first conversation with Octave was just a ruse to put him off the scent.

VII. Sujet de composition. (Choisissez A ou B)

A. Au début de la troisième scène du premier acte, Claudio fait allusion à une conversation qu'il a eue avec la mère de Marianne.
Imaginez cette petite scène entre Claudio et sa belle-mère.

B. A la fin du premier acte, Claudio dit qu'il va faire part de "cette découverte" à sa belle-mère.
Imaginez cette scène entre Claudio et la mère de Marianne.

Chapitre VI

Les Caprices de Marianne (fin)

Scène I

Une rue. Entrent OCTAVE *et* CIUTA.

OCTAVE. — Il y renonce, dites-vous?

CIUTA. — Hélas! pauvre jeune homme! Il aime plus que jamais, et sa mélancolie se trompe elle-même sur les désirs qui la nourrissent. Je croirais presque qu'il se défie de vous, de moi, de tout ce qui l'entoure.

OCTAVE. — Non, par le ciel! je n'y renoncerai pas; je me sens moi- 5 même une autre Marianne, et il y a du plaisir à être entêté. Ou Cœlio réussira ou j'y perdrai ma langue.

CIUTA. — Agirez-vous contre sa volonté?

OCTAVE. — Oui, pour agir d'après la mienne, qui est sa sœur aînée, et pour envoyer aux enfers messer Claudio le juge, que je déteste, méprise et 10 abhorre depuis les pieds jusqu'à la tête.

CIUTA. — Je lui porterai donc votre réponse, et, quant à moi, je cesse de m'en mêler.

OCTAVE. — Je suis comme un homme qui tient la banque d'un

◇◇◇◇◇◇◇◇◇◇◇◇

1. A quel nom l'adjectif *sa* dans *sa sœur aînée* (l. 9) renvoie-t-il? Que veut dire Octave par cette métaphore?

pharaon [1] pour le compte d'un autre, et qui a la veine [2] contre lui; il 15
noierait plutôt son meilleur ami que de céder, et la colère de perdre avec
l'argent d'autrui l'enflamme cent fois plus que ne le ferait sa propre ruine.
(*Entre Cœlio.*)

Comment, Cœlio, tu abandonnes la partie!

CŒLIO. — Que veux-tu que je fasse?   20

OCTAVE. — Te défies-tu de moi? Qu'as-tu? te voilà pâle comme la
neige. — Que se passe-t-il en toi?

CŒLIO. — Pardonne-moi, pardonne-moi! Fais ce que tu voudras; va
trouver Marianne. — Dis-lui que me tromper, c'est me donner la mort, et
que ma vie est dans ses yeux. (*Il sort.*)   25

OCTAVE. — Par le ciel, voilà qui est étrange!

CIUTA. — Silence! vêpres sonnent; la grille du jardin vient de s'ouvrir;
Marianne sort. — Elle approche lentement. (*Ciuta se retire. — Entre
Marianne.*)

OCTAVE. — Belle Marianne, vous dormirez tranquillement. — Le cœur 30
de Cœlio est à une autre, et ce n'est plus sous vos fenêtres qu'il donnera
ses sérénades.

MARIANNE. — Quel dommage! et quel grand malheur de n'avoir pu
partager un amour comme celui-là! Voyez! comme le hasard me contrarie!
Moi qui allais l'aimer.   35

OCTAVE. — En vérité?

MARIANNE. — Oui, sur mon âme, ce soir ou demain matin, dimanche
au plus tard, je lui appartenais. Qui pourrait ne pas réussir avec un ambassadeur tel que vous? Il faut croire que sa passion pour moi était quelque chose comme du chinois ou de l'arabe, puisqu'il lui fallait un in- 40
terprète, et qu'elle ne pouvait s'expliquer toute seule.

OCTAVE. — Raillez, raillez! nous ne vous craignons plus.

MARIANNE. — Ou peut-être que cet amour n'était encore qu'un pauvre
enfant à la mamelle, et vous, comme une sage nourrice, en le menant à

◇◇◇◇◇◇◇◇◇◇◇

2. De quelle "partie" s'agit-il, à la ligne 19? Comment ce mot a-t-il été
suggéré par la comparaison qui le précède?

3. Comment expliquer que dans cette scène Cœlio se montre plus défiant
qu'auparavant?

4. A la réplique de Marianne qui commence par "Quel dommage! . . ."
(l. 33) Gaston Baty ajoute l'indication scénique: "Persiflage". Pourquoi?

5. Quels sont les deux sens d'"interprète" qui permettent le jeu de mots aux
lignes 40–41?

[1] pharaon: jeu de cartes qui se joue entre un *banquier* et tous les autres joueurs.
[2] la veine: la chance.

la lisière, vous l'aurez laissé tomber la tête la première en le promenant 45
par la ville.

OCTAVE. — La sage nourrice s'est contentée de lui faire boire d'un certain lait que la vôtre vous a versé sans doute, et généreusement; vous en
avez encore sur les lèvres une goutte qui se mêle à toutes vos paroles.

MARIANNE. — Comment s'appelle ce lait merveilleux?   50

OCTAVE. — L'indifférence. Vous ne pouvez ni aimer ni haïr, et vous
êtes comme les roses du Bengale, Marianne, sans épines et sans parfum.

MARIANNE. — Bien dit. Aviez-vous préparé d'avance cette comparaison? Si vous ne brûlez pas le brouillon de vos harangues, donnez-le-moi de
grâce que je les apprenne à ma perruche.   55

OCTAVE. — Qu'y trouvez-vous qui puisse vous blesser? Une fleur sans
parfum n'en est pas moins belle; bien au contraire, ce sont les plus belles
que Dieu a faites ainsi; et le jour où, comme une Galatée [3] d'une nouvelle
espèce, vous deviendrez de marbre au fond de quelque église, ce sera
une charmante statue que vous ferez, et qui ne laissera pas que de trouver 60
quelque niche respectable dans un confessionnal.

MARIANNE. — Mon cher cousin, est-ce que vous ne plaignez pas le sort
des femmes? Voyez un peu ce qui m'arrive. Il est décrété par le sort que
Cœlio m'aime, ou qu'il croit m'aimer, lequel Cœlio le dit à ses amis,
lesquels amis décrètent à leur tour que, sous peine de mort, je serai sa 65
maîtresse. La jeunesse napolitaine daigne m'envoyer en votre personne
un digne représentant, chargé de me faire savoir que j'aie à aimer ledit
seigneur Cœlio d'ici à une huitaine de jours. Pesez cela, je vous en prie. Si
je me rends, que dira-t-on de moi? N'est-ce pas une femme bien abjecte
que celle qui obéit à point nommé, à l'heure convenue, à une pareille 70
proposition? Ne va-t-on pas la déchirer à belles dents, la montrer au

⬦⬦⬦⬦⬦⬦⬦⬦⬦⬦

6. Est-ce que Marianne prend au sérieux sa métaphore de l'enfant? Justifiez votre réponse.

7. Identifiez "sage nourrice" et "lui" (l. 47). Qu'est-ce qu'Octave veut
laisser entendre par cette phrase?

8. Comment la réplique des lignes 53–55 fait-elle comprendre à Octave
que Marianne a été blessée?

9. Dans la première partie de sa tirade (l. 62–76) Marianne imite le style
juridique. Trouvez les mots et les expressions qui composent cette parodie. En
quoi le style de cette tirade s'oppose-t-il à celui de la réplique d'Octave qui
la précède?

[3] **Galatée:** allusion probable à la belle statue créée par Pygmalion. Octave ajoute:
"d'une nouvelle espèce" sans doute parce que, à la différence de Galatée qui fut
animée par Aphrodite, Marianne, être vivant, sera transformée en statue d'église.

doigt, et faire de son nom le refrain d'une chanson à boire? Si elle refuse,
au contraire, est-il un monstre qui lui soit comparable? Est-il une statue
plus froide qu'elle, et l'homme qui lui parle, qui ose l'arrêter en place
publique son livre de messe à la main, n'a-t-il pas le droit de lui dire: 75
Vous êtes une rose du Bengale sans épines et sans parfum!

OCTAVE. — Cousine, cousine, ne vous fâchez pas.

MARIANNE. — N'est-ce pas une chose bien ridicule que l'honnêteté et
la foi jurée? que l'éducation d'une fille, la fierté d'un cœur qui s'est figuré
qu'il vaut quelque chose, et qu'avant de jeter au vent la poussière de sa 80
fleur chérie, il faut que le calice en soit baigné de larmes, épanoui par
quelques rayons de soleil, entr'ouvert par une main délicate? Tout cela
n'est-il pas un rêve, une bulle de savon que le premier soupir d'un cavalier
à la mode doit évaporer dans les airs?

OCTAVE. — Vous vous méprenez sur mon compte et sur celui de 85
Cœlio.

MARIANNE. — Qu'est-ce après tout qu'une femme? L'occupation d'un
moment, une coupe fragile qui renferme une goutte de rosée, qu'on porte
à ses lèvres et qu'on jette par-dessus son épaule. Une femme! c'est une
partie de plaisir! Ne pourrait-on pas dire quand on en rencontre une: 90
«Voilà une belle nuit qui passe»? Et ne serait-ce pas un grand écolier,[4] en
de telles matières, que celui qui baisserait les yeux devant elle, qui se
dirait tout bas: «Voilà peut-être le bonheur d'une vie entière», et qui la
laisserait passer? (*Elle sort.*)

OCTAVE, *seul.* — Tra, tra, poum! poum! tra deri la la. Quelle drôle de 95
petite femme! hai! hola! (*Il frappe à une auberge.*) Apportez-moi ici, sous
cette tonnelle, une bouteille de quelque chose.

LE GARÇON. — Ce qui vous plaira, Excellence. Voulez-vous du
lacryma-christi?

OCTAVE. — Soit, soit. Allez-vous-en un peu chercher dans les rues 100
d'alentour le seigneur Cœlio, qui porte un manteau noir et des culottes
plus noires encore. Vous lui direz qu'un de ses amis est là qui boit tout
seul du lacryma-christi. Après quoi, vous irez à la grande place, et vous

◇◇◇◇◇◇◇◇◇◇◇

10. Comment par la forme de ses questions (l. 72–76) Marianne pousse-
t-elle à l'absurde le raisonnement d'Octave?

11. Précisez le sens de "l'honnêteté" et de "la foi jurée" (l. 78–79).

12. Expliquez la nature et la fonction de *que* (l. 78), *que* (l. 79), *qu'* (l.
80) et *qu'* (l. 80).

13. Dans la fin de la réplique de Marianne (l. 87–94) quel changement de
ton observez-vous?

[4] **écolier:** novice.

m'apporterez une certaine Rosalinde qui est rousse et qui est toujours à
sa fenêtre. (*Le garçon sort.*)   105

Je ne sais ce que j'ai dans la gorge; je suis triste comme une procession. (*Buvant.*) Je ferai aussi bien de dîner ici; voilà le jour qui baisse.
Drig! drig! quel ennui que ces vêpres! est-ce que j'ai envie de dormir? je
me sens tout pétrifié. (*Entrent Claudio et Tibia.*)

Cousin Claudio, vous êtes un beau juge; où allez-vous si couram- 110
ment? [5]

CLAUDIO. — Qu'entendez-vous par là, seigneur Octave?

OCTAVE. — J'entends que vous êtes un magistrat qui a de belles formes.

CLAUDIO. — De langage, ou de complexion?

OCTAVE. — De langage, de langage. Votre perruque est pleine 115
d'éloquence, et vos jambes sont deux charmantes parenthèses.

CLAUDIO. — Soit dit en passant, seigneur Octave, le marteau de ma
porte m'a tout l'air de vous avoir brûlé les doigts.

OCTAVE. — En quelle façon, juge plein de science?

CLAUDIO. — En y voulant frapper, cousin plein de finesse.   120

OCTAVE. — Ajoute hardiment plein de respect, juge, pour le marteau
de ta porte; mais tu peux le faire peindre à neuf, sans que je craigne de
m'y salir les doigts.

CLAUDIO. — En quelle façon, cousin plein de facéties?

OCTAVE. — En n'y frappant jamais, juge plein de causticité.   125

CLAUDIO. — Cela vous est pourtant arrivé, puisque ma femme a en-
joint à ses gens de vous fermer la porte au nez à la première occasion.

OCTAVE. — Tes lunettes sont myopes, juge plein de grâce: tu te
trompes d'adresse dans ton compliment.

CLAUDIO. — Mes lunettes sont excellentes, cousin plein de riposte: 130
n'as-tu pas fait à ma femme une déclaration amoureuse?

OCTAVE. — A quelle occasion, subtil magistrat?

❖❖❖❖❖❖❖❖❖❖❖

14. Qu'y a-t-il de surprenant dans l'emploi du verbe *apporter* (l. 104)?

15. Comparez la fin de la phrase aux lignes 104–105 avec celle de Cœlio
concernant Marianne: "Jamais elle n'a paru à sa fenêtre" (Acte I, l. 114–115).
Que suggère ce contraste à l'égard de Rosalinde?

16. Quel est le double sens du mot *formes* (l. 113)?

17. Justifiez le nombre du verbe *ajoute* (l. 121). Dans quelle réplique
Claudio passera-t-il au même nombre?

18. Quel est le complément d'*ajoute*? Quelle expression de Claudio modifie-
t-il?

19. Dans la réplique d'Octave (l. 128–129) et dans celle de Claudio (l.
130–131) quel rapport y a-t-il entre les deux parties de la phrase?

[5] **couramment:** en courant.

Musset. *Les Caprices de Marianne*. Acte II, Scène 1. (Studio Lipnitzki.)

Musset. *Les Caprices de Marianne.* Acte II, Scène 1. (Studio Lipnitzki.)

CLAUDIO. — A l'occasion de ton ami Cœlio, cousin; malheureusement j'ai tout entendu.

OCTAVE. — Par quelle oreille, sénateur incorruptible?   135

CLAUDIO. — Par celle de ma femme, qui m'a tout raconté, godelureau chéri.

OCTAVE. — Tout absolument, juge idolâtré? Rien n'est resté dans cette charmante oreille?

' CLAUDIO. — Il y est resté sa réponse, charmant pilier de cabaret, que 140 je suis chargé de te faire.

OCTAVE. — Je ne suis pas chargé de l'entendre, cher procès-verbal.

CLAUDIO. — Ce sera donc ma porte en personne qui te la fera, aimable croupier de roulette, si tu t'avises de la consulter.

OCTAVE. — C'est ce dont je ne me soucie guère, chère sentence de 145 mort; je vivrai heureux sans cela.

CLAUDIO. — Puisses-tu le faire en repos, cher cornet de passe-dix! [6] je te souhaite mille prospérités.

OCTAVE. — Rassure-toi sur ce sujet, cher verrou de prison! je dors tranquille comme une audience. (*Sortent Claudio et Tibia.*)   150

OCTAVE, *seul.* — Il me semble que voilà Cœlio qui s'avance de ce côté. Cœlio! Cœlio! A qui diable en a-t-il? (*Entre Cœlio.*)

Sais-tu, mon cher ami, le beau tour que nous joue ta princesse! Elle a tout dit à son mari!

CŒLIO. — Comment le sais-tu?   155

OCTAVE. — Par la meilleure de toutes les voies possible. Je quitte à l'instant Claudio. Marianne nous fera fermer la porte au nez, si nous nous avisons de l'importuner davantage.

CŒLIO. — Tu l'as vue tout à l'heure; que t'avait-elle dit?

OCTAVE. — Rien qui pût me faire pressentir cette douce nouvelle; rien 160 d'agréable cependant. Tiens, Cœlio, renonce à cette femme. Holà! un second verre!

CŒLIO. — Pour qui?

OCTAVE. — Pour toi. Marianne est une bégueule; je ne sais trop ce

◇◇◇◇◇◇◇◇◇◇◇◇

20. Qu'y a-t-il d'amusant dans les trois allusions à l'oreille de Marianne (l. 136–141)?

21. Montrez comment, vers la fin du dialogue entre Octave et Claudio, les épithètes se font de plus en plus injurieuses. Qu'ont en commun les trois dernières qui s'adressent à Octave? Et celles qui s'adressent à Claudio?

22. A quelle sorte d' "audience" Octave pense-t-il (l. 150)? Pourquoi la comparaison est-elle pertinente?

[6] **passe-dix:** jeu à trois dés dans lequel un des joueurs parie amener plus de dix.

qu'elle m'a dit ce matin, je suis resté comme une brute sans pouvoir lui 165
répondre. Allons! n'y pense plus; voilà qui est convenu; et que le ciel
m'écrase si je lui adresse jamais la parole. Du courage, Cœlio, n'y pense
plus.

CŒLIO. — Adieu, mon cher ami.

OCTAVE. — Où vas-tu? 170

CŒLIO. — J'ai affaire en ville ce soir.

OCTAVE. — Tu as l'air d'aller te noyer. Voyons, Cœlio, à quoi penses-
tu? Il y a d'autres Mariannes sous le ciel. Soupons ensemble, et moquons-
nous de cette Marianne-là.

CŒLIO. — Adieu, adieu, je ne puis m'arrêter plus longtemps. Je te 175
verrai demain, mon ami. (*Il sort.*)

OCTAVE. — Cœlio! Ecoute donc! nous te trouverons une Marianne bien
gentille, douce comme un agneau, et n'allant point à vêpres surtout! Ah!
les maudites cloches! quand auront-elles fini de me mener en terre?

LE GARÇON, *rentrant*. — Monsieur, la demoiselle rousse n'est point à 180
sa fenêtre; elle ne peut se rendre à votre invitation.

OCTAVE. — La peste soit de tout l'univers! Est-il donc décidé que je
souperai seul aujourd'hui? La nuit arrive en poste; [7] que diable vais-je
devenir? Bon! bon! ceci me convient. (*Il boit.*) Je suis capable d'ensevelir
ma tristesse dans ce vin, ou du moins ce vin dans ma tristesse. Ah! ah! les 185
vêpres sont finies; voici Marianne qui revient. (*Entre Marianne.*)

MARIANNE. — Encore ici, seigneur Octave? et déjà à table? C'est un
peu triste de s'enivrer tout seul.

OCTAVE. — Le monde entier m'a abandonné; je tâche d'y voir double,
afin de me servir à moi-même de compagnie. 190

MARIANNE. — Comment! pas un de vos amis, pas une de vos
maîtresses, qui vous soulage de ce fardeau terrible, la solitude?

OCTAVE. — Faut-il vous dire ma pensée? J'avais envoyé chercher une
certaine Rosalinde, qui me sert de maîtresse, elle soupe en ville comme
une personne de qualité. 195

MARIANNE. — C'est une fâcheuse affaire sans doute, et votre cœur
en doit ressentir un vide effroyable.

OCTAVE. — Un vide que je ne saurais exprimer, et que je communique

◆◆◆◆◆◆◆◆◆◆◆

23. A quel passage de la pièce Octave fait-il allusion à la ligne 165? Est-il
exact qu'il soit resté "comme une brute"?

24. Quels sentiments les répliques de Cœlio (l. 169–176) révèlent-elles?
Expliquez-les.

25. Sur quel ton pensez-vous que Marianne prononce ses répliques aux
lignes 191–197?

_____

[7] **en poste:** très vite.

en vain à cette large coupe. Le carillon des vêpres m'a fendu le crâne
pour toute l'après-dînée. 200

MARIANNE. — Dites-moi, cousin, est-ce du vin à quinze sous la
bouteille que vous buvez?

OCTAVE. — N'en riez pas; ce sont les larmes du Christ en personne.

MARIANNE. — Cela m'étonne que vous ne buviez pas du vin à quinze
sous; buvez-en, je vous en supplie. 205

OCTAVE. — Pourquoi en boirais-je, s'il vous plaît?

MARIANNE. — Goûtez-en; je suis sûre qu'il n'y a aucune différence avec
celui-là.

OCTAVE. — Il y en a une aussi grande qu'entre le soleil et une lanterne.

MARIANNE. — Non, vous dis-je, c'est la même chose. 210

OCTAVE. — Dieu m'en préserve! Vous moquez-vous de moi?

MARIANNE. — Vous trouvez qu'il y a une grande différence?

OCTAVE. — Assurément.

MARIANNE. — Je croyais qu'il en était du vin comme des femmes. Une
femme n'est-elle pas aussi un vase précieux, scellé comme ce flacon de 215
cristal? Ne renferme-t-elle pas une ivresse grossière ou divine, selon sa
force et sa valeur? Et n'y a-t-il pas parmi elles le vin du peuple et les
larmes du Christ? Quel misérable cœur est-ce donc que le vôtre, pour que
vos lèvres lui fassent la leçon? Vous ne boiriez pas le vin que boit le
peuple; vous aimez les femmes qu'il aime; l'esprit généreux et poétique 220
de ce flacon doré, ces sucs merveilleux que la lave du Vésuve [8] a cuvés
sous son ardent soleil, vous conduiront chancelant et sans force dans les
bras d'une fille de joie; vous rougiriez de boire un vin grossier; votre gorge
se soulèverait. Ah! vos lèvres sont délicates, mais votre cœur s'enivre à
bon marché. Bonsoir, cousin; puisse Rosalinde rentrer ce soir chez elle. 225

OCTAVE. — Deux mots, de grâce, belle Marianne, et ma réponse sera
courte. Combien de temps pensez-vous qu'il faille faire la cour à la

◇◇◇◇◇◇◇◇◇◇◇◇

26. Précisez le contraste entre le lacryma-christi et le "vin à quinze sous"
(l. 201).

27. Relevez ce qui donne un ton d'insistance aux cinq répliques de Marianne
commençant par: "Dites-moi, cousin. . . ." Pourquoi Marianne insiste-t-elle
ainsi?

28. A quel nom se rapporte *lui* (l. 219)? Suivez le développement du contraste entre les lèvres et le cœur.

29. Précisez le double sens du mot *esprit* (l. 220).

30. Etablissez un rapport entre Marianne, Rosalinde, le vin à quinze sous,
et le lacryma-christi. Sans qu'elle s'en rende compte, quel sentiment se révèle
chez Marianne vis-à-vis de Rosalinde?

[8] **la lave du Vésuve:** le lacryma-christi vient de vignes cultivées au pied du Vésuve,
volcan près de Naples.

bouteille que vous voyez pour obtenir ses faveurs? Elle est, comme vous dites, toute pleine d'un esprit céleste, et le vin du peuple lui ressemble aussi peu qu'un paysan à son seigneur. Cependant, regardez comme elle 230 se laisse faire! — Elle n'a reçu, j'imagine, aucune éducation, elle n'a aucun principe; voyez comme elle est bonne fille! Un mot a suffi pour la faire sortir du couvent, toute poudreuse encore, elle s'en est échappée pour me donner un quart d'heure d'oubli, et mourir. Sa couronne virginale, empourprée de cire odorante, est aussitôt tombée en poussière, et, je ne puis vous 235 le cacher, elle a failli passer tout entière sur mes lèvres dans la chaleur de son premier baiser.

MARIANNE. — Etes-vous sûr qu'elle en vaut davantage? Et si vous êtes un de ses vrais amants, n'iriez-vous pas, si la recette en était perdue, en chercher la dernière goutte jusque dans la bouche du volcan? 240

OCTAVE. — Elle n'en vaut ni plus ni moins. Elle sait qu'elle est bonne à boire et qu'elle est faite pour être bue. Dieu n'en a pas caché la source au sommet d'un pic inabordable, au fond d'une caverne profonde: il l'a suspendue en grappes dorées au bord de nos chemins; elle y fait le métier des courtisanes; elle y effleure la main du passant; elle y étale aux rayons 245 du soleil sa gorge rebondie, et toute une cour d'abeilles et de frelons murmure autour d'elle matin et soir. Le voyageur dévoré de soif peut se coucher sous ses rameaux verts: jamais elle ne l'a laissé languir, jamais elle ne lui a refusé les douces larmes dont son cœur est plein. Ah! Marianne, c'est un don fatal que la beauté! — La sagesse dont elle se vante 250 est sœur de l'avarice, et il y a plus de miséricorde dans le ciel pour ses faiblesses que pour sa cruauté. Bonsoir, cousine; puisse Cœlio vous oublier! (*Il rentre dans l'auberge et Marianne dans sa maison.*)

Scène II

Une autre rue. CŒLIO, CIUTA.

CIUTA. — Seigneur Cœlio, défiez-vous d'Octave. Ne vous a-t-il pas dit que la belle Marianne lui avait fermé sa porte? 255

CŒLIO. — Assurément. — Pourquoi m'en défierais-je?

◇◇◇◇◇◇◇◇◇◇◇

31. Montrez comment Octave, tout en développant la métaphore, la retourne contre elle.

32. Comment le mot *couvent* peut-il s'appliquer aux deux termes de l'analogie?

33. Notez les emplois du pronom *elle* dans la dernière tirade d'Octave. Est-ce qu'ils se rapportent tous au même nom?

34. Précisez le rapport entre le début de la tirade et la maxime qui la termine.

35. Expliquez la forme et la fonction de *puisse* (l. 252). A quelle phrase de Marianne cet adieu d'Octave fait-il écho?

CIUTA. — Tout à l'heure, en passant dans sa rue, je l'ai vu en conversation avec elle sous une tonnelle couverte.

CŒLIO. — Qu'y a-t-il d'étonnant à cela? Il aura épié ses démarches et saisi un moment favorable pour lui parler de moi.   260

CIUTA. — J'entends qu'ils se parlaient amicalement et comme gens qui sont de bon accord ensemble.

CŒLIO. — En es-tu sûre, Ciuta? Alors je suis le plus heureux des hommes; il aura plaidé ma cause avec chaleur.

CIUTA. — Puisse le ciel vous favoriser! (*Elle sort.*)   265

CŒLIO. — Ah! que je fusse né dans le temps des tournois et des batailles! Qu'il m'eût été permis de porter les couleurs de Marianne et de les teindre de mon sang! Qu'on m'eût donné un rival à combattre, une armée entière à défier! Que le sacrifice de ma vie eût pu lui être utile! Je sais agir, mais je ne puis parler. Ma langue ne sert point mon cœur, et je 270 mourrai sans m'être fait comprendre, comme un muet dans une prison. (*Il sort.*)

Scène III

Chez Claudio. CLAUDIO, MARIANNE.

CLAUDIO. — Pensez-vous que je sois un mannequin, et que je me promène sur la terre pour servir d'épouvantail aux oiseaux?

MARIANNE. — D'où vous vient cette gracieuse idée?   275

CLAUDIO. — Pensez-vous qu'un juge criminel ignore la valeur des mots, et qu'on puisse se jouer de sa crédulité comme de celle d'un danseur ambulant?

MARIANNE. — A qui en avez-vous ce soir?

CLAUDIO. — Pensez-vous que je n'ai pas entendu vos propres paroles: 280 si cet homme ou son ami se présente à ma porte, qu'on la lui fasse fermer? et croyez-vous que je trouve convenable de vous voir converser librement avec lui sous une tonnelle, lorsque le soleil est couché?

MARIANNE. — Vous m'avez vue sous une tonnelle?

CLAUDIO. — Oui, oui, de ces yeux que voilà, sous la tonnelle d'un 285 cabaret! La tonnelle d'un cabaret n'est point un lieu de conversation pour

◇◆◇◆◇◆◇◆◇◆◇

36. Dans ses indications scéniques pour la ligne 265 Gaston Baty écrit que Ciuta en sortant "se retourne vers Cœlio en ricanant de tant de candeur". Commentez cette interprétation des deux personnages.

37. Expliquez la nature et la fonction du verbe principal des quatre exclamations de Cœlio (l. 266–269). Quel sentiment expriment-ils?

38. Expliquez pourquoi tous les verbes qui dépendent de "Pensez-vous que . . ." (l. 273–281) sont au subjonctif sauf un.

39. Quelle valeur Marianne donne-t-elle à l'adjectif *gracieuse* (l. 275)?

40. A quelle scène se réfèrent les paroles que cite Claudio (l. 281)?

la femme d'un magistrat, et il est inutile de faire fermer sa porte quand
on se renvoie le dé[9] en plein air avec si peu de retenue.

MARIANNE. — Depuis quand m'est-il défendu de causer avec un de
vos parents?   290

CLAUDIO. — Quand un de mes parents est un de vos amants, il est fort
bien fait de s'en abstenir.

MARIANNE. — Octave! un de mes amants? Perdez-vous la tête? Il n'a
de sa vie fait la cour à personne.

CLAUDIO. — Son caractère est vicieux. — C'est un coureur de 295
tabagies.[10]

MARIANNE. — Raison de plus pour qu'il ne soit pas, comme vous dites
fort agréablement, *un de mes amants*. Il me plaît de parler à Octave sous
la tonnelle d'un cabaret.

CLAUDIO. — Ne me poussez pas à quelque fâcheuse extrémité par vos 300
extravagances, et réfléchissez à ce que vous faites.

MARIANNE. — A quelle extrémité voulez-vous que je vous pousse? Je
suis curieuse de savoir ce que vous feriez.

CLAUDIO. — Je vous défendrais de le voir, et d'échanger avec lui
aucune parole, soit dans ma maison, soit dans une maison tierce, soit en 305
plein air.

MARIANNE. — Ah! ah! vraiment! voilà qui est nouveau! Octave est
mon parent tout autant que le vôtre; je prétends lui parler quand bon me
semblera, en plein air ou ailleurs, et dans cette maison, s'il lui plaît d'y
venir.   310

CLAUDIO. — Souvenez-vous de cette dernière phrase que vous venez
de prononcer. Je vous ménage un châtiment exemplaire, si vous allez
contre ma volonté.

MARIANNE. — Trouvez bon que j'aille d'après la mienne, et ménagez-
moi ce qui vous plaît. Je m'en soucie comme de cela.   315

CLAUDIO. — Marianne, brisons cet entretien. Ou vous sentirez l'incon-
venance de s'arrêter sous une tonnelle, ou vous me réduirez à une violence
qui répugne à mon habit. (*Il sort.*)

◇◇◇◇◇◇◇◇◇◇◇

41. A partir de quelle réplique Marianne passe-t-elle à l'attaque?

42. Quel effet la répétition de *soit* et l'emploi de *tierce* (l. 305–306)
produisent-ils?

43. Quels termes soulignent l'impertinence de Marianne aux lignes 314–
315? Quel geste doit accompagner la dernière phrase?

44. Pourquoi Claudio dit-il que la violence répugne à son habit (l. 317–
318)?

[9] **se renvoyer le dé:** riposter vivement (cf.: se renvoyer la balle).   [10] **coureur de
tabagies:** qui fréquente des lieux malfamés.

MARIANNE, *seule.* — Holà! quelqu'un! (*Un domestique entre.*)

Voyez-vous là-bas dans cette rue ce jeune homme assis devant une 320
table, sous cette tonnelle? Allez lui dire que j'ai à lui parler, et qu'il prenne
la peine d'entrer dans ce jardin. (*Le domestique sort.*)

Voilà qui est nouveau! Pour qui me prend-on? Quel mal y a-t-il donc?
Comment suis-je donc faite aujourd'hui? Voilà une robe affreuse. Qu'est-ce
que cela signifie? — Vous me réduirez à la violence! Quelle violence? Je 325
voudrais que ma mère fût là. Ah, bah! elle est de son avis, dès qu'il dit
un mot. J'ai une envie de battre quelqu'un! (*Elle renverse les chaises.*) Je
suis bien sotte en vérité! Voilà Octave qui vient. — Je voudrais qu'il le
rencontrât. — Ah! c'est donc là le commencement? On me l'avait prédit.
— Je le savais. — Je m'y attendais! Patience, patience, il me ménage un 330
châtiment! et lequel, par hasard? Je voudrais bien savoir ce qu'il veut
dire! (*Entre Octave.*)

Asseyez-vous, Octave, j'ai à vous parler.

OCTAVE. — Où voulez-vous que je m'assoie? Toutes les chaises sont
les quatre fers en l'air. — Que vient-il donc de se passer ici? 335

MARIANNE. — Rien du tout.

OCTAVE. — En vérité, cousine, vos yeux disent le contraire.

MARIANNE. — J'ai réfléchi à ce que vous m'avez dit sur le compte de
votre ami Cœlio. Dites-moi, pourquoi ne s'explique-t-il pas lui-même?

OCTAVE. — Par une raison assez simple. — Il vous a écrit, et vous avez 340
déchiré ses lettres. Il vous a envoyé quelqu'un, et vous lui avez fermé la
bouche. Il vous a donné des concerts, vous l'avez laissé dans la rue. Ma foi,
il s'est donné au diable, et on s'y donnerait à moins.

MARIANNE. — Cela veut dire qu'il a songé à vous?

OCTAVE. — Oui. 345

MARIANNE. — Eh bien! parlez-moi de lui.

OCTAVE. — Sérieusement?

MARIANNE. — Oui, oui, sérieusement. Me voilà. J'écoute.

◇◇◇◇◇◇◇◇◇◇◇

45. Expliquez le sens de *faite* à la ligne 324. (Gaston Baty fait accompagner
cette phrase de l'indication scénique suivante: "Elle se mire dans une glace à
main.")

46. A qui se rapportent les pronoms suivants: *vous* (l. 325), *il* (l. 326),
il (l. 328), *le* (l. 328)?

47. De quel "commencement" s'agit-il à la ligne 329? Selon vous, à qui se
rapporte *on*?

48. Résumez les divers sentiments de Marianne dans ce monologue.

49. Expliquez le sens de *les quatre fers en l'air* (l. 335).

50. Est-ce surtout à Cœlio que pense Marianne dans sa réplique des lignes
338–339?

51. A quoi se rapporte le pronom *Cela* (l. 344)?

OCTAVE. — Vous voulez rire?

MARIANNE. — Quel pitoyable avocat êtes-vous donc? Parlez, que je 350
veuille rire ou non.

OCTAVE. — Que regardez-vous à droite et à gauche? En vérité, vous
êtes en colère.

MARIANNE. — Je veux prendre un amant, Octave . . . , sinon un
amant, du moins un cavalier. Que me conseillez-vous? Je m'en rapporte 355
à votre choix. — Cœlio ou tout autre, peu m'importe; — dès demain, — dès
ce soir, — celui qui aura la fantaisie de chanter sous mes fenêtres trouvera
ma porte entr'ouverte. Eh bien! Vous ne parlez pas? Je vous dis que je
prends un amant. Tenez, voilà mon écharpe en gage: — qui vous voudrez,
la rapportera. 360

OCTAVE. — Marianne! quelle que soit la raison qui a pu vous inspirer
une minute de complaisance, puisque vous m'avez appelé, puisque vous
consentez à m'entendre, au nom du ciel, restez la même une minute encore, permettez-moi de vous parler! (*Il se jette à genoux.*)

MARIANNE. — Que voulez-vous me dire? 365

OCTAVE. — Si jamais homme au monde a été digne de vous comprendre, digne de vivre et de mourir pour vous, cet homme est Cœlio. Je
n'ai jamais valu grand-chose, et je me rends cette justice, que la passion
dont je fais l'éloge trouve un misérable interprète. Ah! si vous saviez sur
quel autel sacré vous êtes adorée comme un Dieu! Vous, si belle, si jeune, 370
si pure encore, livrée à un vieillard qui n'a plus de sens, et qui n'a jamais
eu de cœur! Si vous saviez quel trésor de bonheur, quelle mine féconde
repose en vous! en lui! dans cette fraîche aurore de jeunesse, dans cette
rosée céleste de la vie, dans ce premier accord de deux âmes jumelles! Je
ne vous parle pas de sa souffrance, de cette douce et triste mélancolie qui 375
ne s'est jamais lassée de vos rigueurs, et qui en mourrait sans se plaindre.
Oui, Marianne, il en mourra. Que puis-je vous dire? Qu'inventerais-je
pour donner à mes paroles la force qui leur manque? Je ne sais pas le
langage de l'amour. Regardez dans votre âme; c'est elle qui peut vous
parler de la sienne. Y a-t-il un pouvoir capable de vous toucher? Vous qui 380
savez supplier Dieu, existe-t-il une prière qui puisse rendre ce dont mon
cœur est plein?

◇◇◇◇◇◇◇◇◇◇◇◇

52. Pourquoi Marianne regarde-t-elle "à droite et à gauche"? (Voir la ligne
352.)

53. Dans la réplique de Marianne (l. 354–360) notez la nuance apportée
par le mot *cavalier*. Expliquez le contraste de ton entre la première et l'avant-
dernière phrase de cette réplique.

54. Quelle est, selon vous, la "raison" dont il est question à la ligne 361?

55. Dans le texte du plaidoyer pour Cœlio (l. 366–382) signalez les éléments
qui laisseraient entendre qu'Octave parle pour son propre compte.

MARIANNE. — Relevez-vous, Octave. En vérité, si quelqu'un entrait ici, ne croirait-on pas, à vous entendre, que c'est pour vous que vous plaidez? 385

OCTAVE. — Marianne! Marianne! au nom du ciel, ne souriez pas! ne fermez pas votre cœur au premier éclair qui l'ait peut-être traversé! Ce caprice de bonté, ce moment précieux va s'évanouir. — Vous avez prononcé le nom de Cœlio; vous avez pensé à lui, dites-vous. Ah! si c'est une fantaisie, ne me la gâtez pas. — Le bonheur d'un homme en dépend. 390

MARIANNE. — Etes-vous sûr qu'il ne me soit pas permis de sourire?

OCTAVE. — Oui, vous avez raison; je sais tout le tort que mon amitié peut faire. Je sais qui je suis, je le sens; un pareil langage dans ma bouche a l'air d'une raillerie. Vous doutez de la sincérité de mes paroles; jamais peut-être je n'ai senti avec plus d'amertume qu'en ce moment le peu de 395 confiance que je puis inspirer.

MARIANNE. — Pourquoi cela? Vous voyez que j'écoute. Cœlio me déplaît; je ne veux pas de lui. Parlez-moi de quelque autre, de qui vous voudrez. Choisissez-moi dans vos amis un cavalier digne de moi; envoyez-le-moi, Octave. Vous voyez que je m'en rapporte à vous. 400

OCTAVE. — O femme trois fois femme! Cœlio vous déplaît, — mais le premier venu vous plaira. L'homme qui vous aime depuis un mois, qui s'attache à vos pas, qui mourrait de bon cœur sur un mot de votre bouche, celui-là vous déplaît! Il est jeune, beau, riche et digne en tout point de vous; mais il vous déplaît! et le premier venu vous plaira! 405

MARIANNE. — Faites ce que je vous dis, ou ne me revoyez pas. (*Elle sort.*)

OCTAVE, *seul.* — Ton écharpe est bien jolie, Marianne, et ton petit caprice de colère est un charmant traité de paix. — Il ne me faudrait pas beaucoup d'orgueil pour le comprendre: un peu de perfidie suffirait. Ce 410 sera pourtant Cœlio qui en profitera. (*Il sort.*)

Scène IV

Chez Cœlio. CŒLIO, *un domestique.*

CŒLIO. — Il est en bas, dites-vous? Qu'il monte. Pourquoi ne le faites-vous pas monter sur-le-champ? (*Entre Octave.*)

Eh bien! mon ami, quelle nouvelle?

◇◇◇◇◇◇◇◇◇◇◇

56. Qu'est-ce que Marianne veut dire par sa question à la ligne 391? Octave comprend-il?

57. Gaston Baty donne l'indication: "Regard dur, voix sèche" pour la réplique à la ligne 406. Pourquoi?

58. Justifiez le terme: *traité de paix* (l. 409).

59. Octave a-t-il compris à qui Marianne destine son écharpe?

OCTAVE. — Attache ce chiffon à ton bras droit, Cœlio; prends ta 415
guitare et ton épée. — Tu es l'amant de Marianne.

CŒLIO. — Au nom du ciel, ne te ris pas de moi.

OCTAVE. — La nuit est belle; — la lune va paraître à l'horizon.
Marianne est seule, et sa porte est entr'ouverte. Tu es un heureux garçon,
Cœlio.   420

CŒLIO. — Est-ce vrai? — est-ce vrai? Ou tu es ma vie, Octave, ou tu
es sans pitié.

OCTAVE. — Tu n'es pas encore parti? Je te dis que tout est convenu.
Une chanson sous sa fenêtre; cache-toi un peu le nez dans ton manteau,
afin que les espions du mari ne te reconnaissent pas. Sois sans crainte, afin 425
qu'on te craigne; et si elle résiste, prouve-lui qu'il est un peu tard.

CŒLIO. — Ah! mon Dieu, le cœur me manque.

OCTAVE. — Et à moi aussi, car je n'ai dîné qu'à moitié. — Pour
récompense de mes peines, dis en sortant qu'on me monte à souper. (*Il
s'asseoit.*) As-tu du tabac turc? Tu me trouveras probablement ici demain 430
matin. Allons, mon ami, en route! tu m'embrasseras en revenant. En
route! en route! la nuit s'avance. (*Cœlio sort.*)

OCTAVE, *seul.* — Ecris sur tes tablettes, Dieu juste, que cette nuit doit
m'être comptée dans ton paradis. Est-ce bien vrai que tu as un paradis?
En vérité cette femme était belle et sa petite colère lui allait bien. D'où 435
venait-elle? C'est ce que j'ignore. Qu'importe comment la bille d'ivoire
tombe sur le numéro que nous avons appelé? [11] Souffler une maîtresse à
son ami, c'est une rouerie trop commune pour moi. Marianne ou toute
autre, qu'est-ce que cela me fait? La véritable affaire est de souper; il est
clair que Cœlio est à jeun. Comme tu m'aurais détesté, Marianne, si je 440
t'avais aimée! comme tu m'aurais fermé ta porte! comme ton belître de
mari t'aurait paru un Adonis,[12] un Sylvain,[13] en comparaison de moi! Où
est donc la raison de tout cela? pourquoi la fumée de cette pipe va-t-elle à
droite plutôt qu'à gauche? Voilà la raison de tout. — Fou! trois fois fou

◇◇◇◇◇◇◇◇◇◇◇◇

60. De quel "chiffon" s'agit-il (l. 415)? Pourquoi Octave se sert-il de ce mot?

61. Expliquez l'ambiguïté de *Et à moi aussi* . . . (l. 428) mise en relief
par cette indication scénique de Gaston Baty: "Octave est très ému. Mais sur
un regard surpris de Cœlio, il se ressaisit vite et poursuit sur un ton plaisant."

62. Répondez vous-même à la question que pose Octave: "D'où venait-elle?"
(l. 435–436).

63. Est-ce que *la raison* a le même sens aux lignes 443 et 444 qu'à la ligne
445?

[11] **la bille d'ivoire . . . appelé:** Octave fait allusion ici au jeu de la roulette.
[12] **Adonis:** jeune homme d'une grande beauté (mythologie grecque). [13] **Sylvain:**
dieu des forêts et des champs (mythologie romaine).

à lier, celui qui calcule ses chances, qui met la raison de son côté! La jus- 445
tice céleste tient une balance dans ses mains. La balance est parfaitement
juste, mais tous les poids sont creux. Dans l'un il y a une pistole, dans
l'autre un soupir amoureux, dans celui-là une migraine, dans celui-ci il y a
le temps qu'il fait, et toutes les actions humaines s'en vont de haut en bas,
selon ces poids capricieux. 450

Un domestique, *entrant.* — Monsieur, voilà une lettre à votre adresse;
elle est si pressée, que vos gens l'ont apportée ici; on a recommandé de
vous la remettre, en quelque lieu que vous fussiez ce soir.

Octave. — Voyons un peu cela. (*Il lit.*)

«Ne venez pas ce soir. Mon mari a entouré la maison d'assassins, et 455
vous êtes perdu s'ils vous trouvent.

Marianne.»

Malheureux que je suis! qu'ai-je fait? Mon manteau! mon chapeau!
Dieu veuille qu'il soit encore temps! Suivez-moi, vous, et tous les
domestiques qui sont debout à cette heure. Il s'agit de la vie de votre 460
maître. (*Il sort en courant.*)

Scène V

Le jardin de Claudio.—Il est nuit. Claudio, *deux spadassins,* Tibia.

Claudio. — Laissez-le entrer, et jetez-vous sur lui dès qu'il sera
parvenu à ce bosquet.

Tibia. — Et s'il entre par l'autre côté?

Claudio. — Alors, attendez-le au coin du mur. 465

Un spadassin. — Oui, Monsieur.

Tibia. — Le voilà qui arrive. Tenez, Monsieur. Voyez comme son
ombre est grande! c'est un homme d'une belle stature.

Claudio. — Retirons-nous à l'écart, et frappons quand il en sera
temps. (*Entre Cœlio.*) 470

Cœlio, *frappant à la jalousie.* — Marianne, Marianne, êtes-vous là?

Marianne, *paraissant à la fenêtre.* — Fuyez, Octave; vous n'avez donc
pas reçu ma lettre?

Cœlio. — Seigneur mon Dieu! Quel nom ai-je entendu?

◇◈◇◈◇◈◇◈◇◈◇

64. Montrez comment *capricieux,* le dernier mot de cette tirade, en résume
le thème.

65. Octave est-il entièrement sincère envers lui-même dans cette tirade?
Justifiez votre réponse.

66. Quel sens a la phrase: "Dieu veuille qu'il soit encore temps!" (l. 459)?

67. La version scénique de la pièce porte la forme *frappez* au lieu de *frappons* (l. 469). Laquelle des deux formes s'accorde le mieux avec le caractère
de Claudio?

MARIANNE. — La maison est entourée d'assassins; mon mari vous a 475
vu entrer ce soir; il a écouté notre conversation, et votre mort est certaine,
si vous restez une minute encore.

CŒLIO. — Est-ce un rêve? suis-je Cœlio?

MARIANNE. — Octave, Octave, au nom du ciel ne vous arrêtez pas!
Puisse-t-il être encore temps de vous échapper! Demain, trouvez-vous à 480
midi dans un confessionnal de l'église, j'y serai. (*La jalousie se referme.*)

CŒLIO. — O mort! puisque tu es là, viens donc à mon secours. Octave, traître Octave, puisse mon sang retomber sur toi! Puisque tu savais
quel sort m'attendait ici, et que tu m'y as envoyé à ta place, tu seras
satisfait dans ton désir. O mort! je t'ouvre les bras; voici le terme de mes 485
maux. (*Il sort. On entend des cris étouffés et un bruit éloigné dans le
jardin.*)

OCTAVE, *en dehors.* — Ouvrez, ou j'enfonce les portes!

CLAUDIO, *ouvrant, son épée sous le bras.* — Que voulez-vous?

OCTAVE. — Où est Cœlio?   490

CLAUDIO. — Je ne pense pas que son habitude soit de coucher dans
cette maison.

OCTAVE. — Si tu l'as assassiné, Claudio, prends garde à toi; je te
tordrai le cou de ces mains que voilà.

CLAUDIO. — Etes-vous fou ou somnambule?   495

OCTAVE. — Ne l'es-tu pas toi-même, pour te promener à cette heure,
ton épée sous le bras!

CLAUDIO. — Cherchez dans ce jardin, si bon vous semble; je n'y ai vu
entrer personne; et si quelqu'un l'a voulu faire, il me semble que j'avais
le droit de ne pas lui ouvrir.   500

OCTAVE, *à ses gens.* — Venez, et cherchez partout!

CLAUDIO, *bas à Tibia.* — Tout est-il fini, comme je l'ai ordonné?

TIBIA. — Oui, Monsieur; soyez en repos, ils peuvent chercher tant
qu'ils voudront. (*Tous sortent.*)

Scène VI
Un cimetière. OCTAVE *et* MARIANNE, *auprès d'un tombeau.*

OCTAVE. — Moi seul au monde je l'ai connu. Cette urne d'albâtre, 505
couverte de ce long voile de deuil, est sa parfaite image. C'est ainsi qu'une
douce mélancolie voilait les perfections de cette âme tendre et délicate.
Pour moi seul, cette vie silencieuse n'a point été un mystère. Les longues

◇◇◇◇◇◇◇◇◇◇◇◇

68. Comment expliquez-vous que Marianne persiste à croire que c'est à
Octave qu'elle parle (479–481)?

69. Pourquoi Cœlio conclut-il qu'Octave est "traître" (l. 483)?

70. Pourquoi l'urne décrite par Octave (l. 505–506) est-elle la "parfaite
image" de Cœlio?

Musset. *Les Caprices de Marianne*. Acte II, Scène 6. (Studio Lipnitzki.)

soirées que nous avons passées ensemble sont comme de fraîches oasis dans un désert aride; elles ont versé sur mon cœur les seules gouttes de 510 rosée qui y soient jamais tombées. Cœlio était la bonne partie de moi-même; elle est remontée au ciel avec lui. C'était un homme d'un autre temps; il connaissait les plaisirs, et leur préférait la solitude; il savait combien les illusions sont trompeuses, et il préférait ses illusions à la réalité. Elle eût été heureuse, la femme qui l'eût aimé. 515

◇◇◇◇◇◇◇◇◇◇◇

71. Que symbolise le "désert" (l. 510)?
72. Quel est l'effet produit par la répétition de *seul* dans la tirade d'Octave (l. 505–528)?

MARIANNE. — Ne serait-elle point heureuse, Octave, la femme qui t'aimerait?

OCTAVE. — Je ne sais point aimer; Cœlio seul le savait. La cendre que renferme cette tombe est tout ce que j'ai aimé sur la terre, tout ce que j'aimerai. Lui seul savait verser dans une autre âme toutes les sources de 520 bonheur qui reposaient dans la sienne. Lui seul était capable d'un dévoue-ment sans bornes; lui seul eût consacré sa vie entière à la femme qu'il aimait, aussi facilement qu'il aurait bravé la mort pour elle. Je ne suis qu'un débauché sans cœur; je n'estime point les femmes; l'amour que j'inspire est comme celui que je ressens, l'ivresse passagère d'un songe. Je 525 ne sais pas les secrets qu'il savait. Ma gaieté est comme le masque d'un histrion; mon cœur est plus vieux qu'elle, mes sens blasés n'en veulent plus. Je ne suis qu'un lâche; sa mort n'est point vengée.

MARIANNE. — Comment aurait-elle pu l'être, à moins de risquer votre vie? Claudio est trop vieux pour accepter un duel, et trop puissant dans 530 cette ville pour rien craindre de vous.

OCTAVE. — Cœlio m'aurait vengé si j'étais mort pour lui, comme il est mort pour moi. Ce tombeau m'appartient: c'est moi qu'ils ont étendu sous cette froide pierre; c'est pour moi qu'ils avaient aiguisé leurs épées; c'est moi qu'ils ont tué. Adieu la gaieté de ma jeunesse, l'insouciante folie, la vie 535 libre et joyeuse au pied du Vésuve! Adieu les bruyants repas, les causeries du soir, les sérénades sous les balcons dorés! Adieu Naples et ses femmes, les mascarades à la lueur des torches, les longs soupers à l'ombre des forêts! Adieu l'amour et l'amitié! ma place est vide sur la terre.

MARIANNE. — Mais non pas dans mon cœur, Octave. Pourquoi dis-tu: 540 Adieu l'amour?

OCTAVE. — Je ne vous aime pas, Marianne; c'était Cœlio qui vous aimait.

◇◈◇◈◇◈◇◈◇◈◇

73. Quels peuvent être les "secrets" que savait Cœlio (l. 526)?

74. Quels sont les sentiments qui dominent dans les "adieux" d'Octave?

75. Montrez comment, dans chacune de ses trois répliques, Marianne essaie de ramener la conversation au seul sujet qui l'intéresse.

76. Gaston Baty, après avoir interprété la dernière réplique de Marianne comme un "cri d'amour", donne l'indication suivante pour celle d'Octave: "Un grand temps. Il se retourne vers elle. On sent qu'il va répondre par un autre cri d'amour. Puis il se domine et parle douloureusement, avec une intensité qui dément ses paroles." Que pensez-vous de cette interprétation?

77. Quels sont les "caprices" de Marianne? Montrez comment le titre résume la pièce.

EXERCICES

I. **Le pronom relatif** [V. Gramm. 4.32–4.38]

A. Lisez à haute voix les phrases suivantes, en remplaçant les tirets par les pronoms relatifs:

1. Qu'y trouvez-vous _____ puisse vous blesser?
2. . . . ce sera une charmante statue _____ vous ferez. . . .
3. Voici Marianne _____ revient.
4. Sais-tu, cher ami, le beau tour _____ nous joue ta princesse!
5. . . . vous ne boiriez pas le vin _____ boit le peuple; . . . vous aimez les femmes _____ il aime.
6. . . . jamais elle ne lui a refusé les douces larmes _____ son cœur est plein.
7. Souvenez-vous de cette dernière phrase _____ vous venez de prononcer.
8. La sagesse _____ elle se vante est sœur de l'avarice. . . .
9. . . . l'amour _____ j'inspire est comme celui _____ je ressens . . . .
10. . . . vous me réduirez à une violence _____ répugne à mon habit.
11. La cendre _____ renferme cette tombe est tout ce _____ j'ai aimé sur la terre, tout ce _____ j'aimerai.

B. Lisez à haute voix les phrases suivantes, en remplaçant les tirets par: **ce qui, ce que,** ou **ce dont.**

1. Comprenez-vous _____ je dis?
2. Fais _____ tu voudras.
3. Voyez un peu _____ m'arrive.
4. Je ne sais trop _____ elle m'a dit ce matin. . . .
5. J'ai réfléchi à _____ vous m'avez dit sur le compte de votre ami Cœlio.
6. Je croirais presque qu'il se défie de vous, de moi, de tout _____ l'entoure.
7. C'est _____ je ne me soucie guère.
8. Je voudrais bien savoir _____ il veut dire.
9. . . . ménagez-moi _____ vous plaît.
10. C'est _____ j'ignore.

C. Ecrivez cinq phrases se rapportant à la pièce, dans lesquelles vous emploierez les pronoms: **qui, que, dont, à qui, avec lequel.**

II.　Mise en valeur d'un élément de la phrase [V. Gramm. 4.18–4.19]

EXERCICES ORAUX

A. Traduisez les phrases suivantes:
1. a. Pourtant Cœlio en profitera.
    b. "Ce sera pourtant Cœlio qui en profitera."
2. a. Ils m'ont étendu sous cette froide pierre.
    b. "C'est moi qu'ils ont étendu sous cette froide pierre."
3. a. Ils m'ont tué.
    b. "C'est moi qu'ils ont tué."
4. a. Vous l'avez dit.
    b. "C'est vous qui l'avez dit."
5. a. Cœlio vous aimait.
    b. "C'était Cœlio qui vous aimait."

B. Après avoir relu la dernière scène de la pièce, répondez aux questions suivantes, en mettant en relief l'élément important de la réponse:
1. Qui Claudio avait-il fait assassiner?
2. Qui a connu Cœlio?
3. Pour qui cette vie silencieuse n'a-t-elle point été un mystère?
4. Qui était capable d'un dévouement sans bornes?
5. Qui ne savait pas aimer?
6. Quelle place est vide sur la terre?
7. Qui aimait Marianne?

III.　Le pronom personnel tonique [V. Gramm. 4.14]

Lisez à haute voix les citations suivantes, en remplaçant le tiret par le pronom personnel tonique qui convient:
1. Si vous saviez quel trésor de bonheur . . . repose en _____!
2. . . . ne croirait-on pas, à vous entendre, que c'est pour _____ que vous plaidez?
3. . . . vous avez pensé à _____, dites-vous.
4. Cœlio me déplaît; je ne veux pas de _____. Parlez-_____ de quelque autre, de qui vous voudrez.
5. Vous voyez que je m'en rapporte à _____.
6. . . . jetez-vous sur _____ dès qu'il sera parvenu à ce bosquet.
7. Cœlio était la bonne partie de _____-même; elle est remontée au ciel avec _____.
8. . . . _____ seul eût consacré sa vie entière à la femme qui l'aimait, aussi facilement qu'il aurait bravé la mort pour _____.
9. Cœlio m'aurait vengé si j'étais mort pour _____, comme il est mort pour _____.
10. Ma gaieté est comme le masque d'un histrion; mon cœur est plus vieux qu'_____.

IV. Le passé composé: l'accord du participe passé [V. Gramm. 8.95–8.96; 8.110–8.113]

Recopiez les citations suivantes, en employant la forme correcte du participe passé des verbes indiqués entre parenthèses:

1. . . . ce sont les plus belles que Dieu a (*faire*) ainsi.
2. Monsieur, voilà une lettre à votre adresse; elle est si pressée, que vos gens l'ont (*apporter*) ici.
3. . . . vous n'avez donc pas (*recevoir*) ma lettre?
4. La maison est (*entourer*) d'assassins.
5. Les longues soirées que nous avons (*passer*) ensemble . . . ont (*verser*) sur mon cœur les seules gouttes de rosée qui y soient jamais (*tomber*).
6. . . . c'est pour moi qu'ils avaient (*aiguiser*) leurs épées. . . .
7. . . . sa mort n'est pas (*venger*).

V. Tournures idiomatiques

A. EXERCICE ORAL

Traduisez en anglais:

1. Je m'y attendais.
2. A qui en avez-vous ce soir?
3. Pourquoi m'en défierais-je?
4. Quant à moi, je cesse de m'en mêler.
5. Vous vous méprenez sur mon compte et sur celui de Cœlio.
6. Quelle drôle de petite femme!

B. EXERCICE ÉCRIT

Traduisez en français:

1. I advise you to give up this woman.
2. Think no more about her.
3. Beware of Octave.
4. She agrees with him as soon as he opens his mouth.
5. I am curious to know what you would do.
6. Claudio becomes angry when he thinks about it.
7. He forbids her to see him.
8. Octave has just talked to her.
9. Octave had just talked to her when he met Cœlio.
10. Her husband is too old to accept a duel.

VI. Révision des verbes: PARTIR, SORTIR; DORMIR, SENTIR, SERVIR; OUVRIR, OFFRIR, SOUFFRIR [V. Gramm. 8.140b; 8.141]

Ecrivez les formes suivantes:

1. They were sleeping
2. He would have served
3. She has gone out
4. Is he sleeping?

5. You will feel
6. Although he serves
7. They have departed
8. You would feel
9. We shall go out
10. I am departing
11. I am suffering
12. You will open
13. He has suffered
14. We were offering
15. You have offered

VII.   Etude de vocabulaire

A. Trouvez des mots de la même famille que les verbes suivants:

1. dormir
2. servir
3. ouvrir
4. couvrir
5. découvrir
6. sortir
7. souffrir

B. Traduisez cette question posée par Hermia:

Qui vous a chargé de *veiller* sur sa conduite?

Traduisez les expressions suivantes:

1. Je ne *veillerai* pas tard.
2. *la veille* de Noël
3. Les longues *veilles* altèrent la santé.
4. *le veilleur*
5. *la veilleuse*

C. FAUX AMIS

Remplacez les tirets par les mots qui manquent:

fr.		angl.
1. la cloche	=	_____
_____	=	clock
2. la grappe	=	_____
_____	=	grape
3. le raisin	=	_____
_____	=	raisin
4. ressentir	=	_____
_____	=	to resent
5. prétendre	=	_____
_____	=	to pretend
6. l'inconvenance	=	_____
_____	=	inconvenience
7. le procès	=	_____
_____	=	process
8. errer	=	_____
_____	=	to err

D. Etudiez les emplois suivants du mot **la parole:**

1. *Parole* d'honneur!
2. belles *paroles*
3. tenir sa *parole*
4. croire quelqu'un sur *parole*
5. avoir la *parole*
6. un prisonnier sur *parole*
7. être libéré sur *parole*
8. manquer à sa *parole*

E. Pour éviter de les confondre entre eux, traduisez les mots suivants:

1. le sort; la sorte
2. la tonnelle; le tunnel
3. la rose; la rosée; le roseau
4. l'audience; l'auditoire, l'assistance
5. supplier; suppléer
6. un verre; un vers; un ver
7. gros; grossier
8. la perruque; la perruche; le perroquet
9. l'éducation; l'instruction
10. plaindre; se plaindre
11. le voile; la voile
12. l'épouvante; l'épouvantail

VIII. Sujets de composition

Ecrivez un court essai sur un des sujets suivants:

1. Quels sont les éléments comiques dans *Les Caprices de Marianne?* L'auteur a-t-il raison d'appeler sa pièce "une comédie"?
2. Commentez l'observation faite par Octave à la fin de la pièce: "Cœlio était la bonne partie de moi-même".
3. Comparez les cinq rencontres entre Octave et Marianne.
4. Quels sont les "caprices" de Marianne qui mènent l'action de la pièce?

Chapitre VII

VICTOR HUGO (1802–1885)—*La Fin de Satan*

Poète, romancier, dramaturge, Victor Hugo est un des génies les plus puissants et les plus féconds de la littérature française. C'est à juste titre que G. L. Strachey écrivait: "Words flowed from Victor Hugo like light from the sun." Et quand il met cette inépuisable richesse verbale au service de sa vision cosmique, il nous ouvre les portes du "tabernacle terrible de l'inconnu". Un des genres qui conviennent le mieux au génie de Victor Hugo c'est l'épopée, narration en vers des exploits d'un grand personnage héroïque. Hugo a écrit plusieurs œuvres de tendance épique qui, par leur puissance visionnaire, rappellent parfois Dante et Milton. Dans La Fin de Satan, *publiée en 1886, ce n'est pas un héros aux proportions humaines qu'il nous présente: c'est le Prince du Mal, l'archange qui a osé se révolter contre Dieu et a été précipité dans l'abîme. Voici le début de la première partie de ce poème,* Et nox facta est (*Et la nuit fut*) *intitulée ainsi par opposition à la parole de la Genèse:* Dixit Deusque: Fiat lux! Et lux facta est (*Et Dieu dit: Que la lumière soit; et la lumière fut*).*

ET NOX FACTA EST

Depuis quatre mille ans il tombait dans l'abîme.

Il n'avait pas encor pu saisir une cime,
Ni lever une fois son front démesuré.
Il s'enfonçait dans l'ombre et la brume, effaré,
Seul, et, derrière lui, dans les nuits éternelles,
Tombaient plus lentement les plumes de ses ailes.

92

Il tombait foudroyé, morne, silencieux,
Triste, la bouche ouverte et les pieds vers les cieux,
L'horreur du gouffre empreinte à sa face livide.
Il cria: Mort! — les poings tendus vers l'ombre vide.   10
Ce mot plus tard fut homme et s'appela Caïn.

Il tombait. Tout à coup un roc heurta sa main;
Il l'étreignit, ainsi qu'un mort étreint sa tombe,
Et s'arrêta. Quelqu'un, d'en haut, lui cria: — Tombe!
Les soleils s'éteindront autour de toi, maudit! —   15
Et la voix dans l'horreur immense se perdit.
Et, pâle, il regarda vers l'éternelle aurore.
Les soleils étaient loin, mais ils brillaient encore.
Satan dressa la tête et dit, levant ses bras:
— Tu mens! — Ce mot plus tard fut l'âme de Judas.   20

Pareil aux dieux d'airain debout sur leurs pilastres,
Il attendit mille ans, l'œil fixé sur les astres.
Les soleils étaient loin, mais ils brillaient toujours.
La foudre alors gronda dans les cieux froids et sourds.
Satan rit, et cracha du côté du tonnerre.   25
L'immensité, qu'emplit l'ombre visionnaire,
Frissonna. Ce crachat fut plus tard Barabbas.

Un souffle qui passait le fit tomber plus bas.

QUESTIONS

1. A quel vers Hugo nomme-t-il son héros pour la première fois? Si vous ne connaissiez pas déjà le titre du poème, quand et comment sauriez-vous qu'il s'agit de Satan?

2. Quel verbe est le mot-clé de ce morceau? Relevez-en toutes les formes et montrez comment chacune contribue au déroulement de l'action.

3. Comment les verbes des vers 2, 3 et 4 développent-ils l'action annoncée par le verbe du premier vers?

4. Commentez la position de *Seul* (v. 5). [Cf. celle de *Triste* (v. 8) et *Frissonna* (v. 27).]

5. Comment l'inversion au vers 6 contribue-t-elle à la beauté du vers?

6. Expliquez le changement de temps au début du vers 10.

7. Comment faut-il interpréter le mot: *Mort!* (v. 10) et comment la description de Satan qui le précède prépare-t-elle ce cri? Pourquoi ce cri devient-il Caïn plutôt qu'Abel?

8. Victor Hugo croyait fermement au pouvoir créateur des mots. Montrez comment l'emploi de *fut* aux vers 11 et 20 illustre cette croyance. (Cf. la traduction du titre latin.)

9. Quel vers au début du poème annonce, par contraste, l'action décrite aux vers 12–14?

10. Identifiez *Quelqu'un* (v. 14).

11. Par quels moyens l'auteur produit-il un effet de clair-obscur aux vers 15–18?

12. Quel vers du début du poème annonce, par contraste, l'action décrite au début du vers 19?

13. Précisez le rapport entre le deuxième cri de Satan et l'âme de Judas.

14. Quel est l'effet produit par le vers 23?

15. Que signifie le rire de Satan (v. 25)?

16. Quel rapport saisissez-vous entre le crachat de Satan et Barabbas? (Cf. *Luc*, XXIII, 18, 19.)

17. Quel trait de caractère domine chez Satan?

18. Comment la présence de Dieu se manifeste-t-elle dans ce poème?

19. Combien de syllabes y a-t-il dans chacun des vers de ce morceau? Comment s'appelle un tel vers?

20. Quelle est la disposition des rimes féminines (celles qui se terminent par un e muet) par rapport à la disposition des rimes masculines (celles qui ne se terminent pas par un e muet)?

EXERCICES

I. L'emploi des temps

EXERCICES ORAUX

A. L'emploi des temps après *depuis . . ., il y a . . . que, voilà . . . que.* [V. Gramm. **8.97g; 8.122c**]

1. Expliquez l'emploi de l'imparfait au premier vers du poème de Victor Hugo.

2. Traduisez les citations suivantes et expliquez l'emploi du temps de chaque verbe souligné:

  a. . . . depuis un mois j'*erre* autour de cette maison la nuit et le jour.

  b. . . . il est triste comme la mort, depuis le jour où il vous *a vue*.

  c. Depuis qu'il *a* l'amour en tête, on ne le voit pas quatre fois la semaine.

  d. Comment se porte ma maison? Il y a huit jours que je ne l'*ai vue*.

3. Faites quatre phrases où vous emploierez l'imparfait après *depuis . . . (il y a . . . que, voilà . . . que).*

4. Faites quatre phrases où vous emploierez le présent après *depuis . . . (il y a . . . que, voilà . . . que).*

B. L'imparfait et le passé simple. [V. Gramm. **8.114–8.122**]

1. Etudiez dans le poème de Victor Hugo (v. 4–28) l'emploi des verbes à l'imparfait et des verbes au passé simple. Notez la valeur descriptive des verbes à l'imparfait et la valeur narrative des verbes au passé simple.

2. Comment traduisez-vous le verbe *fut* aux vers 11, 20, 27?

3. Lisez à haute voix cette traduction française du début de *la Genèse:*

[1] Dieu créa, au commencement, les cieux et la terre.

[2] Et la terre était sans forme et vide, et les ténèbres étaient sur la face de l'abîme, et l'Esprit de Dieu se mouvait sur les eaux.

[3] Et Dieu dit: Que la lumière soit; et la lumière fut.

[4] Et Dieu vit que la lumière était bonne; et Dieu sépara la lumière d'avec les ténèbres.

[5] Et Dieu nomma la lumière, Jour; et les ténèbres, Nuit. Ainsi fut le soir, ainsi fut le matin; ce fut le premier jour.

4. Expliquez chaque emploi de l'imparfait et du passé simple dans le passage précédent.

5. Comparez la traduction française de ces versets à la traduction anglaise que vous connaissez. Quelles différences remarquez-vous, en particulier dans l'emploi des temps?

C. L'imparfait et le passé simple (ou le passé composé) des verbes: SAVOIR, VOULOIR, POUVOIR, ÊTRE [V. Gramm. **8.120**]

1. Traduisez en anglais les citations suivantes:

a. . . . et tout *fut* consterné dans le plus beau et le plus agréable des châteaux possibles.

b. Les anciens domestiques de la maison soupçonnaient qu'il *était* fils de la sœur de M. le Baron, et d'un bon et honnête gentil-homme du voisinage qu'elle ne *voulut* jamais épouser . . . .

c. Il se chargea de faire agréer la demande du jeune Orsini, qui *voulait* m'épouser.

d. Entre elle et moi est une muraille imaginaire que je *n'ai pu* escalader.

e. . . . je n'y ai vu entrer personne; et si quelqu'un *l'a voulu* faire, il me semble que j'avais le droit de ne pas lui ouvrir.

2. Traduisez les phrases suivantes:

a. Claudio *savait* qu'on faisait des sérénades à sa femme.

b. Il *a su* qui avait organisé ces sérénades.

c. Octave *voulait* aider son ami.

d. Il *a voulu* aider son ami.

e. Marianne ne *voulait* pas recevoir Cœlio.

f. Elle ne *voulut* pas le voir.

g. Octave *était* gai et insouciant.

h. A la mort de Cœlio il *fut* accablé de remords.

i. Octave ne *pouvait* pas venger la mort de son ami.

j. Il *n'a pas pu* la venger.

k. Il *pouvait* la venger.

l. Il *a pu* la venger.

II. Le subjonctif [V. Gramm. 8.56–8.76]

A. Recopiez les citations suivantes en employant la forme convenable du
verbe indiqué entre parenthèses.
Expliquez (oralement) votre choix.

1. . . . que la terre lui (*paraître*) comme un point au prix du vaste
tour que cet astre (*décrire*). . . .

2. Pourquoi faut-il que je (*mettre*) ici la main à tout, si je (*vouloir*)
obtenir quelque chose?

3. . . . (*pouvoir*) Cœlio vous oublier.

4. Etes-vous sûr qu'il ne me (*être*) pas permis de sourire?

5. . . . jusqu'à ce qu'il (*avoir*) aperçu l'injure, il ne croit pas qu'on
(*vouloir*) l'outrager.

6. . . . Car on doit souhaiter, selon toute justice,
Que le plus coupable (*périr*).

7. Je . . . n'entrerai point au logis, de peur que vous ne m'en
(*chasser*) tout à l'heure. . . .

8. Qu'y trouvez-vous qui (*pouvoir*) vous blesser?

9. Quelque bien qu'on nous (*dire*) de nous, on ne nous (*apprendre*)
rien de nouveau.

10. (*Etre*) sans crainte, afin qu'on te (*craindre*). . . .

11. . . . il soulève son arme en silence, sans (*faire*) un pas et sans
(*respirer*).

12. Elle (*avoir*) été heureuse, la femme qui l'(*avoir*) aimé.

13. Il faut que je (*faire*) part de cette découverte à ma belle-mère.

14. . . . il ne voit point que son intérêt (*être*) de rechercher avec
ardeur la compagnie de quelques-uns de ses concitoyens. . . .

15. Je ne pense pas que son habitude (*être*) de coucher dans cette
maison.

16. . . . existe-t-il une prière qui (*pouvoir*) rendre ce dont mon cœur
(*être*) plein?

17. Marianne! . . . ne fermez pas votre cœur au premier éclair qui
l'(*avoir*) peut-être traversé!

18. On a recommandé de vous la remettre, en quelque lieu que vous
(*être*) ce soir.

19. Raison de plus pour qu'il ne (*être*) pas . . . un de mes amants.

20. . . . tu peux le faire peindre à neuf, sans que je (*craindre*) de
m'y salir les doigts.

B. EXERCICE ÉCRIT

Traduisez en français les phrases suivantes:

1. I hope she will come.
2. She wants to come.

3. I want her to come.
4. I know she will come.
5. I am not sure she will come.
6. I am happy that she came.
7. May heaven favor you!
8. It is useless for him to reply.
9. She came in without my having seen her.
10. Let him who is worthy of uttering the word say it to you.
11. What do you want me to do?
12. Let him choose!
13. Do you think I am a man without character?
14. Where do you want me to sit?
15. It is possible that she has already arrived.
16. He seeks an answer which may please her.
17. She detests me heartily without ever having seen me.
18. They have done everything to make her happy.

III. Révision des verbes: ÉCRIRE, SUIVRE, VIVRE, METTRE [V. Gramm. 8.140b; 8.141]

Ecrivez en français les formes suivantes:

1. she would have written
2. I have followed
3. we have lived
4. you have put
5. writing
6. living
7. putting
8. they will follow
9. I am writing
10. he lives
11. he lived (*passé simple*)
12. we used to live
13. . . . so that he may live
14. you would write
15. they will put
16. we were putting
17. he would put
18. he put (*passé simple*)
19. he wrote (*passé simple*)
20. he followed (*passé simple*)

IV. Etude de vocabulaire

A. Ecrivez une liste des verbes composés sur *écrire* et *mettre* et traduisez-les.

B. Etudiez les emplois suivants du verbe *vivre:*

1. *Vive* la République!
2. *Du vivant de* son père, il n'en aurait pas été ainsi.
3. Il a du *savoir-vivre.*
4. Il préfère *vivre* à la campagne.
5. Il *vit* seul.
6. Il *vit* au jour le jour.
7. Sa gloire *vivra* toujours.

8. Il est toujours *sur le qui-vive*.
9. Il faut manger pour *vivre*.
10. Il ne peut pas *faire vivre* sa famille
11. Il *vit* de ses rentes.
12. Nous avons *de quoi vivre*.

C. Faites ressortir la différence entre *agir* et *s'agir de* en traduisant les phrases:

Je sais *agir* . . .
Agirez-vous contre sa volonté?
Il s'agit de la vie de votre maître.
Dans cette pièce *il s'agit des* caprices d'une jeune femme.

Notez que le sujet de l'expression idiomatique *s'agir de* est toujours IL ("it").

D. Etudiez les emplois suivants du mot *front*:

1. Il n'avait pas encore pu saisir une cime,
   Ni lever une fois son *front* démesuré.
2. montrer un *front* serein
3. la rougeur lui monte au *front*
4. le *front* des palais
5. le *front* de bataille
6. le *Front* populaire
7. le *front* polaire
8. faire *front* à quelque chose
9. *de front*
10. Vous avez le *front* de soutenir cela!

EXERCICES DE REVISION

EXERCICES ORAUX

I. Dans ce passage de *Candide*, remplacez les tirets par l'article ou le partitif qui convient:

"Remarquez bien que _____ nez ont été faits pour porter _____ lunettes; aussi avons-nous _____ lunettes. _____ jambes sont visiblement instituées pour être chaussées, et nous avons _____ chausses. _____ pierres ont été formées pour être taillées et pour en faire _____ châteaux, aussi monseigneur a _____ très beau château; _____ plus grand baron de _____ province doit être _____ mieux logé; et _____ cochons étant faits pour être mangés, nous mangeons _____ porc toute _____ année. . . ."

II. Lisez *à la première personne* ce passage de Tocqueville:

"Comme il ne voit point que son intérêt soit de rechercher avec ardeur
la compagnie de quelques-uns de ses concitoyens, il se figure difficilement qu'on repousse la sienne; ne méprisant personne à raison de la
condition, il n'imagine point que personne le méprise pour la même
cause, et, jusqu'à ce qu'il ait aperçu l'injure, il ne croit pas qu'on
veuille l'outrager."

III. Lisez *à la troisième personne* les phrases suivantes, tirées de la lettre
de Mme de Sévigné, en remplaçant les mots en italiques par les
pronoms qui conviennent:

1. *Je m'*en vais *vous* mander *la chose.* . . .
2. *Je vous* le donne en trois.
3. *Vous* êtes hors de *vous*-même.
4. *Je* reviens à *vous.*
5. . . . si enfin *vous nous* dites *des injures.* . . .

IV. Lisez les phrases suivantes en remplaçant chaque locution en italiques par la forme pronominale qui convient:

1. *Le fils du baron* paraissait digne *de son père.*
2. *Le petit Candide* écoutait *ses leçons.*
3. *Sa grande salle* était ornée *d'une tapisserie.*
4. *Aux Etats-Unis, les rangs* ne diffèrent que fort peu . . . .
5. Personne ne se plaint *de son jugement.*
6. *Les vertus* se perdent *dans l'intérêt.* . . .
7. *L'intérêt* . . . mérite souvent d'être loué *de nos plus belles actions.*
8. Il faut *de grandes vertus* pour soutenir *la bonne fortune.*
9. . . . *la paresse et la timidité* nous retiennent dans notre devoir.
10. Nous pardonnons souvent *à ceux qui nous ennuient.* . . .

V. Exercice oral

Remaniez les phrases suivantes, en conjuguant le verbe en italiques au
temps indiqué. Dans chaque cas, dites les six phrases aussi rapide-
ment que possible.

A. Le présent de l'indicatif:

1. *Suis*-je belle?
2. Je le lui *vends.*
3. Je ne *m'en sers* pas.
4. C'est moi qui le *choisis.*
5. Que *vais*-je faire?

B. L'imparfait de l'indicatif:

    1. Voilà l'homme dont je *parlais.*
    2. Qui *suivais*-je?
    3. C'est l'enfant que j'*appelais.*
    4. Je n'en *avais* pas.
    5. Je *finissais* mon travail.

C. Le futur:

    1. Ne le *finirai*-je jamais?
    2. Je ne les *achèterai* pas.
    3. Je vous l'enverrai.
    4. Je ne le leur *écrirai* pas.
    5. C'est moi qui *viendrai.*

D. Le passé composé:

    1. Je ne les *ai* pas *achetés.*
    2. J'*ai* beaucoup *souffert.*
    3. *Suis*-je *arrivé* à l'heure?
    4. Je les y *ai mis.*
    5. Je ne les y *ai* pas *mis.*

E. Le présent du subjonctif:

    1. Le professeur veut que je le *fasse.*
    2. Il faut que je le lui *dise.*
    3. Il se peut que je *sorte* ce soir.
    4. Il est étonnant que je *sois* ici.
    5. Il vaudrait mieux que je le *mette* là.

F. Le plus-que-parfait:

    1. Je n'*étais* pas *parti* de bonne heure.
    2. J'y *avais vécu* avant de venir ici.
    3. Je le lui *avais* déjà *écrit.*
    4. Je *m'en étais allé* avant leur arrivée.
    5. L'*avais*-je jamais *vu?*

Chapitre VIII

BAUDELAIRE (1821–1867)—*Les Fleurs du mal*

"Tu m'as donné ta boue et j'en ai fait de l'or." Ces mots que Charles Baudelaire adresse à Paris, sa ville natale, expriment nettement sa poétique: l'homme est capable de se dépasser par la création artistique qui transforme en œuvres de beauté la laideur, la douleur ou l'ennui de son existence mortelle. Ainsi s'explique le sens des Fleurs du mal *(1857), titre du recueil de poésies qui a profondément influencé la littérature moderne. Dans* Les Phares, *poème tiré de ce volume, Baudelaire, qui était un des meilleurs critiques d'art de son siècle, évoque l'œuvre de huit grands artistes européens, non par la simple description de leurs tableaux ou de leurs sculptures, mais par le moyen de "correspondances", c'est-à-dire d'images qui ont une analogie avec ce qu'a d'essentiel le style de chaque artiste. Et il termine le poème par une profession de foi dans l'art, qu'il proclame "le meilleur témoignage" de la dignité de l'homme.*

« A »

LES PHARES

Rubens, fleuve d'oubli, jardin de la paresse,
Oreiller de chair fraîche où l'on ne peut aimer,
Mais où la vie afflue et s'agite sans cesse,
Comme l'air dans le ciel et la mer dans la mer;

Léonard de Vinci, miroir profond et sombre,
Où des anges charmants, avec un doux souris
Tout chargé de mystère, apparaissent à l'ombre
Des glaciers et des pins qui ferment leurs pays;

101

Rembrandt, triste hôpital tout rempli de murmures,
Et d'un grand crucifix décoré seulement,   10
Où la prière en pleurs s'exhale des ordures,
Et d'un rayon d'hiver traversé brusquement;

Michel-Ange, lieu vague où l'on voit des Hercules
Se mêler à des Christs, et se lever tout droits
Des fantômes puissants qui dans les crépuscules   15
Déchirent leur suaire en étirant leurs doigts;

Rubens. *Vénus et Adonis*. (Metropolitan Museum of Art.)

Léonard de Vinci. *La Vierge aux rochers.* (Musée du Louvre.)

Rembrandt. *Jésus guérissant les malades.* (Metropolitan Museum of Art.)

Colères de boxeur, impudences de faune,
Toi qui sus ramasser la beauté des goujats,
Grand cœur gonflé d'orgueil, homme débile et jaune,
Puget, mélancolique empereur des forçats;   20

Watteau, ce carnaval où bien des cœurs illustres,
Comme des papillons, errent en flamboyant,
Décors frais et légers éclairés par des lustres
Qui versent la folie à ce bal tournoyant;

Goya, cauchemar plein de choses inconnues,   25
De fœtus qu'on fait cuire au milieu des sabbats,
De vieilles au miroir et d'enfants toutes nues,
Pour tenter les démons ajustant bien leurs bas;

Delacroix, lac de sang hanté des mauvais anges,
Ombragé par un bois de sapins toujours verts,   30
Où, sous un ciel chagrin, des fanfares étranges
Passent, comme un soupir étouffé de Weber; [1]

Ces malédictions, ces blasphèmes, ces plaintes,
Ces extases, ces cris, ces pleurs, ces *Te Deum*,[2]
Sont un écho redit par mille labyrinthes;   35
C'est pour les cœurs mortels un divin opium!

Michel-Ange. *Le Jugement dernier* (détail). (Chapelle Sixtine du Vatican.)

[1] **Weber:** compositeur allemand de l'école romantique.   [2] **Te Deum:** cantique d'action de grâces de l'Eglise catholique (**Te Deum laudamus:** Seigneur, nous te louons).

_ Puget. *Milon de Crotone.* (Musée du Louvre.)_

C'est un cri répété par mille sentinelles,
Un ordre renvoyé par mille porte-voix;
C'est un phare allumé sur mille citadelles,
Un appel de chasseurs perdus dans les grands bois!   40

Car c'est vraiment, Seigneur, le meilleur témoignage
Que nous puissions donner de notre dignité
Que cet ardent sanglot qui roule d'âge en âge
Et vient mourir au bord de votre éternité!

Watteau. *Fête champêtre.* (Coll. Devonshire.)

_Goya. *Le Grand niais.* (Metropolitan Museum of Art.)

QUESTIONS

1. Notez les trois images apposées au nom de Rubens. Quelles qualités ont-elles en commun?

2. Pourquoi, selon vous, l'auteur emploie-t-il le négatif au vers 2?

3. Comment le premier hémistiche du vers 4 nous aide-t-il à comprendre le dernier?

4. Pourquoi l'auteur a-t-il écrit *souris* (v. 6) au lieu de *sourire*? Quel est le sourire le plus célèbre qu'ait peint Léonard de Vinci?

5. Relevez d'autres éléments dans ce deuxième quatrain qui donnent une impression de "mystère".

6. A quel nom se rapportent les deux participes passés: *décoré* au vers 10 et *traversé* au vers 12? Notez le parallélisme de ces deux vers. Est-ce qu'il suggère un rapport entre "le grand crucifix" et le "rayon d'hiver"?

7. Expliquez l'emploi des deux infinitifs au vers 14; trouvez le sujet de chaque verbe.

8. Quelle partie de la quatrième strophe suggère des peintures, quelle autre des statues?

9. En quoi la syntaxe de la cinquième strophe diffère-t-elle de celle des autres? Justifiez ces différences.

Delacroix. *L'Ombre de Marguerite apparaissant à Faust.* (Bibliothèque Nationale.)

10. Comment l'apposition à la fin de la cinquième strophe résume-t-elle celle-ci?

11. Montrez comment la comparaison des papillons au vers 22 prépare le rapprochement entre les "cœurs illustres" et les "lustres."

12. Quel est le sens de *sabbats* dans le contexte de la septième strophe?

13. Quel est le sujet du participe *ajustant* (v. 28)?

14. Notez le mélange de couleurs et de sons dans l'évocation du style de Delacroix. Quels termes y produisent un effet trouble ou "étrange"?

15. Où se termine la première phrase de ce poème? Qu'est-ce qui en justifie la longueur?

16. Chacune des diverses manifestations d'émotion énumérées aux vers 33–34 se rattache-t-elle, selon vous, à un seul des artistes en question?

17. Au vers 36, quels deux mots s'opposent? Que laisse entendre ce contraste?

18. Quelle valeur a la répétition de *mille* (v. 35–39)? Qu'ont en commun *cri, ordre, phare, appel*? Pourquoi parmi ces termes Baudelaire a-t-il choisi *les phares* comme titre du poème?

19. A qui le poète s'adresse-t-il dans la strophe finale?

20. Expliquez la nature et la fonction de *Que* (v. 42) et de *Que* (v. 43).

21. Montrez comment, dans son contexte, l'expression: *ardent sanglot* (v. 43) résume le thème principal du poème.

« B »

Les Fleurs du mal *contiennent une cinquantaine de sonnets dont plusieurs comptent parmi les plus beaux de la langue française. Cette forme fixe, empruntée à l'Italie au XVIe siècle, se compose d'ordinaire de deux quatrains suivis de deux tercets. Les règles strictes qui gouvernent l'agencement des quatorze vers et la disposition des rimes imposent à tout poète une contrainte rigoureuse. Chez Baudelaire l'intensité même de l'émotion porte à un effort de concentration qui donne à ses sonnets toute leur puissance de suggestion.* Recueillement *est à cet égard particulièrement émouvant.*

RECUEILLEMENT

Sois sage, ô ma Douleur, et tiens-toi plus tranquille.
Tu réclamais le Soir; il descend; le voici:
Une atmosphère obscure enveloppe la ville,
Aux uns portant la paix, aux autres le souci.

Pendant que des mortels la multitude vile,   5
Sous le fouet du Plaisir, ce bourreau sans merci,
Va cueillir des remords dans la fête servile,
Ma Douleur, donne-moi la main; viens par ici,

Loin d'eux. Vois se pencher les défuntes Années,
Sur les balcons du ciel en robes surannées;   10
Surgir du fond des eaux le Regret souriant;

Le Soleil moribond s'endormir sous une arche,
Et, comme un long linceul traînant à l'Orient,
Entends, ma chère, entends la douce Nuit qui marche.

QUESTIONS

1. Quel rapport entre le poète et sa douleur la forme des verbes au premier vers suggère-t-elle? Relevez les cinq autres verbes du poème par lesquels le poète s'adresse à sa "Douleur."

2. Pourquoi le poète demande-t-il à sa Douleur d'être "sage"?

3. Quelle progression indiquent les trois propositions du vers 2?

4. Quel serait l'ordre ordinaire des mots du vers 5? Sur quel mot l'ordre choisi par Baudelaire met-il l'accent? Indiquez le sujet de *Va* (v. 7).

5. Quel rapport existe-t-il entre l'image présentée au vers 6 et le choix de *remords* comme objet du verbe *cueillir* (v. 7)?

6. Où pensez-vous que le poète mène sa Douleur en lui disant "par ici" (v. 8)?

7. Quel est l'effet obtenu par le rejet de *Loin d'eux* au début du premier tercet?

8. Comment les "défuntes Années" sont-elles personnifiées (v. 9–10)?
9. De quel verbe dépendent les infinitifs *se pencher* (v. 9), *surgir* (v. 11), et *s'endormir* (v. 12)? Quel est l'effet produit par ces infinitifs?
10. Pourquoi le Regret est-il souriant?
11. De quelle "arche" s'agit-il au vers 12?
12. Pourquoi est-ce à l'Orient que traîne le linceul?
13. Caractérisez le rythme du dernier vers.
14. Comment le titre résume-t-il l'état d'esprit qu'évoque le poème?
15. Comment la disposition des rimes unit-elle les deux quatrains; les deux tercets?

EXERCICES

I. L'adjectif qualificatif [V. Gramm. 5.76–5.102]

A. Ecrivez la forme féminine des adjectifs suivants:

1. frais	9. mélancolique	17. meilleur
2. profond	10. léger	18. sot
3. sombre	11. inconnu	19. ancien
4. charmant	12. inquiet	20. moribond
5. doux	13. chagrin	21. long
6. triste	14. craintif	22. blanc
7. malheureux	15. mortel	23. las
8. puissant	16. divin	24. cher

B. Lisez à haute voix ces adjectifs féminins et soulignez ceux qui se distinguent *oralement* de leur forme masculine.

C. Lesquels de ces adjectifs précèdent d'ordinaire le nom qu'ils qualifient?

D. Ecrivez en français:

1. some blue flowers	9. an insane woman
2. some old women	10. the most beautiful poem
3. a frank reply	11. the most interesting stanza
4. a public lecture	12. a less rich rhyme
5. his clean hands	13. the best verse in the poem
6. his own hands	14. the most regular rhythm
7. an expensive gift	15. How nice she is!
8. a certain charm	

II. L'omission de l'article [V. Gramm. 2.5; 2.8; 2.11–2.12]

EXERCICES ORAUX

A. Signalez dans les cinq premiers quatrains des *Phares* tous les noms mis en apposition à d'autres noms. Notez l'omission de l'article devant le nom en apposition.

B. Expliquez l'absence de l'article dans les expressions suivantes:

1. oreiller de chair
2. sans cesse
3. chargé de mystère
4. rempli de murmures
5. un rayon d'hiver
6. colères de boxeur
7. impudences de faune
8. gonflé d'orgueil
9. plein de choses inconnues
10. un bois de sapins
11. un appel de chasseurs
12. cet ardent sanglot qui roule d'âge en âge
13. des forêts de symboles
14. sans merci
15. de longs échos

C. Comparez les expressions anglaises et françaises qui suivent. Notez l'absence de l'article français dans presque toutes les locutions adjectives.

1. rose petals — des pétales de rose
2. summer clothes — des habits d'été
3. a summer day — un jour d'été
4. a winter night — une nuit d'hiver
5. snowflakes — des flocons de neige
6. the post office — le bureau de poste
7. an insurance premium — une prime d'assurance
8. a history professor — un professeur d'histoire
9. a geology book — un livre de géologie
10. the periodical room — la salle des périodiques
11. medical students — des étudiants en médecine
12. an optical illusion — une illusion d'optique
13. a stone quarry — une carrière de pierre
14. Persian rugs — des tapis de Perse
15. a musical instrument — un instrument de musique
16. her married name — son nom de mariage
17. the French consul — le consul de France
18. the Foreign Minister — le ministre des Affaires étrangères
19. a fishing port — un port de pêche
20. a country church — une église de campagne

Notez qu'un *professeur français* peut être un *professeur de chinois* ou *de chimie* ou de n'importe quoi et que *le professeur de français* n'est pas toujours un *professeur français.*

D. En lisant à haute voix les expressions suivantes, remplacez le tiret par la préposition *de* ou le partitif, selon le cas:

1. beaucoup _____ amis
2. tant _____ bonne volonté
3. une quantité _____ dettes
4. un flot _____ monde
5. des paniers _____ fromage
6. une touffe _____ gui
7. un tas _____ chemises
8. peu _____ monde

9. trop _____ travail
10. un nuage _____ poussière
11. combien _____ temps
12. assez _____ plaisirs
13. bien _____ années
14. la plupart _____ gens
15. encore _____ café

III. Les verbes LAISSER, VOIR, REGARDER, ENTENDRE, ÉCOUTER, et SENTIR suivis de l'infinitif [V. Gramm. 8.49–8.50; 8.80b]

A. Cherchez dans *Les Phares* et *Recueillement* des exemples du verbe *voir* suivi de l'infinitif.

B. Etudiez ces autres exemples tirés de vos lectures:

1. . . . à chaque instant je lui *vois faire* de nouveaux efforts pour me convaincre.
2. . . . mon mari vous *a vu entrer* ce soir. . . .
3. . . . si j'étais aux Tuileries, je *voyais* aussitôt un cercle *se former* autour de moi.
4. . . . ils ne se *laissent* point *émouvoir* pour des bagatelles.
5. *Laisse*-moi *rire* de toi, et parle franchement.
6. . . . qu'on *laisse entrer* le jour sans *laisser entrer* le soleil.
7. N'*avez*-vous jamais *entendu chanter* sous vos fenêtres?
8. Quel charme j'éprouve à les *entendre chanter* la beauté de Marianne!
9. Il *a entendu dire* que les conditions ne sont pas égales dans notre hémisphère.

C. Ecrivez six phrases se rapportant aux poèmes de Baudelaire dans lesquelles vous emploierez les verbes *laisser, voir, regarder, entendre, écouter, sentir,* suivis de l'infinitif.

IV. Révision des verbes: DIRE, FAIRE, PLAIRE, TRADUIRE, LIRE [V. Gramm. 8.140d; 8.141]

A. Ecrivez en français:

1. You are doing it.
2. He said he would do it.
3. He was doing it.
4. He did it (*passé simple*).
5. He has already done it.
6. I shall translate it.
7. They would have translated it.
8. He is reading it.
9. He read it (*passé simple*).
10. He wants me to read it.

B. Traduisez par écrit les phrases suivantes:

1. This painting by Watteau pleases them.
2. Goya's did not please him.
3. This one will please my friends.
4. I have read the poem.
5. Translate the first verse of the last stanza.
6. We want you to do it.
7. I have not done it; I shall do it tomorrow.
8. Tell me the truth.
9. We shall tell you the truth.
10. He has said nothing.

V. Etude de vocabulaire

EXERCICES ORAUX

A. En les employant dans des phrases, faites ressortir la signification des mots suivants, qui se rattachent à la famille du verbe *lire:*

relire
le lecteur
la lecture
lisible
illisible

B. Traduisez les phrases suivantes, qui contiennent toutes le verbe *dire:*

1. Nous irons d'abord à Paris; *cela va sans dire.*
2. C'est *dit,* nous partons demain.
3. Je ne sais *que dire.*
4. Je ne sais *qu'en dire.*
5. Je vais vous *dire un poème* de Baudelaire.
6. Ce nom ne me *dit* rien.
7. Son silence *en dit long.*
8. Servez-vous *si le cœur vous en dit.*
9. *Dis*-moi qui tu hantes, je te *dirai* qui tu es.
10. Aussitôt *dit,* aussitôt fait.
11. Elle vous *fait dire* qu'elle sera bientôt libre.
12. Il ne se le *fit* pas *dire* deux fois.
13. François-Marie Arouet, *dit* Voltaire, est l'auteur de *Candide.*
14. "Tous les gens querelleurs jusqu'aux simples mâtins,
    Au dire de chacun, étaient de petits saints."

C. Pour éviter de les confondre entre eux, traduisez les mots suivants:

1. le sang; le sanglot
2. le témoin; le témoignage

3. la chair; la chaire; la chaise
4. recueillir; se recueillir
5. le recueil; le recueillement

D. Trouvez des synonymes des mots suivants:

1. rempli
2. débile
3. célèbre
4. défunt
5. tranquille

6. l'orgueil
7. l'entêtement
8. la manière
9. réclamer
10. le chagrin

VI.   Sujet de composition

Décrivez un des tableaux (pp. 102–109), en tenant compte du quatrain des *Phares* qui s'y rapporte.

Chapitre IX

FLAUBERT (1821–1880) — *Un Cœur simple*

Gustave Flaubert, un des plus grands romanciers du XIXe siècle, par l'exactitude de sa documentation et l'objectivité de sa présentation, tentait de dépeindre la réalité avec une impartialité absolue, comme si lui, l'auteur, était absent de son œuvre. Cette méthode "réaliste" s'accompagnait chez lui du culte de la forme. La justesse de chaque mot, la concision de chaque phrase, l'harmonie de l'ensemble, tout devait concourir à engendrer une œuvre d'art indépendamment du sujet traité, "le style étant à lui seul une manière absolue de voir les choses." Ainsi la morne existence d'une femme adultère dans une petite ville de province se métamorphose, sous la plume de Flaubert, en Madame Bovary, *un des plus purs chefs-d'œuvre du roman français.*

L'impassibilité même de cette œuvre rebute pourtant bien des lecteurs qui lui préfèrent le premier des Trois Contes *de Flaubert (1877),* Un Cœur simple. *Ici, tout en gardant la même netteté d'expression, le même degré de perfection dans la forme, l'auteur laisse percer un rayon de compassion qui illumine ce conte d'une humanité profonde.*

I

Pendant un demi-siècle, les bourgeoises de Pont-l'Evêque [1] envièrent à Mme Aubain sa servante Félicité.

Pour cent francs par an, elle faisait la cuisine et le ménage, cousait, lavait, repassait, savait brider un cheval, engraisser les volailles, battre le beurre, et resta fidèle à sa maîtresse, — qui cependant n'était pas une 5 personne agréable.

[1] **Pont-l'Evêque:** petite ville de Normandie.

116

Elle avait épousé un beau garçon sans fortune, mort au commencement de 1809, en lui laissant deux enfants très jeunes avec une quantité de dettes. Alors elle vendit ses immeubles, sauf la ferme de Toucques et la ferme de Geffosses,[2] dont les rentes montaient à 5.000 francs tout au plus, 10 et elle quitta sa maison de Saint-Melaine pour en habiter une autre moins dispendieuse, ayant appartenu à ses ancêtres et placée derrière les halles.

Cette maison, revêtue d'ardoises, se trouvait entre un passage et une ruelle aboutissant à la rivière. Elle avait intérieurement des différences de niveau qui faisaient trébucher. Un vestibule étroit séparait la cuisine 15 de la *salle* [3] où Mme Aubain se tenait tout le long du jour, assise près de la croisée dans un fauteuil de paille. Contre le lambris, peint en blanc, s'alignaient huit chaises d'acajou. Un vieux piano supportait, sous un baromètre, un tas pyramidal de boîtes et de cartons. Deux bergères de tapisserie [4] flanquaient la cheminée en marbre jaune et de style Louis XV. 20 La pendule, au milieu, représentait un temple de Vesta,[5] — et tout l'appartement sentait un peu le moisi, car le plancher était plus bas que le jardin.

◇◇◇◇◇◇◇◇◇◇◇

1. A quelles questions répond la première phrase du conte? Pourquoi cette petite phrase de quatorze mots est-elle considérée comme un chef-d'œuvre de concision?

2. Pourquoi, selon vous, l'auteur a-t-il écrit *un demi-siècle* (l. 1) au lieu de *cinquante ans?*

3. Quel est le lien entre le premier et le second paragraphes?

4. Quel est l'effet produit par la suite des verbes à l'imparfait au deuxième paragraphe? En contraste avec l'imparfait, quelle force le passé simple donnet-il au verbe *resta* dans la même phrase?

5. Quel est l'antécédent du pronom *Elle* qui introduit le troisième paragraphe?

6. Au troisième paragraphe trouvez des exemples de la précision dont se soucie Flaubert.

7. Avec quel autre chiffre, déjà indiqué, celui de 5.000 francs (l. 10) fait-il contraste? Que sous-entend ce contraste?

8. Notez les quatre verbes principaux aux lignes 17–21. Comment relientils les éléments de chaque phrase? Comment contribuent-ils à la concision du passage?

[2] **la ferme de Toucques et la ferme de Geffosses:** ces fermes, près de Pont-l'Evêque, ont réellement existé. Toucques est aussi le nom d'un petit fleuve qui se jette dans la Manche à Trouville, au nord de Pont-l'Evêque.   [3] **salle:** en italiques parce qu'en province le mot a parfois un sens particulier: il désigne la pièce principale du rez-de-chaussée.   [4] **bergères de tapisserie:** fauteuils recouverts de tapisserie.   [5] **temple de Vesta:** temple en forme de rotonde. Chez les Romains Vesta était la déesse du foyer.

Au premier étage, il y avait d'abord la chambre de «Madame», très grande, tendue d'un papier à fleurs pâles, et contenant le portrait de «Monsieur» en costume de muscadin.[6] Elle communiquait avec une chambre plus petite, où l'on voyait deux couchettes d'enfants, sans matelas. Puis venait le salon, toujours fermé, et rempli de meubles recouverts d'un drap. Ensuite un corridor menait à un cabinet d'étude; des livres et des paperasses garnissaient les rayons d'une bibliothèque entourant de ses trois côtés un large bureau de bois noir. Les deux panneaux en retour[7] disparaissaient sous des dessins à la plume, des paysages à la gouache et des gravures d'Audran,[8] souvenirs d'un temps meilleur et d'un luxe évanoui. Une lucarne au second étage éclairait la chambre de Félicité, ayant vue sur les prairies.

Elle se levait dès l'aube, pour ne pas manquer la messe, et travaillait jusqu'au soir sans interruption; puis, le dîner étant fini, la vaisselle en ordre et la porte bien close, elle enfouissait la bûche sous les cendres et s'endormait devant l'âtre, son rosaire à la main. Personne, dans les marchandages, ne montrait plus d'entêtement. Quant à la propreté, le poli de ses casseroles faisait le désespoir des autres servantes. Econome, elle mangeait avec lenteur, et recueillait du doigt sur la table les miettes de son pain, — un pain de douze livres, cuit exprès pour elle, et qui durait vingt jours.

◇◇◇◇◇◇◇◇◇◇

9. Pourquoi l'auteur a-t-il mis *Madame* et *Monsieur* (l. 23, l. 25) entre guillemets?

10. Comment le terme *costume de muscadin* (l. 25) complète-t-il la description de "Monsieur" précédemment esquissée?

11. Que suggèrent les détails: *sans matelas* (l. 26), *recouverts d'un drap* (l. 27–28)?

12. A quoi se rapporte l'expression *souvenirs d'un temps meilleur et d'un luxe évanoui* (l. 32–33)? Quel rôle joue cette apposition par rapport à toute la description de la maison?

13. Quel jour cette description jette-t-elle sur la situation actuelle, le caractère et les goûts de Mme Aubain?

14. Justifiez la position et la brièveté de la phrase qui décrit la chambre de Félicité.

15. Au paragraphe suivant notez les deux allusions au sentiment religieux de Félicité. A quel verbe se rattache chacun de ces détails? Qu'exprime ce rapprochement?

16. Par quels moyens Flaubert fait-il ressortir la monotonie des tâches de Félicité?

[6] **muscadin:** nom donné, pendant la Révolution, aux royalistes vêtus avec élégance. [7] **panneaux en retour:** surfaces à l'extrémité des rayons latéraux. [8] **Audran:** Gérard Audran, graveur du XVIIe siècle, a gravé les œuvres des peintres classiques de l'âge de Louis XIV.

En toute saison elle portait un mouchoir d'indienne [9] fixé dans le dos par une épingle, un bonnet lui cachant les cheveux, des bas gris, un [45] jupon rouge, et par-dessus sa camisole un tablier à bavette, comme les infirmières d'hôpital.

Son visage était maigre et sa voix aiguë. A vingt-cinq ans, on lui en donnait quarante. Dès la cinquantaine, elle ne marqua plus aucun âge; — et, toujours silencieuse, la taille droite et les gestes mesurés, semblait [50] une femme en bois, fonctionnant d'une manière automatique.

II

Elle avait eu, comme une autre, son histoire d'amour.

Son père, un maçon, s'était tué en tombant d'un échafaudage. Puis sa mère mourut, ses sœurs se dispersèrent, un fermier la recueillit, et l'employa toute petite à garder les vaches dans la campagne. Elle grelottait [55] sous des haillons, buvait à plat ventre l'eau des mares, à propos de rien était battue, et finalement fut chassée pour un vol de trente sols, [10] qu'elle n'avait pas commis. Elle entra dans une autre ferme, y devint fille de basse-cour, et, comme elle plaisait aux patrons, ses camarades la jalousaient.   [60]

Un soir du mois d'août (elle avait alors dix-huit ans), ils l'entraînèrent à l'assemblée [11] de Colleville. [12] Tout de suite elle fut étourdie, stupéfaite par le tapage des ménétriers, les lumières dans les arbres, la bigarrure des costumes, les dentelles, les croix d'or, cette masse de monde sautant à la fois. Elle se tenait à l'écart modestement, quand un jeune homme d'ap- [65]

◇◇◇◇◇◇◇◇◇◇◇◇

17. Comment l'auteur a-t-il préparé l'image *femme en bois* (l. 51) qui termine le chapitre?

18. Qu'a de frappant la première phrase du chapitre II par rapport à celle qui termine le chapitre précédent? Pourquoi l'auteur a-t-il écrit *comme une autre?*

19. Après *l'eau des mares* (l. 56) Flaubert avait d'abord écrit: "couchait sur la paille, servait les domestiques. . . ". Pourquoi croyez-vous qu'il a supprimé ces deux propositions?

20. Décrivez l'effet que produit l'alliance des deux membres de phrase: *un vol de trente sols,* et *qu'elle n'avait pas commis* (l. 57-58).

21. Quel trait de caractère de Félicité le verbe *entraînèrent* (l. 61) révèle-t-il?

22. De quelles "croix d'or" est-il question à la ligne 64? Pourquoi Flaubert a-t-il choisi ce détail?

[9] **mouchoir d'indienne:** fichu en toile de coton.   [10] **trente sols:** trente sous, c'est-à-dire, une très petite somme.   [11] **assemblée:** fête de village.   [12] **Colleville:** village à vingt kilomètres à l'ouest de Pont-l'Evêque.

parence cossue, et qui fumait sa pipe les deux coudes sur le timon d'un
banneau,[13] vint l'inviter à la danse. Il lui paya du cidre, du café, de la
galette, un foulard, et, s'imaginant qu'elle le devinait, offrit de la reconduire. Au bord d'un champ d'avoine, il la renversa brutalement. Elle
eut peur et se mit à crier. Il s'éloigna.   70

Un autre soir, sur la route de Beaumont, elle voulut dépasser un
grand chariot de foin qui avançait lentement, et en frôlant les roues elle
reconnut Théodore.

Il l'aborda d'un air tranquille, disant qu'il fallait tout pardonner, puisque c'était «la faute de la boisson».   75

Elle ne sut que répondre et avait envie de s'enfuir.

Aussitôt il parla des récoltes et des notables de la commune, car son
père avait abandonné Colleville pour la ferme des Ecots, de sorte que
maintenant ils se trouvaient voisins. — «Ah!» dit-elle. Il ajouta qu'on
désirait l'établir. Du reste, il n'était pas pressé, et attendait une femme à 80
son goût. Elle baissa la tête. Alors il lui demanda si elle pensait au
mariage. Elle reprit, en souriant, que c'était mal de se moquer. — «Mais
non, je vous jure!» et du bras gauche il lui entoura la taille; elle marchait
soutenue par son étreinte; ils se ralentirent. Le vent était mou, les étoiles
brillaient, l'énorme charretée de foin oscillait devant eux; et les quatre   85
chevaux, en traînant leurs pas, soulevaient de la poussière. Puis, sans com-
mandement, ils tournèrent à droite. Il l'embrassa encore une fois. Elle
disparut dans l'ombre.

Théodore, la semaine suivante, en obtint des rendez-vous.

Ils se rencontraient au fond des cours, derrière un mur, sous un arbre 90
isolé. Elle n'était pas innocente à la manière des demoiselles, — les animaux
l'avaient instruite; — mais la raison et l'instinct de l'honneur l'empêchèrent
de faillir. Cette résistance exaspéra l'amour de Théodore, si bien que pour

◇◈◇◈◇◈◇◈◇◈◇

23. Précisez le sens de *devinait* (l. 68).

24. Pourquoi l'auteur ne nomme-t-il pas Théodore avant la ligne 73?

25. Pourquoi Théodore aborde-t-il Félicité "d'un air tranquille" (l. 74)?

26. Comment faut-il interpréter l'exclamation de Félicité à la ligne 79?

27. Qui est *on* (l. 79)?

28. Quelle atmosphère est créée par la description aux lignes 84–88? Relevez
les termes qui contribuent à produire l'impression voulue.

29. Quel est l'antécédent de *ils* à la ligne 87?

30. Que signifie *en* à la ligne 89? Expliquez le lien entre cette phrase et le
paragraphe précédent.

[13] **banneau:** petite charrette.

le satisfaire (ou naïvement peut-être) il proposa de l'épouser. Elle hésitait
à le croire. Il fit de grands serments. *troublesome*   95

Bientôt il avoua quelque chose de fâcheux: ses parents, l'année dernière, lui avaient acheté un homme;[14] mais d'un jour à l'autre on pourrait
le reprendre; l'idée de servir l'effrayait. Cette couardise fut pour Félicité
une preuve de tendresse; la sienne en redoubla. Elle s'échappait la nuit, et
parvenue au rendez-vous, Théodore la torturait avec ses inquiétudes et 100
ses instances.

Enfin, il annonça qu'il irait lui-même à la Préfecture prendre des
informations, et les apporterait dimanche prochain, entre onze heures et
minuit.

Le moment arrivé, elle courut vers l'amoureux.   105

A sa place, elle trouva un de ses amis.

Il lui apprit qu'elle ne devait plus le revoir. Pour se garantir de la
conscription, Théodore avait épousé une vieille femme très riche, Mme
Lehoussais, de Toucques.

Ce fut un chagrin désordonné. Elle se jeta par terre, poussa des cris, 110
appela le bon Dieu, et gémit toute seule dans la campagne jusqu'au soleil
levant. Puis elle revint à la ferme, déclara son intention d'en partir; et, au
bout du mois, ayant reçu ses comptes, elle enferma tout son petit bagage
dans un mouchoir, et se rendit à Pont-l'Evêque.

Devant l'auberge, elle questionna une bourgeoise en capeline de 115
veuve, et qui précisément cherchait une cuisinière. La jeune fille ne savait
pas grand'chose, mais paraissait avoir tant de bonne volonté et si peu
d'exigences, que Mme Aubain finit par dire:

« —Soit, je vous accepte!»

Félicité, un quart d'heure après, était installée chez elle.   120

◇◇◇◇◇◇◇◇◇◇◇◇

31. Distinguez entre les deux raisons qu'offre Flaubert pour la demande en
mariage (1. 93–94). Pourquoi laisse-t-il le lecteur libre de choisir entre l'une
ou l'autre?

32. Quel effet de style résulte de l'emploi des pronoms dans la phrase: *la
sienne en redoubla* (1. 98)?

33. Quel trait de caractère de Théodore est révélé par l'alliance des mots:
inquiétudes et *instances* (1. 100–101)?

34. Justifiez la division en trois paragraphes des lignes 105–107. Commentez
le choix du mot *amoureux* par rapport à la phrase suivante.

35. Trouvez-vous que la rapidité du récit aux lignes 110–112 intensifie ce
qu'il a de pathétique? Justifiez votre réponse.

36. Que laisse entendre le détail *si peu d'exigences* (1. 117–118)?

[14] **ses parents . . . avaient acheté un homme:** pour éviter le service militaire on
pouvait, au XIXe siècle, acheter un remplaçant.

D'abord elle y vécut dans une sorte de tremblement que lui causaient
«le genre de la maison» et le souvenir de «Monsieur», planant sur tout!
Paul et Virginie,[15] l'un âgé de sept ans, l'autre de quatre à peine, lui
semblaient formés d'une matière précieuse; elle les portait sur son dos
comme un cheval, et Mme Aubain lui défendait de les baiser à chaque 125
minute, ce qui la mortifia. Cependant elle se trouvait heureuse. La douceur
du milieu avait fondu sa tristesse.

Tous les jeudis, des habitués venaient faire une partie de boston.[16]
Félicité préparait d'avance les cartes et les chaufferettes. Ils arrivaient à
huit heures bien juste, et se retiraient avant le coup de onze.   130

Chaque lundi matin, le brocanteur qui logeait sous l'allée étalait par
terre ses ferrailles. Puis la ville se remplissait d'un bourdonnement de
voix, où se mêlaient des hennissements de chevaux, des bêlements
d'agneaux, des grognements de cochons, avec le bruit sec des carrioles
dans la rue. Vers midi, au plus fort [17] du marché, on voyait paraître sur le 135
seuil un vieux paysan de haute taille, la casquette en arrière, le nez
crochu, et qui était Robelin, le fermier de Geffosses. Peu de temps après,
— c'était Liébard, le fermier de Toucques, petit, rouge, obèse, portant
une veste grise et des houseaux armés d'éperons.

Tous deux offraient à leur propriétaire des poules ou des fromages. 140
Félicité invariablement déjouait leurs astuces; et ils s'en allaient pleins de
considération pour elle.

A des époques indéterminées, Mme Aubain recevait la visite du
marquis de Gremanville, un de ses oncles, ruiné par la crapule et qui vivait
à Falaise [18] sur le dernier lopin de ses terres. Il se présentait toujours à 145
l'heure du déjeuner, avec un affreux caniche dont les pattes salissaient
tous les meubles. Malgré ses efforts pour paraître gentilhomme jusqu'à
soulever son chapeau chaque fois qu'il disait: «Feu mon père», l'habitude
l'entraînant, il se versait à boire coup sur coup, et lâchait des gaillardises.

❖❖❖❖❖❖❖❖❖❖❖

37. Précisez le sens de l'expression *le genre de la maison* (l. 122).

38. A partir de la ligne 128 un seul temps de verbe domine pendant
plusieurs paragraphes. Quel est le rapport entre ce temps et les expressions
adverbiales? Pourquoi l'auteur emploie-t-il ce temps?

39. Trouvez dans les lignes 128–151 les trois phrases qui commencent par
"Félicité". Comment illustrent-elles l'observation faite à la ligne 126: "Cependant elle se trouvait heureuse"? Expliquez le bonheur de Félicité.

[15] **Paul et Virginie:** souvenir évident d'un roman à la mode, *Paul et Virginie* (1787),
de Bernardin de Saint-Pierre, qui présente, dans un cadre exotique, deux adolescents
unis par une affection pure et fraternelle.   [16] **boston:** jeu de cartes.   [17] **au plus fort:**
au moment où il y a le plus d'activité.   [18] **Falaise:** petite ville à cinquante kilomètres
au sud-ouest de Pont-l'Evêque.

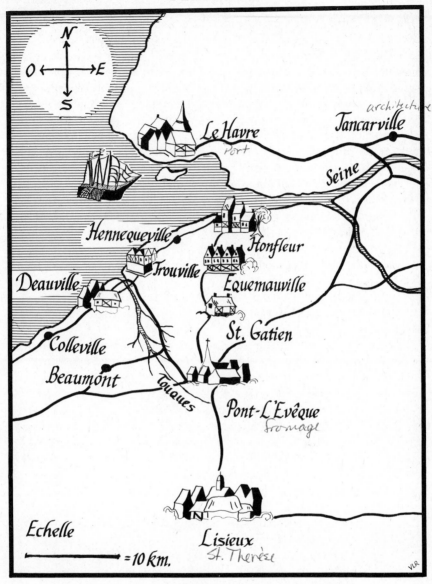

CARTE DES ENVIRONS DE PONT–L'EVEQUE
(*Victoria Rippere*)

Félicité le poussait dehors poliment: «Vous en avez assez, monsieur de 150 Gremanville! A une autre fois!» Et elle refermait la porte.

Elle l'ouvrait avec plaisir devant M. Bourais, ancien avoué. Sa cravate blanche et sa calvitie, le jabot de sa chemise, son ample redingote brune, sa façon de priser en arrondissant le bras, tout son individu lui produisait ce trouble où nous jette le spectacle des hommes extraordinaires.   155

Comme il gérait les propriétés de «Madame», il s'enfermait avec elle pendant des heures dans le cabinet de «Monsieur», et craignait toujours de se compromettre, respectait infiniment la magistrature, avait des prétentions au latin.

Pour instruire les enfants d'une manière agréable, il leur fit cadeau 160 d'une géographie en estampes. Elles représentaient différentes scènes du monde, des anthropophages coiffés de plumes, un singe enlevant une demoiselle, des Bédouins dans le désert, une baleine qu'on harponnait, etc.

Paul donna l'explication de ces gravures à Félicité. Ce fut même 165 toute son éducation littéraire.

Celle des enfants était faite par Guyot, un pauvre diable employé à la Mairie, fameux pour sa belle main,[19] et qui repassait son canif sur sa botte.

Quand le temps était clair, on s'en allait de bonne heure à la ferme de 170 Geffosses.

La cour est en pente, la maison dans le milieu; et la mer, au loin, apparaît comme une tache grise.

Félicité retirait de son cabas des tranches de viande froide, et on déjeunait dans un appartement faisant suite à la laiterie. Il était le seul 175 reste d'une habitation de plaisance, maintenant disparue. Le papier de la muraille en lambeaux tremblait aux courants d'air. Mme Aubain penchait son front, accablée de souvenirs; les enfants n'osaient plus parler. «Mais jouez donc!» disait-elle; ils décampaient.

Paul montait dans la grange, attrapait des oiseaux, faisait des rico- 180 chets sur la mare, ou tapait avec un bâton les grosses futailles qui résonnaient comme des tambours.

Virginie donnait à manger aux lapins, se précipitait pour cueillir des bluets, et la rapidité de ses jambes découvrait ses petits pantalons brodés.

◇◇◇◇◇◇◇◇◇◇◇

40. Pourquoi est-ce avec "plaisir" que Félicité ouvre la porte devant M. Bourais (l. 152)? Flaubert partage-t-il l'admiration de Félicité?

41. Dans quel dessein l'auteur a-t-il choisi les quatre scènes énumérées aux lignes 161–164?

[19] **belle main:** belle écriture.

42. Qu'a de malicieux l'adjectif *littéraire* à la ligne 166?

43. Montrez comment le choix du pronom *Celle* (l. 167) resserre le lien entre le paragraphe qu'il introduit et la phrase précédente. Trouvez plus haut un autre exemple de ce procédé de liaison entre paragraphes.

44. Que suggère la description de Guyot à l'égard de ses compétences pédagogiques?

45. Précisez le rapport entre la description de l'appartement à Geffosses et l'état d'esprit de Mme Aubain (l. 175–179).

46. Quel est l'effet produit par la succession des verbes aux lignes 180–184?

47. Flaubert avait d'abord écrit "la vitesse de ses jambes" (l. 184). En quoi la correction est-elle heureuse?

EXERCICES

I. Les nombres [V. Gramm. 5.55–5.75]

A. Lisez à haute voix les phrases suivantes:

1. Voltaire naquit en 1694 et mourut en 1778.
2. Il a écrit *Candide* en 1750.
3. Flaubert naquit en 1821 et mourut le 18 mai 1880.
4. Vingt ans après la publication de *Madame Bovary*, "Un Cœur simple" parut en 1877 dans un volume intitulé *Trois Contes*.

B. Ecrivez en toutes lettres les dates des phrases précédentes.

C. Traduisez par écrit les phrases suivantes:

1. He read thirty-one pages of the novel while waiting for the train.
2. She is eighty years old and her husband will soon be eighty-eight.
3. This cathedral was built seven hundred years ago.
4. One thousand people attended the concert.
5. Francis the First lived in the sixteenth century.
6. Louis the Sixteenth was condemned to death and executed in 1793.
7. I bought a dozen roses.
8. The first time I saw her I thought she was barely sixteen.
9. In a half hour I shall have finished a third of the lesson.
10. It will take two and a half weeks to finish the portrait.

II. L'emploi de FAIRE, suivi de l'infinitif [V. Gramm. 8.46–8.48]

A. EXERCICE ORAL

Traduisez les citations suivantes:

1. Elle (la maison) avait intérieurement des différences de niveau qui *faisaient trébucher*.
2. Je veux lui *faire voir* là dedans un abîme nouveau.
3. . . . il ne se *fait* pas *écouter*, il ne *fait* point *rire*.

4. . . . . on le lui *fit* bien *voir*.

5. Tous les moyens que j'ai tentés pour lui *faire connaître* mon amour ont été inutiles.

6. Un souffle qui passait le *fit tomber* plus bas.

B. Ecrivez en français les phrases suivantes:

1. I shall have him read aloud.
2. I shall have the poem read.
3. I had him read the poem to the class.
4. I had him read it.
5. She cooks because she likes to do it.
6. We have the cooking done.
7. We have them do the cooking.
8. She makes her servant work.
9. She makes her work too much.
10. Make her work!

III.   La préposition [V. Gramm. 7.1–7.11]

A. Relevez à la fin du premier chapitre d'*Un Cœur simple* (l. 34–51) toutes les prépositions et leurs compléments.

B. Lisez à haute voix les phrases suivantes, en traduisant les prépositions entre parenthèses:

1. (*In*) Paris, on peut aller (*from*) l'Université (*to*) l'Opéra (*on*) pied, (*by*) taxi, (*by*) autobus, ou (*by*) le métro.
2. Si je ne peux pas parcourir la France (*by*) voiture, j'aime voyager (*by*) autocar. Mais pour aller (*from*) un petit village (*to*) l'autre, j'y vais souvent (*by*) bicyclette.
3. Nous pourrions aller (*from*) Paris (*to*) Londres (*by*) avion, mais je préfère y aller (*by*) chemin de fer et (*by*) bateau.
4. J'envoie toutes mes lettres (*to*) Europe (*by*) avion.

C. Lisez à haute voix les phrases suivantes, en traduisant les mots entre parenthèses:

1. Il a raconté l'événement (*with* enthusiasm).
2. Elle m'a remercié (*with* a smile).
3. Il l'aime (*with* all his heart).
4. (*With* a trembling voice) elle s'est mise à réciter le poème.
5. Il tire (*with* all his might).
6. Elle a pleuré (*with* joy).
7. Il nous a répondu (*with* a threatening air).
8. Il ne faut rien clouer (*on* the walls).
9. Je l'ai trouvée (*on* her knees).
10. (*On* my arrival) j'ai appris la bonne nouvelle.

11. J'ai rencontré des amis (*on* the train). sur le train
12. Je vous félicite (*on* this success). sur ce succès
13. (*On* the way) nous avons bavardé. en route
14. (*On* this occasion) il n'a rien trouvé à dire. à cette occasion
15. Faut-il écrire (*in* ink)? à l'encre
16. Mettons-nous (*in* the shade). à l'ombre
17. (*In* two weeks) nous lirons une seule pièce. dans deux semaines
18. (*In* a week) je recevrai de ses nouvelles. dans une semaine
19. (*In* this direction) vous verrez une petite église romane. à cette direction
20. Elle a vu de jolis bijoux (*in* the shop windows). aux étalages
21. (*In* this way) nous en aurons plus vite fini. Dans cette manière
22. Il est aimé (*by* everyone). aimé de tous
23. Elle est toujours suivie (*by* her dog). de son chien
24. C'est (*by* speaking) qu'on apprend à parler. en parlant
25. (Day *by* day) il fait des progrès. Jour à jour
26. Je le reconnais (*by* his voice). à sa voix
27. Je les connais (*by* sight). de vue
28. Elle s'est assise (*by* the window). près de la fenêtre
29. Passerez-vous (*by* my house)? près de ma maison
30. Leurs tombeaux se trouvent (side *by* side). côte à côte

D. Traduisez par écrit les phrases suivantes:
1. When I leave, I shall leave forever.
2. These two sisters live for each other.
3. Don't borrow money from your friends.
4. I see them twice a week.
5. His money was stolen from him this morning.
6. Take the knife away from him.
7. They acted out of kindness.
8. I like the way he read the poem.
9. I am leaving for a month.
10. For two weeks the weather was fine.
11. From that day on, he refused to eat.
12. You mustn't throw anything out of the window.
13. One must be firm from the very beginning.
14. He likes his work so much that he cannot tear himself away from it.
15. Would you have liked to live during the reign of Louis XVI?

IV. Tournures idiomatiques

Ecrivez en français les phrases suivantes:
1. Felicity knew how to cook and keep house.
2. On the first floor there were two bedrooms, a living room, and a study.

3. Theodore treated her to cider and coffee.

4. He asked her whether she was thinking of marriage.

5. She replied, smiling, that it was bad to joke.

6. His friend informed her that she was not to see Theodore again.

7. She returned to the farm and declared her intention of leaving it.

8. Paul and Virginia, one seven years old, the other barely four, seemed to her made of a precious substance.

9. Mme Aubain forbade her to kiss them constantly, which hurt her feelings.

10. The regular visitors used to arrive at exactly eight o'clock and withdrew before the stroke of eleven.

V. Révision des verbes: FALLOIR, VALOIR, DEVOIR, RECEVOIR [V. Gramm. 8.140a, c, d; 8.141]

Ecrivez en français:

1. It is necessary to do it.

2. It was necessary to do it.

3. It became necessary to do it.

4. It will be necessary to say so.

5. It would have been necessary to tell her so.

6. It is not worth the trouble.

7. It will be better to do it tomorrow.

8. Her property was worth a hundred thousand francs.

9. We receive their letters.

10. I receive some every day.

11. He will receive it tomorrow.

12. They have already received them.

13. I want her to receive it now.

14. You were receiving bad news.

15. I owe him some money.

16. I was supposed to give it back to you.

17. I am expected to do it today.

18. I ought to do it at once.

19. He must have come this morning.

20. He ought to have come today.

VI. Etude de vocabulaire

A. **Valoir.** Traduisez les expressions suivantes:

1. Il *vaudrait mieux* le faire.

2. Le premier coup en *vaut* deux.

3. Mieux *vaut* tard que jamais.

4. Autant *vaut* rester ici.

5. L'un *vaut* l'autre.
6. Il a *fait valoir* ses opinions.
7. Un service en *vaut* un autre.
8. Cela en *vaut* la peine.
9. *Vaille que vaille* (*loc. adv.*)
10. Il ne dit rien qui *vaille*.
11. C'est un *vaurien*.

B. Traduisez les phrases suivantes en employant une forme du verbe "save":

1. Il fait des économies.
2. Il économise pour l'avenir.
3. La Caisse d'épargne
4. Nous l'avons empêché de tomber.
5. Il s'agit de sauver son âme.
6. Il faut sauvegarder les apparences.
7. Dieu me protège contre mes amis!
8. Dieu sauve le Roi!
9. Prenons un taxi pour gagner du temps.

C. Faites ressortir les deux sens du verbe **voler** (et du nom **le vol**) en traduisant les expressions suivantes:

L'oiseau prend son *vol*.
Le temps *vole*.
On aurait entendu *voler* une mouche.
à *vol* d'oiseau

commettre un *vol*
voler des bijoux
un *vol* de 30 sous
Au voleur!

D. FAUX AMIS

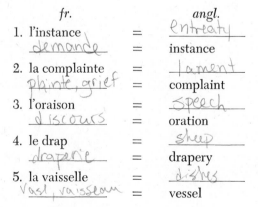

fr.		angl.
1. l'instance	=	entreaty
demande	=	instance
2. la complainte	=	lament
plainte, grief	=	complaint
3. l'oraison	=	speech
discours	=	oration
4. le drap	=	sheep
draperie	=	drapery
5. la vaisselle	=	dishes
vase, vaisseau	=	vessel

6. le patron   =   _boss_

client, patron   =   patron

7. la viande   =   _meat_

aliments   =   viands

8. une veste   =   _jacket_

gilet   =   vest

9. l'estampe   =   _print_

timbre   =   stamp

10. la tranche   =   _slice_

la tranchée   =   trench

rigole

E. Pour éviter de les confondre entre eux, traduisez les mots suivants.

1. baiser; baisser
2. le meuble; l'immeuble _property/ real estate_
3. la propreté; la propriété
4. la mare; la marée; le marais _pool/ tide, flood/ marsh_
5. le serment; le sermon _oath/ sermon_
6. avoir sommeil; se coucher; s'endormir; dormir
7. la rivière; le fleuve _river/ stream_
8. la tache; la tâche _stain/ task_
9. le fauteuil; la chaise _armchair/ chair_
10. le défaut; la faute _____ / defect_

F. Trouvez des synonymes des mots suivants:

1. finir   6. redouter
2. garnir   7. l'orage
3. se dépêcher   8. l'inquiétude
4. tâcher de   9. le brouillard
5. parvenir à   10. la fureur

VII.   Sujet de composition

Sur le modèle de Flaubert (l. 15–22), décrivez brièvement un salon, en faisant attention à la valeur descriptive des verbes que vous choisirez.

Chapitre X

Un Cœur simple (*suite*)

Un soir d'automne, on s'en retourna par les herbages.

La lune à son premier quartier éclairait une partie du ciel, et un brouillard flottait comme une écharpe sur les sinuosités de la Toucques. Des bœufs, étendus au milieu du gazon, regardaient tranquillement ces quatre personnes passer. Dans la troisième pâture quelques-uns se 5 levèrent, puis se mirent en rond devant elles. — «Ne craignez rien!» dit Félicité; et, murmurant une sorte de complainte, elle flatta sur l'échine celui qui se trouvait le plus près; il fit volte-face, les autres l'imitèrent. Mais, quand l'herbage suivant fut traversé, un beuglement formidable s'éleva. C'était un taureau, que cachait le brouillard. Il avança vers les 10 deux femmes. Mme Aubain allait courir. «Non! non! moins vite!» Elles pressaient le pas cependant, et entendaient par derrière un souffle sonore qui se rapprochait. Ses sabots, comme des marteaux, battaient l'herbe de

◇◇◇◇◇◇◇◇◇◇◇◇◇

1. Pourquoi Flaubert choisit-il l'image de l'écharpe (l. 3) pour décrire le brouillard?

2. Distinguez entre: (a) *bœuf* (l. 4) et *taureau* (l. 10); (b) *herbage* (l. 9) et *pâture* (l. 5); (c) *courir* (l. 11) et *presser le pas* (l. 12); (d) *plaque de terre* (l. 15) et *motte de gazon* (l. 19–20); (e) *haut bord* (l. 18) et *claire-voie* (l. 24). Quel souci l'emploi de ces différents termes révèle-t-il chez Flaubert?

3. Quel rapport y a-t-il entre *murmurant une sorte de complainte* (l. 7) et *il fit volte-face* (l. 8)?

la prairie; voilà qu'il galopait maintenant! Félicité se retourna, et elle
arrachait à deux mains des plaques de terre qu'elle lui jetait dans les 15
yeux. Il baissait le mufle, secouait les cornes et tremblait de fureur en
beuglant horriblement. Mme Aubain, au bout de l'herbage avec ses deux
petits, cherchait éperdue comment franchir le haut bord. Félicité reculait
toujours devant le taureau, et continuellement lançait des mottes de
gazon qui l'aveuglaient, tandis qu'elle criait: — «Dépêchez-vous! 20
dépêchez-vous!»

Mme Aubain descendit le fossé, poussa Virginie, Paul ensuite, tomba
plusieurs fois en tâchant de gravir le talus, et à force de courage y parvint.

Le taureau avait acculé Félicité contre une claire-voie; sa bave lui
rejaillissait à la figure, une seconde de plus il l'éventrait. Elle eut le 25
temps de se couler entre deux barreaux, et la grosse bête, toute surprise,
s'arrêta.

Cet événement, pendant bien des années, fut un sujet de conversation à Pont-l'Evêque. Félicité n'en tira aucun orgueil, ne se doutant
même pas qu'elle eût rien fait d'héroïque.   30

Virginie l'occupait exclusivement; — car elle eut, à la suite de son
effroi, une affection nerveuse, et M. Poupart, le docteur, conseilla les
bains de mer de Trouville.[1]

Dans ce temps-là, ils n'étaient pas fréquentés. Mme Aubain prit des
renseignements, consulta Bourais, fit des préparatifs comme pour un long 35
voyage.

Ses colis partirent la veille, dans la charrette de Liébard. Le lendemain, il amena deux chevaux dont l'un avait une selle de femme, munie
d'un dossier de velours; et sur la croupe du second un manteau roulé
formait une manière de siège. Mme Aubain y monta, derrière lui. Félicité 40
se chargea de Virginie, et Paul enfourcha l'âne de M. Lechaptois, prêté
sous la condition d'en avoir grand soin.

La route était si mauvaise que ses huit kilomètres exigèrent deux
heures. Les chevaux enfonçaient jusqu'aux paturons dans la boue, et
faisaient pour en sortir de brusques mouvements des hanches; ou bien 45
ils butaient contre les ornières; d'autres fois, il leur fallait sauter. La

◇◇◇◇◇◇◇◇◇◇◇

4. Justifiez le temps de chaque verbe dans le paragraphe commençant à
la ligne 24. Commentez plus particulièrement le temps de *éventrait.*

5. Quel détail, déjà indiqué dans la description de l'enfance de Félicité,
explique sa façon d'agir dans cet épisode?

6. Quels traits du caractère de Félicité ressortent de l'incident du taureau?

7. Pourquoi est-ce Bourais que Mme Aubain consulte (l. 35)?

8. Comment Virginie et Félicité font-elles le trajet?

[1] **Trouville:** port de pêche et station balnéaire, au nord-ouest de Pont-l'Evêque.

jument de Liébard, à de certains endroits, s'arrêtait tout à coup. Il attendait patiemment qu'elle se remît en marche; et il parlait des personnes dont les propriétés bordaient la route, ajoutant à leur histoire des réflexions morales. Ainsi, au milieu de Toucques,[2] comme on passait 50 sous des fenêtres entourées de capucines, il dit, avec un haussement d'épaules: «En voilà une Mme Lehoussais, qui au lieu de prendre un jeune homme . . .» Félicité n'entendit pas le reste, les chevaux trottaient, l'âne galopait; tous enfilèrent un sentier, une barrière tourna, deux garçons parurent, et l'on descendit devant le purin, sur le seuil même de la 55 porte.

La mère Liébard, en apercevant sa maîtresse, prodigua les démonstrations de joie. Elle lui servit un déjeuner où il y avait un aloyau, des tripes, du boudin, une fricassée de poulet, du cidre mousseux, une tarte aux compotes et des prunes à l'eau-de-vie, accompagnant le tout de politesses 60 à Madame qui paraissait en meilleure santé, à Mademoiselle devenue «magnifique», à M. Paul singulièrement «forci»,[3] sans oublier leurs grands-parents défunts que les Liébard avaient connus, étant au service de la famille depuis plusieurs générations. La ferme avait, comme eux, un caractère d'ancienneté. Les poutrelles du plafond étaient vermoulues, les 65 murailles noires de fumée, les carreaux gris de poussière. Un dressoir en chêne supportait toutes sortes d'ustensiles, des brocs, des assiettes, des écuelles d'étain, des pièges à loup, des forces[4] pour les moutons; une seringue énorme fit rire les enfants. Pas un arbre des trois cours qui n'eût des champignons à sa base, ou dans ses rameaux une touffe de gui. Le 70 vent en avait jeté bas plusieurs. Ils avaient repris par le milieu; et tous fléchissaient sous la quantité de leurs pommes. Les toits de paille, pareils à du velours brun et inégaux d'épaisseur, résistaient aux plus fortes bourrasques. Cependant la charreterie tombait en ruines. Mme Aubain dit qu'elle aviserait, et commanda de reharnacher les bêtes. 75

On fut encore une demi-heure avant d'atteindre Trouville. La petite

◇◇◇◇◇◇◇◇◇◇◇

9. Qui est le jeune homme mentionné à la ligne 53? Imaginez la fin de cette phrase. Pourquoi Flaubert ne nous l'a-t-il pas donnée?

10. De quelle porte s'agit-il à la ligne 56?

11. Relevez les termes qui expriment le "caractère d'ancienneté" (l. 65) de la ferme.

12. Justifiez le temps et le mode de eût (l. 69).

13. Expliquez Ils avaient repris par le milieu (l. 71).

14. A qui et au sujet de quoi Mme Aubain a-t-elle dit qu'elle "aviserait" (l. 75)?

[2] **Toucques:** il s'agit ici de la commune de Toucques au bord du fleuve du même nom. [3] **"forci":** grossi, dans le langage populaire. [4] **forces:** grands ciseaux pour tondre les moutons.

caravane mit pied à terre pour passer les *Ecores;* c'était une falaise surplombant des bateaux; et trois minutes plus tard, au bout du quai, on entra
dans la cour de l'*Agneau d'or,* chez la mère David.

Virginie, dès les premiers jours, se sentit moins faible, résultat du   80
changement d'air et de l'action des bains. Elle les prenait en chemise, à
défaut d'un costume; et sa bonne la rhabillait dans une cabane de douanier
qui servait aux baigneurs. L'après-midi, on s'en allait avec l'âne au delà des Roches-Noires, du
côté d'Hennequeville.[5] Le sentier, d'abord, montait entre des terrains   85
vallonnés comme la pelouse d'un parc, puis arrivait sur un plateau où
alternaient des pâturages et des champs en labour. A la lisière du chemin,
dans le fouillis des ronces, des houx se dressaient; çà et là, un grand arbre
mort faisait sur l'air bleu des zigzags avec ses branches.

Presque toujours on se reposait dans un pré, ayant Deauville[6] à   90
gauche, le Havre[7] à droite et en face la pleine mer. Elle était brillante de
soleil, lisse comme un miroir, tellement douce qu'on entendait à peine son
murmure; des moineaux cachés pépiaient, et la voûte immense du ciel
recouvrait tout cela. Mme Aubain, assise, travaillait à son ouvrage de
couture; Virginie près d'elle tressait des joncs; Félicité sarclait des fleurs   95
de lavande; Paul, qui s'ennuyait, voulait partir.

D'autres fois, ayant passé la Toucques en bateau, ils cherchaient des
coquilles. La marée basse laissait à découvert des oursins, des godefiches,[8]
des méduses; et les enfants couraient, pour saisir des flocons d'écume que
le vent emportait. Les flots endormis, en tombant sur le sable, se   100
déroulaient le long de la grève; elle s'étendait à perte de vue, mais du
côté de la terre avait pour limite les dunes la séparant du *Marais,* large
prairie en forme d'hippodrome. Quand ils revenaient par là, Trouville,

❖❖❖❖❖❖❖❖❖❖

15. Qu'est-ce qui justifie le terme *caravane* (l. 77)? Pourquoi faut-il qu'elle
mette pied à terre pour passer les *Ecores?*

16. Identifiez *sa bonne* (l. 82). Pourquoi Flaubert ne la nomme-t-il pas?

17. De quel âne s'agit-il à la ligne 84? Pourquoi accompagne-t-il la famille?

18. Montrez comment l'activité de chacune des quatre personnes (l. 94–96)
s'accorde avec son tempérament.

19. A quelle partie de la Toucques l'auteur fait-il allusion à la ligne 97?

20. Quelle notation du début du paragraphe explique le fait que les "flots"
sont "endormis" (l. 100)?

21. Comment la description de Trouville (l. 103–105) relie-t-elle les trois
paragraphes qu'elle termine aux deux paragraphes suivants?

[5] **Hennequeville:** village près de Trouville sur la route de Honfleur. [6] **Deauville:**
station balnéaire sur la rive gauche de la Toucques. [7] **le Havre:** ce grand port se
trouve du côté nord de la baie formée par l'embouchure de la Seine. [8] **godefiche:**
nom local pour l'ormeau, mollusque à coquille.

au fond sur la pente du coteau, à chaque pas grandissait, et avec toutes
ses maisons inégales semblait s'épanouir dans un désordre gai. 105

Les jours qu'il faisait trop chaud, ils ne sortaient pas de leur chambre.
L'éblouissante clarté du dehors plaquait des barres de lumière entre les
lames des jalousies. Aucun bruit dans le village. En bas, sur le trottoir,
personne. Ce silence épandu augmentait la tranquillité des choses. Au
loin, les marteaux des calfats tamponnaient des carènes, et une brise 110
lourde apportait la senteur du goudron.tar

Le principal divertissement était le retour des barques. Dès qu'elles
avaient dépassé les balises, elles commençaient à louvoyer. Leurs voiles
descendaient aux deux tiers des mâts; et, la misaine gonflée comme un
ballon, elles avançaient, glissaient dans le clapotement des vagues, 115
jusqu'au milieu du port, où l'ancre tout à coup tombait. Ensuite le
bateau se plaçait contre le quai. Les matelots jetaient par-dessus le bordage
des poissons palpitants; une file de charrettes les attendait, et des femmes
en bonnet de coton s'élançaient pour prendre les corbeilles et embrasser
leurs hommes. 120

Une d'elles, un jour, aborda Félicité, qui peu de temps après entra
dans sa chambre, toute joyeuse. Elle avait retrouvé une sœur; et Nastasie
Barette, femme Leroux, apparut, tenant un nourrisson à sa poitrine, de la
main droite un autre enfant, et à sa gauche un petit mousse les poings sur
les hanches et le béret sur l'oreille. 125

Au bout d'un quart d'heure, Mme Aubain la congédia.

On les rencontrait toujours aux abords de la cuisine, ou dans les
promenades que l'on faisait. Le mari ne se montrait pas.

Félicité se prit d'affection pour eux. Elle leur acheta une couverture,
des chemises, un fourneau; évidemment ils l'exploitaient. Cette faiblesse 130
agaçait Mme Aubain, qui d'ailleurs n'aimait pas les familiarités du
neveu, — car il tutoyait son fils; — et, comme Virginie toussait et que la
saison n'était plus bonne, elle revint à Pont-l'Evêque.

◇◇◇◇◇◇◇◇◇◇◇

22. D'où vient la senteur du goudron (l. 111)?
23. Quelle impression générale ressort de ces cinq paragraphes? A quoi sert
ce passage par rapport à l'ensemble du conte?
24. La manière dont Flaubert présente Nastasie et ses enfants (l. 122–125)
explique-t-elle suffisamment l'action de Mme Aubain (l. 126)? Justifiez votre
réponse.
25. Pourquoi, selon vous, le mari ne se montre-t-il pas? (voir l. 128)
26. De quel neveu est-il question à la ligne 132? Comment sa manière de
tutoyer Paul s'accorde-t-elle avec le portrait que l'auteur a déjà esquissé de lui?
27. Que laissent entendre les mots *comme Virginie toussait* (l. 132)?
28. Pourquoi l'auteur emploie-t-il le singulier dans *elle revint à Pont-l'Evêque*
(l. 133)?

M. Bourais l'éclaira sur le choix d'un collège. Celui de Caen [9] passait
pour le meilleur. Paul y fut envoyé; et fit bravement ses adieux, satisfait 135
d'aller vivre dans une maison où il aurait des camarades.

Mme Aubain se résigna à l'éloignement de son fils, parce qu'il était
indispensable. Virginie y songea de moins en moins. Félicité regrettait
son tapage. Mais une occupation vint la distraire; à partir de Noël, elle
mena tous les jours la petite fille au catéchisme.   140

III

Quand elle avait fait à la porte une génuflexion, elle s'avançait sous
la haute nef entre la double ligne des chaises, ouvrait le banc de Mme
Aubain, s'asseyait, et promenait ses yeux autour d'elle.

Les garçons à droite, les filles à gauche, emplissaient les stalles du
chœur; le curé se tenait debout près du lutrin; sur un vitrail de l'abside, le 145
Saint-Esprit dominait la Vierge; un autre là montrait à genoux devant
l'Enfant-Jésus, et, derrière le tabernacle, un groupe en bois représentait
Saint-Michel terrassant le dragon.

Le prêtre fit d'abord un abrégé de l'Histoire Sainte. Elle croyait voir
le paradis, le déluge, la tour de Babel, des villes tout en flammes, des 150
peuples qui mouraient, des idoles renversées; et elle garda de cet éblouisse-
ment le respect du Très-Haut et la crainte de sa colère. Puis, elle pleura
en écoutant la Passion. Pourquoi l'avaient-ils crucifié, lui qui chérissait les
enfants, nourrissait les foules, guérissait les aveugles, et avait voulu, par
douceur, naître au milieu des pauvres, sur le fumier d'une étable? Les 155
semailles, les moissons, les pressoirs, toutes ces choses familières dont parle
l'Evangile, se trouvaient dans sa vie; le passage de Dieu les avait sancti-

◆◆◆◆◆◆◆◆◆◆◆

29. Que suggère la juxtaposition de *bravement* et de *satisfait* (l. 135)? Par
quelles allusions précédentes l'auteur a-t-il déjà préparé ce commentaire?

30. Quel est l'antécédent de *il* et de *y* (l. 137, 138)?

31. Pourquoi Flaubert commence-t-il un nouveau chapitre? Comment le
relie-t-il à celui qui précède (cf. le début du chapitre II)?

32. Où se trouve l'abside de l'église par rapport au chœur (l. 145)?

33. Précisez le sens de *dominait* (l. 146).

34. De quelles villes semble-t-il être question à la ligne 150? De quel Testa-
ment proviennent les allusions contenues dans cette phrase? Montrez le rapport
entre ces allusions et le sentiment qu'éprouve Félicité.

35. Comment la forme interrogative de la phrase aux lignes 153–155 renforce-t-elle en l'expliquant la petite phrase qui précède?

36. Qu'a de frappant l'alliance du verbe *avait voulu* (l. 154) avec l'infinitif
qui le suit? Qu'est-ce qui justifie cette alliance de mots?

[9] **Caen:** une des villes principales de la Normandie, à 35 kilomètres à l'ouest de Pont-
l'Evêque.

fiées; et elle aima plus tendrement les agneaux par amour de l'Agneau, les colombes à cause du Saint-Esprit.

Elle avait peine à imaginer sa personne; car il n'était pas seulement oiseau, mais encore un feu, et d'autres fois un souffle. C'est peut-être sa lumière qui voltige la nuit aux bords des marécages, son haleine qui pousse les nuées, sa voix qui rend les cloches harmonieuses; et elle demeurait dans une adoration, jouissant de la fraîcheur des murs et de la tranquillité de l'église.

Quant aux dogmes, elle n'y comprenait rien, ne tâcha même pas de comprendre. Le curé discourait, les enfants récitaient, elle finissait par s'endormir; et se réveillait tout à coup, quand ils faisaient en s'en allant claquer leurs sabots sur les dalles.

Ce fut de cette manière, à force de l'entendre, qu'elle apprit le catéchisme, son éducation religieuse ayant été négligée dans sa jeunesse; et dès lors elle imita toutes les pratiques de Virginie, jeûnait comme elle, se confessait avec elle. A la Fête-Dieu,[10] elles firent ensemble un reposoir.

La première communion la tourmentait d'avance. Elle s'agita pour les souliers, pour le chapelet, pour le livre, pour les gants. Avec quel tremblement elle aida sa mère à l'habiller!

Pendant toute la messe, elle éprouva une angoisse. M. Bourais lui cachait un côté du chœur; mais juste en face, le troupeau des vierges portant des couronnes blanches par-dessus leurs voiles abaissés formait

❖❖❖❖❖❖❖❖❖❖

37. Identifiez l'Agneau (l. 158). Comment la répétition de ce mot aide-t-elle à resserrer l'analogie entre *colombes* et *Saint-Esprit?*

38. Montrez comment dans ce paragraphe Flaubert lui-même fait "un abrégé de l'Histoire Sainte".

39. Comment les mots *feu* et *souffle* (l. 161) se précisent-ils dans l'esprit de Félicité? Pourquoi les verbes des lignes 161–163 sont-ils au présent? Que veut faire ressortir Flaubert par l'emploi de *peut-être?*

40. Pourquoi après "elle n'y comprenait rien" (l. 166) Flaubert a-t-il ajouté: "ne tâcha même pas de comprendre"? A quels verbes des paragraphes précédents le verbe *comprendre* s'oppose-t-il?

41. Quel est l'effet produit par les imparfaits: *discourait, récitaient* (l. 167)?

42. Pourquoi, en dépit du point-virgule Flaubert a-t-il omis le pronom *elle* devant *se réveillait* (l. 168)?

43. La description de "l'éducation religieuse" (l. 171) de Félicité rappelle son "éducation littéraire" (IX: l. 166). Quels parallélismes voyez-vous entre les deux?

44. Quels mots renforcent *imita* (l. 172) dans ce paragraphe? Que laisse entendre le choix de ce verbe?

[10] **Fête-Dieu:** fête du saint-sacrement, vers la fin du printemps. Les autels que l'on prépare pour la procession religieuse ce jour-là s'appellent des *reposoirs* parce qu'on y fait reposer le saint-sacrement.

comme un champ de neige; et elle reconnaissait de loin la chère petite à 180
son cou plus mignon et son attitude recueillie. La cloche tinta. Les têtes
se courbèrent; il y eut un silence. Aux éclats de l'orgue, les chantres et la
foule entonnèrent l'*Agnus Dei;* [11] puis le défilé des garçons commença; et
après eux, les filles se levèrent. Pas à pas, et les mains jointes, elles allaient
vers l'autel tout illuminé, s'agenouillaient sur la première marche, 185
recevaient l'hostie successivement, et dans le même ordre revenaient à
leurs prie-Dieu. Quand ce fut le tour de Virginie, Félicité se pencha pour
la voir; et, avec l'imagination que donnent les vraies tendresses, il lui
sembla qu'elle était elle-même cette enfant; sa figure devenait la sienne,
sa robe l'habillait, son cœur lui battait dans la poitrine; au moment d'ouvrir 190
la bouche, en fermant les paupières, elle manqua s'évanouir.

Le lendemain, de bonne heure, elle se présenta dans la sacristie,
pour que M. le curé lui donnât la communion. Elle la reçut dévotement,
mais n'y goûta pas les mêmes délices.

Mme Aubain voulait faire de sa fille une personne accomplie; et, 195
comme Guyot ne pouvait lui <u>montr</u>er ni l'anglais ni la musique, elle
résolut de la mettre en pension chez les Ursulines [12] d'Honfleur.[13]

L'enfant n'objecta rien. Félicité soupirait, trouvant Madame insensible. Puis elle songea que sa maîtresse, peut-être, avait raison. Ces
choses dépassaient sa compétence.   200

Enfin, un jour, une vieille tapissière [14] s'arrêta devant la porte; et il
en descendit une religieuse qui venait chercher Mademoiselle. Félicité
monta les bagages sur l'impériale, fit des recommandations au cocher, et
plaça dans le coffre six pots de confitures et une douzaine de poires, avec
un bouquet de violettes.   205

◇◇◇◇◇◇◇◇◇◇◇

45. Expliquez pourquoi Flaubert, au milieu d'une description objective,
emploie l'expression *la chère petite* (l. 180).

46. Comment la phrase: "il lui sembla qu'elle était elle-même cette enfant"
(l. 188–189) a-t-elle été préparée par ce qui précède?

47. Que suggèrent les mots: "mais n'y goûta pas les mêmes délices" (l. 194)?
Pourquoi Flaubert n'a-t-il pas précisé le sentiment de Félicité?

48. Commentez le choix du verbe *montrer* à la ligne 196.

49. A quoi se rapportent *Ces choses* (l. 199–200)? Pourquoi Flaubert a-t-il
employé un terme si vague?

50. Imaginez les recommandations de Félicité au cocher (l. 203).

51. Pourquoi Flaubert a-t-il employé *avec* à la ligne 204, au lieu de *et?*
Justifiez son choix de ces trois cadeaux plutôt que d'autres.

[11] **Agnus Dei:** prière de la messe commençant par les mots *Agnus Dei* (Agneau de
Dieu).   [12] **Ursulines:** ordre religieux qui s'occupe de l'instruction des jeunes filles.
[13] **Honfleur:** port de pêche au nord-est de Trouville.   [14] **tapissière:** voiture légère
munie d'un toit mais ouverte sur les côtés.

Virginie, au dernier moment, fut prise d'un grand sanglot; elle embrassait sa mère qui la baisait au front en répétant: «Allons! du courage! du courage!» Le marchepied se releva, la voiture partit.

Alors Mme Aubain eut une défaillance; et le soir tous ses amis, le ménage Lormeau, Mme Lechaptois, *ces* demoiselles Rochefeuille, M. de 210 Houppeville et Bourais se présentèrent pour la consoler.

La privation de sa fille lui fut d'abord très douloureuse. Mais trois fois la semaine elle en recevait une lettre, les autres jours lui écrivait, se promenait dans son jardin, lisait un peu, et de cette façon comblait le vide des heures. 215

Le matin, par habitude, Félicité entrait dans la chambre de Virginie, et regardait les murailles. Elle s'ennuyait de n'avoir plus à peigner ses cheveux, à lui lacer ses bottines, à la border dans son lit, — et de ne plus voir continuellement sa gentille figure, de ne plus la tenir par la main quand elles sortaient ensemble. Dans son désœuvrement, elle essaya de 220 faire de la dentelle. Ses doigts trop lourds cassaient les fils; elle n'entendait à rien,[15] avait perdu le sommeil, suivant son mot, était «minée».

◇◇◇◇◇◇◇◇◇◇

52. Comparez le départ de Virginie avec celui de Paul.

53. Quel sens particulier a le démonstratif *ces* (l. 210)? Pourquoi est-il en italiques?

54. Comparez le chagrin de Mme Aubain avec celui de Félicité, après le départ de Virginie.

EXERCICES

I. Le nom [V. Gramm. 3.1–3.20]

A. Ecrivez au pluriel les noms suivants:

1. le ciel *ciels(art)*	11. le porte-monnaie
2. le rideau	12. le chef-lieu
3. le travail *travaux*	13. le tête-à-tête
4. monsieur	14. le chef-d'œuvre
5. le bijou	15. le hors-d'œuvre
6. le parapluie	16. le chou-fleur
7. le mal	17. le timbre-poste
8. le pneu	18. le grand-père
9. le journal	19. la chaise-longue
10. l'œil	20. la basse-cour

---

[15] **elle n'entendait à rien:** elle ne prêtait attention à rien.

B. Indiquez le genre des noms suivants:

1. romantisme   6. développement
2. volée   7. intention
3. courage   8. amitié
4. image   9. sarcasme
5. enfant   10. valeur

C. Traduisez les noms suivants:

1. la livre   6. le mode
2. le somme   7. la mode
3. la somme   8. la mémoire
4. le critique   9. le mémoire
5. la critique   10. la voile

D. Ecrivez le féminin des noms suivants:

1. le camarade   6. le dieu
2. l'ami   7. le danseur
3. l'acteur   8. le taureau
4. le fou   9. l'époux
5. le patron   10. le héros

E. Etudiez la liste suivante des noms abstraits désignant des sciences. Notez que ce sont des noms féminins. Puis, en suivant l'exemple, dressez une liste des noms désignant le spécialiste qui s'occupe de chaque science, et une liste des adjectifs se rapportant aux sciences en question.

EXEMPLE:

la science	*le spécialiste*	*l'adjectif*
la chirurgie	le chirurgien	chirurgique

1. l'agronomie
2. l'analyse
3. l'anthropologie
4. l'archéologie
5. l'astronomie
6. la botanique
7. la cartographie
8. la chimie
9. la critique
10. la diplomatie
11. l'économie politique
12. la géographie
13. la géologie
14. la grammaire
15. l'histoire
16. la linguistique
17. les mathématiques
18. la mécanique
19. la médecine
20. la météorologie
21. la musique
22. la philatélie
23. la philologie
24. la philosophie
25. la photographie
26. la physique
27. la politique
28. la psychiatrie
29. la psychologie
30. la sociologie

II. L'accord du participe passé [V. Gramm. 8.95–8.96]

Copiez les phrases suivantes en remplaçant l'infinitif entre parenthèses par *le passé composé* ou *le plus-que-parfait,* selon le cas. Faites
attention à l'accord du participe passé.

1. Elle (*revenir*) au village où elle (*rester*) pendant toute la fin de
   sa vie.
2. Elles (*descendre*) l'escalier pour voir qui (*venir*).
3. On (*défendre*) à la servante de baiser les enfants tout le temps,
   ce qui la (*mortifier*).
4. En entrant dans le salon, elle (*voir*) les fleurs que je (*apporter*).
5. Les enfants (*tomber*) plusieurs fois, mais ils (*devenir*) si forts
   et si fiers qu'ils ne (*pleurer*) pas.
6. Tous les petits bateaux (*sortir*) du port.
7. La lettre que nous (*recevoir*) parle de tout ce qui (*se passer*) à
   Paris récemment.
8. Le porteur (*monter*) mes valises à ma chambre où il les (*mettre*)
   sur un banc.
9. Elle (*marcher*) pendant toute la nuit, et à force de courage
   (*arriver*) à Honfleur avant leur départ.
10. Vous dites que vous me (*envoyer*) des lettres; si je les (*voir*), je
    vous l'aurais dit, mais je n'en (*recevoir*) point.

III. La préposition [V. Gramm. 7.1–7.11]

A. Lisez à haute voix les phrases suivantes, en traduisant les mots entre
parenthèses:

1. (*According to this author*), l'histoire est vraie.
2. Vous aurez ma réponse (*by Monday*).
3. Tout dépend (*on his decision*).
4. Ce quatrain est remarquable (*in all respects*).
5. Mes parents sont très bons (*to me*).
6. Que pensez-vous (*of my cousin*)?
7. (*To me*) c'est un homme remarquable.
8. Quelle est la meilleure route (*to Trouville*)?
9. Pense-t-il souvent (*about his duty to society*)?
10. (*Quite the contrary*), il n'y pense guère.

B. Traduisez par écrit les phrases suivantes:

1. He turned to me to ask a question.
2. He lacks courage, but we must forgive him.
3. I obey my parents whenever I please.
4. We walked through the woods.
5. Let's drive around the park.

6. She takes after her mother, while her brother resembles their father.
7. She likes to listen to music, but she doesn't want to learn to play the piano.
8. In a word, I don't know how to set about it.
9. On the other hand, I can do without it.
10. In my opinion, that is what he has in mind.
11. The dining room is twelve by fifteen feet.
12. He paid twenty francs for the tickets.
13. Tell him not to meddle with our business.
14. The children swam across the lake.
15. Go that way, and when you find my friends ask them to wait for me.

IV. Version

A. Mais, quand l'herbage suivant fut traversé, un beuglement formidable s'éleva. C'était un taureau que cachait le brouillard.

B. Félicité n'en tira aucun orgueil, ne se doutant même pas qu'elle eût rien fait d'héroïque.

C. Quand ils revenaient par là, Trouville, au fond sur la pente du coteau, à chaque pas grandissait, et avec toutes ses maisons inégales semblait s'épanouir dans un désordre gai.

D. Quand ce fut le tour de Virginie, Félicité se pencha pour la voir; et avec l'imagination que donnent les vraies tendresses, il lui sembla qu'elle était elle-même cette enfant; sa figure devenait la sienne, sa robe l'habillait, son cœur lui battait dans la poitrine; au moment d'ouvrir la bouche, en fermant les paupières, elle manqua s'évanouir.

V. Révision des verbes: PLEUVOIR, SAVOIR, BOIRE [V. Gramm. 8.140a, c, d; 8.141]

EXERCICE ÉCRIT

Traduisez les phrases suivantes:

1. It was raining when she went out.
2. I want it to rain tomorrow.
3. It will rain soon.
4. If we went out now, it would surely rain.
5. It rained yesterday.
6. The dog knows how to open the door.
7. Not knowing what to say, I kept quiet.
8. They knew that I was ill.
9. They found out that I was ill.

10. I am sure that she will know how to do it.
11. I knew that you would come.
12. I regret that he knows so little about it.
13. Do you know how to study?
14. I have never drunk any brandy.
15. He is drinking it with pleasure.
16. Let's drink it.
17. I shall not drink it.
18. I want you to drink it.
19. We were drinking to his health.
20. I am afraid he drinks too much.

VI. Etude de vocabulaire

A. Des expressions qui se rattachent au verbe **boire**:

  1. Traduisez les mots suivants dérivés du verbe **boire**:

    la boisson
    buvable
    le papier buvard
    la buvette
    le buveur, la buveuse

  2. Que signifient les expressions suivantes:

    Il *s'adonne à la boisson.*
    Buvons à la santé de notre ami.
    Il sait *boire un affront.*

B. Etudiez les expressions suivantes contenant des mots de la famille du verbe **tirer**:

  1. Félicité n'en *tira* aucun orgueil. . . .
  2. *tirer* plaisir de quelque chose
  3. *tirer* une affaire en longueur
  4. Le jour *tire* à sa fin.
  5. *se tirer d'*affaire
  6. *s'en tirer* sans aucun mal
  7. *tirer* les rideaux
  8. *tirer* la langue à quelqu'un
  9. *tirer* sur quelqu'un
  10. *tirer* pour la donne
  11. un journal à gros *tirage*
  12. le *tirage* d'une loterie
  13. le *tir* à la cible
  14. être *tiraillé* dans tous les sens.
  15. une *tireuse* de cartes
  16. un *tire-bouchon*

17. un *tiret*
18. un *tiroir*

C. Notez l'emploi du mot **cas** dans les expressions suivantes:

Le *cas* est intéressant.
Que faire en pareil *cas?*
Faire *cas* de quelque chose

Faire peu de *cas* de quelque chose
Faire grand *cas* de quelque chose

En ce *cas.* . . .
En aucun *cas.* . . .
En tout *cas.* . . .
Le *cas* échéant. . . .
Selon le *cas.* . . .
En *cas* de (nécessité)
Au *cas* où (dans le cas où; en cas que, au cas que)

D. Pour éviter de les confondre entre eux, traduisez les mots suivants:

1. l'économe; l'économiste
2. retourner; se retourner
3. le tour; la tour
4. avouer; se confesser; admettre
5. le chœur; le cœur
6. entendre; écouter
7. le mousse; la mousse
8. la corne; le cor
9. servir; servir à; servir de
10. douter de; se douter de; soupçonner

E. FAUX AMIS

Remplacez les tirets par les mots qui manquent:

fr.		*angl.*
1. labourer	=	_____
_____	=	to labor
2. le laboureur	=	_____
_____	=	laborer
3. ennuyer	=	_____
_____	=	to annoy
4. la prune	=	_____
_____	=	prune
5. traîner	=	_____
_____	=	to train

F. Trouvez des synonymes des mots suivants:

1. le visage   6. la foule
2. l'endroit   7. le coteau
3. le pré   8. augmenter
4. le flot   9. triste
5. l'avis   10. mignon

VII. Sujet de composition

Paul raconte l'épisode du taureau à l'un de ses camarades de collège. Pour l'impressionner, il exagère tant soit peu.

Chapitre XI

Un Cœur simple (*suite*)

Pour «se dissiper», elle demanda la permission de recevoir son neveu Victor.

Il arrivait le dimanche après la messe, les joues roses, la poitrine nue, et sentant l'odeur de la campagne qu'il avait traversée. Tout de suite, elle dressait son couvert. Ils déjeunaient l'un en face de l'autre; et, mangeant elle-même le moins possible pour épargner la dépense, elle le bourrait tellement de nourriture qu'il finissait par s'endormir. Au premier coup des vêpres, elle le réveillait, brossait son pantalon, nouait sa cravate, et se rendait à l'église, appuyée sur son bras dans un orgueil maternel.

Ses parents le chargeaient toujours d'en tirer quelque chose, soit un paquet de cassonade, du savon, de l'eau-de-vie, parfois même de l'argent. Il apportait ses nippes à raccommoder; et elle acceptait cette besogne, heureuse d'une occasion qui le forçait à revenir.

Au mois d'août, son père l'emmena au cabotage.

◇◇◇◇◇◇◇◇◇◇◇◇

1. Pourquoi le verbe *se dissiper* (l. 1) est-il entre guillemets? Quelle lumière jette-t-il sur le caractère de Félicité?

2. De quelle manière la permission de recevoir Victor a-t-elle dû être accordée?

3. Dans le paragraphe commençant à la ligne 3 relevez les indications qui préparent l'expression *orgueil maternel* (l. 9).

4. Expliquez ce qui forçait Victor "à revenir" (l. 13). Que révèle cette phrase à l'égard des inquiétudes de Félicité?

146

C'était l'époque des vacances. L'arrivée des enfants la consola. Mais 15
Paul devenait capricieux, et Virginie n'avait plus l'âge d'être tutoyée, ce
qui mettait une gêne, une barrière entre elles.

Victor alla successivement à Morlaix, à Dunkerque et à Brighton; [1] au
retour de chaque voyage, il lui offrait un cadeau. La première fois, ce fut
une boîte en coquilles; la seconde, une tasse à café; la troisième, un grand 20
bonhomme en pain d'épice. Il embellissait, avait la taille bien prise, un
peu de moustache, de bons yeux francs, et un petit chapeau de cuir, placé
en arrière comme un pilote. Il l'amusait en lui racontant des histoires
mêlées de termes marins.

Un lundi, 14 juillet 1819 (elle n'oublia pas la date), Victor annonça 25
qu'il était engagé au long cours, et, dans la nuit du surlendemain, par
le paquebot de Honfleur, irait rejoindre sa goélette, qui devait démarrer
du Havre prochainement. Il serait, peut-être, deux ans parti.

La perspective d'une telle absence désola Félicité; et pour lui dire
encore adieu, le mercredi soir, après le dîner de Madame, elle chaussa des 30
galoches, et avala les quatre lieues qui séparent Pont-l'Evêque de Honfleur.

Quand elle fut devant le Calvaire,[2] au lieu de prendre à gauche, elle
prit à droite, se perdit dans des chantiers, revint sur ses pas; des gens
qu'elle accosta l'engagèrent à se hâter. Elle fit le tour du bassin rempli de 35
navires, se heurtait contre des amarres; puis le terrain s'abaissa, des
lumières s'entrecroisèrent, et elle se crut folle, en apercevant des chevaux
dans le ciel.

5. Par qui Virginie ne doit-elle plus être tutoyée? Pourquoi?

6. Commentez le choix des cadeaux offerts par Victor.

7. Comparez la description de Victor aux lignes 21–23 avec celle du
chapitre précédent (X: l. 124–125).

8. A quelle date le bateau de Victor allait-il quitter le Havre? Pourquoi, au
lieu d'écrire cette date-là, l'auteur attire-t-il l'attention sur une autre?

9. Pourquoi Victor doit-il prendre le paquebot de Honfleur, avant de
pouvoir partir du Havre?

10. A la ligne 31 justifiez le choix du mot *lieues*, au lieu de *kilomètres*, terme
que Flaubert a déjà employé (X: l. 43). Quelle force a le verbe *avaler* à la
même ligne?

11. Caractérisez le rythme du paragraphe qui commence à la ligne 33.
Comment ce rythme reflète-t-il l'état d'esprit de Félicité?

12. Expliquez le fait que Félicité aperçoive "des chevaux dans le ciel" (l.
37–38).

[1] **Morlaix . . . Brighton:** trois ports sur la Manche.   [2] **Calvaire:** petite élévation sur
laquelle est plantée une croix.

Au bord du quai, d'autres hennissaient, effrayés par la mer. Un palan
qui les enlevait les descendait dans un bateau, où des voyageurs se 40
bousculaient entre les barriques de cidre, les paniers de fromage, les sacs
de grain; on entendait chanter des poules, le capitaine jurait; et un
mousse restait accoudé sur le bossoir, indifférent à tout cela. Félicité, qui
ne l'avait pas reconnu, criait: «Victor!»; il leva la tête; elle s'élançait,
quand on retira l'échelle tout à coup.   45

Le paquebot, que des femmes halaient en chantant, sortit du port.
Sa membrure craquait, les vagues pesantes fouettaient sa proue. La voile
avait tourné, on ne vit plus personne; — et, sur la mer argentée par la lune,
il faisait une tache noire qui pâlissait toujours, s'enfonça, disparut.

Félicité, en passant près du Calvaire, voulut recommander à Dieu ce 50
qu'elle chérissait le plus; et elle pria pendant longtemps, debout, la face
baignée de pleurs, les yeux vers les nuages. La ville dormait, des
douaniers se promenaient; et de l'eau tombait sans discontinuer par les
trous de l'écluse, avec un bruit de torrent. Deux heures sonnèrent.

Le parloir n'ouvrirait pas avant le jour. Un retard, bien sûr, con- 55
trarierait Madame; et, malgré son désir d'embrasser l'autre enfant, elle
s'en retourna. Les filles de l'auberge s'éveillaient, comme elle entrait dans
Pont-l'Evêque.

Le pauvre gamin durant des mois allait donc rouler sur les flots! Ses
précédents voyages ne l'avaient pas effrayée. De l'Angleterre et de la 60
Bretagne, on revenait; mais l'Amérique, les Colonies, les Iles,[3] cela était
perdu dans une région incertaine, à l'autre bout du monde.

Dès lors, Félicité pensa exclusivement à son neveu. Les jours de soleil,
elle se tourmentait de la soif; quand il faisait de l'orage, craignait pour lui
la foudre. En écoutant le vent qui grondait dans la cheminée et emportait 65
les ardoises, elle le voyait battu par cette même tempête, au sommet d'un

◇◇◇◇◇◇◇◇◇◇◇◇

13. Pourquoi Flaubert nous montre-t-il Victor "accoudé sur le bossoir"
(l. 43)? Par quels moyens Flaubert finit-il par concentrer l'attention du lecteur
sur Victor?

14. Justifiez le temps de chacun des cinq verbes dans la phrase suivante
(l. 43–45). Quel effet produisent-ils?

15. Dans le paragraphe décrivant le départ du paquebot, comment Flaubert,
sans la mentionner, fait-il sentir la présence de Félicité?

16. Au lieu de *pâlissait* (l. 49) l'auteur avait d'abord écrit *diminuait*. En
quoi la correction est-elle heureuse?

17. De quel "parloir" s'agit-il à la ligne 55? Expliquez le sens et la justesse
de l'expression *l'autre enfant* (l. 56).

18. Quels deux voyages sont rappelés par l'allusion à l'Angleterre et à la
Bretagne (l. 60–61)?

[3] **les Iles:** c'est-à-dire, les Antilles.

mât fracassé, tout le corps en arrière, sous une nappe d'écume; ou bien, — souvenir de la géographie en estampes, — il était mangé par les sauvages, pris dans un bois par des singes, se mourait le long d'une plage déserte. Et jamais elle ne parlait de ses inquiétudes. 70

Mme Aubain en avait d'autres sur sa fille.

Les bonnes sœurs trouvaient qu'elle était affectueuse, mais délicate. La moindre émotion l'énervait. Il fallut abandonner le piano.

Sa mère exigeait du couvent une correspondance réglée. Un matin que le facteur n'était pas venu, elle s'impatienta; et elle marchait dans la 75 salle, de son fauteuil à la fenêtre. C'était vraiment extraordinaire! depuis quatre jours, pas de nouvelles!

Pour qu'elle se consolât par son exemple, Félicité lui dit:

«Moi, madame, voilà six mois que je n'en ai reçu! . . .

—De qui donc? . . .» 80

La servante répliqua doucement:

«Mais . . . de mon neveu!

—Ah! votre neveu!» Et, haussant les épaules, Mme Aubain reprit sa promenade, ce qui voulait dire: «Je n'y pensais pas! . . . Au surplus, je m'en moque! un mousse, un gueux, belle affaire! . . . tandis que ma 85 fille . . . Songez donc! . . .»

Félicité, bien que nourrie dans la rudesse, fut indignée contre Madame, puis oublia.

Il lui paraissait tout simple de perdre la tête à l'occasion de la petite.

Les deux enfants avaient une importance égale; un lien de son cœur 90 les unissait, et leurs destinées devaient être la même.

Le pharmacien lui apprit que le bateau de Victor était arrivé à la Havane. Il avait lu ce renseignement dans une gazette.

A cause des cigares, elle imaginait la Havane un pays où l'on ne fait pas autre chose que de fumer, et Victor circulait parmi des nègres dans 95 un nuage de tabac. Pouvait-on «en cas de besoin» s'en retourner par terre? A quelle distance était-ce de Pont-l'Evêque? Pour le savoir, elle interrogea M. Bourais.

◇◇◇◇◇◇◇◇◇◇◇

19. ". . . avec l'imagination que donnent les vraies tendresses, il lui sembla qu'elle était elle-même cette enfant." Où Flaubert a-t-il écrit cette phrase? Comment s'applique-t-elle aussi au paragraphe des lignes 63–70?

20. Parmi les estampes déjà notées (voir IX: l. 161–164), quelles sont celles que l'auteur reproduit aux lignes 68–69?

21. La question de Mme Aubain (l. 80) vous semble-t-elle vraisemblable? Quelle phrase dans les lignes précédentes l'a préparée?

22. Traduisez en anglais *belle affaire!* (l. 85).

23. Rapprochez les mots *puis oublia* (l. 88) de la phrase *Puis elle songea . . .* (X: l. 199). Quel trait du caractère de Félicité ces deux phrases révèlent-elles?

Il atteignit son atlas, puis commença des explications sur les longi-
tudes; et il avait un beau sourire de cuistre devant l'ahurissement de   100
Félicité. Enfin, avec son porte-crayon, il indiqua dans les découpures
d'une tache ovale un point noir, imperceptible, en ajoutant: «Voici.» Elle
se pencha sur la carte; ce réseau de lignes coloriées fatiguait sa vue, sans
lui rien apprendre; et Bourais, l'invitant à dire ce qui l'embarrassait, elle
le pria de lui montrer la maison où demeurait Victor. Bourais leva les   105
bras, il éternua, rit énormément; une candeur pareille excitait sa joie; et
Félicité n'en comprenait pas le motif, — elle qui s'attendait peut-être à
voir jusqu'au portrait de son neveu, tant son intelligence était bornée!

Ce fut quinze jours après que Liébard, à l'heure du marché comme
d'habitude, entra dans la cuisine, et lui remit une lettre qu'envoyait son   110
beau-frère. Ne sachant lire aucun des deux, elle eut recours à sa maîtresse.

Mme Aubain, qui comptait les mailles d'un tricot, le posa près d'elle,
décacheta la lettre, tressaillit, et, d'une voix basse, avec un regard profond:

«C'est un malheur . . . qu'on vous annonce. Votre neveu . . .»

Il était mort. On n'en disait pas davantage.   115

Félicité tomba sur une chaise, en s'appuyant la tête à la cloison, et
ferma ses paupières, qui devinrent roses tout à coup. Puis, le front
baissé, les mains pendantes, l'œil fixe, elle répétait par intervalles:

«Pauvre petit gars! pauvre petit gars!»

Liébard la considérait en exhalant des soupirs. Mme Aubain trem-   120
blait un peu.

Elle lui proposa d'aller voir sa sœur, à Trouville.

Félicité répondit, par un geste, qu'elle n'en avait pas besoin.

Il y eut un silence. Le bonhomme Liébard jugea convenable de se
retirer.   125

Alors elle dit:

«Ça ne leur fait rien, à eux!»

Sa tête retomba; et machinalement elle soulevait, de temps à autre,
les longues aiguilles sur la table à ouvrage.

Des femmes passèrent dans la cour avec un bard d'où dégouttelait du   130
linge.

En les apercevant par les carreaux, elle se rappela sa lessive; l'ayant

◇◈◇◈◇◈◇◈◇◈◇◈◇

24. Identifiez *tache ovale* et *point noir* (l. 102).

25. Dans la scène de l'atlas Flaubert met-il le lecteur du côté de Bourais ou
de Félicité? Justifiez votre réponse.

26. A qui se rapporte *aucun des deux* (l. 111)?

27. Comparez les deux exclamations de Félicité. Quels aspects de son
désespoir expriment-elles? Qu'est-ce qui justifie la deuxième exclamation?

coulée [4] la veille, il fallait aujourd'hui la rincer; et elle sortit de l'appartement.

Sa planche et son tonneau étaient au bord de la Toucques. Elle jeta 135
sur la berge un tas de chemises, retroussa ses manches, prit son battoir;
et les coups forts qu'elle donnait s'entendaient dans les autres jardins à
côté. Les prairies étaient vides, le vent agitait la rivière; au fond, de
grandes herbes s'y penchaient, comme des chevelures de cadavres
flottant dans l'eau. Elle retenait sa douleur, jusqu'au soir fut très brave; 140
mais, dans sa chambre, elle s'y abandonna, à plat ventre sur son matelas,
le visage dans l'oreiller, et les deux poings contre les tempes.

Beaucoup plus tard, par le capitaine de Victor lui-même, elle connut
les circonstances de sa fin. On l'avait trop saigné à l'hôpital, pour la
fièvre jaune. Quatre médecins le tenaient à la fois. Il était mort immé- 145
diatement, et le chef avait dit:

«Bon! encore un!»

Ses parents l'avaient toujours traité avec barbarie. Elle aima mieux
ne pas les revoir; et ils ne firent aucune avance, par oubli, ou endurcisse-
ment de misérables.   150

Virginie s'affaiblissait.

Des oppressions, de la toux, une fièvre continuelle et des marbrures
aux pommettes décelaient quelque affection profonde. M. Poupart avait
conseillé un séjour en Provence. Mme Aubain s'y décida, et eût tout de
suite repris sa fille à la maison, sans le climat de Pont-l'Evêque.   155

Elle fit un arrangement avec un loueur de voitures, qui la menait au
couvent chaque mardi. Il y a dans le jardin une terrasse d'où l'on découvre
la Seine.[5] Virginie s'y promenait à son bras, sur les feuilles de pampre
tombées. Quelquefois le soleil traversant les nuages la forçait à cligner ses
paupières, pendant qu'elle regardait les voiles au loin et tout l'horizon, 160

◇◆◇◆◇◆◇◆◇◆◇

28. Quel est l'effet produit par la phrase aux lignes 135–138? Montrez comment cette phrase exprime encore un aspect du désespoir de Félicité.

29. La comparaison aux lignes 139–140 est-elle un simple ornement littéraire
fourni par l'auteur? Justifiez votre réponse.

30. Comment faut-il comprendre *Bon!* (l. 147)?

31. Expliquez l'emploi du verbe *eût . . . repris* (l. 154–155) par rapport
à la préposition *sans* qui suit.

32. A quelles autres vues de la mer, déjà présentées par Flaubert, celle qu'il
offre aux lignes 157–161 ressemble-t-elle? Quelle est la valeur de ces scènes
dans le contexte du conte?

[4] **couler la lessive:** mettre le linge à tremper, dans une solution alcaline.   [5] **la Seine:**
c'est-à-dire, l'estuaire de la Seine.

depuis le château de Tancarville [6] jusqu'aux phares du Havre. Ensuite on se reposait sous la tonnelle. Sa mère s'était procuré un petit fût d'excellent vin de Malaga; et, riant à l'idée d'être grise, elle en buvait deux doigts, pas davantage.

Ses forces reparurent. L'automne s'écoula doucement. Félicité 165 rassurait Mme Aubain. Mais, un soir qu'elle avait été aux environs faire une course, elle rencontra devant la porte le cabriolet de M. Poupart; et il était dans le vestibule. Mme Aubain nouait son chapeau.

«Donnez-moi ma chaufferette, ma bourse, mes gants; plus vite donc!»   170

Virginie avait une fluxion de poitrine; [7] c'était peut-être désespéré.

«Pas encore!» dit le médecin; et tous deux montèrent dans la voiture, sous des flocons de neige qui tourbillonnaient. La nuit allait venir. Il faisait très froid.

Félicité se précipita dans l'église, pour allumer un cierge. Puis elle 175 courut après le cabriolet, qu'elle rejoignit une heure plus tard, sauta légèrement par derrière, où elle se tenait aux torsades, quand une réflexion lui vint: «La cour n'était pas fermée! si des voleurs s'introduisaient?» Et elle descendit.

Le lendemain, dès l'aube, elle se présenta chez le docteur. Il était 180 rentré, et reparti à la campagne. Puis elle resta dans l'auberge, croyant que des inconnus apporteraient une lettre. Enfin, au petit jour, elle prit la diligence de Lisieux. [8]

Le couvent se trouvait au fond d'une ruelle escarpée. Vers le milieu, elle entendit des sons étranges, un glas de mort. «C'est pour d'autres», 185 pensa-t-elle; et Félicité tira violemment le marteau. [9]

Au bout de plusieurs minutes, des savates se traînèrent, la porte s'entre-bâilla, et une religieuse parut.

◇◆◇◆◇◆◇◆◇◆◇

33. Que suggère l'expression: *deux doigts, pas davantage* (l. 163–164)?

34. Pourquoi Flaubert donne-t-il lui-même l'explication à la ligne 171 pour reprendre ensuite le dialogue? (Cf. le procédé à la ligne 115: "Il était mort.")

35. Quel trait du caractère de Félicité sa décision de descendre du cabriolet reflète-t-elle?

36. Où allait Félicité quand elle prit la diligence de Lisieux (l. 182–183)?

37. Montrez comment l'adverbe *violemment* (l. 186) sert à nier l'affirmation que Félicité vient de faire.

38. L'expression *des savates se traînèrent* (l. 187) a-t-elle dans ce contexte, une valeur visuelle ou auditive?

[6] **Tancarville:** le château médiéval de Tancarville est situé sur l'autre bord de l'estuaire, au nord-est de Honfleur. Le Havre est au nord-ouest. [7] **fluxion de poitrine:** vieille expression désignant une pneumonie. [8] **Lisieux:** petite ville à dix-sept kilomètres au sud de Pont-l'Evêque. [9] **marteau:** heurtoir fixé à l'extérieur d'une porte.

La bonne sœur avec un air de componction dit qu'«elle venait de
passer». En même temps, le glas de Saint-Léonard redoublait.   190

Félicité parvint au second étage.

Dès le seuil de la chambre, elle aperçut Virginie étalée sur le dos,
les mains jointes, la bouche ouverte, et la tête en arrière sous une croix
noire s'inclinant vers elle, entre les rideaux immobiles, moins pâles que sa
figure. Mme Aubain, au pied de la couche qu'elle tenait dans ses bras, 195
poussait des hoquets d'agonie. La supérieure était debout, à droite. Trois
chandeliers sur la commode faisaient des taches rouges, et le brouillard
blanchissait les fenêtres. Des religieuses emportèrent Mme Aubain.

Pendant deux nuits, Félicité ne quitta pas la morte. Elle répétait les
mêmes prières, jetait de l'eau bénite sur les draps, revenait s'asseoir, et la 200
contemplait. A la fin de la première veille, elle remarqua que la figure
avait jauni, les lèvres bleuirent, le nez se pinçait, les yeux s'enfonçaient.
Elle les baisa plusieurs fois; et n'eût pas éprouvé un immense étonnement
si Virginie les eût rouverts; pour de pareilles âmes le surnaturel est tout
simple. Elle fit sa toilette, l'enveloppa de son linceul, la descendit dans sa 205
bière, lui posa une couronne, étala ses cheveux. Ils étaient blonds, et
extraordinaires de longueur à son âge. Félicité en coupa une grosse
mèche, dont elle glissa la moitié dans sa poitrine, résolue à ne jamais s'en
dessaisir.

Le corps fut ramené à Pont-l'Evêque, suivant les intentions de Mme 210
Aubain, qui suivait le corbillard, dans une voiture fermée.

Après la messe, il fallut encore trois quarts d'heure pour atteindre le
cimetière. Paul marchait en tête et sanglotait. M. Bourais était derrière,
ensuite les principaux habitants, les femmes, couvertes de mantes noires,
et Félicité. Elle songeait à son neveu, et, n'ayant pu lui rendre ces hon- 215
neurs, avait un surcroît de tristesse, comme si on l'eût enterré avec l'autre.

Le désespoir de Mme Aubain fut illimité.

D'abord elle se révolta contre Dieu, le trouvant injuste de lui avoir

◇◇◇◇◇◇◇◇◇◇◇◇

39. Dans le tableau de Virginie morte (l. 192–198) étudiez les effets de
couleur. Laquelle domine? Notez les expressions qui la font ressortir.

40. Comment le désespoir de Mme Aubain diffère-t-il de celui de Félicité?
Comparez à cet égard la réaction de chacune des deux femmes après le départ
de Virginie pour le couvent (X: l. 209–222).

41. Pourquoi croyez-vous que Flaubert ait pris la peine d'ajouter "pour de
pareilles âmes le surnaturel est tout simple" (l. 204–205)?

42. Pourquoi la mort de Virginie suit-elle de si près celle de Victor? Comment la phrase à la ligne 91 ". . . et leurs destinées devaient être la même"
se trouve-t-elle réalisée?

43. La description de la révolte de Mme Aubain (l. 218–221) est-elle
teintée d'ironie? Justifiez votre réponse.

pris sa fille, — elle qui n'avait jamais fait de mal, et dont la conscience
était si pure! Mais non! elle aurait dû l'emporter dans le Midi. D'autres 220
docteurs l'auraient sauvée! Elle s'accusait, voulait la rejoindre, criait en
détresse au milieu de ses rêves. Un, surtout, l'obsédait. Son mari, costumé
comme un matelot, revenait d'un long voyage, et lui disait en pleurant
qu'il avait reçu l'ordre d'emmener Virginie. Alors ils se concertaient pour
découvrir une cachette quelque part.   225

Une fois, elle rentra du jardin, bouleversée. Tout à l'heure (elle
montrait l'endroit) le père et la fille lui étaient apparus l'un auprès de
l'autre, et ils ne faisaient rien; ils la regardaient.

Pendant plusieurs mois, elle resta dans sa chambre, inerte. Félicité la
sermonnait doucement; il fallait se conserver pour son fils, et pour l'autre, 230
en souvenir «d'elle».

«Elle?» reprenait Mme Aubain, comme se réveillant. «Ah! oui! . . .
oui! . . . Vous ne l'oubliez pas!» Allusion au cimetière, qu'on lui avait
scrupuleusement défendu.

Félicité tous les jours s'y rendait.   235

A quatre heures précises, elle passait au bord des maisons, montait la
côte, ouvrait la barrière, et arrivait devant la tombe de Virginie. C'était
une petite colonne de marbre rose, avec une dalle dans le bas, et des
chaînes autour enfermant un jardinet. Les plates-bandes disparaissaient
sous une couverture de fleurs. Elle arrosait leurs feuilles, renouvelait le 240
sable, se mettait à genoux pour mieux labourer la terre. Mme Aubain,
quand elle put y venir, en éprouva un soulagement, une espèce de consolation.

◇◇◇◇◇◇◇◇◇◇◇

44. Pourquoi Mme Aubain fait-elle allusion au Midi (l. 220)?
45. Identifiez *l'autre* (l. 230). Dans quel sens faut-il entendre cette allusion?
46. Pourquoi Mme Aubain répète-t-elle *Elle?* à la ligne 232?
47. Pourquoi a-t-on défendu le cimetière à Mme Aubain?
48. En tenant compte du caractère de Félicité, commentez la justesse de la
phrase: "se mettait à genoux pour mieux labourer la terre" (l. 241).
49. Expliquez le *soulagement* de Mme Aubain (l. 242).

EXERCICES

I. L'adverbe [V. Gramm. 6.1–6.29]

A. Ecrivez les adverbes correspondant aux adjectifs suivants:

1. heureux   4. courant
2. bref   5. singulier
3. absolu   6. profond

7. naïf 14. récent
8. patient 15. précis
9. vite 16. exclusif
10. évident 17. continuel
11. poli 18. doux
12. bon 19. constant
13. égal 20. confus

B. EXERCICE ORAL

Employez dans chacune des phrases suivantes l'adverbe indiqué:

1. bien — Il l'a écrit.
2. ici — Je suis venu pour vous voir.
3. trop — Vous avez souffert.
4. beaucoup — Il a aimé les enfants.
5. hier — Elle est arrivée.
6. tranquillement — Il s'est endormi.
7. souvent — Nous l'avons admiré.
8. toujours — Ils l'ont dit.
9. demain — Je le ferai.
10. vraiment — Ils se sont aimés.

C. THEME: *Traduire*

Perhaps you would like to visit France this summer. So many people disembark at Le Havre, but so few people visit Normandy. And yet one should see its beautiful towns filled with ancient monuments and extraordinarily vivid reminders of past centuries.

It is not difficult to see most of Normandy. If one is already in Paris, it is easy to take the train to Rouen, and from there one can travel very well by bus and as slowly as one likes. With a little money and a little effort, one can manage to see the rich farms, the picturesque villages, delightful fishing ports like Honfleur, and the fashionable beaches not far from Le Havre. Americans should see the landing beaches of the last World War and the vast cemeteries near by. Some towns like Caen and St. Malo and Falaise were almost totally demolished during the war, but little by little they have been rebuilt. Rouen, the biggest city in Normandy, suffered frightfully from bombings. Even the great cathedral was very seriously damaged. Formerly this city was called the "Museum-city of the North." Many people go to Rouen, but it would be too bad not to see places like Bayeux, Coutances, and Mont-Saint-Michel too.

A foreigner can learn the customs of a country only by spending a long time in a single region. It takes time to know the great cathedrals well enough to feel at ease in them. At first they are often too dazzling to be understood, but although they will always

remain astonishing, the more one visits them the more they become
old friends. Also, one can really savor the gastronomic delights of
a region (and Normandy has many) only during a prolonged stay
there. One needs to become more and more accustomed to the life
of a region. Others will probably travel farther and faster than you,
but it may be that they won't learn more or have a better time.

D. EXERCICE ORAL

Etudiez les locutions adverbiales qui suivent et traduisez-les:

tout à coup	de bonne heure
tout d'un coup	à l'heure
tout à l'heure	en retard
A tout à l'heure.	
tout de suite	de temps en temps (de temps à autre)
tout de même *Oh really!* *quand même*	en même temps
tous les jours	à temps
tous les deux jours	de la même manière (façon)
tout le long du jour	à sa manière
pas du tout	de manière ou d'autre
tout à fait	(d'une manière ou d'une autre)
tout haut (bas)	d'aucune manière
tout court *all*	
tout droit	en haut; en bas *at the bottom of things*
Tout doux!	au loin; au fond; au milieu
tout au plus	à droite; à gauche
tout au moins	en face
à toute vitesse	à perte de vue

une fois *once upon a time*	à côté
une fois pour toutes *mettre*	de côté *store*
à la fois	de ce côté-ci
d'autres fois	de l'autre côté
trois fois par semaine	de tous côtés

II.   Les verbes pronominaux [V. Gramm. 8.3–8.11]

A. Ecrivez au passé composé les verbes suivants:

1. Elle s'en alla.
2. Ils ne se levèrent pas de bonne heure.
3. Elles se dépêchèrent.
4. Nous nous arrêtâmes.
5. Elle se précipita pour les accueillir.
6. Elle s'en retourna.
7. S'en souvinrent-ils?

8. La femme ne se montra pas.
9. Ses sœurs se dispersèrent-elles?
10. Ils se lavèrent les mains.
11. Ils s'en moquèrent.
12. Nous nous rencontrâmes à Honfleur.
13. Elle se sentit moins faible.
14. Se rendirent-ils à Pont-l'Evêque?
15. Elle se trouva inquiète.
16. La ville se remplit de gens agités.
17. Nous nous versâmes à boire.
18. Elle se présenta.
19. Elle ne se résigna pas à son sort.
20. Ils s'endormirent.

B. Ecrivez des phrases dans lesquelles vous emploierez les verbes suivants à la deuxième personne:

1. s'adresser
2. se mettre à + l'infinitif
3. se rapprocher
4. s'ennuyer
5. s'évanouir
6. se débarrasser
7. s'enfuir
8. s'imaginer
9. se rappeler
10. se promener

C. Traduisez par écrit les phrases suivantes:

1. Do you remember her address?
2. Let's go away.
3. She made fun of her brother.
4. You are wrong to distrust your friends.
5. She broke her arm.
6. They talked to each other this morning.
7. I am not complaining.
8. They smiled at each other when they met.
9. She became aware of her error.
10. He hid behind the door.
11. Help! She is drowning!
12. Many things happened.
13. Many foolish things were said.
14. Imagine her pleasure!
15. I cannot get used to it.

III. Version

A. La moindre émotion l'énervait. Il fallut abandonner le piano.

B. Sa planche et son tonneau étaient au bord de la Toucques. Elle jeta sur la berge un tas de chemises, retroussa ses manches, prit son battoir; et les coups forts qu'elle donnait s'entendaient dans les autres jardins à côté. Les prairies étaient vides, le vent agitait la rivière; au fond, de grandes herbes s'y penchaient, comme des chevelures de cadavres flottant dans l'eau. Elle retenait sa douleur, jusqu'au soir fut très brave; mais, dans sa chambre, elle s'y abandonna, à plat ventre sur son matelas, le visage dans l'oreiller, et les deux poings contre les tempes.

C. Beaucoup plus tard, par le capitaine de Victor lui-même, elle connut les circonstances de sa fin.

D. M. Poupart avait conseillé un séjour en Provence. Mme Aubain s'y décida, et eût tout de suite repris sa fille à la maison, sans le climat de Pont-l'Evêque.

E. . . . une réflexion lui vint: "La cour n'était pas fermée! si des voleurs s'introduisaient?"

F. Après la messe, il fallut encore trois quarts d'heure pour atteindre le cimetière.

G. Les plates-bandes disparaissaient sous une couverture de fleurs. Elle arrosait leurs feuilles, renouvelait le sable, se mettait à genoux pour mieux labourer la terre. Mme Aubain, quand elle put y venir, en éprouva un soulagement, une espèce de consolation.

IV. Révision des verbes: VOULOIR, POUVOIR, MOURIR, COURIR [V. Gramm. 8.140a, c, d; 8.141]

Traduisez par écrit les phrases suivantes, en employant ces verbes:

1. We should like to see him tomorrow.
2. They would have liked to stay in Trouville for a long time.
3. Will you go to Deauville with me? I'll go when you like.
4. She wanted to see the captain but he refused.
5. She doesn't believe people wish to insult her.
6. She insisted on talking to him, but she failed.
7. Could you show me the road to Le Havre?
8. I shall be able to leave soon.
9. I am afraid she cannot run fast enough to catch them.
10. He could have done it easily if he had wanted to.
11. We hope she will die peacefully.
12. They are dying heroically.
13. It is necessary that they die without revealing their secret.

14. She died three years ago at the age of seventy-two.
15. He was dying when we arrived.
16. He runs faster than the wind.
17. I want him to run to the village.
18. I run less rapidly than my friends.
19. We have run in order to arrive on time.
20. If she really wanted to arrive in time, she would run faster.

V. Etude de vocabulaire: les antonymes

A. D'ordinaire un mot et son antonyme n'ont pas la même racine.

EXEMPLES:

pour   –   *contre*
vrai   –   *faux*

Donnez l'antonyme de chacun des mots suivants:

1. calme	11. perdre
2. clair	12. lever
3. différent	13. mourir
4. généreux	14. la laideur
5. maigre	15. le retour
6. sceptique	16. le vice
7. travailleur	17. parfois
8. arriver	18. avant
9. bénir	19. devant
10. parler	20. vite

B. Mais dans certains cas, on peut obtenir l'antonyme d'un mot en y ajoutant un préfixe ou un adverbe. On peut former des antonymes de la manière suivante:

i. En ajoutant le préfixe **in-** (**im-, il-, ir-**):

angl.	*fr.*	*l'antonyme*
foreseen	prévu	*imprévu*
worthy	digne	*indigne*

En suivant l'exemple, écrivez la traduction française et l'antonyme des adjectifs suivants:

1. complete	8. expressible
2. credible	9. faithful
3. credulous	10. known
4. endurable	11. literate
5. equal	12. mortal
6. expected	13. personal
7. experienced	14. prudent

15. rational   18. submissive
16. readable   19. sufficient
17. real   20. translatable

ii. En ajoutant le préfixe **dé-** (**dés-**):

	l'antonyme
embarquer	*débarquer*
plier	*déplier*
réglé	*déréglé*
approuver	*désapprouver*

En suivant l'exemple, écrivez les antonymes des mots suivants:

Verbes

1. amarrer
2. boucher
3. coller
4. couvrir
5. faire
6. habiller
7. jeûner
8. nouer
9. organiser
10. peupler
11. plaire
12. teindre
13. tendre
14. voiler

Adjectifs

15. agréable
16. armé
17. coloré
18. favorable
19. loyal
20. mesuré
21. raisonnable

Noms

22. l'approbation
23. l'équilibre
24. l'espoir
25. la formation
26. le goût
27. l'ordre

iii. En faisant précéder l'adjectif de l'adverbe **peu**:

angl.	*fr.*	*l'antonyme*
attractive	séduisant	*peu séduisant*
likeable	aimable	*peu aimable*
usual	ordinaire	*peu ordinaire*

En suivant l'exemple, donnez la traduction française et l'antonyme de chacun des adjectifs suivants:

1. common   6. friendly
2. conscientious   7. musical
3. deep   8. observant
4. exciting   9. romantic
5. flattering   10. proper

iv. En faisant précéder un mot de l'adverbe **non:**

Etudiez les antonymes suivants et traduisez-les:

Adjectifs	*Noms*
1. non-existant	4. le non-combattant
2. non prononcé	5. le non-conformisme
3. nonpareil	6. la non-existence
	7. le non-sens

v. En ajoutant comme préfixe l'adverbe **mal:**

Traduisez les antonymes suivants:

1. maladroit	5. malpropre
2. malaisé	6. malsain
3. malhabile	7. la malchance
4. malheureux	8. malhonnête

vi. En employant la préposition **sans** suivi d'un nom:

Traduisez d'une façon idiomatique les locutions suivantes:

1. sans bornes	11. sans pitié
2. sans cesse	12. sans récompense
3. sans cœur	13. sans réserve
4. sans défaut	14. sans merci
5. sans discernement	15. sans pareil
6. sans doute	16. sans soin
7. sans goût	17. sans tache
8. sans incident	18. sans talent
9. sans espoir	19. sans valeur
10. sans peur	20. les sans-logis

vii. Notez que dans certains cas il y a plus d'une façon de former l'antonyme.

angl.	*fr.*
undated	non daté; sans date
unimportant	peu important; sans importance
uninteresting	peu intéressant; sans intérêt
unkempt	peu soigné; mal tenu

Chapitre XII

Un Cœur simple (*suite*)

Puis des années s'écoulèrent, toutes pareilles et sans autres épisodes que le retour des grandes fêtes: Pâques, l'Assomption, la Toussaint. Des événements intérieurs faisaient une date, où l'on se reportait plus tard. Ainsi, en 1825, deux vitriers badigeonnèrent le vestibule; en 1827, une portion du toit, tombant dans la cour, faillit tuer un homme. L'été de 1828, 5 ce fut à Madame d'offrir le pain bénit;[1] Bourais, vers cette époque, s'absenta mystérieusement; et les anciennes connaissances peu à peu s'en allèrent: Guyot, Liébard, Mme Lechaptois, Robelin, l'oncle Gremanville, paralysé depuis longtemps.

Une nuit, le conducteur de la malle-poste annonça dans Pont-l'Evêque 10 la Révolution de Juillet.[2] Un sous-préfet nouveau, peu de jours après, fut nommé: le baron de Larsonnière, ex-consul en Amérique, et qui avait chez lui, outre sa femme, sa belle-sœur avec trois demoiselles, assez grandes déjà. On les apercevait sur leur gazon, habillées de blouses flottantes; elles possédaient un nègre et un perroquet. Mme Aubain eut leur visite, 15

1. Précisez le sens de *s'en allèrent* (l. 7–8) dans le contexte de la phrase.
2. Commentez la juxtaposition des dates 1825, 1827, 1828 et celle de la Révolution de Juillet.

[1] **ce fut . . . pain bénit:** les personnes importantes d'une paroisse se chargeaient d'offrir, à tour de rôle, le pain bénit qu'on distribuait à la grand-messe. [2] **la Révolution de Juillet:** celle de juillet 1830.

et ne manqua pas de la rendre. Du plus loin qu'elles paraissaient, Félicité accourait pour la prévenir. Mais une chose était seule capable de l'émouvoir, les lettres de son fils.

Il ne pouvait suivre aucune carrière, étant absorbé dans les estaminets. Elle lui payait ses dettes; il en refaisait d'autres; et les soupirs que 20 poussait Mme Aubain, en tricotant près de la fenêtre, arrivaient à Félicité, qui tournait son rouet dans la cuisine.

Elles se promenaient ensemble le long de l'espalier; et causaient toujours de Virginie, se demandant si telle chose lui aurait plu, en telle occasion ce qu'elle eût dit probablement. 25

Toutes ses petites affaires occupaient un placard dans la chambre à deux lits. Mme Aubain les inspectait le moins souvent possible. Un jour d'été, elle se résigna; et des papillons s'envolèrent de l'armoire.

Ses robes étaient en ligne sous une planche où il y avait trois poupées, des cerceaux, un ménage,[3] la cuvette qui lui servait. Elles retirèrent égale- 30 ment les jupons, les bas, les mouchoirs, et les étendirent sur les deux couches, avant de les replier. Le soleil éclairait ces pauvres objets, en faisait voir les taches, et des plis formés par les mouvements du corps. L'air était chaud et bleu, un merle gazouillait, tout semblait vivre dans une douceur profonde. Elles retrouvèrent un petit chapeau de peluche, à 35 longs poils, couleur marron; mais il était tout mangé de vermine. Félicité le réclama pour elle-même. Leurs yeux se fixèrent l'une sur l'autre, s'emplirent de larmes; enfin la maîtresse ouvrit ses bras, la servante s'y jeta; et elles s'étreignirent, satisfaisant leur douleur dans un baiser qui les égalisait. 40

◇◇◇◇◇◇◇◇◇◇◇◇

3. Pourquoi Félicité s'intéresse-t-elle à la famille du nouveau sous-préfet? Comment cet intérêt se manifeste-t-il?

4. Au paragraphe suivant (l. 20–22) comment Flaubert fait-il ressortir la solitude des deux femmes?

5. Qu'y a-t-il de surprenant dans la simple phrase: "Elles se promenaient ensemble" (l. 23)?

6. Pourquoi Mme Aubain retire-t-elle les affaires de Virginie? Que compte-t-elle en faire?

7. Scandez, comme si c'étaient des vers, les trois propositions de la phrase aux lignes 34–35. Quel rapport saisissez-vous entre cette phrase et celle qui termine le paragraphe?

8. Pourquoi est-ce le chapeau de peluche que Félicité réclame?

9. Justifiez l'emploi de *maîtresse* et *servante* (l. 38) à la place des noms propres des personnages. Précisez le rapport entre ces deux mots et le dernier mot de la phrase.

[3] **ménage:** jeu d'enfant composé de petits objets de ménage.

C'était la première fois de leur vie, Mme Aubain n'étant pas d'une nature expansive. Félicité lui en fut reconnaissante comme d'un bienfait, et désormais la chérit avec un dévouement bestial et une vénération religieuse.

La bonté de son cœur se développa.   45

Quand elle entendait dans la rue les tambours d'un régiment en marche, elle se mettait devant la porte avec une cruche de cidre, et offrait à boire aux soldats. Elle soigna des cholériques.[4] Elle protégeait les Polonais;[5] et même il y en eut un qui déclarait la vouloir épouser. Mais ils se fâchèrent; car un matin, en rentrant de l'angélus, elle le trouva dans sa   50 cuisine, où il s'était introduit, et accommodé une vinaigrette[6] qu'il mangeait tranquillement.

Après les Polonais, ce fut le père Colmiche, un vieillard passant pour avoir fait des horreurs en 93.[7] Il vivait au bord de la rivière, dans les décombres d'une porcherie. Les gamins le regardaient par les fentes du   55 mur, et lui jetaient des cailloux qui tombaient sur son grabat, où il gisait, continuellement secoué par un catharrhe, avec des cheveux très longs, les paupières enflammées, et au bras une tumeur plus grosse que sa tête. Elle lui procura du linge, tâcha de nettoyer son bouge, rêvait à l'établir dans le fournil, sans qu'il gênât Madame. Quand le cancer eut crevé, elle le   60 pansa tous les jours, quelquefois lui apportait de la galette, le plaçait au soleil sur une botte de paille; et le pauvre vieux, en bavant et en tremblant, la remerciait de sa voix éteinte, craignait de la perdre, allongeait les mains dès qu'il la voyait s'éloigner. Il mourut; elle fit dire une messe pour le repos de son âme.   65

◇◇◇◇◇◇◇◇◇◇◇

10. Qu'est-ce que Flaubert veut laisser entendre par l'expression *comme d'un bienfait* (l. 42)?

11. Commentez le rapprochement des deux adjectifs: *bestial* et *religieuse* (l. 43–44).

12. Comment la petite phrase à la ligne 45 se relie-t-elle au paragraphe précédent?

13. Précisez le sens de *développa* (l. 45) en tenant compte des exemples qui suivent.

14. Pourquoi l'action du Polonais provoque-t-elle la colère de Félicité?

15. Pourquoi, selon vous, l'auteur ajoute-t-il le détail: "passant pour avoir fait des horreurs en 93" (l. 53–54)?

16. Relevez les détails qui font ressortir le contraste entre l'horreur qu'inspire Colmiche et la pitié qu'il suscite.

[4] **Elle soigna des cholériques:** allusion à une épidémie de choléra en France en 1832.
[5] **les Polonais:** c'est-à-dire, les réfugiés polonais, arrivés en France après l'échec d'un soulèvement contre la Russie en 1830.   [6] **vinaigrette:** viande apprêtée avec une sauce au vinaigre.   [7] **93:** 1793, date de la Terreur, pendant la Révolution.

Ce jour-là, il lui advint un grand bonheur: au moment du dîner, le nègre de Mme de Larsonnière se présenta, tenant le perroquet dans sa cage, avec le bâton, la chaîne et le cadenas. Un billet de la baronne annonçait à Mme Aubain que, son mari étant élevé à une préfecture, ils partaient le soir; et elle la priait d'accepter cet oiseau, comme un souvenir, 70 et en témoignage de ses respects.

Il occupait depuis longtemps l'imagination de Félicité, car il venait d'Amérique, et ce mot lui rappelait Victor, si bien qu'elle s'en informait auprès du nègre. Une fois même elle avait dit: «C'est Madame qui serait heureuse de l'avoir!»   75

Le nègre avait redit le propos à sa maîtresse, qui, ne pouvant l'emmener, s'en débarrassait de cette façon.

IV

Il s'appelait Loulou. Son corps était vert, le bout de ses ailes rose, son front bleu, et sa gorge dorée.

Mais il avait la fatigante manie de mordre son bâton, s'arrachait les 80 plumes, éparpillait ses ordures, répandait l'eau de sa baignoire; Mme Aubain, qu'il ennuyait, le donna pour toujours à Félicité.

Elle entreprit de l'instruire; bientôt il répéta: «Charmant garçon! Serviteur, monsieur! Je vous salue, Marie!» Il était placé auprès de la porte, et plusieurs s'étonnaient qu'il ne répondît pas au nom de Jacquot, 85 puisque tous les perroquets s'appellent Jacquot. On le comparait à une dinde, à une bûche: autant de coups de poignard pour Félicité! Etrange obstination de Loulou, ne parlant plus du moment qu'on le regardait!

Néanmoins il recherchait la compagnie; car le dimanche, pendant que *ces* demoiselles Rochefeuille, M. de Houppeville et de nouveaux habitués: 90 Onfroy l'apothicaire, M. Varin et le capitaine Mathieu, faisaient leur

❖❖❖❖❖❖❖❖❖❖

17. Que laisse entendre le contraste entre *en témoignage de ses respects* (l. 71) et *s'en débarrassait de cette façon* (l. 77)?

18. Justifiez la brièveté de la première phrase du chapitre IV.

19. Quelle est la valeur de la conjonction *Mais* (l. 80)? De qui exprime-t-elle le point de vue?

20. Identifiez *Marie* (l. 84). Comment les trois expressions de Loulou font-elles bien voir que c'est Félicité qui l'a instruit?

21. Qui est visé par l'ironie des deux propositions que relie la conjonction *puisque* (l. 86)?

22. Comment la dernière phrase du paragraphe éclaircit-elle le sens de *dinde* et de *bûche* (l. 87)? Pourquoi cette phrase est-elle suivie d'un point d'exclamation?

partie de cartes, il cognait les vitres avec ses ailes, et se démenait si
furieusement qu'il était impossible de s'entendre.

La figure de Bourais, sans doute, lui paraissait très drôle. Dès qu'il
l'apercevait il commençait à rire, à rire de toutes ses forces. Les éclats   95
de sa voix bondissaient dans la cour, l'écho les répétait, les voisins se
mettaient à leurs fenêtres, riaient aussi; et, pour n'être pas vu du perroquet, M. Bourais se coulait le long du mur, en dissimulant son profil avec
son chapeau, atteignait la rivière, puis entrait par la porte du jardin; et
les regards qu'il envoyait à l'oiseau manquaient de tendresse.   100

Loulou avait reçu du garçon boucher une chiquenaude, s'étant permis
d'enfoncer la tête dans sa corbeille; et depuis lors il tâchait toujours de le
pincer à travers sa chemise. Fabu menaçait de lui tordre le cou, bien
qu'il ne fût pas cruel, malgré le tatouage de ses bras et ses gros favoris.
Au contraire! il avait plutôt du penchant pour le perroquet, jusqu'à   105
vouloir, par humeur joviale, lui apprendre des jurons. Félicité, que ces
manières effrayaient, le plaça dans la cuisine. Sa chaînette fut retirée, et
il circulait par la maison.

Quand il descendait l'escalier, il appuyait sur les marches la courbe
de son bec, levait la patte droite, puis la gauche; et elle avait peur qu'une   110
telle gymnastique ne lui causât des étourdissements. Il devint malade,
ne pouvait plus parler ni manger. C'était sous sa langue une épaisseur,
comme en ont les poules quelquefois. Elle le guérit, en arrachant cette
pellicule avec ses ongles. M. Paul, un jour, eut l'imprudence de lui
souffler aux narines la fumée d'un cigare; une autre fois que Mme Lormeau   115
l'agaçait du bout de son ombrelle, il en happa la virole; enfin, il se perdit.

Elle l'avait posé sur l'herbe pour le rafraîchir, s'absenta une minute; et,
quand elle revint, plus de perroquet! D'abord elle le chercha dans les
buissons, au bord de l'eau et sur les toits, sans écouter sa maîtresse qui lui
criait: «Prenez donc garde! vous êtes folle!» Ensuite elle inspecta tous   120
les jardins de Pont-l'Evêque; et elle arrêtait les passants. «Vous n'auriez

❖❖❖❖❖❖❖❖❖❖

23. Flaubert fait ici une deuxième allusion aux soirées hebdomadaires chez
Mme Aubain. Environ combien d'années se sont écoulées depuis la première
allusion?

24. Comment Flaubert arrive-t-il à rendre l'énormité du rire de Loulou
(l. 94–97)? A quel autre rire celui-ci fait-il penser?

25. En quoi l'expression *les regards . . . manquaient de tendresse* (l. 100)
est-elle un exemple de litote?

26. Montrez comment la suite de termes concessifs révèle les aspects con-
tradictoires de la personnalité de Fabu (l. 103–106).

27. La maladie dont il s'agit aux lignes 111–114 s'appelle la pépie. Pourquoi,
selon vous, Flaubert ne la nomme-t-il pas?

28. Expliquez la formule *M. Paul* (l. 114).

pas vu, quelquefois, par hasard, mon perroquet?» A ceux qui ne connaissaient pas le perroquet, elle en faisait la description. Tout à coup, elle crut distinguer derrière les moulins, au bas de la côte, une chose verte qui voltigeait. Mais au haut de la côte, rien! Un porte-balle lui affirma qu'il l'avait rencontré tout à l'heure, à Saint-Melaine,[8] dans la boutique de la mère Simon. Elle y courut. On ne savait pas ce qu'elle voulait dire. Enfin elle rentra, épuisée, les savates en lambeaux, la mort dans l'âme; et, assise au milieu du banc, près de Madame, elle racontait toutes ses démarches, quand un poids léger lui tomba sur l'épaule, Loulou! Que diable avait-il fait? Peut-être qu'il s'était promené aux environs!

Elle eut du mal à s'en remettre, ou plutôt ne s'en remit jamais.

Par suite d'un refroidissement, il lui vint une angine; peu de temps après, un mal d'oreilles. Trois ans plus tard, elle était sourde; et elle parlait très haut, même à l'église. Bien que ses péchés auraient pu sans déshonneur pour elle, ni inconvénient pour le monde, se répandre à tous les coins du diocèse, M. le curé jugea convenable de ne plus recevoir sa confession que dans la sacristie.

Des bourdonnements illusoires achevaient de la troubler. Souvent sa maîtresse lui disait: «Mon Dieu! comme vous êtes bête!» elle répliquait: «Oui, Madame», en cherchant quelque chose autour d'elle.

Le petit cercle de ses idées se rétrécit encore, et le carillon des cloches, le mugissement des bœufs n'existaient plus. Tous les êtres fonctionnaient avec le silence des fantômes. Un seul bruit arrivait maintenant à ses oreilles, la voix du perroquet.

Comme pour la distraire, il reproduisait le tic tac du tourne-broche, l'appel aigu d'un vendeur de poisson, la scie du menuisier qui logeait en face; et aux coups de la sonnette, imitait Mme Aubain, «Félicité! la porte! la porte!»

Ils avaient des dialogues, lui, débitant à satiété les trois phrases de son répertoire, et elle, y répondant par des mots sans plus de suite, mais où son cœur s'épanchait. Loulou, dans son isolement, était presque un

❖❖❖❖❖❖❖❖❖❖

29. Relevez les détails qui suggèrent le mieux l'angoisse de Félicité devant la perte de Loulou.

30. Trouvez-vous que l'expression *la mort dans l'âme* (l. 128) soit exagérée? Justifiez votre réponse.

31. Pourquoi l'auteur se corrige-t-il à la ligne 132?

32. Pourquoi est-ce dans la sacristie que le curé reçoit la confession de Félicité? Où la reçoit-on d'ordinaire?

33. Quelle est la valeur symbolique de *carillon des cloches* et de *mugissement des bœufs* (l. 142–143)? Qu'ont en commun les sons qui les remplacent et en quoi le cercle des idées de Félicité s'en trouve-t-il rétréci?

[8] **Saint-Melaine:** village à côté de Pont-l'Evêque.

fils, un amoureux. Il escaladait ses doigts, mordillait ses lèvres, se cramponnait à son fichu; et, comme elle penchait son front en branlant la tête à la manière des nourrices, les grandes ailes du bonnet et les ailes de   155 l'oiseau frémissaient ensemble.

Quand des nuages s'amoncelaient et que le tonnerre grondait, il poussait des cris, se rappelant peut-être les ondées de ses forêts natales. Le ruissellement de l'eau excitait son délire; il voletait éperdu, montait au plafond, renversait tout, et par la fenêtre allait barboter dans le jardin;   160 mais revenait vite sur un des chenets, et, sautillant pour sécher ses plumes, montrait tantôt sa queue, tantôt son bec.

Un matin du terrible hiver de 1837, qu'elle l'avait mis devant la cheminée, à cause du froid, elle le trouva mort, au milieu de sa cage, la tête en bas, et les ongles dans les fils de fer. Une congestion l'avait tué,   165 sans doute? Elle crut à un empoisonnement par le persil; et, malgré l'absence de toutes preuves, ses soupçons portèrent sur Fabu.

Elle pleura tellement que sa maîtresse lui dit: «Eh bien! faites-le empailler!»

Elle demanda conseil au pharmacien, qui avait toujours été bon pour   170 le perroquet.

Il écrivit au Havre. Un certain Fellacher se chargea de cette besogne. Mais, comme la diligence égarait parfois les colis, elle résolut de le porter elle-même jusqu'à Honfleur.

Les pommiers sans feuilles se succédaient aux bords de la route. De   175 la glace couvrait les fossés. Des chiens aboyaient autour des fermes; et les mains sous son mantelet, avec ses petits sabots noirs et son cabas, elle marchait prestement, sur le milieu du pavé.

Elle traversa la forêt, dépassa le Haut-Chêne, atteignit Saint-Gatien.[9]

Derrière elle, dans un nuage de poussière et emportée par la   180 descente, une malle-poste au grand galop se précipitait comme une trombe. En voyant cette femme qui ne se dérangeait pas, le conducteur se dressa par-dessus la capote, et le postillon criait aussi, pendant que ses quatre chevaux qu'il ne pouvait retenir accéléraient leur train; les deux

◇◇◇◇◇◇◇◇◇◇◇

34. Au paragraphe suivant (l. 150–156) relevez les détails grâce auxquels Flaubert établit un rapprochement significatif entre Félicité et Loulou.

35. Où se trouvent les "forêts natales" (l. 158)?

36. Comment la phrase aux lignes 158–162 évoque-t-elle par sa forme le "délire" de Loulou? Précisez le contraste entre cette phrase et celle qui la suit. Comment ce contraste rend-il la mort de Loulou encore plus pathétique?

37. Quels autres voyages à Honfleur celui-ci rappelle-t-il? Comparez-les.

38. Distinguez entre le *conducteur* (l. 182) et le *postillon* (l. 183).

[9] **Saint-Gatien:** village au nord de la forêt du même nom.

premiers la frôlaient; d'une secousse de ses guides, il les jeta dans le 185
débord,[10] mais furieux, releva le bras, et à pleine volée, avec son grand
fouet, lui cingla du ventre au chignon un tel coup qu'elle tomba sur le dos.

Son premier geste, quand elle reprit connaissance, fut d'ouvrir son
panier. Loulou n'avait rien, heureusement. Elle sentit une brûlure à la
joue droite; ses mains qu'elle y porta étaient rouges. Le sang coulait. 190

Elle s'assit sur un mètre de cailloux,[11] se tamponna le visage avec son
mouchoir, puis elle mangea une croûte de pain, mise dans son panier par
précaution, et se consolait de sa blessure en regardant l'oiseau.

Arrivée au sommet d'Ecquemauville,[12] elle aperçut les lumières de
Honfleur qui scintillaient dans la nuit comme une quantité d'étoiles; la 195
mer, plus loin, s'étalait confusément. Alors une faiblesse l'arrêta; et la
misère de son enfance, la déception du premier amour, le départ de son
neveu, la mort de Virginie, comme les flots d'une marée, revinrent à la
fois, et, lui montant à la gorge, l'étouffaient.

Puis elle voulut parler au capitaine du bateau; et, sans dire ce qu'elle 200
envoyait, lui fit des recommandations.

Fellacher garda longtemps le perroquet. Il le promettait toujours pour
la semaine prochaine; au bout de six mois, il annonça le départ d'une
caisse; et il n'en fut plus question. C'était à croire que jamais Loulou ne
reviendrait. «Ils me l'auront volé!» pensait-elle. 205

Enfin il arriva, — et splendide, droit sur une branche d'arbre, qui se
vissait dans un socle d'acajou, une patte en l'air, la tête oblique, et mor-
dant une noix, que l'empailleur par amour du grandiose avait dorée.

Elle l'enferma dans sa chambre.

Cet endroit, où elle admettait peu de monde, avait l'air tout à la fois 210
d'une chapelle et d'un bazar, tant il contenait d'objets religieux et de
choses hétéroclites.

◇◇◇◇◇◇◇◇◇◇

39. Comment, par l'ordre des membres de sa phrase, l'auteur met-il en
valeur le verbe *cingla* (l. 187) et son objet direct *coup* (l. 187)?

40. Caractérisez l'ironie de la petite phrase: "Loulou n'avait rien, heureusement" (l. 189).

41. Pourquoi est-ce au sommet d'Ecquemauville que Félicité éprouve la
crise qui l'étouffe? Expliquez la justesse de la comparaison à la ligne 198.

42. De quel bateau est-il question à la ligne 200?

43. Quel trait du caractère de Fellacher se révèle par l'allusion à la noix
dorée (l. 208)? Pensez-vous que Félicité l'ait appréciée?

44. Quels sont les objets dans la chambre de Félicité qui justifient la comparaison avec *une chapelle* et *un bazar* (l. 211)?

[10] **débord:** partie de la route qui borde le pavé.   [11] **mètre de cailloux:** un amas de
pierres mesurant un mètre cube.   [12] **Equemauville:** village à 4 kilomètres au sud de
Honfleur.

Une grande armoire gênait pour ouvrir la porte. En face de la fenêtre surplombant le jardin, un œil-de-bœuf regardait la cour; une table, près du lit de sangle, supportait un pot à l'eau, deux peignes, et un 215 cube de savon bleu dans une assiette ébréchée. On voyait contre les murs: des chapelets, des médailles, plusieurs bonnes Vierges, un bénitier en noix de coco; sur la commode, couverte d'un drap comme un autel, la boîte en coquillages que lui avait donnée Victor; puis un arrosoir et un ballon, des cahiers d'écriture, la géographie en estampes, une paire de bottines; et 220 au clou du miroir, accroché par ses rubans, le petit chapeau de peluche! Félicité poussait même ce genre de respect si loin, qu'elle conservait une des redingotes de Monsieur. Toutes les vieilleries dont ne voulait plus Mme Aubain, elle les prenait pour sa chambre. C'est ainsi qu'il y avait des fleurs artificielles au bord de la commode, et le portrait du comte 225 d'Artois [13] dans l'enfoncement de la lucarne.

Au moyen d'une planchette, Loulou fut établi sur un corps de cheminée qui avançait dans l'appartement. Chaque matin, en s'éveillant, elle l'apercevait à la clarté de l'aube, et se rappelait alors les jours disparus, et d'insignifiantes actions jusqu'en leurs moindres détails, sans douleur, pleine 230 de tranquillité.

◇◇◇◇◇◇◇◇◇◇◇◇

45. En dépit de leur nature "hétéroclite" (l. 212), quels traits dominants du caractère de Félicité ces objets révèlent-ils?

46. Quel rapport l'auteur suggère-t-il entre la "tranquillité" (l. 231) de Félicité et la vue de Loulou "à la clarté de l'aube" (l. 229)?

EXERCICES

1. L'adjectif indéfini [V. Gramm. **5.18–5.54**]

A. EXERCICE ORAL

Lisez les citations suivantes, en remplaçant les tirets par les adjectifs indéfinis (**autre, même, tel, quelque, chaque, nul, aucun, tout**) qui manquent:

1. Ces deux effets si différents sont produits par la _même_ cause.
2. Qui pourrait ne pas réussir avec un ambassadeur _tel_ que vous?
3. . . . ce souvenir d'un _autre_ temps achève de le troubler.
4. . . . et à _chaque_ instant je lui vois faire de nouveaux efforts pour me convaincre.
5. _tout_ le monde se plaint de sa mémoire. . . .

[13] **comte d'Artois:** frère de Louis XVI qui régna de 1824 à 1830 sous le nom de Charles X.

6. Libre de _tout_ les ornements étrangers, je me vis apprécié au plus juste.

7. Dès la cinquantaine elle ne marqua plus _nul_ âge.

8. _aucune_ idée n'en approche.

9. _chaque_ bien qu'on nous dise de nous, on ne nous apprend rien de nouveau.

10. Les institutions politiques des Etats-Unis mettent sans cesse en contact les citoyens de _tout_ les classes.

B. Traduisez par écrit les phrases suivantes, en employant les adjectifs indéfinis qui conviennent:

1. I haven't any idea what he means.
2. You may come at any time.
3. Certain children would listen while the others would recite the poems.
4. Another time I shall do it better.
5. We have done nothing; the other children are responsible for the damage.
6. Other authors have written better books.
7. This novel may have a certain success.
8. The other novel will have an assured success.
9. Certain persons are not of our opinion.
10. Why does he always repeat the same thing?
11. It will take all of my courage, but I shall do it myself.
12. He is generosity itself.
13. After ten years I find this man still the same.
14. I asked them several times, but I received no reply.
15. However rich he may be, he is not generous.
16. Whatever may be his faults, one must try to forgive him.
17. Whatever theme he treats, he always begins the same way.
18. Each child will bring a few flowers.
19. Buy any kind of red wine; it's for the stew.
20. I find his play rather mediocre.
21. Would you accept such a judgment?
22. Such is the irony of fate.
23. Every man is mortal.
24. It is the most beautiful beach in all of France.

II. L'accord du participe passé [V. Gramm. 8.95–8.96]

Dans les phrases suivantes, écrivez au passé composé les verbes entre parenthèses:

1. La mère (descendre) le fossé, (pousser) _a poussé_ ses enfants devant elle, et à force de courage (parvenir) à les sauver. _est descendue_

2. Peu d'amis la (voir) pendant sa maladie. _l'a vue_

3. Puis une nouvelle idée (*venir*) la distraire. a vénu

4. Elle (*se regarder*) dans la glace. s'est regardée

5. Enfin elle (*mourir*) de chagrin. est morte

6. Les chemises (*tomber*) dans l'eau. sont tombées

7. Elles (*se promettre*) une amitié fidèle. se sont promise

8. La mère (*rester*) dans la chambre de la malade. est restée

9. La voiture (*partir*) à huit heures. est partie

10. Quand la cloche (*tinter*), il (*se faire*) un grand silence dans l'église. a tinté   s'est fait

11. Elles (*s'en aller*) tristes et confuses. s'en sont allée

12. Il voulait des fleurs et nous les lui (*apporter*). avons apportées

13. Elle me donne les fleurs qu'elle (*cueillir*). cueilli

14. Elle (*naître*) en Normandie. est née

15. Je voudrais voir les portraits que mon ami (*faire*). a fair

III. Version

A. Mais une chose était seule capable de l'émouvoir, les lettres de son fils. Il ne pouvait suivre aucune carrière. . . . Elle lui payait ses dettes; il en refaisait d'autres; et les soupirs que poussait Mme Aubain, en tricotant près de la fenêtre, arrivaient à Félicité, qui tournait son rouet dans la cuisine.

B. Elles se promenaient ensemble le long de l'espalier; et causaient toujours de Virginie, se demandant si telle chose lui aurait plu, en telle occasion ce qu'elle eût dit probablement.

C. Elle eut du mal à s'en remettre, ou plutôt ne s'en remit jamais.

D. Par suite d'un refroidissement, il lui vint une angine; peu de temps après, un mal d'oreilles. Trois ans plus tard, elle était sourde; et elle parlait très haut, même à l'église. Bien que ses péchés auraient pu sans déshonneur pour elle, ni inconvénient pour le monde, se répandre à tous les coins du diocèse, M. le curé jugea convenable de ne plus recevoir sa confession que dans la sacristie.

E. Puis elle voulut parler au capitaine du bateau; et, sans dire ce qu'elle envoyait, lui fit des recommandations.

F. C'était à croire que jamais Loulou ne reviendrait. "Ils me l'auront volé!" pensait-elle.

IV. Révision des verbes: ASSEOIR, CROIRE, VOIR, RIRE [V. Gramm. 8.140c, d; 8.141]

En employant ces verbes, traduisez les phrases suivantes:

1. Sit down, children.

2. Let's sit near the door.

3. I was sitting down when I saw the cat in the chair.
4. My sister seated herself in the most comfortable chair.
5. He will sit down when he has found a chair.
6. I believe she was sitting here.
7. We believed that he would laugh at us.
8. If they hadn't believed me, they would have told me so.
9. Although *I* don't believe this story, my friends will probably believe it.
10. Seeing is believing.
11. Seeing the parrot, she smiled.
12. When you see him, remember me to him.
13. Do you see something interesting on the other side of the street?
14. Certain Norman villages I have seen resemble Pont-l'Evêque.
15. I believe I shall sit here in order to see better.
16. If we hadn't laughed, you would have believed us.
17. Did you see his expression before he laughed?
18. He used to smile when he saw the parrot.
19. Believing that I would see you, I didn't write to you.
20. You will laugh when I tell you what happened.

V. Etude de vocabulaire

A. Etudiez les emplois suivants du verbe **manquer** et traduisez les phrases:
1. Elle manque de tendresse.
2. Ne manquez pas de me le rendre.
3. Certains étudiants manquent aujourd'hui.
4. Il manque six étudiants.
5. Les forces lui manquent.
6. Il a manqué de se tuer.
7. Nous ne manquerons pas de vous écrire.
8. Il ne manquait plus que cela!
9. Vous me manquez.
10. Est-ce que je vous manquais?
11. Nous leur manquons.
12. Elle me manque.
13. Il ne nous manque pas.

B.
1. Etudiez les emplois suivants du verbe **exciter** qui veut dire: stimuler, inciter, provoquer, rendre plus vif.
   a. Le ruissellement de l'eau *excitait* son délire.
   b. *exciter* un nerf
   c. *exciter* quelqu'un à la révolte
   d. *exciter* le rire

e. *exciter* les combattants

f. Le sel *excite* la soif.

g. Le café est *excitant*.

2. Notez maintenant les expressions suivantes où l'on emploie d'ordinaire en anglais une forme du verbe "excite."
Traduisez-les.

1. susciter de l'intérêt
2. piquer la curiosité de quelqu'un
3. J'étais ému (agité, surexcité).
4. Il est surexcitable.
5. Ne lui montez pas la tête.
6. passionner la foule
7. d'une manière agitée; avec agitation
8. une nouvelle passionnante
9. un livre palpitant d'intérêt
10. l'émoi du départ
11. la soif des sensations fortes
12. Cela fera sensation.
13. Qu'est-ce qui se passe donc?

C. Pour éviter de les confondre entre eux, traduisez les mots suivants:

1. environ; les environs   *about ; surroundings*
2. mourir; se mourir
3. la côte; le côté
4. la galoche; le sabot
5. apporter; amener
6. changer; changer de   *changer - exchange ; changer de qqch (a blouse)*
7. aviser; conseiller   *consider ; conseiller - (trans)*

D. FAUX AMIS   *think over*

Remplacez les tirets par les mots qui manquent:

fr.		angl.
1. le placard	=	*poster*
armoire	=	placard
2. marron (couleur)	=	*brown*
lie-de-vin	=	maroon
3. achever	=	*finish*
attendre	=	to achieve
4. commode *(adj)*	=	*comfortable convenient*
spacious	=	commodious
5. le lien	=	*link*
	=	lien

VI. Sujet de discussion

Lisez les extraits suivants tirés de la *Correspondance* de Flaubert, où l'auteur fait allusion à la création d'*Un Cœur simple*. Comment ces extraits éclaircissent-ils la méthode de composition de Flaubert?

A Madame Roger des Genettes   [Croisset, du 13 au 18 mars 1876].

. . . J'aurais dû vous répondre immédiatement, mais depuis trois jours je ne *décolère pas*: je ne peux mettre en train mon *Histoire d'un cœur simple*. J'ai travaillé hier pendant seize heures, aujourd'hui toute la journée et, ce soir enfin, j'ai terminé la première page. . . .

A la même   [Paris, fin avril 1876].

. . . Mon *Histoire d'un cœur simple* avance très lentement. J'en ai écrit dix pages, pas plus! Et pour avoir des documents j'ai fait un petit voyage à Pont-l'Evêque et à Honfleur! . . .

A Tourgueneff   Croisset, 25 juin 1876.

. . . Mon *Histoire d'un cœur simple* sera finie sans doute vers la fin d'août. Après quoi, j'entamerai *Hérodias*! Mais que c'est difficile! nom de Dieu que c'est difficile! Plus je vais et plus je m'en aperçois. Il me semble que la Prose française peut arriver à une *beauté* dont on n'a pas l'idée. Ne trouvez-vous pas que nos amis sont peu préoccupés de la Beauté? Et pourtant il n'y a dans le monde que cela d'important! . . .

A sa nièce Caroline   Croisset, 8 juillet 1876.

. . . Je travaille beaucoup, cependant je n'avance guère. Crois-tu que, depuis trois semaines, j'ai fait sept pages; et mes journées sont longues pourtant! N'importe! je crois que ça ne sera pas mauvais. Mais dans le commencement, je m'étais emballé dans de trop longues descriptions. J'en enlève de charmantes: la littérature est l'art des sacrifices. . . .

A la même   Croisset, 14 juillet 1876.

. . . Demain j'irai à Rouen pour voir des perroquets empaillés et M. le maire. . . .

Pour écrire une page et demie, je viens d'en surcharger de ratures *douze*! M. de Buffon allait jusqu'à quatorze!

Encore un mois de cet exercice, puis je recommencerai à propos d'*Hérodias*! . . .

A la même   Croisset, 22 juillet 1876.

. . . Mardi, j'ai eu à déjeuner Pouchet et Pennetier. Il y a huit jours, j'avais été au Muséum lui demander des renseignements sur

Buffon – scientific term – biology

9:1 pages
12:1

les perroquets, et actuellement j'écris devant un "amazone" qui se tient sur ma table, le bec un peu de côté et me regardant avec ses yeux de verre. . . .

A Madame Roger des Genettes   [Croisset, fin juillet 1876].

. . . Depuis un mois, j'ai sur ma table un perroquet empaillé, afin de "peindre" d'après la nature. Sa présence commence à me fatiguer. N'importe! je le garde afin de m'emplir l'âme de perroquet. . . .

A sa nièce Caroline   Croisset, 3 août 1876.

. . . Le matin, j'avais eu le bon Laporte, qui m'a prêté le livre d'un chantre de Couronne pour m'instruire dans les processions, et un autre de médecine, où je puise des renseignements sur les pneumonies. Actuellement j'ai donc sur ma table, autour du perroquet: le bréviaire du susdit chantre, ton paroissien, les quatre volumes du paroissien appartenant à ton époux; de plus: l'Eucologe de Lisieux, ayant appartenu à ton arrière-grand'mère. Mais je commence à *tomber sur les bottes;* la fin est dure! Heureusement que je n'ai plus que six pages!

Sans l'eau froide, je n'aurais pas été aussi vigoureux depuis deux mois. Sais-tu que mes nuits ordinaires n'excèdent pas cinq ou six heures, au plus? et je ne dors pas dans le jour. Emile en est *esbahi.* J'ai peur de retomber à plat quand j'aurai fini. Mais non! il faudra remonter le coco pour *Hérodias.* . . .

A la même   Croisset, 7 août 1876.

. . . Moi je continue à hurler comme un gorille dans le silence du cabinet et même aujourd'hui j'ai dans le dos, ou plutôt dans les poumons, une douleur qui n'a pas d'autre cause. A quelque jour, je me ferai éclater comme un obus; on retrouvera mes morceaux sur ma table. Mais, avant tout, il faut finir ma *Félicité* d'une façon splendide! Dans une quinzaine (ou peut-être avant), ce sera fait. Quel effort! . . .

A la même   Croisset, 10 août 1876.

. . . Mon ardeur à la besogne frise l'aliénation mentale. Avant-hier, j'ai fait une journée de dix-huit heures! Très souvent maintenant je travaille avant mon déjeuner; ou plutôt je ne m'arrête plus, car, même en nageant, je roule mes phrases, malgré moi. . . .

A la même   Croisset, 17 août 1876.

Hier, à 1 heure de nuit, j'ai terminé mon *Cœur simple,* et je le recopie. Maintenant je m'aperçois de ma fatigue, je souffle, oppressé comme un gros bœuf qui a trop labouré. . . .

16-18 hours per day

Chapitre XIII

Un Cœur simple (*fin*)

Ne communiquant avec personne, elle vivait dans une torpeur de somnambule. Les processions de la Fête-Dieu la ranimaient. Elle allait quêter chez les voisines des flambeaux et des paillassons, afin d'embellir le reposoir que l'on dressait dans la rue.

A l'église, elle contemplait toujours le Saint-Esprit, et observa qu'il 5 avait quelque chose du perroquet. Sa ressemblance lui parut encore plus manifeste sur une image d'Epinal,[1] représentant le baptême de Notre-Seigneur. Avec ses ailes de pourpre et son corps d'émeraude, c'était vraiment le portrait de Loulou.

L'ayant acheté, elle le suspendit à la place du comte d'Artois, — de 10 sorte que, du même coup d'œil, elle les voyait ensemble. Ils s'associèrent dans sa pensée, le perroquet se trouvant sanctifié par ce rapport avec le

◇◇◇◇◇◇◇◇◇◇◇

1. Expliquez l'intérêt que prend Félicité au reposoir. Quel souvenir ce reposoir évoque-t-il?

2. Comment au chapitre III du conte Flaubert a-t-il procédé pour que la comparaison entre Loulou et le Saint-Esprit ne choque pas le lecteur?

3. Où se trouvait le portrait du comte d'Artois? Expliquez comment Félicité peut maintenant voir Loulou et le Saint-Esprit "du même coup d'œil" (l. 11).

[1] **image[s] d'Epinal:** images populaires pleines de naïveté, créées au XIXe siècle par François Georgin, qui les faisait imprimer en couleur à Epinal, dans l'est de la France.

Saint-Esprit, qui devenait plus vivant à ses yeux et intelligible. Le Père
pour s'énoncer, n'avait pu choisir une colombe, puisque ces bêtes-là n'ont
pas de voix, mais plutôt un des ancêtres de Loulou. Et Félicité priait en 15
regardant l'image, mais de temps à autre se tournait un peu vers l'oiseau.

Elle eut envie de se mettre dans les demoiselles de la Vierge.[2] Mme
Aubain l'en dissuada.

Un événement considérable surgit: le mariage de Paul.

Après avoir été d'abord clerc de notaire, puis dans le commerce, 20
dans la douane, dans les contributions,[3] et même avoir commencé des
démarches pour les eaux et forêts,[4] à trente-six ans, tout à coup, par une
inspiration du ciel, il avait découvert sa voie: l'enregistrement![5] et y
montrait de si hautes facultés qu'un vérificateur lui avait offert sa fille, en
lui promettant sa protection.   25

Paul, devenu sérieux, l'amena chez sa mère.

Elle dénigra les usages de Pont-l'Evêque, fit la princesse, blessa
Félicité. Mme Aubain, à son départ, sentit un allégement.

La semaine suivante, on apprit la mort de M. Bourais, en basse
Bretagne, dans une auberge. La rumeur d'un suicide se confirma; des 30
doutes s'élevèrent sur sa probité. Mme Aubain étudia ses comptes, et ne
tarda pas à connaître la kyrielle de ses noirceurs: détournements
d'arrérages, ventes de bois dissimulées, fausses quittances, etc. De plus, il
avait un enfant naturel, et «des relations avec une personne de Dozulé».[6]

Ces turpitudes l'affligèrent beaucoup. Au mois de mars 1853, elle fut 35
prise d'une douleur dans la poitrine; sa langue paraissait couverte de

◇◇◇◇◇◇◇◇◇◇◇

4. Qu'est-ce qui rend le Saint-Esprit *plus vivant* (l. 13)? En quoi l'emploi
de cet adjectif rappelle-t-il la phrase: "Loulou n'avait rien, heureusement"
(XII: l. 189)?

5. Qu'est-ce que la phrase aux lignes 13–15 ajoute à la simple *ressemblance*
notée à la ligne 6?

6. Quelle attitude envers Paul Flaubert trahit-il par la forme même de la
phrase aux lignes 20–25?

7. Si Paul a trente-six ans, combien de temps s'est écoulé depuis l'arrivée
de Félicité chez Mme Aubain?

8. Expliquez dans le contexte de la phrase le sens de l'expression *fit la
princesse* (l. 27).

9. Le lecteur est-il choqué d'apprendre les "noirceurs" (l. 32) de Bourais?
Justifiez votre réponse en examinant les allusions précédentes à ce personnage.

[2] **demoiselles de la Vierge:** groupe religieux qui se consacre aux œuvres de bien-
faisance.   [3] **contributions:** administration chargée de percevoir les impôts de l'Etat.
[4] **les eaux et forêts:** un service de l'Etat.   [5] **enregistrement:** bureau où l'on enregistre
des actes officiels.   [6] **Dozulé:** petite ville à l'ouest de Pont-l'Evêque.

fumée, les sangsues ne calmèrent pas l'oppression; et le neuvième soir
elle expira, ayant juste soixante-douze ans.

On la croyait moins vieille, à cause de ses cheveux bruns, dont les
bandeaux [7] entouraient sa figure blême, marquée de petite vérole. Peu 40
d'amis la regrettèrent, ses façons étant d'une hauteur qui éloignait.

Félicité la pleura, comme on ne pleure pas les maîtres. Que Madame
mourût avant elle, cela troublait ses idées, lui semblait contraire à l'ordre
des choses, inadmissible et monstrueux.

Dix jours après (le temps d'accourir de Besançon),[8] les héritiers 45
survinrent. La bru fouilla les tiroirs, choisit des meubles, vendit les autres,
puis ils regagnèrent l'enregistrement.

Le fauteuil de Madame, son guéridon, sa chaufferette, les huit chaises,
étaient partis! La place des gravures se dessinait en carrés jaunes au
milieu des cloisons. Ils avaient emporté les deux couchettes, avec leurs 50
matelas, et dans le placard on ne voyait plus rien de toutes les affaires de
Virginie! Félicité remonta les étages, ivre de tristesse.

Le lendemain il y avait sur la porte une affiche; l'apothicaire lui cria
dans l'oreille que la maison était à vendre.

Elle chancela, et fut obligée de s'asseoir.   55

Ce qui la désolait principalement, c'était d'abandonner sa chambre,
— si commode pour le pauvre Loulou. En l'enveloppant d'un regard
d'angoisse, elle implorait le Saint-Esprit, et contracta l'habitude idolâtre
de dire ses oraisons agenouillée devant le perroquet. Quelquefois, le
soleil entrant par la lucarne frappait son œil de verre, et en faisait jaillir 60
un grand rayon lumineux qui la mettait en extase.

Elle avait une rente de trois cent quatre-vingts francs, léguée par sa

◇◇◇◇◇◇◇◇◇◇◇

10. Flaubert avait d'abord écrit *plus jeune* à la ligne 39, au lieu de *moins
vieille*. En quoi la correction est-elle heureuse?

11. Etant donné que Félicité est la plus jeune des deux, expliquez pourquoi
le fait de survivre à Mme Aubain la trouble tellement.

12. Quelle est la valeur du verbe *accourir* (l. 45)?

13. Expliquez le sens et la valeur de *ils regagnèrent l'enregistrement* (l. 47).

14. Montrez que parmi les meubles qui disparaissent Flaubert signale surtout ceux que le lecteur connaît déjà.

15. En quoi "l'habitude idolâtre" mentionnée à la ligne 58 marque-t-elle
chez Félicité l'aboutissement d'une tendance déjà indiquée?

16. L'allusion au "grand rayon lumineux" (l. 61) a-t-elle été également
préparée? Justifiez votre réponse.

[7] **bandeaux:** cheveux partagés par une raie et ramenés ensuite sur les côtés de la
tête. [8] **Besançon:** ville de l'est de la France, à plus de cinq cents kilomètres de
Pont-l'Evêque.

maîtresse. Le jardin lui fournissait des légumes. Quant aux habits, elle possédait de quoi se vêtir jusqu'à la fin de ses jours, et épargnait l'éclairage en se couchant dès le crépuscule.   65

Elle ne sortait guère, afin d'éviter la boutique du brocanteur, où s'étalaient quelques-uns des anciens meubles. Depuis son étourdissement, elle traînait une jambe; et, ses forces diminuant, la mère Simon, ruinée dans l'épicerie, venait tous les matins fendre son bois et pomper de l'eau.   70

Ses yeux s'affaiblirent. Les persiennes n'ouvraient plus. Bien des années se passèrent. Et la maison ne se louait pas, et ne se vendait pas.

Dans la crainte qu'on ne la renvoyât, Félicité ne demandait aucune réparation. Les lattes du toit pourrissaient; pendant tout un hiver son traversin fut mouillé. Après Pâques, elle cracha du sang.   75

Alors la mère Simon eut recours à un docteur. Félicité voulut savoir ce qu'elle avait. Mais, trop sourde pour entendre, un seul mot lui parvint: «Pneumonie». Il lui était connu, et elle répliqua doucement: «Ah! comme Madame», trouvant naturel de suivre sa maîtresse.

Le moment des reposoirs approchait.   80

Le premier était toujours au bas de la côte, le second devant la poste, le troisième vers le milieu de la rue. Il y eut des rivalités à propos de celui-là; et les paroissiennes choisirent finalement la cour de Mme Aubain.

Les oppressions et la fièvre augmentaient. Félicité se chagrinait de ne rien faire pour le reposoir. Au moins, si elle avait pu y mettre quelque 85 chose! Alors elle songea au perroquet. Ce n'était pas convenable, objectèrent les voisines. Mais le curé accorda cette permission; elle en fut tellement heureuse qu'elle le pria d'accepter, quand elle serait morte, Loulou, sa seule richesse.

Du mardi au samedi, veille de la Fête-Dieu, elle toussa plus 90 fréquemment. Le soir son visage était grippé,[9] ses lèvres se collaient à

◇◇◇◇◇◇◇◇◇◇◇

17. De quel "étourdissement" s'agit-il aux lignes 67–68?

18. Le lecteur a-t-il déjà entendu parler de la mère Simon?

19. Identifiez on (l. 73). La crainte de Félicité est-elle justifiée?

20. Quel rapport Flaubert sous-entend-il entre le traversin mouillé (l. 75) et la maladie de Félicité?

21. Pourquoi a-t-on fini par choisir la cour de Mme Aubain pour le reposoir?

22. Justifiez l'emploi du plus-que-parfait avait pu, à la ligne 85.

23. Distinguez entre l'attitude des voisines et celle du curé.

24. Comment, après avoir décrit les symptômes de la pneumonie de Mme Aubain, Flaubert évite-t-il de se répéter ici?

[9] **grippé:** plissé, tiré.

ses gencives, des vomissements parurent; et le lendemain, au petit jour, se sentant très bas, elle fit appeler un prêtre.

Trois bonnes femmes l'entouraient pendant l'extrême-onction. Puis elle déclara qu'elle avait besoin de parler à Fabu.   95

Il arriva en toilette des dimanches, mal à son aise dans cette atmosphère lugubre.

«Pardonnez-moi», dit-elle avec un effort pour étendre le bras, «je croyais que c'était vous qui l'aviez tué!»

Que signifiaient des potins pareils? L'avoir soupçonné d'un meurtre, 100 un homme comme lui! et il s'indignait, allait faire du tapage. «Elle n'a plus sa tête, vous voyez bien!»

Félicité de temps à autre parlait à des ombres. Les bonnes femmes s'éloignèrent. La Simonne [10] déjeuna.

Un peu plus tard, elle prit Loulou, et, l'approchant de Félicité: 105 «Allons! dites-lui adieu!»

Bien qu'il ne fût pas un cadavre, les vers le dévoraient; une de ses ailes était cassée, l'étoupe lui sortait du ventre. Mais, aveugle à présent, elle le baisa au front, et le gardait contre sa joue. La Simonne le reprit, pour le mettre sur le reposoir.   110

V

Les herbages envoyaient l'odeur de l'été; des mouches bourdonnaient; le soleil faisait luire la rivière, chauffait les ardoises. La mère Simon, revenue dans la chambre, s'endormait doucement.

Des coups de cloche la réveillèrent; on sortait des vêpres. Le délire de Félicité tomba. En songeant à la procession, elle la voyait, comme si elle 115 l'eût suivie.

Tous les enfants des écoles, les chantres et les pompiers marchaient sur les trottoirs, tandis qu'au milieu de la rue, s'avançaient premièrement:

❖❖❖❖❖❖❖❖❖❖❖

25. Flaubert avait écrit d'abord *qui l'avait tué* à la ligne 99. Laquelle des deux formes est grammaticalement juste? La correction est-elle heureuse?

26. Justifiez l'indignation de Fabu.

27. Pourquoi, selon vous, Flaubert fait-il un portrait si pitoyable de Loulou?

28. Quelle est la fonction de la première phrase du chapitre V? Notez-en le rythme.

29. Comment, par le rapport même entre les trois verbes de la phrase aux lignes 115–116, Flaubert exprime-t-il le pathétique de la situation de Félicité? Pourquoi *voyait* est-il le verbe principal?

[10] **La Simonne:** façon familière d'appeler la mère Simon.

le suisse [11] armé de sa hallebarde, le bedeau avec une grande croix,
l'instituteur surveillant les gamins, la religieuse inquiète de ses petites 120
filles; trois des plus mignonnes, frisées comme des anges, jetaient dans
l'air des pétales de roses; le diacre, les bras écartés, modérait la musique;
et deux encenseurs [12] se retournaient à chaque pas vers le Saint-Sacrement, que portait, sous un dais de velours ponceau tenu par quatre
fabriciens,[13] M. le curé, dans sa belle chasuble. Un flot de monde se 125
poussait derrière, entre les nappes blanches couvrant le mur des maisons;
et l'on arriva au bas de la côte.

Une sueur froide mouillait les tempes de Félicité. La Simonne
l'épongeait avec un linge, en se disant qu'un jour il lui faudrait passer
par là.   130

Le murmure de la foule grossit, fut un moment très fort, s'éloignait.

Une fusillade ébranla les carreaux. C'était les postillons saluant
l'ostensoir. Félicité roula ses prunelles, et elle dit, le moins bas qu'elle put:

— «Est-il bien?» tourmentée du perroquet.

Son agonie commença. Un râle, de plus en plus précipité, lui soule- 135
vait les côtes. Des bouillons d'écume venaient aux coins de sa bouche, et
tout son corps tremblait.

Bientôt, on distingua le ronflement des ophicléides, les voix claires
des enfants, la voix profonde des hommes. Tout se taisait par intervalles,
et le battement des pas, que des fleurs amortissaient, faisait le bruit d'un 140
troupeau sur du gazon.

Le clergé parut dans la cour. La Simonne grimpa sur une chaise pour
atteindre à l'œil-de-bœuf, et de cette manière dominait le reposoir.

◇◆◇◆◇◆◇◆◇◆◇

30. Dans la scène de la procession, relevez toutes les allusions aux enfants.
Pourquoi l'auteur a-t-il mis leur rôle en relief?

31. Précisez le rapport entre les deux encenseurs, les quatre fabriciens et le
curé.

32. Dans les paragraphes suivants, quel effet produisent les rapides changements de scène entre l'extérieur et l'intérieur?

33. Comment Félicité, en dépit de sa surdité, est-elle consciente de la procession?

34. Dans quel sens faut-il interpréter "Est-il bien?" (l. 134)

35. Quel usage Flaubert fait-il de la mère Simon pour satisfaire aux exigences
de la narration? Donnez-en un exemple précis.

[11] **suisse:** celui qui, à l'église, est chargé d'y assurer l'ordre. [12] **encenseurs:** enfants
de chœur qui portent les encensoirs. [13] **fabriciens:** personnages chargés de l'administration des biens d'une église.

Des guirlandes vertes pendaient sur l'autel, orné d'un falbala[14] en
point d'Angleterre. Il y avait au milieu un petit cadre enfermant des   145
reliques, deux orangers dans les angles, et, tout le long, des flambeaux
d'argent et des vases en porcelaine, d'où s'élançaient des tournesols, des
lis, des pivoines, des digitales, des touffes d'hortensias. Ce monceau de
couleurs éclatantes descendait obliquement, du premier étage jusqu'au
tapis se prolongeant sur les pavés; et des choses rares tiraient les yeux. 150
Un sucrier de vermeil avait une couronne de violettes, des pendeloques
en pierres d'Alençon[15] brillaient sur de la mousse, deux écrans chinois
montraient leurs paysages. Loulou, caché sous des roses, ne laissait voir
que son front bleu, pareil à une plaque de lapis.

Les fabriciens, les chantres, les enfants se rangèrent sur les trois   155
côtés de la cour. Le prêtre gravit lentement les marches, et posa sur la
dentelle son grand soleil d'or qui rayonnait. Tous s'agenouillèrent. Il se fit
un grand silence. Et les encensoirs, allant à pleine volée, glissaient sur
leurs chaînettes.

Une vapeur d'azur monta dans la chambre de Félicité. Elle avança les 160
narines, en la humant avec une sensualité mystique; puis ferma les
paupières. Ses lèvres souriaient. Les mouvements de son cœur se ralentirent un à un, plus vagues chaque fois, plus doux, comme une fontaine
s'épuise, comme un écho disparaît; et, quand elle exhala son dernier
souffle, elle crut voir, dans les cieux entr'ouverts, un perroquet gigantesque, 165
planant au-dessus de sa tête.

36. Notez toutes les couleurs que Flaubert mentionne dans la description du
reposoir. Pourquoi a-t-il souligné cet aspect visuel de la scène?

37. Pourquoi Flaubert ne laisse-t-il voir que le front de Loulou?

38. Pourquoi, au lieu du terme *ostensoir*, l'auteur a-t-il écrit *grand soleil d'or*
(l. 157)?

39. Commentez dans le contexte de la scène la justesse de la phrase: "Il se
fit un grand silence" (l. 157–158).

40. Quel autre bleu la *vapeur d'azur* (l. 160) suggère-t-elle?

41. Commentez l'alliance des mots *sensualité mystique* (l. 161).

42. Montrez comment la forme et le fond s'accordent parfaitement dans la
dernière phrase du conte.

43. Comment les deux mots du titre: *cœur* et *simple* résument-ils le caractère et la vie de Félicité? Pourquoi, selon vous, Flaubert a-t-il nommé son
personnage Félicité?

[14] **falbala:** volant de dentelles.   [15] **pierres d'Alençon:** quartz d'Alençon, ville à une
centaine de kilomètres au sud de Pont-l'Evêque.

EXERCICES

I. Le pronom indéfini [V. Gramm. 4.50–4.73]

A. EXERCICE ORAL

Dans les citations suivantes, remplacez les tirets par la forme correcte des pronoms indéfinis (**on, un, autre, quelqu'un**) réclamés par le sens:

certain, chacun plusieurs

1. Comment! pas ___un___ de vos amis, pas ___une___ de vos maîtresses, qui vous soulage de ce fardeau terrible, la solitude?
2. Marianne ou toute ___autre___, qu'est-ce que cela me fait?
3. Si ~~qu'un~~ *on* entrait ici, ne croirait-___on___ pas . . . que c'est pour vous que vous plaidez?
4. Parlez-moi de quelque ___un___, de qui vous voudrez.
5. . . . il ne connaît pas assez bien les limites de ___l'un___ et de ___l'autre___
6. Et jamais elle (Félicité) ne parlait de ses inquiétudes. Mme Aubain en avait ___l'autre___ sur sa fille.
7. Elle imaginait la Havane un pays où ___l'on___ ne fait pas autre chose que de fumer. . . .
8. . . . elle entendit des sons étranges, un glas de mort. "C'est pour ___,___" pensa-t-elle. . . .   *No! des autres*
9. La bru fouilla les tiroirs, choisit des meubles, vendit *d'autre* . . . .
10. Elle ne sortait guère, afin d'éviter la boutique du brocanteur, où s'étalaient _____ des anciens meubles. *quelques uns*
11. Les mouvements de son cœur se ralentirent _____.

B. Traduisez par écrit les phrases suivantes en employant des pronoms indéfinis:

1. I have been offered a good job.
2. He has been offered two jobs, but he doesn't like either one.
3. Others have told me that some of your friends approve of it.
4. You will have to ask someone else.
5. Nothing else will please him now. *Rien d'autre le plaîtra*
6. We each have our virtues.
7. Certain of the actors distinguished themselves.
8. Each one is ready to do his duty.
9. Several of the women will help us.
10. Have all the notebooks been counted? No, here is another one.

Est-ce que on ont-ils été tous les cailliers   En voila un

II. L'adjectif indéfini [V. Gramm. 5.28–5.31; 5.42–5.54]

Lisez à haute voix les citations suivantes, en remplaçant les tirets par la forme correcte des adjectifs indéfinis (**tel, chaque, aucun, tout**) qui manquent:

1. Elle est, comme vous dites, ~~toute~~ pleine d'un esprit céleste. . . .
2. Elle fit un arrangement avec un loueur de voitures, qui la menait au couvent _chaque_ mardi.
3. Félicité ~~tous~~ les jours s'y rendait.
4. Il ne pouvait suivre _aucune_ carrière. . . .
5. Elles se promenaient ensemble le long de l'espalier; et causaient toujours de Virginie, se demandant si _telle_ chose lui aurait plu, en _telle_ occasion ce qu'elle eût dit probablement.
6. ~~toutes~~ ses petites affaires occupaient un placard dans la chambre à deux lits.
7. . . . ~~tous~~ les perroquets s'appellent Jacquot.
8. _Chaque_ matin, en s'éveillant, elle l'apercevait à la clarté de l'aube. . . .
9. . . . Félicité ne demandait _aucune_ réparation.
10. . . . pendant ~~tout~~ un hiver son traversin fut mouillé.

III. Le participe présent [V. Gramm. 8.85–8.89]

EXERCICE ORAL

Lisez les citations suivantes et indiquez si le participe présent s'emploie comme adjectif ou comme verbe:

1. Et, _haussant_ les épaules, Mme Aubain reprit sa promenade.
2. Félicité tomba sur une chaise, en _s'appuyant_ la tête à la cloison. . . .
3. Puis, le front baissé, les mains _pendantes,_ l'œil fixe, elle répétait par intervalles: "Pauvre petit gars! pauvre petit gars!"
4. Liébard la considérait en _exhalant_ des soupirs.
5. Quelquefois le soleil _traversant_ les nuages la forçait à cligner ses paupières. . . .
6. . . . et, _riant_ à l'idée d'être grise, elle en buvait deux doigts, pas davantage.
7. Elle songeait à son neveu, et, n'_ayant_ pu lui rendre ces honneurs, avait un surcroît de tristesse. . . .
8. . . . Mme Aubain n'_étant_ pas d'une nature expansive. . . .
9. . . . et le pauvre vieux, en _bavant_ et en _tremblant,_ la remerciait de sa voix éteinte. . . .
10. "_Charmant_ garçon! . . . ."
11. Ils s'associèrent dans sa pensée, le perroquet se _trouvant_ sanctifié par ce rapport avec le Saint-Esprit, qui devenait plus _vivant_ à ses yeux et intelligible.
12. Peu d'amis la regrettèrent, ses façons _étant_ d'une hauteur qui éloignait.
13. . . . ses forces _diminuant,_ la mère Simon . . . venait tous les matins fendre son bois et pomper de l'eau.
14. . . . le lendemain, au petit jour, se _sentant_ très bas, elle fit appeler un prêtre.

IV.   Version

A. Elle dénigra les usages de Pont-l'Evêque, fit la princesse, blessa Félicité. Mme Aubain, à son départ, sentit un allégement.

B. Peu d'amis la regrettèrent, ses façons étant d'une hauteur qui éloignait.
   Félicité la pleura, comme on ne pleure pas les maîtres. Que Madame mourût avant elle, cela troublait ses idées. . . .

C. Quant aux habits, elle possédait de quoi se vêtir jusqu'à la fin de ses jours, et épargnait l'éclairage en se couchant dès le crépuscule.

D. Alors la mère Simon eut recours à un docteur. Félicité voulut savoir ce qu'elle avait.

E. . . . deux encenseurs se retournaient à chaque pas vers le Saint-Sacrement, que portait, sous un dais de velours ponceau tenu par quatre fabriciens, M. le curé, dans sa belle chasuble.

F. Il se fit un grand silence.

V.   Révision des verbes: PARAÎTRE, CONNAÎTRE, NAITRE [V. Gramm. 8.140d; 8.141]

En employant ces verbes (ou leurs composés), traduisez par écrit les phrases suivantes:

1. It seems she is going to get married.
2. This book has just appeared.
3. She appeared ill when she left the room.
4. I want you to disappear when the doctor comes.
5. We shall disappear as soon as he arrives.
6. One day he disappeared without leaving a single trace.
7. Knowing my parents, he used to visit them often.
8. If you knew them, you would like them.
9. I don't think I know him.
10. Socrates said: "Know thyself."
11. Can one appreciate wealth without having known want?
12. She is the prettiest girl we have ever known.
13. Felicity was born in Normandy.
14. If she had been born in Paris, her life might have been different.
15. The city will be reborn from its ashes.
16. The wish is father to the thought.

VI.   Etude de vocabulaire

A. Faites ressortir la signification du mot **marche** en traduisant chaque exemple:
   1. les *marches* de l'escalier
   2. une heure de *marche*

3. une *marche* militaire
4. mettre en *marche* un service
5. La voiture ne *marche* plus.

B. Pour éviter de les confondre entre eux, traduisez les mots suivants:

1. ranger; se ranger   *put in order ; get out of way)*
2. arranger; s'arranger   *(cog)*
3. livrer; libérer   *give up — prisoniers, secrets ; free*
4. labourable; laborieux   *work/tillable ; tâche laborieux*
5. le sol; le soleil   *places*
6. visiter; faire visite à; rendre visite à; rendre une visite   *people   return a visit*
7. se demander; s'émerveiller   *wonder ; marvel*
8. se rendre compte de; réaliser   *realize ; bring about*

C. FAUX AMIS

Remplacez les tirets par les mots qui manquent:

	fr.		*angl.*
1.	courber *promener (son chien)*	=	*bend (curve) le dos*
	restraindre	=	to curb
2.	*contenir, reprimer* gentil	=	*nice*
	douce	=	gentle
3.	prévenir	=	*warn*
	empecher	=	to prevent
4.	sympathique	=	*nice*
	compatissant	=	sympathetic

VII. **Sujet de composition**

Traitez un des sujets suivants:

A. Félicité aime tour à tour Théodore, les enfants de Mme Aubain, Victor, un vieillard qu'elle soigne, et le perroquet. Quelle progression peut-on observer dans ces amours successifs? Comment cette progression se relie-t-elle au titre du conte?

B. Relevez et commentez tous les passages où l'auteur développe l'analogie entre Loulou et le Saint-Esprit.

C. La perception des autres chez Félicité sur quelles données se base-t-elle pour ses jugement et ses affections ? Les personnages.

Chapitre XIV

« A »

RIMBAUD (1854–1891)—*Illuminations*

Pour Arthur Rimbaud la poésie ne devait pas se borner à refléter une vision déjà aperçue mais plutôt faire jaillir la vision, devenant ainsi un moyen de connaissance métaphysique. Cet adolescent extraordinairement précoce croyait, à l'âge de seize ans, que par la force seule de la parole, par "l'alchimie du verbe", il pourrait accéder à un état de totalité absolue et d'innocence originelle. Son entreprise était vouée à l'échec; Rimbaud finit par l'appeler une "folie" et à vingt et un ans avait à jamais renoncé à la poésie. Mais il nous a laissé parmi ses écrits le chef-d'œuvre intitulé Illuminations (publié en 1886), recueil d'une cinquantaine de poèmes en prose, dont Aube est peut-être l'un des plus beaux.

La tentative de Rimbaud ne fut nullement "mystique" si l'on entend par là l'effort de renoncer au monde sensible pour s'élever à l'esprit pur. Il n'y a guère de poésie plus sensuelle que la sienne. Rimbaud se fonde en effet sur les cinq sens mais en les déréglant. "Le poète se fait voyant, écrivait-il, par un long, immense et raisonné dérèglement de tous les sens." En se libérant ainsi de tout ce que la perception ordinaire a de partiel et de contingent, il espérait se faire une vision totale du monde. D'où la richesse et la puissance de ses images et le mystère qui en émane.

C'est surtout grâce aux images que les poèmes d'Illuminations peuvent se passer du mètre et de la rime, soutiens traditionnels de la poésie en vers. Ce sont des "poèmes en prose", genre presque inconnu avant Baudelaire et qui deviendra une des formes les plus répandues de la poésie française du XXe siècle.

Paul Verlaine

AUBE

J'ai embrassé l'aube d'été.

Rien ne bougeait encore au front des palais. L'eau était morte. Les camps d'ombres ne quittaient pas la route du bois. J'ai marché, réveillant les haleines vives et tièdes, et les pierreries regardèrent, et les ailes se levèrent sans bruit.

La première entreprise fut, dans le sentier déjà empli de frais et blêmes éclats, une fleur qui me dit son nom.

Je ris au wasserfall blond qui s'échevela à travers les sapins: à la cime argentée je reconnus la déesse.

Alors je levai un à un les voiles. Dans l'allée, en agitant les bras. Par la plaine, où je l'ai dénoncée au coq. A la grand'ville, elle fuyait parmi les clochers et les dômes, et courant comme un mendiant sur les quais de marbre, je la chassais.

En haut de la route, près d'un bois de lauriers, je l'ai entourée avec ses voiles amassés, et j'ai senti un peu son immense corps. L'aube et l'enfant tombèrent au bas du bois.

Au réveil, il était midi.

QUESTIONS

1. Quelle est la fonction de la première phrase? Faut-il en traduire le verbe par "embraced" ou par "have embraced"? Le deuxième paragraphe suit-il chronologiquement cette première phrase?

2. Pourquoi les trois premiers verbes du deuxième paragraphe sont-ils à l'imparfait? Quelle progression les verbes suivants marquent-ils?

3. De quelles "haleines" s'agit-il à la ligne 4? En employant le verbe *réveillant,* quel rapport le poète suggère-t-il entre lui-même et la nature?

4. Quel effet de l'aube semble être évoqué par le mot *pierreries* (l. 4)? A quelle image du paragraphe suivant pourrait-il correspondre?

5. La poésie de Rimbaud offre souvent des exemples d'animisme. Trouvez-en trois dans ces premières lignes. Quel effet poétique produisent-ils?

6. Selon vous, qu'est-ce qui justifie l'emploi du mot allemand *wasserfall* (l. 8) au lieu de *chute d'eau?*

7. Par quel moyen indirect le poète suggère-t-il le bruit de la chute d'eau?

8. Quels aspects réels de cette scène le poète évoque-t-il par *s'échevela* (l. 8) et *cime argentée* (l. 9)?

9. L'expression *à la cime argentée* exprime-t-elle le lieu ou le moyen?

10. A qui appartiennent les "voiles" (l. 10)? Expliquez cette image par rapport à l'aurore.

11. Qu'a d'inattendu la phrase *je l'ai dénoncée au coq* (l. 11)? Pourquoi, selon vous, l'auteur a-t-il employé le verbe *dénoncer* au lieu de *annoncer?*

12. Qu'ont en commun les *clochers* et les *dômes* (l. 12)? Pourquoi est-ce parmi eux que la déesse fuit?

13. Comment le rapport entre *mendiant* et *quais de marbre* (l. 12–13) s'apparente-t-il à celui du poète et de l'Aube?

14. Lequel des différents sens du verbe *chasser* est le plus juste ici (l. 13)?

15. Comment la forme de ce cinquième paragraphe contribue-t-elle à marquer la rapidité de l'action?

16. Comment la deuxième allusion aux voiles (l. 15) peut-elle s'expliquer par rapport à la première?

17. Pourquoi, selon vous, le *je* des lignes précédentes se transforme-t-il en *enfant* dans la phrase à la ligne 16?

18. Comment l'allitération renforce-t-elle le mouvement de cette phrase?

19. Quel contraste est suggéré par l'allusion à *midi* dans la dernière ligne?

20. Selon certains critiques Rimbaud aurait voulu laisser, à la fin du poème, un ton de "déception". Qu'est-ce qui justifie une telle impression? S'il fallait attacher un sens symbolique au poème, que signifierait cette "déception"?

« B »

VALERY (1871–1945)—*Variété*

Paul Valéry, un des plus grands poètes du XXe siècle, fut aussi un critique éminent de la langue et de la littérature françaises. Il cherchait constamment à saisir les rapports étroits entre la forme et le fond des grandes œuvres littéraires puisque "la véritable poésie tend toujours à une certaine imitation de ce qu'elle signifie, au moyen de la matière du langage, ou par la distribution de cette matière." L'extrait suivant, tiré d'un essai dans Variété, *constitue une petite "explication de texte". Valéry y analyse une seule phrase des* Pensées, *dans laquelle Pascal exprime son angoisse devant le silence des cieux.*

VARIATION SUR UNE PENSÉE (*Note*)

Le Silence éternel de ces espaces infinis M'EFFRAYE.[1]

Cette phrase, dont la force de ce qu'elle veut imprimer aux âmes et la magnificence de sa forme ont fait une des paroles les plus fameuses qui aient jamais été articulées, est un *Poème* et point du tout une *Pensée*.

Car *Eternel* et *Infini* sont des symboles de non-pensée. Leur valeur   5
est tout affective. Ils n'agissent que sur une certaine sensibilité. Ils provoquent:

la sensation particulière de l'impuissance d'imaginer.

[1] C'est Valéry qui met les derniers mots en lettres majuscules.

Pascal introduit dans la littérature l'usage ou l'abus de ces termes, très bons pour la poésie, et qui ne sont bons que pour elle. 10

Il en compose une disposition symétrique, une sorte de *figure d'équilibre* formidable, à l'écart de laquelle il place en opposition (et comme l'homme isolé, perdu dans les cieux, insignifiant et pensant) son: M'EFFRAYE. Observons comme tout l'inhumain qui règne dans les Cieux est *établi,* représenté par cette forme de grand vers, dont les mots de 15 même fonction s'ajoutent et se renforcent dans leurs effets: substantif et substantif, *silence* avec *espaces:* épithète avec épithète: *infini* étale *éternel.*

Ce vaste vers construit l'image rhétorique d'un système complet en soi-même, un "UNIVERS". . . . 20

Quant à l'humain, à la vie, à la conscience, à la terreur, cela tient dans un *rejet:* M'EFFRAYE.

Le poème est *parfait.*

QUESTIONS

1. Quelle distinction Valéry sous-entend-il entre une "pensée" et un "poème"?

2. Pourquoi prétend-il que la "Pensée" de Pascal est en réalité un "Poème"?

3. Commentez la ligne 8 en vous reportant aux *Pensées* de Pascal précédemment étudiées dans ce livre.

4. Valéry ne semble-t-il pas critiquer Pascal en employant le mot *abus* (l. 9)? Justifiez votre réponse.

5. Quels mots de Pascal composent une *figure d'équilibre* (l. 11–12)?

6. Quels mots n'entrent pas dans cette figure? Pourquoi?

7. Pourquoi, selon vous, Valéry a-t-il souligné le mot *établi* (l. 15)?

8. Précisez la distinction entre le *vaste vers* et le *rejet* (l. 22).

9. L'explication de Valéry pourrait-elle en quelque mesure s'appliquer aussi à la dernière ligne de *Disproportion de l'homme:* ". . . le néant d'où il est tiré, et l'infini où il est englouti. . . ."? Justifiez votre réponse.

EXERCICES

I. Le pronom indéfini [V. Gramm. 4.74–4.105]

A. EXERCICE ORAL

Lisez les citations suivantes, en remplaçant les tirets par les pronoms indéfinis (**personne, rien, quelque chose, tout**) qui manquent:

1. Elle a _____ dit à son mari.

2. . . . que t'avait-elle dit? _____ qui pût me faire pressentir cette douce nouvelle; _____ d'agréable cependant.

3. Il n'a de sa vie fait la cour à _____ !

4. Je te dis que ___tout___ est convenu.
5. . . . ___rien___ de ce qu'il a vu dans son pays ne l'aide à le comprendre.
6. La voile avait tourné, on ne vit plus ___rien___ ___pas___. . . .
7. A l'église, elle contemplait toujours le Saint-Esprit, et observa qu'il avait ___qqch___ du perroquet.
8. Félicité se chagrinait de ne ___rien___ faire pour le reposoir. Au moins, si elle avait pu y mettre ___qqch___.

B. Traduisez par écrit les phrases suivantes en employant les pronoms indéfinis qui conviennent:

1. What explanation have you? None.
2. He talks so much that no one believes him when he says something important.
3. When he no longer has anything to say, he says just anything.
4. We shall accept whoever comes first.
5. Whatever he says, I know that they all became ill.
6. She entered without anyone's seeing her.
7. He left without seeing anyone.
8. I don't know anyone more talented than she.
9. Nothing interesting happened today.
10. Since reading something frightening in his letter, I have been able to think of nothing else.

II. **Révision des verbes:** PRENDRE, PEINDRE, CRAINDRE [V. Gramm. **8.140a, d; 8.141**]

En employant ces verbes (ou leurs composés), traduisez les phrases suivantes:

1. She was having breakfast when the painters arrived.
2. Felicity takes the parrot in her hands.
3. I am afraid she has taken it seriously.
4. We shall take an apartment in the Latin Quarter.
5. Do you want me to get tickets for tonight?
6. Let's take a taxi.
7. We are painting the house white.
8. He is repainting the kitchen.
9. She was painting a sunset when he interrupted her.
10. We bought the still life that she painted.
11. Will he paint this landscape?
12. I am afraid he paints rather badly.
13. Don't be afraid of anything.
14. She will always be afraid of her uncle.
15. He wants her to be afraid of him.
16. We are afraid to ask too many questions.

III. Etude de vocabulaire

A. Trouvez des mots dérivés de
1. peindre *peintre, peinture*
2. craindre *crainte,*

B. Trouvez un synonyme français pour chacune de ces expressions idiomatiques basées sur le verbe **prendre:**

1. prendre des renseignements
2. prendre de l'âge
3. prendre l'air
4. prendre le change
5. prendre une chose en mal
6. prendre quelque chose à cœur
7. prendre le deuil
8. prendre son temps
9. C'est à prendre ou à laisser.
10. Cette plante prend bien.
11. Ce livre n'a pas pris.
12. Le feu commence à prendre.
13. Il s'est pris à rire.
14. Il sait s'y prendre.

C. Traduisez les expressions suivantes, en faisant ressortir la signification du mot **valeur:**

1. "Leur *valeur* est tout affective."
2. une peinture de grande *valeur*
3. attacher de la *valeur* à une critique
4. Il met ses talents en *valeur.*
5. un jugement de *valeur*
6. des soldats d'une *valeur* extraordinaire

D. Traduisez les expressions suivantes, en faisant ressortir la signification du mot **particulier:**

1. "Ils provoquent la sensation *particulière* de l'impuissance d'imaginer."
2. L'intérêt *particulier* s'oppose souvent à l'intérêt général.
3. des leçons *particulières*
4. avoir un talent *particulier* pour la poésie
5. agir en simple *particulier*
6. en *particulier*

E. Les mots suivants marquent un commencement. Dans chaque cas, indiquez celui qui suggère un aboutissement.

EXEMPLES:

alpha	–	*omega*
le début	–	*la fin*

1. la naissance –
2. l'enfance –
3. la graine –
4. s'éveiller –

5. l'introduction   –
6. la préface   –
7. le prologue   –
8. l'aube   –

EXERCICES DE REVISION

I. L'emploi des temps

A. Lisez à haute voix les citations suivantes, en mettant les infinitifs entre
parenthèses soit à l'imparfait, soit au passé simple ou au passé composé,
suivant le cas:

1. . . . elle (*rester*) fidèle à sa maîtresse, — qui cependant ne (*être*)
   pas une personne agréable.
2. En toute saison elle (*porter*) un mouchoir d'indienne. . . .
3. Elle (*entrer*) dans une autre ferme, y (*devenir*) fille de basse-cour,
   et, comme elle (*plaire*) aux patrons, ses camarades la (*jalouser*).
4. Un soir du mois d'août [elle (*avoir*) alors dix-huit ans], ils
   l'(*entraîner*) à l'assemblée de Colleville.
5. Un autre soir, . . . elle (*vouloir*) dépasser un grand chariot de
   foin qui (*avancer*) lentement. . . .
6. Alors il lui (*demander*) si elle (*penser*) au mariage.
7. . . . elle (*questionner*) une bourgeoise . . . qui précisément
   (*chercher*) une cuisinière.
8. Tous les jeudis, des habitués (*venir*) faire une partie de boston.
9. Pour instruire les enfants d'une manière agréable, il leur (*faire*)
   cadeau d'une géographie en estampes.
10. Quand le temps (*être*) clair, on (*s'en aller*) de bonne heure à la
    ferme de Geffosses.
11. Elle leur (*acheter*) une couverture, des chemises, un fourneau;
    évidemment ils l'(*exploiter*). Cette faiblesse (*agacer*) Mme
    Aubain, qui d'ailleurs n'(*aimer*) pas les familiarités du neveu, —
    car il (*tutoyer*) son fils; — et, comme Virginie (*tousser*) et que la
    saison ne (*être*) plus bonne, elle (*revenir*) à Pont-l'Evêque.
12. Au retour de chaque voyage, il lui (*offrir*) un cadeau.
13. Rien ne (*bouger*) encore au front des palais. L'eau (*être*) morte.
    Les camps d'ombres ne (*quitter*) pas la route du bois. Je (*marcher*),
    réveillant les haleines vives et tièdes; et les pierreries (*regarder*),
    et les ailes se (*lever*) sans bruit.

B. Le présent et l'imparfait après **depuis** . . . , **voilà** . . . **que**, et **il y a**
. . . **que.** Traduisez oralement les phrases suivantes:

1. He has been traveling for six months.
2. She has been sick since this morning.
3. He had been traveling for six months when I saw him in Rouen.
4. She had been sick for a week when her mother arrived.

C. Le futur et le futur antérieur après **quand, lorsque, dès que, aussitôt que.** Lisez à haute voix les phrases suivantes, en remplaçant les infinitifs par les temps corrects:

1. Quand vous le (*voir*), dites-lui de répondre à ma lettre.
2. Lorsqu'il (*arriver*), il sera fatigué.
3. Nous partirons aussitôt que vous (*être*) prêts.
4. Je vous parlerai quand vous (*terminer*) cette lettre à votre mère.
5. Nous sortirons aussitôt que vous (*finir*) votre travail.

D. Les temps employés dans les phrases conditionnelles. Lisez les phrases suivantes, en remplaçant l'infinitif par le temps correct:

1. Si elle (*perdre*) le perroquet, elle sera désolée.
2. Si elle (*perdre*) le perroquet, elle serait désolée.
3. Si elle (*perdre*) le perroquet, elle aurait été désolée.

II. L'infinitif

A. Expliquez l'emploi de l'infinitif dans les citations suivantes, que vous traduirez:

1. . . . elle le bourrait tellement de nourriture qu'il finissait par *s'endormir.*
2. . . . au lieu de *prendre* à gauche, elle prit à droite, se perdit dans les chantiers, revint sur ses pas. . . .
3. . . . on entendait *chanter* des poules. . . .
4. Après *avoir été* d'abord clerc de notaire . . . à trente-six ans . . . il avait découvert sa voie. . . .
5. Puis elle voulut *parler* au capitaine du bateau; et sans *dire* ce qu'elle envoyait, lui fit des recommandations.

B. Dans les citations suivantes, étudiez l'emploi de l'infinitif comme complément de verbe:

L'INFINITIF SANS PRÉPOSITION

1. . . . Victor annonça qu'il . . . irait *rejoindre* sa goélette, qui devait *démarrer* du Havre prochainement.
2. Il devint malade, ne pouvait plus *parler* ni *manger.*
3. . . . la mère Simon . . . venait tous les matins *fendre* son bois et *pomper* de l'eau.
4. . . . au petit jour, se sentant très bas, elle fit *appeler* un prêtre.
5. Loulou, caché sous des roses, ne laissait *voir* que son front bleu. . . .

L'INFINITIF PRÉCÉDÉ DE "À"

1. . . . elle acceptait cette besogne, heureuse d'une occasion qui le forçait *à revenir*.
2. . . . Bourais, l'invitant *à dire* ce qui l'embarrassait, elle le pria de lui montrer la maison où demeurait Victor.
3. . . . elle qui s'attendait peut-être *à voir* jusqu'au portrait de son neveu, tant son intelligence était bornée.
4. . . . elle se mettait devant la porte avec une cruche de cidre, et offrait *à boire* aux soldats.
5. Dès qu'il l'apercevait il commençait *à rire, à rire* de toutes ses forces.

L'INFINITIF PRÉCÉDÉ DE "DE"

1. Dans son désœuvrement, elle essaya *de faire* de la dentelle.
2. Loulou avait reçu du garçon boucher une chiquenaude, s'étant permis *d'enfoncer* la tête dans sa corbeille; et depuis lors il tâchait toujours *de le pincer* à travers sa chemise.
3. Fabu menaçait *de* lui *tordre* le cou. . . .
4. Mais, comme la diligence égarait parfois les colis, elle résolut *de le porter* elle-même jusqu'à Honfleur.
5. Félicité se chagrinait *de* ne rien *faire* pour le reposoir.

C. Dans les citations suivantes, étudiez l'emploi de **l'infinitif comme complément de nom ou d'adjectif**:

1. Il apportait ses nippes *à raccommoder*. . . .
2. Son mari . . . lui disait en pleurant qu'il avait reçu l'ordre *d'emmener* Virginie.
3. Mais une chose était seule capable *de l'émouvoir,* les lettres de son fils.
4. . . . l'apothicaire lui cria dans l'oreille que la maison était *à vendre*.
5. . . . elle . . . contracta l'habitude idolâtre *de dire* ses oraisons agenouillée devant le perroquet.

D. Dans les citations suivantes, étudiez l'emploi de **l'infinitif comme sujet logique de la phrase**:

1. Il lui paraissait tout simple *de perdre* la tête à l'occasion de la petite.
2. L'été de 1828, ce fut à Mme Aubain *d'offrir* le pain bénit. . . .
3. . . . [Loulou] se démenait si furieusement qu'il était impossible *de s'entendre*.
4. Son premier geste . . . fut *d'ouvrir* son panier.
5. Ce qui la désolait principalement, c'était *d'abandonner* sa chambre. . . .

III. Le subjonctif

A. Notez l'emploi du subjonctif dans les citations suivantes, puis lisez à haute voix les dix premières phrases au temps présent:

1. Félicité n'en tira aucun orgueil, ne se doutant même pas qu'elle *eût* rien *fait* d'héroïque.
2. La jument de Liébard . . . s'arrêtait tout à coup. Il attendait patiemment qu'elle se *remît* en marche. . . .
3. Pas un arbre des trois cours qui n'*eût* des champignons à sa base. . . .
4. . . . elle se présenta dans la sacristie, pour que M. le curé lui *donnât* la communion.
5. . . . plusieurs s'étonnaient qu'il ne *répondît* pas au nom de Jacquot. . . .
6. . . . elle avait peur qu'une telle gymnastique ne lui *causât* des étourdissements.
7. Fabu menaçait de lui tordre le cou, bien qu'il ne *fût* pas cruel.
8. Que Madame *mourût* avant elle, cela troublait ses idées. . . .
9. Dans la crainte qu'on ne la *renvoyât*, Félicité ne demandait aucune réparation.
10. Bien qu'il ne *fût* pas un cadavre, les vers le dévoraient. . . .
11. Mme Aubain *eût* tout de suite *repris* sa fille à la maison, sans le climat de Pont-l'Evêque.
12. En songeant à la procession, elle la voyait, comme si elle l'*eût suivie*.

B. Récrivez les phrases 11 et 12 sans employer le subjonctif.

C. Récrivez les phrases suivantes sans employer le subjonctif:

1. Ils parlaient très fort pour qu'elle comprît.
2. Je serais contente que vous acceptiez mon perroquet pour le reposoir.
3. Je l'y mettrai quand même, quoique mes voisines s'y opposent.
4. Quoiqu'il la crût folle, il ne pouvait pas lui pardonner de l'avoir accusé.
5. Ils attendaient que la procession arrivât devant leur porte.

Chapitre XV

ELEMENTS DE VERSIFICATION

INTRODUCTION

1.1 La poésie française est fondée essentiellement sur le *vers*, que l'on considère la forme la plus pure de l'expression littéraire. Comme tout art, l'art de faire des vers s'appuie sur des règles, qu'il faut connaître si l'on veut en goûter la beauté. La plupart des vers sont écrits pour être entendus aussi bien que lus. Certains critiques prétendent même que le plus grand plaisir poétique ne provient ni des yeux, ni des oreilles, mais des cordes vocales. Tout le monde s'imagine être un peu Narcisse et ressent de l'agrément à s'entendre soi-même "à travers la gorge." Il est donc recommandé, quand il s'agit de vers, non seulement de les lire, mais de les écouter et de les dire à haute voix. Les remarques qui suivent ont pour but de cultiver ce plaisir, que Baudelaire appelait la "volupté" poétique.

CONSIDERATIONS SUR LA PHONETIQUE

2.1 *Les éléments de la phonétique.* Pour mieux apprécier les règles de la versification, rappelons d'abord par quels éléments phonétiques le français se distingue de l'anglais.

2.2 *L'accent tonique.* En français, *l'accent tonique* tombe sur la fin du mot. Comparez:

français	anglais
candíde	cándid
Maríe	Máry
félicité	felícity

cimetiére   *cémetery*
Arthúr   *Arthur*

Mais si ce mot fait partie d'un *groupe rythmique* (c'est-à-dire d'un groupe de mots étroitement liés par le sens) l'accent tonique est rejeté sur la dernière syllabe du groupe rythmique. Notez ce déplacement de l'accent dans les exemples suivants:

le roseáu   le roseau pensánt
Arthúr   Arthur Rimbaúd

—et dans ces deux vers de Victor Hugo tirés de "Et nox facta est" (p. 92, v. 5; p. 93, v. 17):

Seul, et, derrière lui, dans les nuits **éternélles** . . .
Et, pâle, il regarda vers l'**éternelle** auróre . . .

En anglais, au contraire, quelle que soit la place qu'il occupe dans la phrase, l'accent tonique ne se déplace jamais. Comparez:

"Hope springs etérnal" avec *"The Etérnal Feminine"*

C'est pourquoi, dans les dictionnaires de langue anglaise, on indique toujours l'accent tonique d'un mot, tandis qu'on ne l'indique jamais dans les dictionnaires de langue française.

2.3   *Tension des voyelles.*   En français, les voyelles se prononcent avec une plus grande tension des cordes vocales, de la langue et des lèvres que cela n'est le cas en anglais. Elles s'émettent avec netteté et *ne se diphtonguent jamais.* Comparez:

français	**anglais**
l'eau [lo][1]	*low*
mes [me]	*May*
bébé [bebe]	*bay*
venir [vəniʀ]	*veneer*

C'est la voyelle qui constitue le noyau de chaque syllabe et qui confère à chacune sa sonorité particulière. Comme les syllabes en français commencent, le plus souvent, par une consonne et se terminent par une voyelle, elles se distinguent nettement les unes des autres. Comparez:

français	**anglais**
Ge-ne-viève	*Gen-e-vieve*
Ro-bert	*Rob-ert*
re-con-naître	*rec-on-noit-er*
ma-gni-fique	*mag-nif-ic-ent*

[1] Voir le tableau des signes phonétiques en français à la page 234.

2.4 *La voyelle* u [y].   La tension vocalique n'est nulle part plus évidente que dans le [y] (mu*rmu*re, mu*ltitu*de), qui n'a pas d'équivalent en anglais et que les étrangers confondent souvent avec le [ʊ] (*sous*, bo*u*rreau). Il faut avoir bien soin de distinguer ces deux voyelles l'une de l'autre, pour apprécier l'harmonie de certains vers[2], tels que:

Rembrandt, triste hôpital *tou*t rempli de mu*rmu*res . . .
                                                     (p. 102, v. 9)

ou:

Pendant que des mortels la mu*ltitu*de vile,
Sous le fo*u*et du Plaisir, ce bo*u*rreau sans merci . . .
                                       (p. 110, vv. 5, 6)

2.5 *L'r uvulaire.*   Cette consonne, dont l'émission exige "l'action de la luette contre le dos de la langue" (Robert), n'a pas d'équivalent en anglais. Dans un vers de "Et nox facta est", Victor Hugo emploie le [ʀ] pour créer des onomatopées:

Satan *r*it, et *cr*acha du côté du tonne*rr*e.
                                       (p. 93, v. 25)

2.6 *Les voyelles nasales.*   Les quatre voyelles nasales [ɑ̃], [ɛ̃], [ɔ̃], [œ̃] n'ont pas, elles non plus, d'équivalent en anglais. En français elles représentent le quart des voyelles de l'alphabet phonétique. Les douze autres s'appellent "claires" (ou "buccales"). Le rapport entre la sonorité des voyelles nasales et celle des instruments à vent dans un orchestre symphonique a été signalé par Emile Legouis, qui ajoute: "Il ne faut pas que la clarinette joue exclusivement dans le concert, mais ses accords de distance en distance ont une valeur que connaît le vrai musicien." (*Défense de la poésie française*). En effet, l'harmonie de bien des vers en français provient d'une certaine répartition des voyelles claires et des voyelles nasales, comme dans ces vers de Baudelaire et de Victor Hugo:

Entends, ma chère, entends la douce Nuit qui marche.
                                       (p. 110, v. 14)

Tombaient plus lentement les plumes de ses ailes.
                                       (p. 92, v. 6)

et cette expression qu'on trouve dans la *Chanson de Roland:* "La douce France."

---

[2] Aux voyelles [y] et [u] correspondent les semi-consonnes [ɥ] et [w] (l*u*i et L*ou*is), qu'il ne faut pas, non plus, confondre entre elles.

EXERCICES

Phonétique comparée

A. En regard de chaque mot anglais, mettez le mot français qui lui est apparenté. Divisez chaque paire de mots en syllabes et indiquez-en l'accent tonique.

naturally	*ravage*
Penelope	*tolerance*
debutante	*glutton*
Adelaide	*mathematics*
province	*repartee*

B. Voici les deux premières strophes du poème "Qu'en avez-vous fait?" de Marceline Desbordes-Valmore (1786–1859):

> Vous aviez mon cœur,
> Moi, j'avais le vôtre:
> Un cœur pour un cœur.
> Bonheur pour bonheur!
>
> Le vôtre est rendu,
> Je n'en ai plus d'autre:
> Le vôtre est rendu,
> Le mien est perdu!

Relevez, dans ces vers, les voyelles nasales, la voyelle *u* et la consonne *r*. Commentez l'effet que produisent ces sons par rapport aux autres sons.

C. Pour illustrer la valeur musicale des nasales, Emile Legouis cite le titre du vieux conte de fée, "La Belle au bois dormant," dont il essaie d'expliquer la puissance évocatrice. "La raison du charme est complexe, peut-être inanalysable . . . mais sûrement quelque chose découle de la nasale par quoi s'achèvent les six syllabes, *mant*, et en laquelle s'éteignent les sons clairs des voyelles précédentes plus sonores. Cette finale assoupit délicieusement la phrase que nous sentons baignée de clair de lune." (op. cit. p. 30–31). Que pensez-vous de cette analyse? En vous en inspirant, étudiez la répartition des voyelles claires et des voyelles nasales dans les vers suivants et faites-en ressortir l'harmonie:

> . . . dont l'ombrage incertain lentement se remue . . .
> (Ronsard)

> . . . valse mélancolique et langoureux vertige . . .
> (Baudelaire)

L'anémone et l'ancolie
Ont poussé dans le jardin
Où dort la mélancolie
Entre l'amour et le dédain
                    (Apollinaire)

Et je ne sais plus tant je t'aime
Lequel de nous deux est absent
                              (Eluard)

LA MÉTRIQUE

3.1 *Le "pied" anglais.* Dans le vers français, comme dans le vers anglais, il y a bien entendu des syllabes plus accentuées que d'autres, mais, tandis qu'en anglais on perçoit un accent d'*insistance (stress)*, ce qui frappe, en français, c'est l'allongement de la syllabe accentuée. Il faut remarquer, en outre, que la métrique anglaise, à l'encontre de la métrique française, est fondée sur des groupes de syllabes qu'on appelle "pieds" (*feet*). Ainsi le pied iambique se compose d'une syllabe non accentuée (*unstressed*) et d'une syllabe accentuée (*stressed*): (– /). Il y a aussi le pied trochaïque (/ –), le pied anapestique (– – /) et le pied dactylique (/– –). Le vers le plus répandu en anglais est celui qui contient cinq pieds iambiques (*iambic pentameter*) comme dans ce vers de John Keats (1795–1821):

Whēn I hăve feárs thāt I māy céase to bé . . .

Il peut y avoir des variations, des écarts – autrement le rythme serait trop régulier – mais il existe toujours une métrique de base (*pattern*).

Ainsi, dans "The Tiger" de William Blake (1757–1827), le rythme est trochaïque malgré la présence de pieds iambiques dans le quatrième vers de la première strophe:

Tiger! Tiger! burning bright
In the forests of the night
What immortal hand or eye
Could frame thy fearful symmetry?

3.2 *Le compte des syllabes en français.* Mais si nous essayons de scander des vers français selon le principe anglais nous nous apercevrons qu'il n'y a pas de pied de base. Dans "Recueillement" (p. 110), par exemple, il y a un seul vers iambique (v. 14), trois vers anapestiques (vv. 6, 7, 12), mais point de trochées ni de dactyles.

Si ce n'est pas le pied, qu'est-ce donc qui constitue le rythme en poésie française? Il suffit de lire à haute voix "Recueillement" pour noter que chaque vers se compose exactement de douze syllabes, l'accent tonique tombant sur la douzième syllabe. Cette uniformité syllabique n'existe pour ainsi dire pas, en anglais. C'est manifestement la succession de vers ainsi composés, et dont la régularité peut se comparer à une rangée de peupliers dans un paysage de France, qui crée, la rime aidant, le rythme du poème.

C'est donc par le *compte des syllabes* que la scansion se fait en français, et c'est le *vers* qui constitue l'élément fondamental du poème. Que ce soit un vers de douze, de dix ou de huit syllabes, peu importe le nombre.

Il ne s'ensuit pas, pourtant, qu'à l'intérieur du vers, toutes les syllabes aient une valeur égale. Ainsi que nous l'avons vu, il y a, comme en anglais, des syllabes plus accentuées que d'autres. Mais, tandis que le vers anglais se construit avec une série de pieds composés d'éléments dont l'accent est invariable, le vers français se subdivise en groupes rythmiques de caractère varié. Le vers anglais est, si l'on peut dire, synthétique, le vers français, analytique.

LA SCANSION

4.1 *L'alexandrin (ou le vers à douze syllabes).* Analysons le premier vers du poème "Et nox facta est" en faisant le compte des syllabes pour nous assurer qu'il y en a bien douze:

<pre>
  1   2   3   4   5   6   7   8   9   10   11   12
De-puis-qua-tre-mil-le ans-il-tom-bait-dans-l'a-bîme
[de-pɥi-ka-trə-mi-lɑ̃-il-tɔ̃-bɛ-dɑ̃-la-bi:m(ə)]
</pre>

Observations:

    a. l'accent tonique tombe sur la douzième syllabe et la voyelle s'allonge[:];

    b. l'*e* muet à la fin du vers ne compte pas comme syllabe. Comme nous le verrons plus tard, sa fonction est surtout de préparer la rime féminine;

    c. la syllabe "-puis" est toujours monosyllabique, comme "lui" et "nuit".[3]

---

[3] Dans d'autres mots la combinaison des voyelles *ui* est disyllabique: dr*u-i*de, fl*u-i*de. De même la combinaison *ie* compte tantôt pour une ou tantôt pour deux syllabes: c*ie*l et li-*er*. D'autres combinaisons de voyelles qui sont monosyllabiques en prose, peuvent devenir dissyllabiques, selon les besoins du mètre: s*uaire* ou s*u-aire*, o-p*ium* ou o-p*i-u*m (voir "Les Phares"), vi-*sion* ou vi-*si-on*. (Mais la terminaison de verbe -*ions* est toujours monosyllabique: nous parl*ions*).

d. l'*e* muet de "quatre" compte comme syllabe devant une consonne [m] tandis que celui de "mille" disparaît devant la voyelle [ɑ̃].[4]

Le premier vers de "Et nox facta est" est donc, comme tous les autres vers du poème, dodécasyllabique ou "alexandrin", ainsi nommé parce que la première œuvre littéraire écrite en français qui ait utilisé ce vers est un poème épique du Moyen Age qui relatait les exploits d'Alexandre le Grand. C'est l'alexandrin qui a été employé le plus fréquemment par les poètes français, depuis la Renaissance jusqu'à l'époque moderne. Il est comparable, à cet égard, au pentamètre iambique de la poésie anglaise.

4.2 *Subdivision de l'alexandrin.* Voyons maintenant comment se subdivise un vers alexandrin:

Depuis quatre mille ans / il tombait dans l'abime

Après la sixième syllabe, c'est-à-dire après "ans", il y a une pause, appelée *césure* (du latin caedere, couper) qui divise le vers en deux parties égales, dont chacune s'appelle *hémistiche* (moitié de vers). La syllabe "ans", qui précède la césure, est accentuée.

On peut indiquer cette première subdivision de la manière suivante: 6 / 6. Ces deux chiffres désignent à la fois le nombre de syllabes dont se compose chaque hémistiche, et la sixième syllabe, qui porte l'accent tonique.

A l'intérieur de chaque hémistiche il y a, d'habitude, un accent secondaire, qui n'est pas, cependant, obligatoire. Il est juste que le [ka] de "quatre" soit plus fortement accentué que les syllabes "de-", "-puis" ou "mille", afin de souligner la vaste durée du temps qui précéda la Création. L'hémistiche sera donc divisé en 3 3 / (6).

Depuis quátre mille ańs . . .

Mais il est possible d'atténuer l'intensité du [ka] en donnant une valeur presque égale à chacune des syllabes qui précèdent le mot "ans", pour faire ressortir celui-ci encore davantage. Dans ce cas la formule 6 / 6 demeurerait inchangée.

Quant au deuxième hémistiche (. . . il tombait dans l'abîme) l'accent secondaire se placera plus naturellement sur la syllabe "-bait" [bɛ] que sur "tom-" [tɔ̃], afin de mettre en valeur la terminaison de l'imparfait ("-ait") qui souligne la durée de la

---

[4] En poésie traditionnelle, l'*e* muet compte comme syllabe à moins d'être suivi d'une voyelle ou d'un *h* muet.

chute de Satan. L'hémistiche sera donc représenté par la formule / 3 3.

D'autre part, ne conviendrait-il pas de mettre en valeur, dès le premier vers, la racine du mot-clé du poème: "tomb-"? (Voir la question 2 à la page 93). On le ferait de préférence en allongeant la syllabe [tɔ̃:].

Le deuxième hémistiche pourrait donc se diviser ainsi: / 2 4.

. . . il tómbait dans l'abíme.

En général, si la division en deux hémistiches peut sembler parfois un peu trop symétrique — et cette critique ne s'applique qu'à l'alexandrin dit classique — la flexibilité des accents secondaires et des *coupes* qui les suivent offre beaucoup de variété. Il suffit d'envisager toutes les subdivisions possibles de la métrique en 6 / 6 (2 4 / 2 4; 4 2 / 3 3, etc.) pour apprécier la richesse rythmique de l'alexandrin. Il est vrai qu'on trouve un plus grand nombre de vers en 3 3 / 3 3, mais on aurait tort d'interpréter cette division syllabique comme représentant un rythme anapestique. (Voir l'exercice qui suit).

EXERCICES

L'alexandrin classique

Voici un passage de *Phèdre*, tragédie de Jean Racine (1639–1699), extrait de l'Acte II, scène 5. Phèdre, croyant que son époux, Thésée, est mort, laisse éclater, malgré elle, l'amour coupable qu'elle ressent pour Hippolyte, fils de Thésée.

On ne voit point deux fois le rivage des morts,
Seigneur. Puisque Thésée a vu les sombres bords,
En vain vous espérez qu'un Dieu vous le renvoie;
Et l'avare Achéron[5] ne lâche point sa proie.
Que dis-je? Il n'est point mort, puisqu'il respire en vous.
Toujours devant mes yeux je crois voir mon époux.
Je le vois, je lui parle; et mon cœur . . . Je m'égare,
Seigneur, ma folle ardeur malgré moi se déclare.

A. Scandez ce passage de la manière suivante:
1. Vous recopierez les huit vers en les divisant en syllabes. N'oubliez pas qu'il y a exactement douze syllabes dans chaque vers.
2. Vous écrirez au-dessus de chaque vers les chiffres qui marquent les accents toniques (3 3 / 2 4, etc.).

[5] **L'Achéron:** fleuve des Enfers

3. Vous indiquerez la césure par le signe /. Si une coupe est plus
   forte que la césure, vous l'indiquerez par le signe / /.
4. Vous ferez une liste des mots ayant un *e* muet qui compte
   comme syllabe.

B. En citant un des vers de ce passage de Racine, le poète anglais
   W. H. Auden a écrit: "One of our problems with the French
   alexandrine, for example, is that, whatever we may know intellec-
   tually about French prosody, our ear cannot help hearing most
   alexandrines as anapestic verse. Try as one may to forget it, 'Je le
   vois, je lui parle; et mon cœur . . . Je m'égare' reminds us of 'The
   Assyrian came down like a wolf on the fold.[6] (*The Dyer's Hand*,
   p. 297).
   1. A part le vers cité par Auden, y a-t-il d'autres alexandrins dans
      cette tirade dont le rythme ressemble à celui de l'anapeste?
   2. En quoi le vers de Racine cité par Auden ressemble-t-il à celui
      de Byron? En quoi en diffère-t-il? Pour mieux entendre cette
      différence, récitez à haute voix le vers de Racine en allongeant
      les syllabes accentuées plutôt qu'en les marquant d'un accent
      d'insistance.
   3. Etes-vous d'accord avec le jugement d'Auden? Justifiez votre
      réponse.

Voici un sonnet de Joachim du Bellay (1524–1560) composé d'alexandrins classiques:

Heureux qui, comme Ulysse, a fait un beau voyage,
Ou comme celui-là qui conquit la toison,
Et puis est retourné, plein d'usage et raison,   *quatrain*
Vivre entre ses parents le reste de son âge!

Quand reverrai-je, hélas, de mon petit village
Fumer la cheminée? et en quelle saison
Reverrai-je le clos de ma pauvre maison,
Qui m'est une province, et beaucoup davantage?

Plus me plaît le séjour qu'ont bâti mes aïeux.
Que des palais romains le front audacieux: *tercet*
Plus que le marbre dur me plaît l'ardoise fine,

Plus mon Loir gaulois que le Tibre latin,
Plus mon petit Lyré que le mont Palatin,
Et plus que l'air marin la douceur angevine.

[6] Vers de Lord Byron extrait de "The Destruction of Sennacherib"

C. Scandez ce poème de la manière suivante:
1. Vous recopierez les quatre vers de la première strophe en les divisant en syllabes;
2. Vous recopierez les autres vers en mettant au-dessus de chacun, les chiffres indiquant les accents toniques;
3. Vous indiquerez la césure par le signe /;
4. Vous ferez une liste des mots se terminant par un *e* muet qui compte pour une syllabe.

4.3 *L'alexandrin romantique.* Quand on compare l'alexandrin classique avec l'alexandrin romantique, on observe qu'il y a plus de vers en 3 3 / 3 3 chez Racine et les poètes classiques que chez Victor Hugo et Baudelaire. C'est qu'au XIXe siècle les poètes romantiques s'efforcèrent d'assouplir la césure en employant, à côté du mètre traditionnel, un vers qu'on appelle alexandrin trimètre, ou romantique, en 4 / 4 / 4. Dans le vers suivant de Victor Hugo (p. 92, v. 10):

1 2 3   4   5   6   7   8   9   10   11 12
Il cri-a: — Mort! — les poings ten-dus vers l'om-bre vide

il n'y a pas de césure après "poings"; celle-ci est reportée après "Mort!", et après la syllabe "-dus" de "tendus", ce qui donne un rythme en: 3 1 / 4 / 4. Il y a d'autres exemples, dans ce même poème, du déplacement de la césure. Tout en gardant les deux hémistiches, Hugo attribue une importance plus grande à la coupe qu'à la césure dans le vers suivant:

—Tu mens! — Ce mot plus tard fut l'âme de Judas . . .

que l'on scanderait ainsi: 2 / / 4 / 2 4; ou 2 / / 2 2 / 2 4.

4.4 *L'enjambement.* A l'époque classique, chaque vers alexandrin était plus ou moins autonome du point de vue grammatical. Ainsi, chacun des vers de Racine cités plus haut se termine par une virgule ou par un point. L'*enjambement*, ou le rejet d'une ou de plusieurs syllabes au vers suivant, était exceptionnel à cette époque. Quand on en trouve un exemple le rejet s'étend, d'habitude, sur toute la longueur du deuxième vers, comme dans ce distique de *Phèdre*:

Ces dieux qui se sont fait une gloire cruelle
De séduire le cœur d'une faible mortelle.

Depuis le XIXe siècle, l'enjambement est plus répandu et s'emploie soit pour varier le rythme qui risque de paraître trop régulier, soit pour mettre en relief une idée, comme dans les vers

8 et 9 de "Recueillement", où le rejet ne se compose que de deux syllabes:

> Ma Douleur, donne-moi la main; viens par ici,
> *Loin d'eux* . . .

Dans quelques-uns de ses poèmes en vers, Rimbaud pousse si loin l'emploi de l'enjambement qu'il donne l'impression de se faire un jeu de disloquer la forme traditionelle de l'alexandrin.

EXERCICES

L'enjambement

Voici un sonnet de Rimbaud qui est remarquable par le grand nombre de rejets que l'on y trouve:

LE DORMEUR DU VAL

C'est un trou de verdure où chante une rivière
Accrochant follement aux herbes des haillons
D'argent; où le soleil, de la montagne fière,
Luit: c'est un petit val qui mousse de rayons.

Un soldat jeune, bouche ouverte, tête nue
Et la nuque baignant dans le frais cresson bleu,
Dort; il est étendu dans l'herbe, sous la nue, *cloud*
Pâle dans son lit vert où la lumière pleut.

Les pieds dans les glaïeuls, il dort. Souriant comme
Sourirait un enfant malade, il fait un somme. *nap*
Nature, berce-le chaudement: il a froid.

Les parfums ne font pas frissonner sa narine;
Il dort dans le soleil, la main sur la poitrine
Tranquille. Il a deux trous rouges au côté droit.

A. Scandez ce sonnet en suivant les indications de l'exercice précédent à la page 207.

B. Faites, d'autre part, une liste des rejets qu'on trouve dans le sonnet tout entier. Lesquels vous semblent les plus surprenants?

AUTRES VERS REGULIERS

5.1 *Variété de vers réguliers.* Il y a, bien entendu, d'autres vers que l'alexandrin. Selon le nombre de syllabes, le vers peut se réduire à une syllabe ou s'étendre sur quatorze syllabes—et même au-delà. Toutefois, les vers les plus usités, après l'alexandrin, sont le décasyllabe et l'octosyllabe.

5.2 *Le décasyllabe.* C'est en décasyllabes que furent écrites la *Chanson de Roland* et les autres grandes épopées du Moyen Age. C'est aussi en décasyllabes que Paul Valéry, au XXe siècle, a composé son chef-d'œuvre, "Le Cimetière marin". Nous en citons la première strophe en faisant remarquer que la césure se place après la quatrième ou la sixième syllabe. Dans un vers où il y a moins d'accents secondaires que dans l'alexandrin, il vaut mieux éviter une symétrie exacte en 5 / 5, qui risque, à la longue, de devenir monotone.

> Ce toit tranquille, /où marchent des colombes,
> Entre les pins palpite, /entre les tombes;
> Midi le juste /y compose de feux
> La mer, la mer, /toujours recommencée!
> O récompense /après une pensée
> Qu'un long regard /sur le calme des dieux!

5.3 *L'octosyllabe.* L'octosyllabe, qui remonte aussi au Moyen Age, est la forme la plus répandue dans les romans de chevalerie, tels que le *Lancelot* et le *Perceval* de Chrétien de Troyes. C'est en octosyllabes que François Villon a écrit l'un de ses plus beaux poèmes lyriques, la "Ballade des dames du temps jadis", dont chaque strophe est suivie du célèbre refrain:

> Mais où sont les neiges d'antan?

Au XXe siècle Apollinaire utilise la même forme dans "La Chanson du mal-aimé". En voici deux strophes. Etant plus courts que l'alexandrin et le décasyllabe, ces vers semblent couler avec plus d'aisance:

> Juin ton soleil ardente lyre
> Brûle mes doigts endoloris
> Triste et mélodieux délire
> J'erre à travers mon beau Paris
> Sans avoir le cœur d'y mourir
>
> Les dimanches s'y éternisent
> Et les orgues de Barbarie
> Y sanglotent dans les cours grises
> Les fleurs aux balcons de Paris
> Penchent comme la tour de Pise

5.4 *Vers impairs.* Il est évident que les poètes préfèrent les *vers pairs* aux *vers impairs.* Pourtant, dans leur réaction contre la régularité de la prosodie traditionnelle, Paul Verlaine et les poètes symbolistes de la fin du XIXe siècle ont préconisé l'emploi de vers impairs. C'est en vers de neuf syllabes que Verlaine écrit son "Art poétique", dont voici la première strophe:

> De la musique avant toute chose,
> Et pour cela préfère l'Impair
> Plus vague et plus soluble dans l'air,
> Sans rien en lui qui pèse ou qui pose.

Avant Verlaine, Victor Hugo faisait parfois usage de vers impairs, comme dans "La Coccinelle", poème composé de vers de sept syllabes. (Voir l'exercice qui suit.)

5.5 *Vers de longueur variable.* Si chacun des poèmes que nous avons examinés jusqu'ici se compose de vers qui sont tous de la même longueur, soit dodécasyllabique, soit décasyllabique, etc., il y en a beaucoup d'autres où la longueur des vers varie. Au XVIIe siècle Malherbe faisait suivre un ou plusieurs alexandrins d'un vers de six syllabes:

> Et rose elle a vécu ce que vivent les roses,
> l'espace d'un matin.

Gautier, au XIXe siècle, glissait un vers de deux syllabes parmi des vers hexasyllabiques:

> Oui, l'œuvre sort plus belle
> D'une forme au travail
>   Rebelle,
> Vers, marbre, onyx, émail.

Une grande variété de combinaisons était possible — surtout à l'époque classique — à condition toutefois que l'on restât fidèle à telle ou telle combinaison de vers dans chaque poème.

EXERCICES

Le vers impair

Voici un poème de Victor Hugo, composé en vers de sept syllabes:

LA COCCINELLE

Elle me dit: "Quelque chose
Me tourmente." Et j'aperçus
Son cou de neige, et, dessus
Un petit insecte rose.

J'aurais dû — mais, sage ou fou,
A seize ans on est farouche, —
Voir le baiser sur sa bouche
Plus que l'insecte à son cou.

On eût dit un coquillage;
Dos rose et taché de noir.
Les fauvettes pour nous voir
Se penchaient dans le feuillage.

Sa bouche fraîche était là:
Je me courbai sur la belle,
—Et je pris la coccinelle;
Mais le baiser s'envola.

"Fils, apprends comme on me nomme,"
Dit l'insecte du ciel bleu
"Les bêtes sont au bon Dieu;
"Mais la bêtise est à l'homme."

A. Quel est l'effet rythmique produit par les vers impairs?

B. Y a-t-il un rapport entre ce rythme et le sujet du poème? Justifiez
votre réponse.

DU VERS LIBRE A LA POESIE ACTUELLE

6.1 *Le vers libre.* Avant les symbolistes, La Fontaine fut à peu près
le seul à soumettre la composition métrique du poème à la fantaisie du poète. (Voir "Les Animaux malades de la peste," pp.
22–24). En introduisant le *vers libre* les symbolistes — après
Rimbaud — sont allés plus loin que La Fontaine parce qu'ils
cherchaient à éliminer le principe même du "compte des syllabes"
et à remplacer l'ancienne métrique "mathématique" par une
métrique "psychologique" qui ne dépendît que de l'intuition du
poète.

6.2 *Les innovations du XXe siècle.* La victoire du vers libre et
l'influence des poèmes en prose de Baudelaire, et de Rimbaud
surtout, ont affranchi les poètes français du XXe siècle de la servitude de la forme. Il est vrai que, du fait de leurs innovations:

versets, idéogrammes, poèmes-conversations, aphorismes poétiques, textes surréalistes, narration de rêves, contrepèteries, collages, etc. le lien entre "poésie" et "vers" faillit disparaître. Malgré tout, dans les anthologies récentes, des "textes" en prose ou en vers libres voisinent avec des vers plus ou moins réguliers — des alexandrins même. Ces vers ne sont pas toujours rimés, l'*e* muet peut compter ou ne pas compter, mais ils ont une résonance familière.

EXERCICES

Le vers libre

Ce poème en vers libre fut écrit, dans sa jeunesse, par Paul Eluard. Il illustrera la transition du symbolisme au surréalisme:

MOUILLÉ

La pierre rebondit sur l'eau,
La fumée n'y pénètre pas.
L'eau, telle une peau
Que nul ne peut blesser
Est caressée
Par l'homme et par le poisson.

Claquant comme corde d'arc,
Le poisson, quand l'homme l'attrape,
Meurt, ne pouvant avaler
Cette planète d'air et de lumière.

Et l'homme sombre au fond des eaux
Pour le poisson
Ou pour la solitude amère
De l'eau souple et toujours close.

A. Enumérez les syllabes contenant un *e* muet. Les poètes du XXe siècle ne se sentent plus obligés de suivre la règle exigeant que l'on compte l'*e* muet pour une syllabe s'il est suivi d'une consonne. Le poète peut, à son gré, le compter ou ne pas le compter. Quelles sont, selon vous, les syllabes contenant un *e* muet qui doivent être prononcées?

B. Faites le compte des syllabes qui composent les vers de ce poème. Percevez-vous, dans la disposition de ces syllabes, un certain rythme? Quels sont les éléments sonores de ce texte qui le distinguent d'un texte en prose?

LA RIME

7.1 *Importance de la rime.* Quand on lit, que l'on dit ou qu'on écoute des vers français, ce qui frappe plus particulièrement c'est la répétition de certains sons à la fin de deux ou de plusieurs vers que l'on nomme la *rime*. Comme le remarquait Vaugelas, l'éminent grammairien du XVIIe siècle, "Les rimes sont un des principaux ornements de notre poésie." Il n'est pas sans intérêt d'en suivre l'évolution.

7.2 *De l'assonance à la rime.* Dans les premiers poèmes français, il y avait simplement assonance entre les vers. On dit qu'il y a *assonance* entre plusieurs vers quand ceux-ci se terminent par une même voyelle accentuée. Voici quelques exemples d'assonances extraits de la *Chanson de Roland*, poème épique du XIe siècle, le plus ancien qui nous soit parvenu:

fleuríe / ríche
bárbe / Fránce
entendú / lúi
mórt / tróp

Dans la *Chanson de Roland* et dans les épopées du Moyen Age en général, ce ne sont pas seulement deux vers, mais tout un ensemble de vers, qui sont assonancés. Ce groupe assonancé, appelé *laisse*, forme une division qui correspond au développement du poème. Voici une partie de la laisse qui relate la mort de Roland, neveu de Charlemagne:

CLXXVI

Sun destre guant a Deu en puroffrit.
Seint Gabriel de sa main l'ad pris.
Desur sun braz teneit le chef enclin;
Juntes ses mains est alet a sa fin.
Deus tramist sun angle Cherubin
E seint Michel del Peril;
Ensembl'od els sent Gabriel i vint.
L'anme del cunte portent en pareis.

(Il a offert à Dieu son gant droit: saint Gabriel l'a pris de sa main. Sur son bras il a laissé retomber sa tête; il est allé, les mains jointes, à sa fin. Dieu lui envoie son ange Chérubin et Saint Michel du Péril; avec eux y vint saint Gabriel. Ils portent l'âme du comte en paradis.)

Vers la fin du XIe siècle, on commence à demander une homophonie, c'est-à-dire une identité sonore, plus grande. Peu à peu s'établit la *rime*, qui se définit comme l'homophonie de la voyelle finale ainsi que des éléments sonores qui la suivent.

7.3 *L'alternance des rimes masculines et féminines.* A partir du XIIᵉ siècle, les laisses rimées, plus précises, mais aussi plus monotones, que les laisses assonancées font leur apparition. A cette époque on prononçait distinctement tous les *e* qui, depuis, sont devenus muets, et l'on entendait clairement la différence entre une rime dont la dernière voyelle est accentuée (*rime masculine*, e.g., jour/tour, cieux/silencieux, couché/penché) et une rime qui se termine au contraire par un *e* muet inaccentué (*rime féminine*, e.g., couche/bouche, inconnues/nues, pleurent/ meurent). Pour donner plus de variété à leurs vers, les poètes s'avisent de faire alterner entre elles les rimes féminines et les rimes masculines. A partir du XVIᵉ siècle, ce principe devient une véritable règle, la règle de l'*alternance*, l'une des plus importantes de la poésie française.

Pour bien entendre la différence entre une rime masculine et une rime féminine, il faut avoir recours au chant (les premiers vers français n'étaient-ils pas, en effet, comme dans beaucoup d'autres langues, des vers chantés?) Dans la plupart des chansons, les *e* muets des rimes féminines se prononcent et se chantent sur une note différente. Par exemple:

> Au clair de la lu-ne
> Mon ami Pierrot
> Prête-moi ta plu-me
> Pour écrire un mot
> Ma chandelle est mor-te
> Je n'ai plus de feu
> Ouvre-moi ta por-te
> Pour l'amour de Dieu . . .
>
> ✿   ✿   ✿
>
> Allons enfants de la Patri-e
> Le jour de gloire est arrivé
> Contre nous de la tyranni-e
> L'étendard sanglant est levé (*bis*)
> Entendez-vous dans les campa-gnes
> Mugir ces féroces soldats
> Ils viennent jusque dans nos bras
> Egorger nos fils nos compa-gnes . . .
>
> ✿   ✿   ✿
>
> Quand il me prend dans ses bras
> Et me parle tout bas
> Je vois la vie en ro-se
> Il me dit des mots d'amour
> Des mots de tous les jours
> Mais ça m'fait quelque cho-se
> Il est entré dans mon cœur

Une part de bonheur
Dont je connais la cau-se . . .

Dans ces exemples, qu'il s'agisse d'un vieil air, de l'hymne national ou d'une chanson populaire moderne, l'alternance est fidèlement observée. Serait-ce tout simplement que le poète se croit tenu de respecter une règle? Ou serait-ce plutôt par souci de variété? Une rime repose de l'autre; on passe des rimes sonores, claires et pleines où s'appuie la voix, à des rimes plus douces où la voix traîne et se prolonge. Il semble, de plus, que l'alternance comble une attente de l'oreille, qu'elle remplit un espoir auditif, ajoutant ainsi au plaisir esthétique que donne la rime en soi.

EXERCICES

Alternance des rimes

A. En lisant à haute voix "Les Phares" (p. 101), essayez de définir l'effet créé par l'alternance des rimes.

B. Lisez le poème suivant à haute voix. Essayez de définir l'effet que Verlaine cherchait à créer en utilisant uniquement des rimes féminines:

MANDOLINE

Les donneurs de sérénades
Et les belles écouteuses
Echangent des propos fades
Sous les ramures chanteuses.

C'est Tircis et c'est Aminte,
Et c'est l'éternel Clitandre,
Et c'est Damis qui pour mainte
Cruelle fait maint vers tendre.

Leurs courtes vestes de soie,
Leurs longues robes à queues,
Leur élégance, leur joie
Et leur molles ombres bleues

Tourbillonnent dans l'extase
D'une lune rose et grise,
Et la mandoline jase
Parmi les frissons de brise.

C. Jean Richepin, par contre, écrit des marches tout en rimes masculines. Voici le début d'une d'entre elles. Quel est l'effet produit par ces rimes?

MARCHES TOURANIENNES

Toujours, par monts et vallons
    Nous allons
Au galop des étalons,

Toujours, toujours, à travers
    L'univers
Aux espaces grands ouverts,

Toujours, toujours de l'avant
    En buvant
La liberté dans le vent. . . .

Dans le ciel tout rempli d'yeux
    Radieux
Nous n'avons pas vu de Dieux.

Nous avons vu seulement
    Le tourment
Des astres en mouvement.

Ainsi vont, le bridon fou
    Sur le cou,
Nos chevaux, sans savoir où.

D. Ces deux poèmes vous semblent-ils vérifier cette observation de
   Marmontel: "Les vers masculins sans mélange auraient une
   marche brusque et heurtée; les vers féminins sans mélange
   auraient de la douceur mais de la mollesse"?

7.4 *Disposition des rimes.* Par ailleurs, les rimes peuvent être
disposées de plusieurs manières:

a. Elles peuvent se succéder deux à deux, sous la forme *aa bb cc
   dd.* C'est ce qu'on appelle des *rimes plates*, qui s'emploient, le
   plus souvent, en poésie narrative (dans "Et nox facta est", par
   exemple) et en poésie dramatique (chez Corneille, Racine et
   Molière, pour ne citer que ces trois auteurs).

b. Quand les rimes sont de forme *abab*, c'est-à-dire quand les
   rimes *a* et *b* sont disposées "en croix", on les appelle *rimes
   croisées.* C'est la disposition que l'on trouve dans les strophes
   des "Phares" (p. 107):

    . . . témoignage   (a)
    . . . dignité   (b)
    . . . âge   (a)
    . . . éternité   (b)

c. Quand les rimes sont de forme *abba*, comme si les rimes *a* tenaient les rimes *b* "entre les bras", on les appelle *rimes embrassées*. C'est le cas des rimes employées dans les quatrains du sonnet de Baudelaire, "La Beauté", et, en général, dans les quatrains des sonnets dits réguliers:

Je suis belle, ô mortels! comme un rêve de pierre,	(a)
Et mon sein, où chacun s'est meurtri tour à tour,	(b)
Est fait pour inspirer au poète un amour	(b)
Eternel et muet ainsi que la matière.	(a)
Je trône dans l'azur comme un sphinx incompris;	(c)
J'unis un cœur de neige à la blancheur des cygnes;	(d)
Je hais le mouvement qui déplace les lignes,	(d)
Et jamais je ne pleure et jamais je ne ris.	(c)

Dans les vers libres de La Fontaine, les rimes sont tantôt plates, tantôt croisées, tantôt embrassées et les vers sont de longueur irrégulière (Cf. *Les Animaux malades de la peste*, pp. 22–24).

EXERCICE

Disposition des rimes

Décrivez la disposition des rimes dans *Les Animaux malades de la peste* (pp. 22–24).

7.5 *Richesse des rimes.* Selon le degré d'homophonie, on peut classer les rimes en rimes faibles, rimes suffisantes et rimes riches.

a. Rimes faibles: celles qui comportent l'homophonie de la voyelle finale, sans aucune autre identité de sons:

nom [nɔ̃]
Achéron [akerɔ̃]

nous [nu]
courroux [kuru]

accidents [aksidɑ̃]
dévouements [devumɑ̃]

mâtins [mɑtɛ̃]
saints [sɛ̃]

b. Rimes suffisantes: celles qui comportent l'homophonie de la voyelle finale et celle d'un autre élément sonore qui la précède ou la suit:

vie [vi]
envie [ãvi]

justice [ʒystis]
périsse [peris]

souvenance [suvənãs]
pense [pãs]

maux [mo]
animaux [animo]

proie [prwa]
joie [ʒwa]

c. Rimes riches: celles qui comportent l'homophonie de la voyelle
et de deux (ou plus de deux) autres éléments sonores:

terreur [tɛrœ:ʀ]
fureur [fyrœ:ʀ]

gloutons [glutɔ̃]
moutons [mutɔ̃]

applaudir [aplodi:ʀ]
approfondir [aprɔfɔ̃di:ʀ]

animal [animal]
mal [mal]

On peut représenter les degrés de richesse de la rime da la
manière suivante, si v = voyelle et c = consonne:

rime faible: v-v

rime suffisante: cv-cv
                 vc-vc

rime riche: cvc-cvc
                   ccv-ccv
                   vcv-vcv
                   vcc-vcc

EXERCICE

Richesse des rimes

Classez les rimes d'après leur richesse (rimes faibles, suffisantes
ou riches) dans "Recueillement" (p. 110) et "Le Dormeur du val"
(p. 208).

7.6 *Expériences sur la rime.* C'est surtout dans le domaine de la
rime que de tous temps les poètes ont fait des expériences. Avant

l'âge classique, les poètes savants du XVe et du XVIe siècle avaient recherché toutes sortes de perfectionnements. Ils proposaient, par exemple, la *rime senée* où tous les mots commencent par la même consonne:

> *T*riste, *t*ransi, *t*out *t*erni, *t*out *t*remblant,
> *S*ombre, *s*ongeant, *s*ans *s*ure *s*outenance . . .

ou bien la *rime couronnée* qui se répète deux fois à la fin de chaque vers:

> La blanche colom*belle belle*
> Souvent je vois *priant criant* . . .

Voici le début d'un poème de Clément Marot, adressé au roi François Ier en 1518 pour lui demander un emploi. Cette petite épître est tout en *rimes équivoquées*, c'est-à-dire des rimes qui ont un même son mais un sens tout différent, ce qui donne lieu à d'interminables calembours.

AU ROI

> En m'ébattant je fais rondeaux en rime,
> Et en rimant bien souvent je m'enrime.*
> Bref, c'est pitié d'entre vous, rimailleurs,
> Car vous trouvez assez de rimes ailleurs,
> Et quand vous plaît, mieux que moi rimassez.
> Des biens avez et de la rime assez;
> Mais moi, atout ma rime et ma rimaille,
> Je ne soutiens (dont je suis marri) maille.

Au XVIIe siècle, on commence à s'insurger contre la tyrannie de la rime. Mais c'est encore sous forme rimée qu'un poète mineur de l'époque dénonce cette servitude:

> La Raison
> Enchaînée
> Et traînée
> En prison
> Est le crime
> De la rime . . .

De son côté, Boileau, le plus célèbre des critiques classiques, fait remarquer dans son *Art Poétique* (1674), que, loin d'être l'ennemie du sens, la rime peut, au contraire, le servir:

° **Notes:** v. 2 **je m'enrime** je m'enrhume; v. 3 **rimailleurs** ceux qui rimaillent, qui font de mauvais vers; v. 5 **rimassez** rimaillez; dans l'un et l'autre cas le mot se compose de *rime* et d'une terminaison péjorative, *aille* ou *asse;* v. 7 **atout** avec; v. 8 **marri** triste; **maille** petite monnaie valant peu de chose

Lorsqu'à la bien chercher d'abord on s'évertue,
L'esprit à la trouver aisément s'habitue:
Au joug de la raison sans peine elle fléchit,
Et, loin de la gêner, la sert et l'enrichit.

De nos jours, Paul Valéry affirme à son tour qu' "Il y a bien plus de chances pour qu'une rime procure une idée (littéraire) que pour trouver la rime à partir de l'idée."

C'est donc en surmontant l'obstacle de la rime que le poète va s'efforcer de parfaire son œuvre. Les rimes trop faciles seront proscrites: on interdit de faire rimer un singulier et un pluriel; on blâme la rime d'un mot simple et d'un mot composé, tel que *venir* et *devenir, ordre* et *désordre;* on considère certaines rimes trop banales (*douleur/malheur, gloire/victoire,* etc.).

Au début du XIXᵉ siècle, les poètes romantiques remettent à la mode les rimes riches et inattendues. Victor Hugo, en particulier, aime les rimes riches composées de noms propres (que, parfois, il invente).

Voici un extrait d'un long poème de *La Légende des siècles,* intitulé *Ratbert:*

L'exarque Sapaudus que le Saint-Siège envoie
Sénèque, marquis d'Ast; Bos, comte de Savoie;
Le tyran de Massa, le sombre Albert Cibo
Que le marbre aujourd'hui fait blanc sur son tombeau;
Ranuce, caporal de la ville d'Anduze;
Foulque, ayant pour cimier la tête de Méduse;
Marc, ayant pour devise: IMPERIUM FIT JUS;
Entourent Afranus, evêque de Fréjus . . .

Vers la fin du siècle, Théodore de Banville ne verra dans la poésie qu'une acrobatie verbale, un jeu de rimes riches, et maintiendra dans son *Petit Traité de versification française* (1872) que "la rime est tout le vers."

Exemple extrême de la richesse des rimes, les *vers holorimes* font rimer tous ensemble les sons de deux vers. C'est de nouveau chez Hugo qu'on en trouve un exemple célèbre:

Gal, amant de la reine, alla, tour magnanime,
Galamment de l'arène à la tour Magne à Nimes.

Dans de tels tours de force nous retrouvons cet amour des calembours que nous notions déjà chez certains poètes de la Renaissance.

A partir du XIXᵉ siècle, et en poésie moderne surtout, l'emploi de la rime devient un choix plutôt qu'une obligation. Bien que le système traditionnel d'alternance des rimes masculines et féminines soit en général respecté, certains poètes enfreignent cette règle dans un but précis. Théodore de Banville, par exemple, indique lui-même, à la fin du poème *Erinna*, pourquoi il ne s'est servi que de rimes féminines:

> Et j'ai rimé cette ode en rimes féminines
> Pour que l'impression en restât plus poignante,
> Et, par le souvenir des chastes héroïnes,
> Laissât dans plus d'un cœur sa blessure saignante.

D'autres poètes s'efforcent à libérer le vers plus radicalement encore, mais sans vouloir effacer toute trace de la rime. Il n'en est guère de meilleure preuve que cette affirmation de Gustave Kahn dans la préface des *Palais nomades*, recueil qui fonde le vers libre:

> Nous ne proscrivons pas la rime, nous la libérons, nous
> la réduisons parfois et volontiers à l'assonance; nous
> évitons le coup de cymbale à la fin du vers, trop prévu . . .

7.7 *Valeur sémantique de la rime.* Nous avons insisté sur l'aspect phonique de la rime. Il faudrait aussi souligner le rôle sémantique qu'elle peut jouer dans un poème. Reprenons, par exemple, ces deux vers des *Animaux malades de la peste* où le lion avoue:

> Même il m'est arrivé quelquefois de *manger*
> Le *berger*

Le rejet au deuxième vers se fait remarquer par sa brièveté, mais, plus encore, par la rime. Il ne ressortirait certainement pas aussi bien si le lion reconnaissait avoir mangé "le gardien" ou "le pasteur", de sorte que, tout en prétendant atténuer son crime, le lion a plutôt l'air de s'en vanter. La rime ici souligne et enrichit l'idée.

Voyons encore ces vers de "Et nox facta est":

> Il l'étreignit, ainsi qu'un mort étreint sa *tombe,*
> Et s'arrêta. Quelqu'un, d'en haut, lui cria: — *Tombe!*

En faisant rimer le substantif "tombe" et l'impératif du verbe "tomber", Hugo fait plus qu'un rapprochement de sons; il implique un rapprochement de sens, et ceci, de manière d'autant plus frappante, qu'il est interdit de faire rimer deux mots ayant exactement le même sens. En faisant rimer ces homonymes, Hugo laisse entendre qu'il y a entre eux un rapport de synonymes: la "tombe" de Satan est, pour ainsi dire creusée, par l'ordre divin.

De même, dans ces deux vers de "Recueillement":

> Pendant que des mortels la multitude *vile*
> . . . Va cueillir des remords dans la fête *servile*

L'équivalence sonore entre les deux adjectifs à la rime suggère que le poète porte ici un jugement moral: ce qui est servile est vil.

Et c'est peut-être quand le rapprochement sémantique semble le moins évident qu'il est le plus puissant. Quand au début de "L'Invitation au voyage" (cf. exercice A, p. 231) Baudelaire écrit:

> Mon enfant, ma *sœur*
> Songe à la *douceur* . . .

il oblige le lecteur à trouver un attribut qui soit commun à "sœur" et à "douceur"; d'un rapport de parenté, il fait un lien d'intimité et de tendresse.

EXERCICE

Rimes et rythmique

A. En relisant *Aube* de Rimbaud (p. 189), dites si les critères que propose Gustave Kahn et sur lesquels est fondée sa conception du vers libre, vous semblent pouvoir s'appliquer aussi au poème en prose.

L'INVERSION

8.1 C'est surtout pour les besoins de la rime, que l'on observe souvent en prosodie française le phénomène de l'*inversion*, c'est-à-dire, le procédé selon lequel les mots suivent un ordre différent de l'ordre exigé par la syntaxe. Si dans "Recueillement" Baudelaire a écrit:

> Pendant que des mortels la multitude vile . . .

au lieu de:

> Pendant que la multitude vile des mortels . . .

c'est, dans une certaine mesure, pour préparer la rime entre "vile" et "servile" au vers 7. Chaque poète met à profit les exigences de la rime pour parfaire son vers. Ainsi, quand Victor Hugo écrit:

> Tombaient plus lentement les plumes de ses ailes . . .

au lieu de:

> Les plumes de ses ailes tombaient plus lentement . . .

non seulement il trouve la rime qu'il cherche mais il rend encore plus intense l'anticipation du lecteur, en plaçant le sujet ("plumes") après le verbe ("tombaient") et en groupant les nasales au commencement du vers pour souligner la lenteur de l'action.

EXERCICES

L'inversion

A. Remettez les mots des vers suivants dans leur ordre normal:

> C'est moi, prince, c'est moi dont l'utile secours
> Vous eût du Labyrinthe enseigné les détours.
> (Racine, *Phèdre* [v. 655-6])

> Qui que tu sois, Byron, bon ou fatal génie,
> J'aime de tes concerts la sauvage harmonie.
> (Lamartine, "L'Homme")

> Moïse, homme de Dieu, s'arrête et sans orgueil,
> Sur le vaste horizon promène un long coup d'œil.
> (Vigny, "Moïse")

> Où sont des morts les phrases familières,
> L'art personnel, les âmes singulières?
> (Valéry, "Le Cimetière marin")

> Sous le pont Mirabeau coule la Seine
> Et nos amours
> Faut-il qu'il m'en souvienne
> La joie venait toujours après la peine
> (Apollinaire, "Le Pont Mirabeau")

B. Sans tenir compte de la rime, dites laquelle de ces inversions vous semble la plus réussie. Dites pourquoi.

C. Commentez l'effet de la double inversion dans le quatrain sur Rembrandt dans "les Phares" (p. 102).

LA STROPHE ET LES POEMES A FORME FIXE

9.1 *La strophe.* Ainsi que nous l'avons fait observer, les laisses de la poésie médiévale disparaissent peu à peu devant des groupements de vers plus réguliers, appelés *strophes* (telles que le *quatrain*, le *sixain*, le *dizain*, etc.) qui disposent les rimes selon un certain ordre. Le quatrain alexandrin, dont le poème "Les Phares" nous fournit des exemples, est devenu la strophe la plus répandue de la poésie française. Nous avons vu qu'il y a aussi des quatrains de neuf syllabes ("l'Art poétique" de Verlaine) et de sept syllabes ("La Coccinelle" de Victor Hugo); un sixain en décasyllabes ("Le Cimetière marin" de Valéry); et des strophes de cinq vers octosyllabiques ("La Chanson du mal-aimé" d'Apollinaire).

9.2 *La ballade.* Dans la poésie lyrique du Moyen Age on groupait les strophes d'une certaine manière pour composer des *poèmes à* *forme fixe* (tels que la *ballade*, le *rondeau*, la *villanelle*, le *virelai*, etc.). Parmi les poèmes à forme fixe, la ballade est peut-être celui dont la forme est le plus réussie. Il ne faut pas, toutefois, la confondre avec la ballade anglaise ou écossaise, qui traite d'habitude un sujet légendaire et qui n'a pas de forme fixe. La ballade française se compose de trois strophes symétriques et d'une strophe finale appelée *envoi*, que le poète adresse à un prince ou à quelque autre personnage illustre. Ce genre de ballade existe aussi en anglais; Chaucer en a écrit plusieurs. En français, le maître incontesté en est François Villon. Nous avons déjà cité sa "Ballade des dames du temps jadis." Le vers final revient comme refrain à la fin de chaque strophe.

Dites-moi où n'en° quel pays
Est Flora, la belle Romaine,
Archipiada, ne Thaïs
Qui fut sa cousine germaine,
Echo parlant quand bruit on mène
Dessus rivière ou sus étang
Qui beauté eut trop plus qu'humaine
Mais où sont les neiges d'antan?

Où est la très sage Heloïs,
Pour qui châtré fut, et puis moine
Pierre Abailard à Saint-Denis?
Pour son amour eut cet essoine!
Semblablement, où est la reine
Qui commanda que Buridan
Fut jeté en un sac en Seine?
Mais où sont les neiges d'antan?

La reine Blanche comme lys
Qui chantait à voix de sirène,
Berthe au grand pied, Bietris, Alice,
Aremburgis qui tint le Maine,
Et Jeanne la bonne Lorraine,
Qu'Anglais brûlèrent à Rouen?
Où sont-ils? Où? Vierge souveraine?
Mais où sont les neiges d'antan?

ENVOI

Prince, n'enquérez de semaine
Où elles sont, ni de cet an,
Qu'à ce refrain ne vous remaine:
Mais où sont les neiges d'antan?

° **Notes:** v. 1 **n'**   et; v. 3 **ne**   et; v. 12 **essoine**   peine

9.3 *Le sonnet.* Une des innovations les plus importantes de la Renaissance est un poème à forme fixe, dont le nom nous est familier: le *sonnet*. Le sonnet français fut emprunté à l'Italie, où Pétrarque l'avait déjà porté à un haut degré de perfection. Depuis les poètes de la Pléiade, au XVIᵉ siècle — citons plus particulièrement Ronsard et du Bellay — jusqu'aux poètes de notre époque, le sonnet est de loin la forme la plus chère à la littérature française et, en fait, à toutes les littératures occidentales.

On se demande pourquoi. La raison en est, sans doute, qu'un poème de quatorze vers, du fait qu'il n'est ni trop long ni trop court, est parfaitement adapté à l'expression d'un sentiment ou au développement d'un thème choisi. Mais la faveur dont bénéficie le sonnet est due surtout aux rapports complexes qui s'établissent, d'abord, à l'intérieur de chaque quatrain; puis, entre les deux quatrains, et enfin, entre les deux quatrains et chacun des deux tercets, moins graves et moins solennels, le tout étant lié par la disposition des rimes et s'épanouissant dans le vers final, appelé *chute*.

Les Français ont beaucoup moins pratiqué le sonnet anglais ou Shakespearien, qui se compose de trois quatrains, permettant le développement ternaire d'un thème, et qui sont suivis d'un distique à rime plate, servant de conclusion. Dans les deux genres, le même jeu subtil entre les vers et les strophes crée cette tension qui constitue l'essence de toute œuvre d'art.

EXERCICES

La ballade

A. Relisez la première strophe de la ballade de Villon (p. 224). Quelle est la disposition des rimes dans cette strophe? Commentez l'effet produit par l'alternance des rimes masculines et des rimes féminines.

B. Quel rapport y a-t-il entre le nombre de syllabes dans les vers et le nombre de vers dans les strophes?

C. Un rapport semblable existe entre les vers et les strophes de la "Ballade des pendus", également de Villon. A en juger par les deux premiers vers combien de vers a cette strophe?

> Frères humains qui après nous vivez
> N'ayez les cœurs contre nous endurcis . . .

Le sonnet

Voici un sonnet de Ronsard:

> Comme on voit, sur la branche, au mois de mai la rose
> En sa belle jeunesse, en sa première fleur,
> Rendre le ciel jaloux de sa vive couleur,
> Quand l'Aube de ses pleurs au point du jour l'arrose;
>
> La Grâce dans sa feuille, et l'Amour se repose,
> Embaumant les jardins et les arbres d'odeur;
> Mais, battue ou de pluie ou d'excessive ardeur,
> Languissante elle meurt, feuille à feuille déclose.
>
> Ainsi, en ta première et jeune nouveauté,
> Quand la terre et le ciel honoraient ta beauté,
> La Parque t'a tuée, et cendre tu reposes.
>
> Pour obsèques reçois mes larmes et mes pleurs;
> Ce vase plein de lait, ce panier plein de fleurs,
> Afin que vif et mort ton corps ne soit que roses.

A. Quel est le thème de ce sonnet? Montrez-en le développement strophe par strophe.

B. Quels rapports s'établissent entre les deux quatrains? entre les quatrains et les tercets?

C. Quelle est la disposition des rimes? Comment aide-t-elle à resserrer les liens entre les strophes?

D. Commentez l'effet produit par le vers final.

L'ESTHÉTIQUE DU VERS

Si Valéry appelle "poème" cette pensée de Pascal:

> Le silence éternel de ces espaces infinis m'effraie

c'est surtout parce qu'il y a trouvé dans la disposition des mots une imitation de ce qu'ils signifient. (Voir les pages 190–191.)

Tout poète recherche ce genre de rapport entre la forme et le fond, mais il faut distinguer différents degrés et différentes sortes d'imitation poétique. La plus simple et la plus évidente est l'onomatopée, au sens le plus littéral du mot et qu'on peut appeler aussi *imitation phonétique directe*.

Pour qui sont ces serpents qui sifflent sur vos têtes?
(Racine, *Andromaque*)

Ici l'allitération en *s* reproduit exactement le sifflement du serpent. Il y a aussi l'*imitation rythmique directe*, comme dans ce vers de "Recueillement":

Sous le fouet du Plaisir, ce bourreau sans merci . . .

où le rythme régulier en 3 3 / 3 3 reproduit celui des coups de fouet que donne un bourreau.

L'imitation phonétique est moins directe dans ce vers de Baudelaire:

Des cloches tout à coup sautent avec furie
("Spleen")

Dans ce vers, plusieurs éléments contribuent à l'imitation d'une volée soudaine de cloches, mais c'est surtout l'allitération des occlusives [k] et [t] qui en fait ressortir la furie. Ce serait, toutefois, une erreur de chercher à établir un rapport direct entre le son de ces deux consonnes et celui des cloches, comme on a pu le faire entre les sifflantes [s] et le sifflement des serpents dans le vers d'*Andromaque*. En regle générale, gardons-nous de rattacher une sensation ou une émotion particulière à un phonème isolé. ("*There are no gloomy or gay vowels*", écrit I. A. Richards.) Si l'on veut découvrir des exemples d'imitation poétique, c'est par le sens qu'il faut se laisser guider.

L'imitation est encore moins directe quand elle établit des *équivalences*. Dans la pensée de Pascal, citée plus haut (p. 226), il ne s'agit pas d'onomatopée mais bien d'une imitation *syntaxique* indirecte. C'est-à-dire que la structure de la phrase reproduit verbalement le rapport entre l'homme et "le système complet" de l'univers.

Dans le vers final du poème "Zone" d'Apollinaire:

Soleil cou coupé

l'équivalence est établie entre la cacophonie du vers et l'horreur de la double image sans que les mots suggèrent la moindre imitation directe.

Dans le vers suivant de Mallarmé l'imitation indirecte par équivalence est à la fois phonétique, rythmique et syntaxique. Il s'agit du premier vers d'un sonnet dont les quatorze vers riment tous en *i*:

Le vierge, le vivace, et le bel aujourd'hui . . .

Les allitérations en *v* et en *l;* le rythme sautillant en 2 4/3 3; la répétition des *e* muets; la syntaxe—rare en français—qui permet à trois adjectifs de précéder le nom ("aujourd'hui") qu'ils modifient, tout contribue à créer une équivalence verbale de l'espoir joyeux que l'on ressent en accueillant un jour nouveau, un "maintenant" clair et ensoleillé.

Ce vers représente, d'ailleurs, une sorte de victoire pour Mallarmé. Voulant croire comme Cratyle, personnage de Platon, que les éléments d'une langue ne devraient pas être de simples produits du hasard, il ne cachait pas la déception que lui causaient les insuffisances, les "à peu près" et les caprices du langage. Il parle de la "perversité" d'une langue dans laquelle le mot *jour*, au timbre obscur, ne signifie pas la nuit et où *nuit*, au timbre clair, ne signifie pas le jour.

Mais voilà justement où le poète entre en scène. Sa fonction, n'est-elle pas de corriger les défauts de la langue et de créer, là où ne régnait que l'arbitraire, un système de relations plus pur et plus nécessaire? Par exemple, dans le cas de *jour* et de *nuit*, pourquoi le poète ne pourrait-il pas corriger les défauts de la langue en créant un vers qui supprime, autant que possible, la "perversité" dont il se plaint? C'est à quoi, précisément, s'efforce Mallarmé dans son sonnet en *i*. Dans

> Le vierge, le vivace, et le bel au*jourd'hui*

la syllabe [ʒuːr], étant inaccentuée, s'efface devant l'accent tonique de la syllabe finale en [ɥi] que Mallarmé associe avec le *sens* de "jour". Ainsi est renforcé le pouvoir évocateur du vers.

En fait, plus on conçoit le vers comme une sorte de structure pure et autonome — et on a comparé les poèmes de Mallarmé à des mobiles — plus on s'éloigne de la notion d'imitation. Mallarmé en finira par croire à un vers "qui de plusieurs vocables refait un mot total, neuf, étranger à la langue, et comme incantatoire." *(Crise de vers)*. Mais un tel vers, s'il n'imite plus rien, possède toujours le don d'évoquer. D'ailleurs ces "mots neufs" de douze syllabes — car Mallarmé pense sans aucun doute au vers alexandrin — n'ont-ils pas toujours existé? On les appelle aussi des "vers-miracle." Ce sont des "fragments", si l'on veut, comme ce vers de Nerval à la fin du *Waste Land* d'Eliot:

> Le prince d'Aquitaine à la tour abolie.

Mais ce sont des fragments autonomes, dont on peut goûter la qualité "incantatoire" indépendamment d'un contexte. En voici quelques-uns parmi les mieux connus et dans lesquels on trouve, sans qu'il y ait forcément imitation, un rapport juste entre la forme et le fond:

> . . . Cueillez dès aujourd'hui les roses de la vie.
> (Ronsard)

> Une rose d'automne est plus qu'une autre exquise.
> (d'Aubigné)

> Et les fruits passeront la promesse des fleurs.
> (Malherbe)

Cette obscure clarté qui tombe des étoiles . . .
(Corneille)

Songe, songe, Céphise, à cette nuit cruelle . . .
(Racine)

La fille de Minos et de Pasiphaé . . .
(Racine)

Tout reposait dans Ur et dans Jérimadeth . . .
(Hugo)

J'ai rêvé dans la grotte où nage la sirène . . .
(Nerval)

Adieu, vive clarté de nos étés trop courts . . .
(Baudelaire)

Mais le vert paradis des amours enfantines . . .
(Baudelaire)

Aboli bibelot d'inanité sonore . . .
(Mallarmé)

. . . Et s'éteindre en un songe en qui le soir se change . . .
(Valéry)

EXERCICES

A. Voici deux poèmes de Baudelaire qui portent le même titre, "L'Invitation au voyage". L'un est un poème en prose, l'autre est en vers. En les lisant tous les deux, et de préférence à haute voix, indiquez les effets qui les caractérisent (e.g. rime, rythme, etc.)

L'INVITATION AU VOYAGE

Il est un pays superbe, un pays de Cocagne, dit-on, que je rêve de visiter avec une vieille amie. Pays singulier, noyé dans les brumes de notre Nord, et qu'on pourrait appeler l'Orient de l'Occident, la Chine de l'Europe, tant la chaude et capricieuse fantaisie s'y est donné carrière, tant elle l'a patiemment et opiniâtrement illustré de ses savantes et délicates végétations.

Un vrai pays de Cocagne, où tout est beau, riche, tranquille, honnête; où le luxe a plaisir à se mirer dans l'ordre; où la vie est grasse et douce à respirer; d'où le désordre, la turbulence et l'imprévu sont exclus; où le bonheur est marié au silence; où la cuisine elle-même est poétique, grasse et excitante à la fois; où tout vous ressemble, mon cher ange.

Tu connais cette maladie fiévreuse qui s'empare de nous dans les froides misères, cette nostalgie du pays qu'on ignore, cette angoisse de la curiosité? Il est une contrée qui te ressemble, où tout est beau, riche, tranquille et honnête, où la fantaisie a bâti et décoré une Chine occidentale, où la vie est douce à respirer, où le bonheur est marié au silence. C'est là qu'il faut aller vivre, c'est là qu'il faut aller mourir!

Oui, c'est là qu'il faut aller respirer, rêver et allonger les heures par l'infini des sensations. Un musicien a écrit l'*Invitation à la valse;* quel est celui qui composera l'*Invitation au voyage*, qu'on puisse offrir à la femme aimée, à la sœur d'élection?

Oui, c'est dans cette atmosphère qu'il ferait bon vivre, —là-bas, où les heures plus lentes contiennent plus de pensées, où les horloges sonnent le bonheur avec une plus profonde et plus significative solennité.

Sur des panneaux luisants, ou sur des cuirs dorés et d'une richesse sombre, vivent discrètement des peintures béates, calmes et profondes, comme les âmes des artistes qui les créèrent. Les soleils couchants, qui colorent si richement la salle à manger ou le salon, sont tamisés par de belles étoffes ou par ces hautes fenêtres ouvragées que le plomb divise en nombreux compartiments. Les meubles sont vastes, curieux, bizarres, armés de serrures et de secrets des âmes raffinées. Les miroirs, les métaux, les étoffes, l'orfèvrerie et la faïence y jouent pour les yeux une symphonie muette et mystérieuse; et de toutes choses, de tous les coins, des fissures des tiroirs et des plis des étoffes s'échappe un parfum singulier, un *revenez-y* de Sumatre, qui est comme l'âme de l'appartement.

Un vrai pays de Cocagne, te dis-je, où tout est riche, propre et luisant, comme une belle conscience, comme une magnifique batterie de cuisine, comme une spendide orfè-vrerie, comme une bijouterie bariolée! Les trésors du monde y affluent, comme dans la maison d'un homme laborieux et qui a bien mérité du monde entier. Pays singulier, supérieur aux autres, comme l'Art l'est à la Nature, où celle-ci est reformée par le rêve, où elle est corrigée, embellie, refondue.

Qu'ils cherchent, qu'ils cherchent encore, qu'ils reculent sans cesse les limites de leur bonheur, ces alchimistes de l'horticulture! Qu'ils proposent des prix de soixante et de cent mille florins pour qui résoudra leurs ambitieux pro-blèmes! Moi, j'ai trouvé ma *tulipe noire* et mon *dahlia bleu!*

Fleur incomparable, tulipe retrouvée, allégorique dahlia, c'est là, n'est-ce pas, dans ce beau pays si calme et si rêveur, qu'il faudrait aller vivre et fleurir? Ne serais-tu pas encadrée dans ton analogie, et ne pourrais-tu pas te mirer, pour parler comme les mystiques, dans ta propre *correspondance?*

Des rêves! toujours des rêves! et plus l'âme est ambitieuse et délicate, plus les rêves s'éloignent du possible. Chaque homme porte en lui sa dose d'opium naturel, incessamment sécrétée et renouvelée, et, de la naissance à la mort, combien comptons-nous d'heures remplies par la jouissance positive, par l'action réussie et décidée? Vivrons-nous jamais, passe- rons-nous jamais dans ce tableau qu'a peint mon esprit, ce tableau qui te ressemble?

Ces trésors, ces meubles, ce luxe, cet ordre, ces parfums, ces fleurs miraculeuses, c'est toi. C'est encore toi, ces grands fleuves et ces canaux tranquilles. Ces énormes navires qu'ils charrient, tout chargés de richesses, et d'où montent les chants monotones de la manœuvre, ce sont mes pensées qui dorment ou qui roulent sur ton sein. Tu les conduis doucement vers la mer qui est l' Infini, tout en réfléchissant les profondeurs du ciel dans la limpidité de ta belle âme; — et quand, fatigués par la houle et gorgés des produits de l'Orient, ils rentrent au port natal, ce sont encore mes pensées enrichies qui re- viennent de l' Infini vers toi.

L'INVITATION AU VOYAGE

Mon enfant, ma sœur,
    Songe à la douceur
D'aller là-bas vivre ensemble!
    Aimer à loisir,
    Aimer et mourir
Au pays qui te ressemble!
    Les soleils mouillés
    De ces ciels brouillés
Pour mon esprit ont les charmes
    Si mystérieux
    De tes traîtres yeux,
Brillant à travers leurs larmes.

Là, tout n'est qu'ordre et beauté,
Luxe, calme et volupté.

Des meubles luisants,
Polis par les ans,
Décoreraient notre chambre;
Les plus rares fleurs
Mêlant leurs odeurs
Aux vagues senteurs de l'ambre,
Les riches plafonds,
Les miroirs profonds,
La splendeur orientale,
Tout y parlerait
A l'âme en secret
Sa douce langue natale.

Là, tout n'est qu'ordre et beauté,
Luxe, calme et volupté.

Vois sur ces canaux
Dormir ces vaisseaux
Dont l'humeur est vagabonde;
C'est pour assouvir
Ton moindre désir
Qu'ils viennent du bout du monde.
— Les soleils couchants
Revêtent les champs,
Les canaux, la ville entière,
D'hyacinthe et d'or;
Le monde s'endort
Dans une chaude lumière.

Là, tout n'est qu'ordre et beauté,
Luxe, calme et volupté.

B. Comparez l'original à cette traduction de Richard Wilbur. Le
traducteur a-t-il essayé de traduire les rimes? ou a-t-il été plus
sensible au rythme et à l'harmonie? Justifiez votre réponse en
indiquant les vers qui vous semblent le mieux traduits.

L'INVITATION AU VOYAGE

My child, my sister,
                              dream
How sweet all things would seem
Were we in that kind land to live together,
And there love slow and long,
There love and die among
Those scenes that image you, that sumptuous weather.

Drowned suns that glimmer there
Through cloud-dishevelled air
Move me with such a mystery as appears
Within those other skies
Of your treacherous eyes
When I behold them shining through their tears.

There, there is nothing else but grace and measure,
Richness, quietness, and pleasure.

Furniture that wears
The lustre of the years
Softly would glow within our glowing chamber,
Flowers of rarest bloom
Proffering their perfume
Mixed with the vague fragrances of amber;
Gold ceiling would there be,
Mirrors deep as the sea,
The walls all in an Eastern splendor hung—
Nothing but should address
The soul's loneliness,
Speaking her sweet and native tongue.

There, there is nothing else but grace and measure,
Richness, quietness, and pleasure.

See, sheltered from the swells
There in the still canals
Those drowsy ships that dream of sailing forth;
It is to satisfy
Your least desire, they ply
Hither through all the waters of the earth.
The sun at close of day
Clothes the fields of hay,
Then the canals, at last the town entire
In hyacinth and gold:
Slowly the land is rolled
Sleepward under a sea of gentle fire.

There, there is nothing else but grace and measure,
Richness, quietness, and pleasure.

TABLEAU DES SIGNES PHONETIQUES

Voyelles

[i] *il*, *cime*, *lyre*
[e] *effaré*, *tomber*
[ε] *air*, *fouet*, *mer*
[a] *phare*, *carnaval*
[ɑ] *bas*, *forçat*, *âge*
[ɔ] *mort*, *profond*
[o] *sanglot*, *eau*, *fantômes*, *maux*
[ʊ] *boue*, *sourd*
[y] *nu*, *crépuscule*
[ø] *peu*, *veut*
[œ] *douleur*, *veulent*
[ə] *le*, *venir*
[ã] *sang*, *Satan*, *recueillement*
[ɛ̃] *pin*, *plainte*
[ɔ̃] *bon*, *tombe*
[œ̃] *un*, *brun*

Semi-consonnes

[j] *yeux*, *papillon*, *ciel*
[w] *oui*, *moi*
[ɥ] *nuit*, *suaire*

Consonnes

[p] *poète*, *enveloppe*
[t] *terre*, *tourterelle*
[k] *courroux*, *Christ*, *quatre*, *roc*
[b] *berger*, *abîme*
[d] *digne*, *aider*
[g] *garde*, *guerre*
[f] *forfait*, *neuf*
[s] *sourd*, *cime*, *ça*, *paresse*
[ʃ] *cher*, *crachat*
[v] *vous*, *envie*
[z] *zone*, *raison*, *ose*
[ʒ] *je*, *manger*
[l] *lent*, *linceul*
[R] *roi*, *fureur*
[m] *main*, *immortel*
[n] *non*, *tonnerre*, *animal*
[ŋ] *règne*, *digne*

[:] allongement

BIBLIOGRAPHIE

Ouvrages à consulter

Cohen, Jean, *Structure du langage poétique*, Paris, Flammarion, 1966.

Deloffre, Frédéric, *Le Vers français*, Paris, Société d'édition d'enseignement supérieur, 1969.

Grammont, Maurice, *Le Vers français*, 4ème édition, Paris, Delagrave, 1937.

Grammont, Maurice, *Petit Traité de versification française*, Paris, Armand Colin, 1964.

Grubbs, Henry A. & Kneller, J. W., *Introduction à la poésie française*, Boston, Ginn & Co., 1962.

Gutman, R. A., *Introduction à la poésie française*, Paris, Nizet, 1967.

Legouis, Emile, *Défense de la poésie française à l'usage des lecteurs anglais*, Paris, Hachette, 1912.

Le Hir, Yves, *Esthétique et structure des vers français d'après les théoriciens du XVIème siècle à nos jours*, Paris, P.U.F., 1956.

* Dans les indications entre parenthèses qui suivent les citations tirées des lectures, *le chiffre romain* renvoie au chapitre, *la lettre* à la subdivision du chapitre, *les chiffres arabes* aux lignes.

Deuxième Partie

GRAMMAIRE FRANÇAISE

1

LA PROPOSITION

L'AFFIRMATION

1.1 Dans une proposition affirmative, le sujet précède généralement le verbe:

L'*esprit* est toujours la dupe du cœur.* (II:A,18)

L'EXCLAMATION

1.2 Il en est de même dans une proposition exclamative. Notez toutefois, dans l'exemple suivant, que, contrairement à l'ordre observé en anglais, l'adjectif se place après le verbe:

Mon Dieu! comme *vous* êtes *bête!* (XII:140)
Que *tu* es *fou* de ne pas être heureux! (V:104)

L'INTERROGATION

1.3 Dans une proposition interrogative, le sujet se place avant le verbe, si l'on commence la phrase par **est-ce que:**

Est-ce que vos *amis* sont rentrés?
Est-ce qu'ils sont rentrés?
. . . *est-ce que vous* ne plaignez pas le sort des femmes? (VI:62–63)
*Est-ce que c'*est ma cousine? (V:117)

237

1.4 Si l'on ne commence pas la phrase par **est-ce que,** on a recours à l'inversion, cette construction étant plus élégante. Considérons les cas suivants:

a. Quand le sujet est **ce, on,** ou un pronom personnel, on place le sujet après le verbe:

>Est-*ce* un péché? (III:A,37)
>. . . a-t-*on* dit aux musiciens de venir? (V:259–260)
>Jetez-*vous* votre langue aux chiens? (I:B,15)

NOTE. Devant un verbe à la première personne du singulier, on emploie le plus souvent **est-ce que:**
>. . . *est-ce que j'*ai envie de dormir? (VI:108)

b. Quand le sujet est un nom ou un pronom autre que **ce, on,** ou un pronom personnel, on le place au commencement de la phrase et on fait suivre le verbe de: **il(s)** ou **elle(s),** selon le cas:

>. . . le *souper* est-*il* bon? (V:264)
>*Tout* est-*il* fini, comme je l'ai ordonné? (VI:502)

1.5 Les règles énoncées plus haut s'appliquent aussi quand la phrase commence par:

a. Un adverbe interrogatif (**où? quand? comment? pourquoi? combien?**):

>Quand *est-ce que vous* partez?
>Quand partez-*vous?*
>Pourquoi ces *livres* sont-*ils* couverts de poussière? (V:284)

NOTE. Si le sujet est un nom et si le verbe n'a pas de complément (ou pas d'autre complément que **combien**), on place de préférence le sujet après le verbe:
>Où est donc la *raison* de tout cela? (VI:442–443)
>Quand commence la *leçon?*
>Comment finit ce *roman?*
>Combien coûte cet *ouvrage?*

b. Un pronom interrogatif complément d'objet (cf. **4.44**):

>Qui *est-ce que* ce *monsieur* désire voir?
>Qui ce *monsieur* désire-t-*il* voir?

NOTE. Après l'interrogatif **qui?** complément d'une préposition, le sujet peut suivre le verbe si celui-ci n'a pas de complément direct (cf. **4.45**); après l'interrogatif **que?** le sujet doit suivre le verbe:
>A qui écrit *Mme de Sévigné?*
>Que vous avait fait *Cœlio?* (V:205)

c. L'adjectif interrogatif **quel?** suivi d'un nom complément direct (cf. 5.14):

> Quelle œuvre *est-ce que* le *professeur* explique?
> Quelle œuvre le *professeur* explique-t-*il?*
> . . . quel mal ai-*je* causé? (V:206)

NOTE. Si le nom suivant **quel?** est le complément d'une préposition et si le verbe n'a pas de complément direct, on place de préférence le sujet après le verbe:

> A quelle heure est sorti mon *fils?* (V:265)

1.6 On peut exprimer l'interrogation, sans recourir à **est-ce que** ni à l'inversion, au moyen de l'intonation et de la ponctuation:

> *Vous* croyez, Monsieur? (V:27)
> *Vous* n'auriez pas vu, quelquefois, par hasard, mon perroquet? (XII: 121–122)

NOTE. Si l'on fait suivre une phrase affirmative ou négative de **n'est-ce pas** on s'attend à recevoir une réponse marquant l'assentiment:

> Vous reviendrez, *n'est-ce pas?* — Mais, bien volontiers.
> Vous n'en direz rien à personne, *n'est-ce pas?* — N'ayez crainte, je serai la discrétion même.

1.7 Pour répondre affirmativement à une question négative, on emploie **si** au lieu de **oui:**

> Vous ne comprenez pas? — Mais *si,* je comprends.

Par contre, on dirait:

> Vous comprenez? — Mais **oui.**

LA NEGATION

ne . . . pas (ou: point) ne . . . plus ne . . . jamais ne . . . guère	ne . . . que ne . . . ni . . . ni ne . . . ni ne
ne . . . rien	ne . . . personne ne . . . aucun

1.8 La négation se compose généralement de deux éléments. Aux temps simples, **ne** précède le verbe, le deuxième élément le suit:

Ils *ne* mouraient *pas* tous. . . . . (III:A,7)

L'homme *n'*est *qu'*un roseau. . . . (I:A,54)

Loulou *n'*avait *rien,* heureusement. (XII:189)

NOTE. Evitez de confondre **ne . . . ni ne** (*neither . . . nor*), qu'il faut employer aux temps simples lorsque la négation s'applique à plus d'un verbe, avec **ne . . . ni . . . ni,** qu'on emploie lorsque le deuxième élément de la négation porte sur les parties subordonnées du verbe (infinitif présent, participe passé) ou sur d'autres parties du discours (nom, adjectif, adverbe, etc.):

Il *ne* l'aime *ni ne* la comprend.

Nous *ne* pouvions *ni* avancer *ni* reculer.

Il *n'*éprouve *ni* amour *ni* haine.

1.9 Aux temps composés, **ne** précède l'auxiliaire; **pas** (ou: **point**), **plus, jamais, guère, rien** (cf. **4.84** sqq.) le suivent:

Félicité, qui *ne* l'avait *pas* reconnu, criait: "Victor!" . . . (XI:43–44)

*N'*avez-vous *jamais* entendu chanter sous vos fenêtres? (V:236–237)

Mais **que, ni . . . ni, personne** (cf. **4.79** sqq.), **aucun** (cf. **4.74** sqq.) [ou: **aucun** + un nom (cf. **5.43** sqq.)] suivent le participe passé:

. . . je *n'*ai dîné *qu'*à moitié. (VI:428)

Elle *n'*a reçu, j'imagine, *aucune* éducation. . . . (VI:231)

Je *n'*y ai vu entrer *personne.* . . . (VI:498–499)

1.10 **Ne** ne peut être séparé du verbe ou de l'auxiliaire que par un pronom personnel atone, par **y** ou par **en** (cf. **4.1** sqq.):

. . . on *ne* l'interrompt *pas.* . . . (II:B,10)

Ne nous flattons donc *point.* . . . (III:A,23)

. . . il *n'*y a *point* d'effet sans cause. . . . (IV:A,25)

Félicité *n'*en tira *aucun* orgueil. . . . (X:29)

1.11 **Jamais,** avec ou sans **plus,** se place en tête de la phrase quand on veut le mettre en valeur:

Jamais plus je *ne* lui reparlerai.

Et *jamais* elle *ne* parlait de ses inquiétudes. (XI:69–70)

1.12 **Rien, personne, aucun** (ou: **aucun** + un nom) se placent en tête de la phrase quand ils sont sujets. Il en est de même de **ni . . . ni** devant des noms ou des pronoms sujets:

Rien ne bougeait encore au front des palais. (XIV:A,2)

. . . *personne ne* se plaint de son jugement. (II:A,16–17)

Ni loups *ni* renards *n*'épiaient
La douce et l'innocente proie. (III:A,11–12)

1.13   Quand la négation s'applique à un infinitif, **pas, point, plus, jamais, guère, rien** se placent après **ne** devant l'infinitif:

Elle se levait dès l'aube, pour *ne pas* manquer la messe. . . . (IX: 35)

Elle s'ennuyait . . . de *ne plus* voir continuellement sa gentille figure. . . . (X:217–219)

Félicité se chagrinait de *ne rien* faire pour le reposoir. (XIII:84–85)

Mais **que, ni . . . ni, personne, aucun** (ou: **aucun** + un nom) se placent après l'infinitif:

Elle lui a demandé de *ne* recevoir *personne.*

1.14   A l'exception de **pas** (ou: **point**), on peut employer plusieurs négatifs ensemble:

Dès la cinquantaine, elle *ne* marqua *plus aucun* âge. . . . (IX:49)

. . . on *ne* vit *plus personne.* . . . (XI:48)

. . . il *ne* peut *plus ni* poursuivre sa route *ni* revenir sur ses pas. (V:60)

NOTE. Evitez de confondre:

Je *n'*ai *plus* un sou.	I haven't a cent left.
Je *n'*ai *plus qu'*un sou.	I have only one cent left.
Je *n'*ai *pas plus d'*un sou.	I haven't more than one cent.

1.15   On omet **ne** quand le verbe est sous-entendu:

Plus d'amour, partant *plus* de joie. (III:A,14)

Aucun bruit dans le village. En bas, sur le trottoir, **personne.** (X: 108–109)

. . . vous n'aimez point Claudio. — *Ni* Cœlio; vous pouvez le lui dire. (V:250–251)

1.16   On omet généralement **pas:**
a. Avec les verbes **cesser, oser, pouvoir:**

. . . les choses *ne* peuvent être autrement. . . . (IV:A,29)

. . . il marche les yeux baissés et il *n'*ose les lever sur ceux qui passent. . . . (II:B,28–29)

Mais on dit, pour renforcer la négation:

Elle *n'*ose *pas* sortir seule la nuit.

Il *n'*avait *pas* encore pu saisir une cime. . . . (VII:2)

b. Avec **savoir,** quand ce verbe, employé négativement, signifie "être incertain" (cf. **8.41** sqq.):

Elle *ne* sut que répondre et avait envie de s'enfuir. (IX:76)

Mais, quand **savoir,** employé négativement, signifie "ignorer", on dit:

Je *ne* sais *pas* les secrets qu'il savait. (VI:525–526)

c. Avec *savoir,* employé négativement au conditionnel, quand ce verbe signifie "être incapable de":

En vérité, je *ne* saurais aimer cette femme comme toi. . . . (V: 146–147)

1.17 **Ne** s'emploie seul, sans donner un sens négatif à la proposition (**ne** explétif) (cf. **5.100** *note;* **6.13** *note*):

a. Dans le deuxième terme d'une comparaison marquant l'inégalité:

. . . la colère de perdre avec l'argent d'autrui l'enflamme cent fois *plus que ne* le ferait sa propre ruine. (VI:16–17)

b. Dans certaines propositions subordonnées dépendant de verbes ou de locutions exigeant l'emploi du subjonctif (cf. **8.75**):

Dans la crainte qu'on *ne* la renvoyât, Félicité ne demandait aucune réparation. (XIII:73–74)

Peut-elle empêcher qu'on *ne* chante sous ses croisées? (V:341)

2

L'ARTICLE

L'ARTICLE DEFINI

	Masculin	*Féminin*
Singulier	le (l')	la (l')
Pluriel	les	

2.1 **Le** et **la** s'élident devant un nom commençant par une voyelle ou un **h** muet: l'ami, l'homme, l'amie, l'heure.

2.2 Dans l'usage courant, l'article défini s'emploie comme, en anglais, l'article *the:*

> . . . *les* astres qui roulent dans *le* firmament. . . . (I:A,7)

2.3 Il se répète devant chaque nom désignant un être ou un objet différent:

> . . . (qu') il apprenne à estimer *la* terre, *les* royaumes, *les* villes . . . . (I:A,20)

2.4 L'article défini s'emploie aussi pour donner au nom un sens général ou abstrait. Dans cet emploi, il est, le plus souvent, omis en anglais:

> . . . qu'est-ce que *l'*homme dans *la* nature? (I:A,48)
> *Les* femmes croient souvent aimer, encore qu'elles n'aiment pas. . . . (II:A,45)

Il y a dans *la* jalousie plus d'amour-propre que d'amour. (II:A,61)

. . . Guyot ne pouvait lui montrer ni *l'*anglais ni *la* musique. . . . (X:196)

2.5 On omet l'article défini:

a. Dans une énumération:

. . . vieillards, hommes, femmes, enfants, tous voulaient me voir. (III:B,4)

b. Devant un nom en apposition:

Pascal, auteur des "Pensées", est né à Clermont-Ferrand.

c. Devant un nom précédé de la préposition **de**, remplissant la fonction de complément de nom avec la valeur d'un adjectif:

. . . oreiller *de chair*. . . . (VIII:A,2)

. . . fleuve *d'oubli*. . . . (VIII:A,1)

une âme *d'élite*

d. Devant la plupart des noms de villes, après la préposition **à**:

Victor alla successivement *à Morlaix, à Dunkerque* et *à Brighton.* . . . (XI:18)

Mais on dit, quand l'article fait partie du nom propre:

. . . le bateau de Victor était arrivé *à La Havane*. (XI:92–93)

Il écrivit *au Havre*. (XII: 172)

e. Après les prépositions **en** et **de** devant un nom de pays ou de province du genre féminin:

M. Poupart avait conseillé un séjour *en Provence*. (XI:153–154)

. . . le baron de Larsonnière, ex-consul *en Amérique*. . . . (XII:12)

Il occupait . . . l'imagination de Félicité car il venait *d'Amérique*. . . . (XII:72–73)

Mais on dit, quand il s'agit de pays ou de provinces du genre masculin:

Il demeurait *au Canada*. Il venait *du Canada*.

Aux Etats-Unis, les rangs ne diffèrent que fort peu dans la société civile. . . . (IV:B,1–2)

Il venait *des Etats-Unis*.

L'ARTICLE INDEFINI

	Masculin	Féminin
Singulier	un	une
Pluriel	des	

2.6 Dans l'usage courant, les formes **un, une,** s'emploient comme, en anglais, les formes *a, an:*

> Tout à coup **un** roc heurta sa main. . . . (VII:12)
> . . . **une** vapeur, **une** goutte d'eau, suffit pour le tuer. (I:A,56)

NOTE. Après un négatif, l'article indéfini est remplacé par **de:**
> Pourriez-vous me donner un conseil? — Je n'ai pas **de** conseil à vous
> donner.

Mais on dit, pour marquer un contraste:
> Pascal n'est pas **un** dramaturge; c'est un philosophe.

2.7 Le pluriel de l'article indéfini, **des,** qui s'exprime toujours en français, est, le plus souvent, omis en anglais:

> Ensuite un corridor menait à un cabinet d'étude; **des** livres et **des**
> paperasses garnissaient les rayons d'une bibliothèque. . . .
> (IX:28–29)

2.8 On omet l'article indéfini devant un nom désignant une profession, une nationalité ou une confession:

> Il est architecte.
> Ah! ah! Monsieur est Persan? (III:B,28)
> Ils sont catholiques.

Mais on dit, quand ce nom est suivi d'un qualificatif:

> C'est un architecte distingué.
> C'est un Américain de mes amis.
> Ce sont des catholiques fervents.

L'ARTICLE PARTITIF

	Masculin	*Féminin*
Singulier	du (de l')	de la (de l')
Pluriel	des	

2.9 L'article partitif indique que le nom dont il est suivi représente une partie d'un tout. Il correspond au partitif *some*, qui est le plus souvent omis en anglais:

Il lui paya *du* cidre, *du* café, *de la* galette, un foulard. . . . (IX:67–68).

Il acheta *du* raisin et *des* oranges.

2.10 Il se répète devant chaque nom représentant un être ou un objet différent:

. . . qu'un ciron lui offre . . . *des* jambes avec *des* jointures, *des* veines dans ses jambes, *du* sang dans ses veines. . . . (I:A, 23–26).

2.11 L'article partitif est remplacé par **de**:

a. Après un négatif:

Plus *d'*amour, partant plus *de* joie. (III:A,14)

Mais on dit, après **ne . . . que:**

. . . nous n'enfantons que *des* atomes. . . . (I:A,12)
. . . elles n'ont que *de la* coquetterie. (II:A,48–49)

Et l'on dit aussi, pour marquer un contraste:

Pascal n'a pas écrit *des* pièces; il a écrit des pensées.
Cela m'étonne que vous ne buviez pas *du* vin à quinze sous. . . . (VI:204–205)

b. Devant un nom précédé d'un adjectif:

L'histoire nous apprend qu'en *de* tels accidents,
On fait *de* pareils dévouements. (III:A,21–22)

c. Après une locution exprimant l'idée de quantité:

Qu'il y voie *une infinité d'*univers. . . . (I:A,33)
*Tant d'*honneurs ne laissent pas d'être à charge. . . . (III:B,15)

Mais on dit:

> *la plupart des* philosophes.
> Watteau, ce carnaval où *bien des* cœurs illustres,
> Comme des papillons, errent en flamboyant. . . . (VIII:A,21–22)

d. Après une locution composée d'un nom, d'un adjectif ou d'un verbe, et suivie de la préposition **de:**

> *Toutes sortes de* gens.
> Goya, cauchemar *plein de* choses inconnues. . . . (VIII:A,25)
> Rembrandt, triste hôpital tout *rempli de* murmures. . . . (VIII:A,9)
> . . . il oublie . . . de *parler d'*événements qui lui sont connus. . . . (II:B,20–21)

Mais on dit, si l'on veut préciser ou donner au nom un sens général:

> Aussitôt il parla *des* récoltes et *des* notables de la commune. . . . (IX:77)
> . . . mademoiselle Cunégonde . . . s'en retourna . . . toute remplie *du* désir d'être savante. . . . (IV:A,49–54)
> Delacroix, lac de sang *hanté des* mauvais anges. . . . (VIII:A,29)

2.12 On omet l'article partitif:

a. Après la préposition **avec,** lorsque celle-ci forme avec le nom une locution équivalant à un adverbe de manière:

> *Giton* . . . parle *avec confiance.* . . . (II:B,1–3)

Mais on dit:

> *Phédon* . . . a avec *de l'*esprit, l'air d'un stupide. . . . (II:B,18–20)

b. Après la préposition **sans:**

> . . . voyons *sans indulgence*
> L'état de notre conscience. (III:A,23–24)

c. Après le négatif **ni . . . ni:**

> . . . il n'en coûte à personne *ni salut ni compliment.* . . . (II:B,42)

3

LE NOM

GENRE DES NOMS

3.1 A cause des exceptions qu'elles comportent, les règles énoncées plus bas ne peuvent servir qu'à guider l'étudiant. Elles ne sauraient le dispenser de recourir au dictionnaire pour vérifier le genre des noms.

3.2 Sont féminins:

a. Les noms d'êtres du sexe féminin:

femme, fille, chatte, etc.

b. Beaucoup de noms se terminant par un **e** muet, surtout s'ils sont abstraits:

fumée, matinée, joie, jalousie, vie, menace, gloire, lumière, culture, etc.

NOTE. Sont féminins aussi les noms suivants, d'usage courant, qui ne se terminent pas par un e muet: **faim, fin, mort, nuit, paix, soif, vertu,** etc.

c. Les noms abstraits en **-eur**:

blancheur, fraîcheur, couleur, douleur, etc.

Mais *bonheur* et *honneur* sont du genre masculin.

d. Les noms abstraits en **-té** et en **-tié**:

communauté, égalité, habileté, honnêteté, loyauté, nouveauté, pureté, santé, amitié, pitié, etc.

e. Les noms abstraits en **-ion** et quelques noms en **-on**:

action, nation, passion, réflexion, opinion, question, religion, bois-
son, chanson, leçon, combinaison, comparaison, liaison, maison,
raison, saison, etc.

3.3 Sont masculins:

  a. Les noms d'êtres du genre masculin:
     homme, garçon, coq, etc.

  b. La plupart des noms se terminant par une consonne ou par une
     voyelle autre qu'un e muet:

     amour, calcul, lac, chapeau, côté, violon, etc.

  c. La plupart des noms concrets en **-eur:**

     docteur, travailleur, voyageur, etc.

  d. La plupart des noms en **-ge:**

     collège, prestige, refuge, voyage, etc.

NOTE. Les noms suivants en **-ge**, d'usage courant, sont du genre
féminin: **cage, horloge, image, loge, neige, page, plage, tige,** etc.

  e. Les noms en **-asme** et en **-isme:**

     enthousiasme, sarcasme, classicisme, cynisme, fanatisme, lyrisme,
     romantisme, etc.

  f. Les noms en **-oir** et la plupart des noms en **-toire:**

     dortoir, miroir, trottoir, auditoire, conservatoire, laboratoire, etc.

3.4 Sont aussi masculins, quelle que soit leur terminaison:
  a. Les noms de langues: **le français, le russe, l'allemand,** etc.
  b. Les noms des points cardinaux, des saisons, des mois de l'année, des
     jours de la semaine: **nord, hiver, janvier, lundi,** etc.
  c. Sauf exception, les noms d'arbres: **chêne, platane, pommier, sapin,**
     etc.
  d. Les noms de métaux: **argent, cuivre, or,** etc.
  e. Les noms des poids et mesures du système métrique: **centimètre,**
     mètre, millimètre; gramme, kilo, etc.
  f. Toute partie du discours (autre qu'un nom) qui est employée comme
     nom: **le blanc, le dessus, le tout,** etc.
  g. Les noms des lettres de l'alphabet: **l'e muet, l'h aspiré,** etc.

FORMATION DU FÉMININ (Cf. **5.87** sqq.)

3.5 On forme le féminin des noms désignant des êtres en ajoutant le plus
souvent un **e** muet à la forme du masculin:

     ami, *amie;* étudiant, *étudiante,* etc.

3.6   Devant l'**e** du féminin, les catégories suivantes de noms forment leur féminin comme il est indiqué plus bas:

a. Les noms en **-el, -en, -et, -on** doublent la consonne finale:

Gabriel, Gabrielle; citoyen, citoyenne; muet, muette; patron, patronne, etc.

b. Les noms en **-er** prennent un accent grave sur l'avant-dernier **e:**

écolier, écolière, etc.

c. Les noms en **-eur, -érieur, -teur** changent ces terminaisons en **-euse, -érieure, -trice:**

danseur, danseuse; supérieur, supérieure; acteur, actrice, etc.

d. Les noms en **-c, -f, -x** changent ces terminaisons en **-que, -ve, -se:**
Turc, Turque; veuf, veuve; époux, épouse, etc.

Mais *Grec* devient *Grecque.*

3.7   Certains noms, au féminin, modifient légèrement la forme du radical:

dieu, *déesse;* héros, *héroïne;* roi, *reine,* etc.

3.8   Certains noms ont un radical différent au masculin et au féminin:

gendre, *bru* (ou: belle-fille); mâle, *femelle;* parrain, *marraine;* coq, *poule;* taureau, *vache,* etc.

3.9   Devant certains noms de personnes qui désignent une profession n'ayant pas de forme féminine, on place le mot **femme** pour indiquer le féminin:

une *femme auteur* (écrivain, ingénieur, magistrat, peintre, professeur, sculpteur, etc.)

3.10   Certains noms de personnes ont la même forme au masculin et au féminin:

adversaire, artiste, camarade, collègue, complice, concierge, élève, enfant, esclave, garde, journaliste, libraire, locataire, partenaire, patriote, philosophe, pianiste, propriétaire, secrétaire, etc.

3.11   Certains noms homonymes ont un sens différent au masculin et au féminin:

un livre (book), *une* livre (pound); un poêle (stove), *une* poêle (frying pan); un somme (nap), *une* somme (sum, total); un aide (assistant), *une* aide (female assistant or: assistance); un couple (couple, i.e., a male and a female), *une* couple (couple, i.e., two); un critique (critic), *une* critique (criticism); un manche (handle), *une* manche (sleeve); un mémoire (memorandum), des mémoires (reminiscences), *la* mémoire (memory); un mode (way, mode, e.g., way of life), *une* mode (style, fashion); le physique (physique), *la* physique (physics); un vapeur (steamer), *une* vapeur (vapor); un voile (veil), *une* voile (sail), etc.

NOMBRE DES NOMS

FORMATION DU PLURIEL (Cf. 5.95 sqq.)

3.12   La plupart des noms forment le pluriel en ajoutant un s au singulier: homme, hommes, etc.

3.13   Les noms en **-al, -eau;** les noms en **-s, -x, -z** forment leur pluriel de la façon suivante:

journal, journaux; bateau, bateaux; repas, repas; prix, prix; nez, nez, etc.

3.14   Quelques noms en **-ail** forment leur pluriel en **-aux:**

travail, travaux; vitrail, vitraux, etc.

3.15   Quelques noms en **-eu** et en **-ou** ajoutent un x au pluriel:

cheveux, feux, jeux, neveux, vœux; bijoux, cailloux, choux, genoux, etc.

PLURIEL DES NOMS COMPOSÉS

3.16   Les noms composés écrits en un seul mot forment leur pluriel comme les noms simples:

des contremaîtres, des entrevues, des passeports, etc.

Mais on dit: *mesdames, mesdemoiselles, messieurs,* etc.

3.17   Dans les noms composés qui s'écrivent avec un trait d'union, seuls les noms et les adjectifs peuvent porter la marque du pluriel. Les autres éléments (verbes, adverbes, prépositions) sont invariables:

des choux-fleurs, des grands-pères, des arrière-grands-pères, des couvre-lits, des laissez-passer, etc.

3.18   Quand l'un des éléments du mot composé est un nom dont le sens ne permet pas l'emploi du pluriel, ce nom aussi est invariable:

*des timbres-**poste**, des chefs-d'œuvre, des arcs-en-**ciel**, des gratte-ciel, des porte-**monnaie**,* etc.

Notez aussi: des *tête-à-tête.*

PLURIEL DES NOMS PROPRES

3.19 Sauf exception, sont invariables au pluriel les noms de famille quand ils ne désignent pas des familles royales ou princières:

les Goncourt, les Rougon-Macquart, les Verdurin, etc.

Mais on écrit: *les Bourbons, les Césars, les Condés,* etc.

3.20 Sauf exception, les noms propres désignant des types prennent la marque du pluriel:

Combien de *Corneilles* et de *Racines* ont vu le jour au siècle des lumières (c'.-à-d. combien de dramaturges comme Corneille et Racine. . .)?

4

LE PRONOM

LE PRONOM PERSONNEL

PRONOMS PERSONNELS ATONES

Sujet	Complément d'objet direct		indirect
je tu il elle	*le* *la*	me te se	*lui*
nous vous ils elles	*les*	nous vous se	*leur*
	Pronoms adverbiaux: **en, y**		

4.1 Parmi les pronoms personnels atones, appelés ainsi parce qu'ils occupent, le plus souvent, une position inaccentuée, nous considérerons plus particulièrement les compléments d'objet. En règle générale, le complément d'objet précède le verbe, ainsi que les adverbes **voici** et **voilà.** Aux temps composés, le participe passé s'accorde avec le complément direct (cf. **8.96**):

Il *la* voit.   Il *l'*a vu*e*.
Il *nous* parle.   Ils *nous* ont parlé.
Elle *se* lève.   Elle *s'*est levée.
Le voici, *la* voilà.

4.2 Toutefois, à l'impératif affirmatif, le pronom suit le verbe:

Regardez-*la*.
Levez-*vous*.

Mais on dit à l'impératif négatif:

Ne *la* regardez pas.
Ne *vous* levez pas.

4.3 Si le pronom est complément d'un infinitif, il précède celui-ci:

Faut-il *lui* parler en ta faveur? (V:134)
Retire-toi, je vais *l'*aborder. (V:176)
. . . il me semble que tu vas *me* tromper. (V:188–189)

Mais on dit, quand l'infinitif dépend du verbe **faire:**

Un souffle qui passait *le* fit tomber plus bas. (VII:28)
. . . il ne *se* fait pas écouter. . . . (II:B,23)

4.4 A la troisième personne du singulier et du pluriel, il faut se garder de confondre le complément d'objet direct avec l'indirect:

Quand je *le* vois, je *lui* dis bonjour.
Ils *leur* ont demandé de *les* accompagner.

4.5 **Le** s'emploie idiomatiquement pour représenter l'idée contenue dans un mot ou dans une phrase:

Ou tu es amoureux, ou je *le* suis moi-même. (V:74)
Je ne sais point aimer; Cœlio seul *le* savait. (VI:518)

4.6 Quand le verbe régit deux compléments d'objet, voici l'ordre des mots dans la phrase si l'objet direct est **le, la,** ou **les:**

Il *me le* donne	Il *me la* donne	Il *me les* donne
– *te le* –	– *te la* –	– *te les* –
– *nous le* –	– *nous la* –	– *nous les* –
– *vous le* –	– *vous la* –	– *vous les* –
– *se le* rappelle	– *se la* rappelle	– *se les* rappelle
– *le lui* donne	– *la lui* donne	– *les lui* donne
– *le leur* –	– *la leur* –	– *les leur* –

4.7   A l'impératif affirmatif, les compléments d'objet se placent après le verbe dans l'ordre suivant:

Donnez-*le-moi*	Donnez-*la-moi*	Donnez-*les-moi*
-*le-nous*	-*la-nous*	-*les-nous*
-*le-lui*	-*la-lui*	-*les-lui*
-*le-leur*	-*la-leur*	-*les-leur*

Emploi de en

4.8   En remplace la préposition **de** suivie d'un nom, d'un pronom, ou d'un adverbe. Il précède le verbe sauf quand celui-ci est à l'impératif affirmatif (cf. **8.96** *note* 1):

> Vous arrivez de Paris?—Oui, j'*en* arrive.
> Etes-vous satisfait de mon travail? — J'*en* suis très satisfait.
> Que pensez-vous de cela? Qu'*en* pensez-vous? — Je n'*en* pense rien.

Mais on dirait le plus souvent, en parlant d'une personne:

> Etes-vous satisfait *de moi?* — Je suis très satisfait *de vous.*
> Que pensez-vous *de lui?* — Je pense beaucoup de bien *de lui.*

4.9   Notez particulièrement l'emploi partitif de **en** avec des expressions de nombre ou de quantité:

> Si vous voulez des vacances, prenez-*en.*
> Combien de billets voulez-vous? *Combien en* voulez-vous? *En* voulez-vous *beaucoup?*
> Vous prenez trop de liqueur. Vous *en* prenez *trop.*
> N'*en* prenez pas *tant.*
> Combien d'iris avez-vous achetés? — J'*en* ai acheté *six.* — Ce n'est pas assez. Vous auriez dû *en* acheter *une douzaine.*

4.10   **En** suit **y** et les pronoms compléments d'objet direct ou indirect:
> L'a-t-il prévenu de son mariage? — Il *l'en* a prévenu.
> Lui a-t-il envoyé une invitation? — Il *lui en* a envoyé une.
> Combien d'invités y aura-t-il? — Il *y en* aura une centaine.

Emploi de y

4.11   **Y** représente la préposition **à** suivie d'un nom ou d'un pronom:
> Tenez-vous à ce bijou? — Oui, j'*y* tiens beaucoup.
> Ne touchez pas à ce vase. — Rassurez-vous, je n'*y* toucherai pas.
> Avez-vous pensé à notre projet? — Soyez tranquille, j'*y* ai pensé.

Mais on dirait, en parlant d'une personne:

> Le metteur en scène tient à cette actrice; il tient *à elle.*
> Pensez-vous quelquefois à vos enfants? — Je pense souvent *à eux.*

4.12 Employé adverbialement, **y** représente les prépositions **à, en, dans, sur** et toute autre préposition de lieu, suivies d'un nom ou d'un pronom:

> Allez-vous au bord de la mer cet été? — Non, je n'*y* vais pas.
> Les passagers sont-ils sur le pont? — Oui, ils *y* sont.

4.13 **Y** suit les pronoms compléments d'objet direct, mais il précède **en**:

> As-tu mis la clé sous le paillasson? — Mais oui, je *l'y* ai mise.
> Si vous allez en Grèce, j'irai *vous y* retrouver.
> Est-ce qu'il s'habitue à sa nouvelle vie? — Oui, il *s'y* habitue.
> Y a-t-il du sel dans le pot-au-feu? — Oui, il *y en* a.
> Y a-t-il beaucoup de sel? — Oui, il *y en* a beaucoup.

PRONOMS PERSONNELS TONIQUES

Sujet, attribut, complément
moi toi lui, elle soi
nous vous eux, elles soi

4.14 Les pronoms personnels toniques sont appelés ainsi parce qu'ils occupent le plus souvent une position accentuée. Ils s'emploient:
a. Pour renforcer une forme atone et mettre ainsi en valeur le pronom sujet ou complément du verbe:

> *Moi,* je refuse.
> *Moi* aussi, je refuse.
> *Moi-même,* je refuse.
> Je le connais bien, *lui.*
> *Eux,* je les connais aussi.
> Ils me l'ont dit *eux-mêmes.*

Mais quand le pronom sujet est à la troisième personne, on n'emploie le plus souvent que la forme tonique:

> *Lui* part, *eux* restent.
> *Eux* restent, *elles* partent.
> *Lui* aussi va partir.
> *Eux* seuls pourraient vous renseigner.
> *Eux-mêmes* ont compris.

b. Quand le verbe a plusieurs sujets ou compléments, dont un pronom:

> *Lui* et *moi* sommes d'excellents camarades.
> Je les ai aperçus, *lui* et son frère.

c. Quand on emploie le pronom sans le verbe:

> Qui a dit cela? — *Moi.*
> A qui avez-vous parlé? — A *lui.*

d. Après **ce** suivi du verbe **être**:

> C'est *moi.* (*nous*)
> C'est *toi.* (*vous*)
> C'est *lui.* (*elle*)
> Ce sont *eux.* (*elles*)

e. Après une préposition:

> Partez sans *eux.*
> Chacun pour *soi.*

f. Après **que** suivant un comparatif ou faisant partie de l'expression **ne . . . que:**

> Il est plus grand que *moi.*
> Elle n'aime que *lui.*

LE PRONOM DEMONSTRATIF

	Neutre	*Masculin*	*Féminin*
Singulier Pluriel	ce	celui ceux	celle celles
Singulier Pluriel	ceci	celui-ci ceux-ci	celle-ci celles-ci
Singulier Pluriel	cela, ça	celui-là ceux-là	celle-là celles-là

4.15 **Ce** est neutre et invariable. Il ne s'emploie guère que comme sujet du verbe **être** et représente un concept dont le genre est indéterminé. Il correspond, dans cet emploi, à l'anglais *it* (quelquefois: *that*).

> On dit qu'il va partir. — *C*'est exact.
> Je n'ai jamais vu une aussi belle harmonie de couleurs. — En effet, *c*'est bien beau.
> Est-*ce* un rêve? (VI:478)

Mais quand l'antécédent est un mot dont le genre est nettement déterminé, on dit:

> Cœlio était la bonne partie de moi-même; *elle* est remontée au ciel avec lui. (VI:511–512)

4.16 **Ce** s'emploie souvent avec la valeur de **il(s)** ou **elle(s)** quand le verbe **être** est suivi d'un nom, d'un pronom, ou d'un adjectif au superlatif désignant une personne:

> Est-ce que *c*'est ma cousine? (V:117)
> *C*'était un homme d'un autre temps. . . . (VI:512–513)
> *C*'est un de mes amis d'enfance.
> *C*'est le plus cher de mes amis.

4.17 Il faut éviter de confondre cet emploi de **ce** et l'emploi de **il**, illustré ci-dessous:

> Quel est cet homme? — *C*'est *un architecte*.
> Quelle est sa profession? — *Il* est *architecte*.

Dans le premier exemple, on met l'accent sur **l'individu** en employant le pronom démonstratif **ce** devant le verbe et l'article **un** devant le nom. Dans le deuxième, on met l'accent sur **la profession,** en employant le simple pronom personnel devant le verbe et en omettant l'article devant le nom, qui a ici la valeur d'un adjectif.

> Considérez maintenant l'exemple suivant:

> Vous dites qu'*il* est *architecte?* — Oui, *c*'est même *un architecte distingué* (ou: *un architecte de grand talent*).

Notez que lorsque le nom est accompagné d'un adjectif qualificatif ou d'un complément de même valeur, qui attire l'attention sur **l'individu,** on emploie la construction: **c'est un** + nom.

Il en est de même lorsque, au lieu de désigner une profession, le mot suivant le verbe **être** désigne une nationalité ou une confession. Comparez entre elles les phrases suivantes:

> *Il* est *Américain. C*'est *un Américain de mes amis.*
> *Ils* sont *catholiques. Ce* sont *des catholiques fervents.*

On ferait la même différence entre:

> *Il* est *travailleur*   et: *C'*est *un travailleur acharné.*
> *Ils* sont *amoureux*   et: *Ce* sont *de gentils amoureux.*

Notez que, dans les exemples commençant par **il est . . .** , **ils sont . . .** ,
les noms **Américain, catholiques,** etc., ont nettement le caractère
d'adjectifs.

4.18   **Ce,** suivi du verbe **être,** sert à mettre en valeur un nom ou un
pronom, sujet ou complément, un complément circonstanciel, ou
même une proposition tout entière. Etudiez les constructions suivantes:

> *C'est le lion qui* dévore les moutons (sujet).
> *C'est lui qui* dévore les moutons (id.).
> *Ce sont les moutons que* le lion dévore (compl. dir.).
> *Ce sont eux que* le lion dévore (id.).
> *C'est aux moutons que* le lion fait allusion (compl. indir.).
> *C'est à eux qu'*il fait allusion (id.).
> *C'est avec appétit qu'*il les dévore (compl. circonst.).
> *C'est parce qu'il est affamé qu'*il les dévore (propos. subord. cir-
> const.).

NOTE. Quand le mot mis en valeur est un pronom personnel sujet,
voici comment se fait, aux différentes personnes, l'accord du verbe:
> *C'est moi qui ai* dit cela.
> *C'est toi qui as* dit cela.
> *C'est lui qui a* dit cela.
> *C'est nous qui avons* dit cela.
> *C'est vous qui avez* dit cela.
> *Ce sont eux (elles) qui ont* dit cela. (Mais on peut dire aussi: *C'est*
> *eux (elles) qui ont* dit cela.)

4.19   On peut aussi mettre en valeur le sujet en le rejetant à la fin de la
phrase et en le faisant précéder d'un **que** explétif, qui ne se traduit pas.

> Ah! Marianne, *c'est* un don fatal *que la beauté!* (VI:249–250)
> *N'est-ce* pas une femme bien abjecte *que celle qui obéit* à point
> nommé, à l'heure convenue, à une pareille proposition? (VI:
> 69–71)
> Car *c'est* vraiment, Seigneur, le meilleur témoignage
> Que nous puissions donner de notre dignité
> *Que cet ardent sanglot* qui roule d'âge en âge
> Et vient mourir au bord de votre éternité! (VIII:A,41–44)

CE QUI, CE QUE, CE DONT

4.20 **Ce**, suivi de **qui, que** ou **dont**, introduisant une proposition relative correspond à l'anglais *that which* ou *what*. Bien que **ce qui, ce que** et **ce dont** donnent l'impression de former un tout, en réalité, **ce** fait partie de la proposition principale, tandis que **qui, que, dont** appartiennent à la proposition subordonnée. Dans les exemples qui suivent, c'est cela que les traits verticaux ont pour but d'indiquer:

a. **Ce**, sujet:

> *Ce* | *qui* est arrivé | ne m'étonne pas.
> *Ce* | *que* vous dites | m'intéresse.
> *Ce* | *dont* vous vous plaignez | est sans importance.

b. **Ce**, complément direct ou indirect:

> Voyez un peu *ce* | *qui* m'arrive. (VI:63)
> Je ne sais *ce* | *que* j'éprouve. (V:186)
> . . . réfléchissez à *ce* | *que* vous faites. (VI:301)
> Vous savez *ce* | *dont* elle a besoin.

c. **Ce**, attribut:

> Je craignais de lui avoir déplu: c'est *ce* | *qui* est arrivé.
> D'où venait-elle? C'est *ce* | *que* j'ignore. (VI:435–436)
> C'est *ce* | *dont* je ne me soucie guère. . . . (VI:145)

d. **Ce**, en apposition avec une proposition tout entière:

> On a dit qu'il était infidèle, *ce* | *qui* n'était pas vrai.

4.21 **Ce qui, ce que, ce dont**, précédé de l'adjectif **tout** correspond à l'anglais *all that* (*which*):

> Je croirais presque qu'il se défie de vous, de moi, de *tout ce qui* l'entoure. (VI:3–4)
> Pour s'établir dans le monde, on fait *tout ce qu'*on peut pour y paraître établi. (II:A,11–12)
> Voilà *tout ce dont* je me souviens.

CECI, CELA

4.22 **Ceci** désigne généralement un objet. Il indique la proximité et correspond, en anglais, au pronom *this*.

> Qui pourrait dire: *ceci* est gai ou triste? (V:151–152)

4.23 **Ceci** sert aussi à désigner ce qu'on va exprimer:

> Je vous ai fait venir pour vous dire *ceci:* il faut absolument vous mettre au travail.

4.24 **Cela,** qui désigne aussi un objet, indique l'éloignement et cor-respond au pronom anglais *that:*

> Gardez ceci, moi, je prendrai *cela.*
> Combien de temps *cela* durera-t-il? (V:84)

NOTE. Dans le langage courant **cela** devient **ça:**

> Allons! Donnez-moi *ça!*

4.25 **Cela** sert aussi à désigner ce qu'on vient d'exprimer:

> C'est *cela* que vous aviez à me dire?
> *Cela* me fit résoudre à quitter l'habit persan. . . . (III:B,18–19)

4.26 Pour éviter la rencontre de deux voyelles on remplace souvent *cela est* par *c'est là:*

> . . . il pensera peut-être que *c'est là* l'extrème petitesse de la nature. (I:A,29–30)

CELUI, CELLE, CEUX, CELLES

4.27 Ces pronoms ne s'emploient jamais seuls. Ils sont toujours suivis d'un des éléments suivants:

a. Les adverbes **-ci** ou **-là**, avec le sens de *this one, that one, these, those:*

> Lequel de ces auteurs préférez-vous? — *Celui-ci.*
> Lequel est le plus difficile? — *Celui-là.*

NOTE. **Celui-ci,** etc., et **celui-là,** etc., ont aussi le sens de *the latter* et *the former:*

> Pascal et La Fontaine vivaient au XVIIe siècle: *celui-ci* a écrit des fables, *celui-là,* des pensées.

b. Un complément formé de la préposition **de** + un nom, correspon-dant souvent en anglais à la forme possessive **'s:**

> Sur ce rayon, voici les œuvres de La Rochefoucauld et voici *celles de* Mme de Sévigné.
> . . . que le dernier objet où il peut arriver soit maintenant *celui de* notre discours. . . . (I:A,28–29).

c. Une proposition relative introduite par **qui, que, dont,** etc.

> Nous pardonnons souvent à *ceux qui* nous ennuient, mais nous ne pouvons pardonner à *ceux que* nous ennuyons. (II:A,52–53)

LE PRONOM POSSESIF

	Un seul possesseur		Plusieurs possesseurs	
	Masculin	Féminin	Masculin	Féminin
Singulier Pluriel	le mïen les miens	la mienne les miennes	le nôtre les nôtres	la nôtre les nôtres
Singulier Pluriel Singulier Pluriel	le tien les tiens le vôtre les vôtres	la tienne les tiennes la vôtre les vôtres	le vôtre les vôtres le vôtre les vôtres	la vôtre les vôtres la vôtre les vôtres
Singulier Pluriel	le sien les siens	la sienne les siennes	le leur les leurs	la leur les leurs

4.28   Le pronom possessif s'accorde en genre et en nombre avec l'être ou la chose possédée:

> Quelle vie que *la tienne!* (V:72)
> Regardez dans votre âme; c'est elle qui peut vous parler de *la sienne.* (VI:379–380)
> Le plus grand effort de l'amitié n'est pas de montrer nos défauts à un ami, c'est de lui faire voir *les siens.* (II:A,64–65)

4.29   Il faut se garder tout particulièrement de confondre **les siens, les siennes** avec **les leurs:**

> Je lui ai présenté mes amis; *il* m'a présenté *les siens.*
> Nous leur avons présenté nos amis; *ils* nous ont présenté *les leurs.*

4.30   Le pronom possessif s'emploie au masculin pluriel pour désigner les parents ou les proches:

> Veuillez me rappeler au bon souvenir *des vôtres.*
> Il est allé passer ses vacances de Noël auprès *des siens.*

4.31   Quand on veut affirmer la possession, en réponse à la question: "A qui (est-ce)?", on emploie un pronom personnel indirect de préférence au pronom possessif:

> A qui est-ce? — C'est *à moi.*
> A qui est ce livre? — Il est *à moi.*

Mais on dirait:

> Quel livre a-t-il emprunté? — C'est *le mien* qu'il a emprunté.

LE PRONOM RELATIF

	Personnes	Choses
Sujet	qui	
Complément direct	que	
Complément de la préposition *de*	dont (*plus rarement:* de qui)	dont
Complément de toute autre préposition	qui (*plus rarement:* lequel, lesquels, laquelle, lesquelles)	lequel laquelle lesquels lesquelles

4.32 Le pronom **qui** ne s'élide jamais. Employé comme sujet, il a pour antécédent un nom de personne ou un nom de chose:

> L'homme *qui* vous aime depuis un mois, *qui* s'attache à vos pas, *qui* mourrait de bon cœur sur un mot de votre bouche, celui-là vous déplaît! (VI:402–404)
> Non, c'est le président *qui* a une jolie femme. . . . (V:366)
> . . . les astres *qui* roulent dans le firmament. . . . (I:A,7)

4.33 Employé comme complément d'une préposition, **qui** ne peut avoir pour antécédent qu'un nom de personne:

> . . . il croit peser à ceux *à qui* il parle. . . . (II:B,22)

Mais si l'antécédent du complément de préposition est un nom de chose, il faut, après la préposition, employer **lequel, laquelle, lesquels, lesquelles:**

> . . . et enfin des cirons, *dans lesquels* il retrouvera ce que les premiers ont donné. . . . (I:A,35–36)

4.34 **Que,** complément direct, a pour antécédent un nom de personne ou un nom de chose:

> . . . Claudio . . . *que* je déteste. . . . (VI:10)
> . . . nous ne pouvons pardonner à ceux *que* nous ennuyons. (II:A,52–53)

Je ne sais pas les secrets *qu'*il savait. (VI:525–526)
Vous ne boiriez pas le vin *que* boit le peuple; vous aimez les femmes
    *qu'*il aime. . . . (VI:219–220)

4.35 **Dont** a pour antécédent un nom de personne ou un nom de chose
et s'emploie comme complément d'un verbe (ou d'une locution) se
construisant avec la préposition **de:**

La sagesse *dont* elle se vante est sœur de l'avarice. . . . (VI:250–
    251)

4.36 Quand on emploie **dont** pour traduire l'anglais *whose*, voici dans
quel ordre on dispose les mots dans la proposition subordonnée:

> *dont* + sujet + verbe + complément

C'est une sphère infinie *dont le centre est partout,* la circonférence
    nulle part. (I:A,13–14)
. . . enfin une chose *dont on ne trouve qu'un exemple* dans les
    siècles passés. . . . (I:B,7–8)

4.37 En anglais, on sous-entend le plus souvent le relatif quand il est
complément; en français, on l'exprime toujours:

The person I know . . .	La personne *que* je connais . . .
The person I spoke to . .	La personne *à qui* j'ai parlé . . .
The play I am thinking of . . .	La pièce *à laquelle* je pense . . .

4.38 Certains verbes qui se construisent avec un complément direct en
anglais, se construisent en français avec une préposition. Il faut en
tenir compte quand on emploie le relatif.

That's something I didn't expect.	Voilà une chose *à laquelle* je ne m'attendais pas.
The instruments he uses . . .	Les instruments *dont* il se sert . . .
The leaders one obeys . . .	Les chefs *à qui* on obéit . . .

LE PRONOM INTERROGATIF

LEQUEL? (*Which one*)

	Masculin	*Féminin*
Singulier	*Lequel* de ces livres préférez-vous? *Lequel* préférez-vous? *Lequel?*	*Laquelle* de ces lettres lisez-vous? *Laquelle* lisez-vous? *Laquelle?*
Pluriel	*Lesquels* de ces livres préférez-vous? *Lesquels* préférez-vous? *Lesquels?*	*Lesquelles* de ces lettres lisez-vous? *Lesquelles* lisez-vous? *Lesquelles?*

4.39 Evitez de confondre **lequel**, pronom, avec **quel**, adjectif. **Lequel** s'emploie seul, ou il est séparé du nom auquel il se rapporte par une préposition:

> *Lequel de* ces passages préférez-vous? *Lequel?*

Quel s'emploie toujours avec un nom. Quand il est épithète, il précède immédiatement le nom:

> *Quel* souvenir me rappelles-tu? (V:313)

4.40 Pour éviter de confondre **lequel** avec **quel** lorsque ces interrogatifs sont employés après les prépositions **à** ou **de**, étudiez le tableau suivant:

Quel	*Lequel*
A *quel* livre pensez-vous? A *quels* livres pensez-vous? A *quelle* lettre pensez-vous? A *quelles* lettres pensez-vous?	*Auquel* de ces livres pensez-vous? *Auxquels* de ces livres pensez-vous? A *laquelle* de ces lettres pensez-vous? *Auxquelles* de ces lettres pensez-vous?
De *quel* livre parlez-vous? De *quels* livres parlez-vous? De *quelle* lettre parlez-vous? De *quelles* lettres parlez-vous?	*Duquel* de ces livres parlez-vous? *Desquels* de ces livres parlez-vous? De *laquelle* de ces lettres parlez-vous? *Desquelles* de ces lettres parlez-vous?

4.41   Observez qu'en anglais, lorsque l'adjectif (+ un nom) ou le pronom interrogatif est régi par une préposition, on place souvent celle-ci à la fin de la phrase:

Which book are you talking *about?*
Which of these books are you thinking *of?*

En français, il faut avoir soin de mettre la préposition au commencement de la phrase:

De quel livre parlez-vous?
Auquel de ces livres pensez-vous?

4.42   Certains verbes, qui s'emploient en anglais sans préposition, se construisent en français avec une préposition. En ce cas, il faut avoir soin de commencer la phrase française par la préposition:

Which books do you need?   *De quels* livres avez-vous besoin?
    Which ones?   *Desquels?*

QUI? (*Who? Whom?*)

4.43   L'interrogatif **qui** ne se rapporte qu'aux personnes. Il est invariable et ne s'élide jamais:

Sujet	*Qui* écrit? *Qui est-ce qui* écrit?
Complément direct	*Qui* connaissez-vous? *Qui est-ce que* vous connaissez?
Complément d'une préposition	*A qui* écrivez-vous? *A qui est-ce que* vous écrivez?

4.44   Dans une question commençant par **qui**, complément direct ou complément d'une préposition, si le sujet est un nom, on ordonne les mots de la manière suivante (cf. **1.5b**):

Qui Mme de Sévigné connaît-elle?
Qui est-ce que Mme de Sévigné connaît?
A qui Mme de Sévigné écrit-elle?
A qui est-ce que Mme de Sévigné écrit?

Mais, pour mettre en valeur le nom sujet, on dit:

Mme de Sévigné, *qui* connaît-elle? ou: *Qui* connaît-elle, Mme de Sévigné?
*Qui est-ce qu'*elle connaît, Mme de Sévigné?

Mme de Sévigné, *à qui* écrit-elle? ou: *A qui* écrit-elle, Mme de
Sévigné?

*A qui est-ce qu'*elle écrit, Mme de Sévigné?

4.45 Dans une question commençant par **qui**, complément d'une préposition, on dit, plus brièvement et plus élégamment, en faisant l'inversion
du sujet et du verbe:

A qui écrit Mme de Sévigné?

Mais si, en plus du complément indirect, le verbe régit un complément
direct, il faut dire:

A qui Mme de Sévigné écrit-elle cette lettre?

QU'EST-CE QUI? QU'EST-CE QUE? QUE? QUOI? (*What?*)

4.46 Ces pronoms ne se rapportent qu'aux choses. **Qu'est-ce qui** et **quoi**
ne s'élident jamais. **Qu'est-ce que** et **que** s'élident devant un mot commençant par une voyelle ou un **h** muet:

Sujet	*Qu'est-ce qui* est arrivé?
Complément direct:	*Que* raconte Mme de Sévigné? *Que* raconte-t-elle? *Qu'*a-t-elle raconté? *Qu'est-ce que* Mme de Sévigné raconte? *Qu'est-ce qu'*elle a raconté?
Complément d'une préposition	*De quoi* Mme de Sévigné parle-t-elle? *De quoi* parle-t-elle? *De quoi est-ce que* Mme de Sévigné parle? *De quoi est-ce qu'*elle parle?

4.47 Dans une question commençant par **qu'est-ce que**, **que**, ou **quoi**,
pour mettre en valeur le nom sujet, on dit:

Mme de Sévigné, *que* raconte-t-elle?
De quoi parle-t-elle, Mme de Sévigné?
*Qu'est-ce qu'*elle raconte, Mme de Sévigné?
*De quoi est-ce qu'*elle parle, Mme de Sévigné?

4.48 Dans une question commençant par **quoi**, on dit, plus brièvement
et plus élégamment:

De quoi parle Mme de Sévigné?

4.49   Evitez de confondre:

Qui admire Mme de Sévigné?	Who admires Mme de Sévigné?
*Qu'*admire Mme de Sévigné?	What does Mme de Sévigné admire?
Qui Mme de Sévigné admire-t-elle?	Whom does Mme de Sévigné admire?

LES PRONOMS INDEFINIS

ON

4.50   **On** sert à désigner une ou plusieurs personnes indéterminées. Il est toujours du genre masculin et ne s'emploie que comme sujet d'un verbe à la troisième personne du singulier. Il correspond à l'anglais *one, someone, they, people:*

> *On* n'est jamais si heureux ni si malheureux qu'*on* s'imagine. (II:A, 10)

4.51   Dans la langue écrite, **on** est le plus souvent remplacé par **l'on** au commencement d'une phrase ou d'un membre de phrase et après certains mots se terminant par une voyelle ou par une consonne muette, tels que: **aussi, déjà, et, ou, où, qui, que, quoi, si:**

> . . . Et quant au berger, *l'on* peut dire
> Qu'il était digne de tous maux. . . . (III:A,39–40)
> . . . il s'arrête et *l'on* s'arrête; il continue de marcher et *l'on* marche. . . . (II:B,8–9)

4.52   A la forme **on,** qui ne s'emploie que comme sujet, correspondent les formes **nous, vous,** ou **soi** (*self, oneself*), employées comme compléments du verbe:

> *On* aime mieux dire du mal de *soi*-même que de n'en point parler. (II:A,27)
> *On* a tendance à aimer ceux qui *nous* (ou: *vous*) aiment.

4.53   Au pronom indéfini **on** se rapportent les adjectifs et pronoms possessifs **son, sa, ses, le sien, les siens, la sienne, les siennes:**

> *On* ne donne rien si libéralement que *ses* conseils. (II:A,19)
> *On* n'aime vraiment bien que *les siens.*

NOTE. Quand la clarté l'exige, on emploie **notre, votre, le nôtre, le vôtre,** etc:

> *On* ne refuse pas de secourir un ami quand il vient nous demander *notre* aide (ou: vous demander *votre* aide).
> Quand *on* critique la conduite de ses semblables, il ne faut pas s'étonner qu'ils critiquent *la nôtre* (ou: *la vôtre*).

4.54 Quand l'auteur d'une action est indéterminé, **on** s'emploie de préférence, suivi d'un verbe à la voix active, là où l'anglais emploierait une construction passive:

You are wanted on the telephone.	*On vous demande* au téléphone.
Three workmen were dismissed.	*On a renvoyé trois ouvriers.*

NOTE. **On** + un verbe actif s'emploie obligatoirement quand le verbe régit à la fois un complément direct et un complément indirect (cf. **8.52**):

On m'offre une belle situation.	*I am offered* a good position.
On lui a posé plusieurs questions.	*He was asked* several questions.
On nous a demandé d'arriver de bonne heure.	*We were asked* to come early.

UN, L'UN . . . L'AUTRE

4.55 **Un(e)**, employé comme attribut, complément direct, ou comme sujet réel d'un verbe à la forme impersonnelle est généralement précédé de **en** (cf. **4.9, 4.62, 4.68, 4.77**):

Est-ce un de vos maîtres? — Oui, c'*en* est *un*.

Nous cherchons un professeur de mathématiques. — Je puis vous *en* recommander *un*.

Cela me fit résoudre à quitter l'habit persan, et à *en* endosser *un* à l'européenne. . . . (III:B,18–19)

Il *en* est arrivé *un*.

4.56 **Un(e)**, suivi d'un complément partitif peut être précédé, ou non, de l'article:

L'une d'elles nous dit qu'on était sans nouvelles de lui.

C'est *une de ces personnes* qui nous l'a dit.

Monsieur le baron était *un des* plus puissants *seigneurs* de la Westphalie. . . . (IV:A,11–12)

NOTE. Quand **un(e)** est qualifié par un adjectif, il en est séparé par la préposition **de** (cf. **4.78, 4.82, 4.87, 4.92, 5.20**):

Parmi toutes ces toiles, il n'y en a pas *une de* bonne.

4.57 **L'un(e)** s'emploie avec **l'autre** pour exprimer la réciprocité:

Ces deux coquins se trompent *l'un l'autre*.

Aimez-vous *les uns les autres*.

L'ivresse et moi . . . nous nous sommes trop chers *l'un à l'autre* pour nous jamais disputer. . . . (V:179–180)

. . . vous le voyez . . . croiser les jambes *l'une sur l'autre.* . . .
(II:B,12–13)

4.58   L'un(e), coordonné avec l'autre par et, ni . . . ni, ou, sert à former les expressions suivantes:

a. **L'un(e) et l'autre** qui correspond à l'anglais *both* et se construit généralement avec un verbe au pluriel:

> J'ai invité Jeanne et Isabelle: j'espère que *l'une et l'autre* viendront (ou: qu'elles viendront *l'une et l'autre* ou: toutes les deux).

NOTE. Quand, dans l'esprit de celui qui parle, chaque sujet est considéré séparément, c'est le singulier qui s'emploie:
> J'espère que *l'une* et *l'autre* viendra.

b. **Ni l'un(e) ni l'autre**, qui correspond à l'anglais *neither* et se construit généralement avec un verbe au pluriel:

> Je crains que *ni l'une ni l'autre* ne viennent (ou: qu'elles ne viennent *ni l'une ni l'autre*).

NOTE. On peut dire aussi:
> Je crains que *ni l'une ni l'autre* ne vienne.

c. **L'un(e) ou l'autre**, qui correspond à l'anglais *one or the other, either (one)* et se construit avec un verbe au singulier:

> Je suis sûr que *l'une ou l'autre* viendra (ou: qu'elles viendront *l'une ou l'autre*).

4.59   L'un(e) et l'autre, l'un(e) ou l'autre, ni l'un(e) ni l'autre se construisent aussi comme compléments de verbe ou de nom:

> J'ai vu *l'une et l'autre* (ou: Je les ai vues, *l'une et l'autre* ou: Je les ai vues toutes les deux).
> Lequel voulez-vous? — *Ni l'un, ni l'autre.*
> . . . il désirerait faire assez, mais il craint de faire trop, et comme il ne connaît pas assez bien les limites *de l'un et de l'autre,* il se tient dans une réserve embarrassée et hautaine. (IV:B,68–71)

4.60   Ces expressions peuvent s'employer au pluriel aussi bien qu'au singulier:

> *Les uns et les autres* (*everyone concerned*) nous ont approuvés.
> Nous n'avons parlé *ni aux uns ni aux autres* (ou:
> Nous ne leur avons parlé, *ni aux uns ni aux autres*).

AUTRE (Cf. **5.18** sqq.)

4.61   **Autre** (*other*) exprime une différence, une distinction. Il est généralement précédé d'un déterminatif:

> L'un avance, *l'autre* recule.
> Elle avait eu, comme *une autre,* son histoire d'amour. (IX:52)
> Cœlio ou *tout autre,* peu m'importe. . . . (VI:356)

4.62   Quand **autre** est précédé d'un déterminatif ayant une valeur partitive et qu'il est employé comme attribut, complément direct ou comme
sujet réel d'un verbe à la forme impersonnelle, il est précédé de **en**
(cf. **4.9, 4.55, 4.68, 4.77**):

> Et jamais elle ne parlait de ses inquiétudes.
>   Mme Aubain *en* avait *d'autres* sur sa fille. (XI:69–71)
> J'*en* ai vu *plusieurs autres, beaucoup d'autres, bien d'autres,* etc.
> Il *en* est arrivé *d'autres.*

On dit de même, quand on emploie **voici** ou **voilà**:

> *En* voici *un autre.*
> *En* voilà *d'autres.*

4.63   Il faut éviter de confondre **d'autres** (*others*), qui a une valeur
partitive, avec **des autres,** complément de nom ou de pronom, qui
signifie *of (the) others:*

> "C'est pour *d'autres*", pensa-t-elle. . . . (XI:185–186)
> On est quelquefois aussi différent de soi-même que *des autres.* (II:
> A,24)

4.64   Notez l'emploi de **autre** dans les tournures idiomatiques suivantes:

Qui *d'autre?*	Who else?
Quelqu'un *d'autre.*	Someone else.
Personne *d'autre* (ou, dans la langue littéraire: *personne autre*).	No one else.
Quoi *d'autre?*	What else?
Qu'avez-vous fait *d'autre?*	What else did you do?
Rien *d'autre* (ou, dans la langue littéraire: rien *autre*).	Nothing else.
Nous avons parlé de choses et *d'autres.*	We spoke of one thing or another.
De temps à *autre.*	From time to time.
De part et *d'autre.*	On both sides.

MÊME (V. 5.27)

QUELQU'UN (Cf. *quelque*, 5.32 sqq.)

4.65 Quelqu'un (*someone*) est généralement invariable. Il s'emploie seul ou suivi d'un complément:

> *Quelqu'un* vous attend.
> Pourquoi ne pas consulter *quelqu'un de vos amis?*
> *Quelqu'un,* d'en haut, lui cria: — Tombe! (VII:14)

4.66 Quelqu'un prend parfois le sens de "personnage important":

> Tous l'admirent parce que c'est *quelqu'un.*

4.67 Quelques-un(e)s (*a few*) peut être suivi ou non d'un complément:

> Dans la troisième pâture *quelques-uns* se levèrent, puis se mirent en rond devant elles. (X:5–6)
> Comme il ne voit point que son intérêt soit de rechercher avec ardeur la compagnie de *quelques-uns* de ses concitoyens. . . . (IV:B,5–6)

NOTE. Ne confondez pas **quelques-un(e)s** avec **plusieurs** (*several*), qui a un sens plus précis et qui est invariable:

> Parmi ces femmes, *plusieurs* étaient fort belles.
> Le vent en avait jeté bas *plusieurs.* (X:70–71)

4.68 Quand **quelques-un(e)s** s'emploie comme complément direct ou comme sujet réel d'un verbe à la forme impersonnelle, il est précédé du partitif **en** (cf. **4.9, 4.55, 4.62, 4.77**):

> Avez-vous lu ses livres? — J'*en* ai lu *quelques-uns.*
> Combien sont venus l'entendre? — Il *en* est venu *quelques-uns.*

4.69 Quand **quelqu'un** ou **quelques-un(e)s** est qualifié par un adjectif, il en est séparé par la préposition **de** (cf. **4.56, 4.78, 4.82, 4.87, 4.92**):

> Demandez à *quelqu'un d'*autre.
> C'est *quelqu'un de* très distingué.
> Parmi ces réponses y en a-t-il *quelques-unes de* justes?

CERTAINS (Cf. 5.40 sq.)

4.70 **Certains** s'emploie le plus souvent au masculin et toujours au pluriel. Il signifie *some, some people, certain people:*

> *Certains* décidèrent de partir.
> *Certains* des ouvriers refusèrent de travailler.

Il y a des hommes qui se contentent de peu, mais je connais (ou: j'en connais) *certains* qui sont très exigeants.

On renvoya la plupart, mais on demanda à *certains* de rester.

4.71 Quand le sens l'exige *certains* s'emploie au féminin:

Certaines de ces femmes se réunirent pour protester.

Parmi les personnes présentes, *certaines* prirent la parole.

NOTE. Au singulier, ce mot ne s'emploie que comme adjectif (cf. **5.40** sq.)

J'éprouve pour lui une *certaine* sympathie.

CHACUN (Cf. *chaque,* **5.42**)

4.72 **Chacun(e)** (*each, each one*) ne s'emploie qu'au singulier:

Chacun a ses soucis.

Il pèse *chacune* de ses paroles.

Les billets coûtent dix francs *chacun* (ou: *chacun* dix francs . . .).

Qu'il y voie une infinité d'univers, dont *chacun* a son firmament, ses planètes, sa terre. . . . (I:A,33–34)

Tous les gens querelleurs, jusqu'aux simples mâtins,

Au dire de *chacun,* étaient de petits saints. (III:A,47–48)

4.73 Quand *chacun* est en apposition avec un nom ou un pronom, l'accord se fait avec celui-ci et non avec *chacun:*

Nous avons *chacun nos* préférences.

Vous ferez *chacun* ce qui *vous* plaira.

Ces hommes étaient *chacun résolus* à vendre chèrement *leur* vie.

On *leur* dit *à chacun* de se tenir *prêts.*

Quand *chacun* est suivi d'un complément déterminatif, l'accord se fait avec *chacun* et non avec le complément:

Chacun de nous a *ses* préférences.

Chacun de vous fera ce qui *lui* plaira.

Chacun de ces hommes était *résolu* à vendre chèrement *sa* vie.

On dit à *chacun* d'eux de se tenir *prêt.*

AUCUN (Cf. **5.43** sqq.)

4.74 **Aucun(e)** s'emploie surtout au singulier; il est le plus souvent accompagné d'un complément partitif (**aucun** de vous, **aucune** de ces personnes, etc.); il est généralement négatif, mais il s'emploie aussi affirmativement.

4.75 Quand **aucun** a un sens négatif, il est accompagné de **ne** (sauf quand le verbe est omis) et il signifie *none* (cf. **1.8** sqq.):

> Nous avons demandé à ces femmes mais *aucune n'*a pu nous ren-
> seigner.
> On *n'*a interrogé *aucun* des étudiants.
> Quelle raison vous a-t-il donnée? — *Aucune.*

4.76 Quand **aucun** a un sens affirmatif, il signifie *any, any one,* et n'est pas accompagné de **ne** (cf. **4.81, 4.86, 5.46**). Il s'emploie ainsi:

a. Dans (ou après) une proposition interrogative:

> *Est-ce qu'aucun* d'eux a sujet de se plaindre?
> *Pense-t-on* qu'*aucun* d'eux veuille renoncer à ses droits?

b. Dans une proposition conditionnelle:

> *Si* jamais (*ever*) *aucun* d'eux l'apprend, nous sommes perdus.

c. Après une proposition exprimant le doute ou la négation:

> Ils vont tous essayer mais je *doute* qu'*aucun* réussisse.
> Je *ne pense pas* qu'*aucun* d'eux réussisse.
> . . . un Américain *ne se croit* donc *pas* tenu à rendre des soins
> particuliers à *aucun* de ses semblables. . . . (IV:B,2–4)

d. Après **sans** ou **sans que**, avant **de** ou **avant que**:

> Il est venu *sans aucun* de ses amis.
> Il est venu *sans qu'aucun* de ses amis l'accompagne.
> Prévenez-moi *avant d'*en parler à *aucun* de vos amis.
> Je lui ai donné mes instructions *avant qu'*il prévienne *aucun* de
> ses amis.

e. Après un comparatif suivi de **que**:

> Elle le connaît *mieux qu'aucun* d'eux.

4.77 Qu'il ait un sens affirmatif ou négatif, **aucun**, employé comme complément direct ou comme sujet réel d'un verbe à la forme imper-sonnelle, est accompagné du partitif **en** (cf. **4.9, 4.55, 4.62, 4.68**):

> Combien en avez-vous vus? — Je n'*en* ai vu *aucun.*
> Combien sont venus? — Il n'*en* est venu *aucun.*
> Parmi tous ces hommes, y *en* a-t-il *aucun* que vous connaissiez?

4.78 Quand **aucun** est qualifié par un adjectif, il en est séparé par la préposition **de** (cf. **4.56, 4.82, 4.87, 4.92, 5.20**):

> Parmi ces livres en avez-vous lu *aucun d'*intéressant?
> Je n'en ai lu *aucun d'*intéressant.

NOTE. Bien que, dans tous les exemples qui précèdent, **aucun** soit au singulier, il peut s'employer au pluriel si l'on veut plus particulièrement mettre l'accent sur l'idée de pluralité:

Est-ce qu'*aucuns* d'eux ont sujet de se plaindre?

Parmi tous ces hommes, y en a-t-il *aucuns* que vous connaissiez?

Parmi ces livres, je n'en ai lu *aucuns* d'intéressants.

PERSONNE

4.79 **Personne,** pronom indéfini du genre masculin, est invariable. Il a le plus souvent un sens négatif, mais il s'emploie aussi affirmativement.

4.80 Quand **personne** a un sens négatif, il est accompagné de **ne** (sauf quand le verbe est omis) et il signifie *no one, nobody* (cf. **1.8** sqq.):

Personne, dans les marchandages, *ne* montrait plus d'entêtement. (IX:38–39)

Cherchez dans ce jardin, si bon vous semble; je *n'*y ai vu entrer *personne.* . . . (VI:498–499)

En bas, sur le trottoir, *personne.* (X:108–109)

NOTE. Dans la langue écrite **nul,** qui exprime la négation avec plus de force, remplace quelquefois **personne:**

*Nul n'*est prophète en son pays.

4.81 Quand **personne** a un sens affirmatif, il signifie *anyone* et n'est pas accompagné de **ne.** Il s'emploie ainsi dans (ou après) une proposition interrogative, dans une proposition conditionnelle, après une proposition exprimant le doute ou la négation, après **sans** ou **sans que, avant de** ou **avant que,** et après un comparatif suivi de **que** (cf. **4.76, 4.86, 5.46**):

Y a-t-il personne qui soit plus sensible à la flatterie que cet homme?

Si jamais (*ever*) vous le dites à *personne,* vous aurez affaire à moi.

Je *doute* qu'il ait prévenu *personne.*

Je *ne crois pas* qu'il en ait parlé à *personne.*

Il a agi *sans que personne* le sache.

*Avant d'*en parler à *personne* vous auriez dû me prévenir.

Je sais *mieux que personne* ce que vous avez souffert.

4.82 Quand **personne** (affirmatif ou négatif) est qualifié par un adjectif il en est séparé par la préposition **de** (cf. **4.56, 4.78, 4.87, 4.92, 5.20**):

Y a-t-il *personne d'*aussi compétent que lui?

Je ne connais *personne d'*aussi compétent.

4.83 Personne, employé comme nom, avec le sens de *a person,* est féminin et variable. (Cf. **4.89, 4.93, 4.96.**)

> Mme Aubain voulait faire de sa fille *une personne* accomplie. . . . (X:195)
>
> . . . et il parlait *des personnes* dont les propriétés bordaient la route. . . . (X:48–49)

RIEN

4.84 Rien, pronom indéfini du genre masculin, est invariable. Il a le plus souvent un sens négatif mais il s'emploie aussi affirmativement.

4.85 Quand rien a un sens négatif, il est accompagné de **ne** (sauf quand le verbe est omis) et il signifie *nothing* (cf. **1.8** sqq.):

> *Rien ne* bougeait encore au front des palais. (XIV:A,2)
> L'enfant *n*'objecta *rien.* (X:198)
> Qu'a-t-il dit? — *Rien.*

NOTE. Quand le sens l'exige, **rien** s'emploie sans **ne** même si la phrase a un verbe:

> Il me faut tout ou *rien.*
> Tout l'art consiste à faire quelque chose de *rien.*

4.86 Quand rien a un sens affirmatif, il signifie *anything* et n'est pas accompagné de **ne.** Il s'emploie ainsi dans (ou après) une proposition interrogative, dans une proposition conditionnelle, après une proposition exprimant le doute ou la négation, après **sans** ou **sans que, avant de,** ou **avant que** (cf. **4.76, 4.81, 5.46**):

> *Y a-t-il rien* que vous désiriez?
> *Si* vous en dites *rien,* vous aurez affaire à moi.
> Je *doute* qu'il en sache *rien.*
> Je *ne pense pas* qu'il en ait *rien* dit.
> Il est parti *sans rien* dire.
> Sauvez-vous *avant qu*'il en sache *rien.*

4.87 Quand rien (affirmatif ou négatif) est qualifié par un adjectif, il en est séparé par la préposition **de** (cf. **4.56, 4.78, 4.82, 4.92, 5.20**):

> Y a-t-il *rien de* plus frais qu'un jardin sous la pluie?
> Qu'avez-vous encore fait? — Je n'ai *rien* fait *d*'autre.

4.88 Etudiez l'emploi idiomatique de **rien** dans la locution adverbiale **rien que:**

> *Rien qu*'à y penser (*the mere thought of it*) j'en frémis.
> Restez *rien qu*'un instant (*just an instant*).

> *Rien que* la mort *n*'était capable
> D'expier son forfait. . . . (III:A,61–62)

4.89 **Rien,** employé comme nom, avec le sens de *a trifle,*, est masculin et variable (cf. **4.83, 4.93, 4.96**):

> *Un rien* m'est tout.
> Il s'offusque d'*un rien.*
> Ils échangeaient de *ces jolis riens* comme s'en disent souvent les amoureux.

CHOSE

4.90 **Chose,** précédé de **autre, grand, quelque, peu de,** forme des expressions indéfinies dont la forme est invariable:

> Désirez-vous *autre chose* (*something else*)?
> Je n'ai jamais valu *grand-chose* . . . (VI:367–368) (*never . . . much*).
> . . . Marianne sera à toi . . . tant que j'y pourrai *quelque chose* (V:190–191) (*something*).
> *Peu de chose* (*little*) suffit à son bonheur.

Notez que *grand-chose* s'écrit avec un trait d'union et qu'il est toujours précédé d'un négatif.

4.91 **Quelque chose** s'emploie parfois avec le sens de "personnage important" ou de "chose importante":

> Tel n'est rien qui se croit *quelque chose.*
> Savoir se taire, c'est *quelque chose.*

4.92 Quand on emploie **autre chose, grand-chose, quelque chose, peu de chose** avec un adjectif, on met celui-ci au masculin et on le fait précéder de la préposition **de** (cf. **4.56, 4.78, 4.82, 4.87, 5.20**):

> Avez-vous fait *autre chose d'*amusant?
> Il n'a pas dit *grand-chose d'*intéressant.
> Bientôt il avoua *quelque chose de* fâcheux. . . . (IX:96)

4.93 Employé comme nom, **chose** est du genre féminin et signifie *a thing, one thing, something* (cf. **4.83, 4.89, 4.96**):

> C'est *une chose* bien extraordinaire! (III:B,28)
> Y a-t-il *quelque autre chose* que vous n'ayez pas comprise?
> Il nous a dit *certaines choses* que je préfère ne pas répéter.

NOTE. Quand on veut préciser, on traduit souvent *something* par **une chose:**

> Je tiens à vous dire *une chose:* vous ne ferez jamais rien de lui en lui parlant sur ce ton.

TOUT (Cf. 5.47 sqq.)

4.94 Employé comme pronom indéfini, **tout,** au singulier, ne se rapporte qu'aux choses. Il est invariable et signifie *all, everything:*

> . . . car *tout* étant fait pour une fin, *tout* est nécessairement pour la meilleure fin. (IV:A,30–31)
> Il l'aborda d'un air tranquille, disant qu'il fallait *tout* pardonner. . . . (IX:74)

4.95 Au pluriel, **tout** se rapporte aux êtres et aux choses. Il est variable et signifie *all, everyone:*

> . . . vieillards, hommes, femmes, enfants, *tous* voulaient me voir. (III:B,4)
> Ils ne mouraient pas *tous,* mais *tous* étaient frappés. . . . (III:A,7)
> *Tous* s'agenouillèrent. (XIII:157)

Notez qu'au masculin pluriel, l's final de **tous,** pronom, se prononce (cf. **5.49**).

4.96 Employé comme nom, **tout** est masculin et signifie *whole* (cf. **4.83, 4.89, 4.93**):

> *Le tout* est égal à la somme de ses parties.
> Car enfin qu'est-ce que l'homme dans la nature? Un néant à l'égard de l'infini, un *tout* à l'égard du néant. . . . (I:A,48–49)

N'IMPORTE QUI, QUOI, LEQUEL

4.97 N'importe qui signifie *anyone* (no matter who or whom):

> *N'importe qui* vous dira que c'est faux.
> Ce garçon n'est pas difficile: il fréquente *n'importe qui.*
> Quand on veut faire exécuter un travail difficile, on ne s'adresse pas à *n'importe qui.*

4.98 N'importe quoi signifie *anything* (no matter what), *anything at all:*

> Quand il n'a plus rien à dire, il dit *n'importe quoi.*

4.99 N'importe lequel (laquelle, lesquels, lesquelles) signifie *any one* (of them), *any* (of them) (no matter who, whom, what):

> *N'importe lequel* de ces messieurs pourra vous renseigner.
> Demandez à *n'importe lequel.*
> Vous pouvez lire *n'importe laquelle* de ces pièces.
> Lisez *n'importe laquelle.*

NOTE. Ne confondez pas **n'importe lequel** (pron.) avec **n'importe quel** (adj.).

Venez *n'importe quel* jour.

QUICONQUE

4.100   **Quiconque** est masculin et invariable. Quand il appartient à deux propositions différentes, il signifie *whoever* ou *whomever:*

Quiconque connaît cet homme l'admire et le respecte.
On engageait *quiconque* offrait ses services.
On accordait une aide à *quiconque* en avait besoin.

NOTE. Dans les exemples qui précèdent, **quiconque** pourrait être remplacé par **tous ceux qui:**

Tous ceux qui connaissent cet homme. . . .
. . . *tous ceux qui* offraient leurs services.
. . . *tous ceux qui* en avaient besoin.

4.101   Quand **quiconque** n'appartient qu'à une seule proposition, il signifie *anyone* (whosoever):

Nous sommes mieux renseignés que *quiconque.*
Je défie *quiconque* de prouver le contraire.
Ce secret, il ne faut pas le révéler à *quiconque.*

NOTE. Dans les exemples qui précèdent on pourrait remplacer **quiconque** par **qui que ce soit.** (Cf. 4.103.)

QUI QUE, QUOI QUE

4.102   **Qui que** (*whoever*) ne s'emploie que comme attribut ou comme complément. Le verbe qui l'accompagne se met au subjonctif (cf. 8.69):

Qui que vous *soyez,* vous êtes le bienvenu.
A qui que vous *parliez,* ne manquez pas de dire que l'affaire est urgente.

4.103   **Qui que** sert à former l'expression **qui que ce soit,** qui peut être accompagnée d'une proposition relative avec un verbe au subjonctif (cf. 8.69):

Je *ne* connais *qui que ce soit* dans cette ville (*not* . . . *a soul*).
Je n'ai parlé *à qui que ce soit* (id.).
Qui que ce soit qui vous *ait dit* cela s'est trompé.
A qui que ce soit que vous *parliez,* ne manquez pas de dire que l'affaire est urgente.

4.104   **Quoi que** (*whatever*) ne s'emploie que comme complément, ou comme sujet véritable d'un verbe impersonnel. Le verbe qui l'accompagne se met au subjonctif (cf. **8.69**):

Quoi qu'on *fasse,* on ne réussira pas à le sauver.
Quoi qu'il arrive, prévenez-moi.

4.105   **Quoi que** sert à former l'expression **quoi que ce soit,** qui se construit comme **qui que ce soit** (cf. **4.103**):

On ne lui reproche *quoi que ce soit* (*not . . . a thing*).
Il ne s'est occupé de *quoi que ce soit* (id.).

TEL (V. 5.31)

L'ADJECTIF

Les adjectifs déterminatifs

L'ADJECTIF DEMONSTRATIF

	Masculin	Féminin
Singulier	*ce* monsieur $\quad$ *cette* dame *cet* $\begin{cases} \text{ami} \\ \text{homme} \end{cases}$	
Pluriel	*ces* $\begin{cases} \text{messieurs} \\ \text{amis} \\ \text{hommes} \\ \text{dames} \end{cases}$	

5.1 L'adjectif démonstratif se répète devant chaque nom désignant un être ou un objet différent:

Ces garçons et *ces* filles ne sont pas tous studieux.

5.2 Quand on veut renforcer l'adjectif démonstratif, on place **-ci** après le nom qu'il qualifie pour indiquer la proximité, et **-là**, pour indiquer l'éloignement:

Ecoute un peu de *ce* côté-*ci*. . . . (V:23)
Ces gens-*là* passent leur vie sur les planches. (V:353)

L'ADJECTIF POSSESSIF

	Un seul possesseur		Plusieurs possesseurs
	Masculin	Féminin	Masculin et féminin
Singulier	mon, ton, son	ma, ta, sa	notre, votre, leur
Pluriel	mes, tes, ses		nos, vos, leurs

5.3 Devant un nom féminin commençant par une voyelle ou un **h** muet, on emploie **mon, ton, son** au lieu de **ma, ta, sa:**

> *Mon* amie, *ton* adresse, *son* histoire

5.4 L'adjectif possessif se répète devant chaque nom désignant un être ou un objet différent:

> *Mon* père et *ma* mère

Mais on dit:

> *Mon* collègue et ami, M. Lenoir.

5.5 Quand on veut renforcer l'adjectif possessif, soit pour le mettre en valeur, soit pour éviter l'ambiguïté, on place après le nom qu'il qualifie la préposition à + un pronom personnel tonique:

> Jamais **mes** parents *à moi* n'auraient toléré pareille insolence.
> C'est **son** père *à elle* dont j'ai fait la connaissance.

5.6 Quand un adjectif possessif détermine un nom collectif singulier, on emploie **son, sa,** ou **ses:**

> Tout le monde a *ses* habitudes.
> Ma famille passe *ses* vacances à la mer.

5.7 Quand un adjectif possessif désignant la pluralité (**notre, votre,** etc.) détermine un nom abstrait singulier ou un nom représentant un être ou un objet possédé en commun, on met le possessif au singulier:

> Avec *leur* vie, ces hommes ont défendu *leur* honneur.
> Ses sujets avaient cent raisons de le nommer *leur* père.

Mais on dirait:

> Les hommes n'ont rien de plus précieux dans la vie que *leurs* amitiés.
> *Vos* mères vous attendent à la porte de l'école, mes enfants.

5.8 Quand le possesseur est un objet, si la chose possédée n'est pas dans la même proposition que l'objet qui possède, on remplace d'habitude le pronom possessif par l'article défini **le, la, les,** et on le fait accompagner par le pronom **en,** comme dans les exemples suivants:

Nous avons visité Florence: *les* monuments *en* sont fort beaux.
Je relis souvent cette œuvre parce que j'*en* admire *le* style.

Mais on dirait, quand la chose possédée est régie par une préposition:

Nous avons visité Florence et admiré la beauté *de ses* monuments.

5.9 Devant un nom désignant une partie du corps, si ce nom n'est pas accompagné d'un adjectif qualificatif, **le, la, les** remplace l'adjectif possessif quand le rapport entre le possesseur et l'objet possédé est évident:

Il a mal à *la* tête, *aux* dents, à *la* gorge, etc.
Il a été blessé à *la* poitrine.
Ma Douleur, donne-moi *la* main. . . . (VIII:B,8)

Mais on dirait, quand il y a un adjectif qualificatif:

Elle a mal à *son* pauvre cœur.
L'enfant lui donna *sa* petite main.

5.10 Sauf exception, la règle générale énoncée au paragraphe précédent s'applique dans les cas particuliers suivants:
a. Après le verbe **avoir,** quand on veut représenter un trait physique ou moral (même quand il y a un adjectif qualificatif):

Giton a *le* teint frais, *le* visage plein et *les* joues pendantes, *l'*œil fixe et assuré, *les* épaules larges, *l'*estomac haut, *la* démarche ferme et délibérée. . . . (II:B,1–3)
Phédon a *les* yeux creux, *le* teint échauffé, *le* corps sec et *le* visage maigre. . . . (II:B,18–19)

b. Après **avoir** ou tout autre verbe, quand on veut représenter une expression du visage ou une attitude du corps:

. . . il marche *les* yeux baissés. . . . (II:B,28)
. . . il va *les* épaules serrées. . . . (II:B,32)

Mais on dirait:

Elle avançait, *ses* beaux yeux baissés.
Elle reposait, *ses* belles mains croisées sur *sa* poitrine.

c. Après un verbe transitif, quand on veut représenter un geste que l'on fait couramment avec une partie quelconque du corps:

S'il s'assied, vous le voyez s'enfoncer dans un fauteuil, croiser *les* jambes l'une sur l'autre, froncer *le* sourcil. . . . (II:B,12–13)

. . . il n'ouvre *la* bouche que pour répondre. . . . (II:B,39–40)

Mais quand il y a un adjectif qualificatif, on dit:

Il a refermé *ses* grands yeux.

5.11 Dans le cas où l'article défini employé seul devant une partie du corps ne suffit pas à identifier le possesseur, on a recours à un pronom personnel complément indirect:

Je *lui* ai lavé *les* mains.
Je *me* suis lavé *les* mains.
Je *lui* ai fait mal *au* bras.
Il *s'*est fait mal *au* bras.

5.12 Devant un nom désignant le vêtement, on emploie régulièrement l'adjectif possessif:

. . . il se replie et se renferme dans *son* manteau. . . . (II:B,33–34)
. . . il se mouche sous *son* chapeau. . . . (II:B,40)

5.13 Mais quand la phrase contient deux noms, l'un désignant le vêtement, l'autre, une partie du corps, on observe généralement les règles suivantes:

a. On emploie le pronom possessif devant chaque nom quand on veut représenter un **geste**:

Il a mis *son* chapeau sur *sa* tête.

b. On remplace le pronom possessif par **le, la,** ou **les** quand on veut représenter une **attitude**:

Il est entré, *le* chapeau sur *la* tête.

L'ADJECTIF INTERROGATIF

	Masculin	*Féminin*
Singulier	*quel?*	*quelle?*
Pluriel	*quels?*	*quelles?*

5.14 L'adjectif **quel** s'emploie immédiatement devant le nom ou il peut en être séparé par le verbe **être**:

. . . *quel* mal ai-je causé? (V:206)
. . . *quels* seront vos plaisirs aujourd'hui? (V:290)

5.15 On traduit *what* par **quel** lorsqu'on veut recevoir comme réponse un renseignement quelconque:

> *Quelle* est cette mascarade? (V:62)
> *Quel* âge avez-vous, Marianne? (V:242)

5.16 Lorsqu'on attend comme réponse une définition, on traduit *what* par **qu'est-ce que c'est que** ou **qu'est-ce que:**

> *Qu'est-ce que c'est qu'*un ciron?
> *Qu'est-ce qu'*un homme dans l'infini? (I:A,21)
> *Qu'est-ce* après tout *qu'*une femme? (VI:87)

5.17 L'adjectif **quel** peut s'employer aussi avec une valeur exclamative:

> Manger l'herbe d'autrui! *quel* crime abominable! (III:A,60).

LES ADJECTIFS INDEFINIS

AUTRE (Cf. 4.61 sqq.)

5.18 **Autre** signifie soit "différent" soit "distinct." Il est généralement précédé d'un article ou d'un déterminatif:

> . . . malgré son désir d'embrasser *l'autre* enfant, elle s'en retourna. (XI:56–57)
> C'était un homme d'*un autre* temps. . . . (VI:512–513)
> . . . car il n'était pas seulement oiseau, mais encore un feu, et *d'autres fois* un souffle. (X:160–161)
> . . . le poli de ses casseroles faisait le désespoir *des autres* servantes. (IX:39–40)

Votre projet m'intéresse; le mien est tout *autre.*

NOTE. Devant **autres, bien des** devient **bien d':**
> *Bien d'autres* acteurs, à sa place, auraient refusé ce rôle.

5.19 Après **l'un et l'autre** (*both*), **ni l'un ni l'autre** (*neither*), **l'un ou l'autre** (*either*), le nom et le verbe se mettent au singulier:

> *L'un et l'autre* candidat est qualifié.
> *Ni l'un ni l'autre* candidat n'est qualifié.
> S'il n'a pas la majorité, *l'un ou l'autre* candidat sera éliminé.

5.20 Quand **autre** qualifie **qui? que? quoi? quelqu'un, personne, quelque chose, rien,** il est, sauf exception, précédé de la préposition **de** (cf. 4.56, 4.78, 4.82, 4.87, 4.92):

> *Qui d'autre?*   Who else?
> *Quoi d'autre?*   What else?

Qui avez-vous vu *d'autre?*   Whom else. . . ?
*Qu'*avez-vous fait *d'autre?*   What else. . . ?
Il n'a *rien* dit *d'autre.*   . . . nothing else.

5.21 Notez l'emploi de **autre** dans les expressions idiomatiques suivantes:

entre autres choses   among other things
autre part   elsewhere
d'autre part   on the other hand

MÊME

5.22 **Même** peut s'employer comme adjectif, comme adverbe ou comme pronom. Il est variable sauf quand il est adverbe.

5.23 Employé comme **adjectif, même**(s) signifie *same* quand il se place devant le nom:

Ces deux effets si différents sont produits par la *même* cause. (IV: B,36–37)

Elle la reçut dévotement, mais n'y goûta pas les *mêmes* délices. (X:193–194)

5.24 Placé après le nom ou après un pronom, **même,** signifie *self* ou *very:*

Elle était la candeur *même* (candor itself).

C'est cela *même* (the very thing) que je voulais dire.

Les savants *mêmes* (ou: les savants *eux-mêmes*) (scholars themselves) peuvent se tromper.

Ceux-là *mêmes* qui (the very ones who) le détestaient reconnaissaient son talent.

Le mariage fut décidé le jour *même.* . . . (V:330)

. . . il s'efforce d'obéir *lui-même* aux moindres lois de l'étiquette. . . . (IV:B,66–67)

Le monde récompense plus souvent les apparences du mérite que le mérite *même.* (II:A,31–32)

5.25 Employé comme **adverbe, même** se place devant l'article déterminant un nom ou devant un pronom et signifie *even:*

Même les savants peuvent se tromper.

Même eux peuvent se tromper.

Même ceux qui le détestaient reconnaissaient son talent.

NOTE. **Même,** adverbe, signifiant *even,* peut se placer aussi après un verbe:

Il offrit *même* de la reconduire.

Elle n'a *même* pas répondu.

Ce fut *même* toute son éducation littéraire. (IX:165–166)

5.26 **Même** sert à former des locutions adverbiales telles que les suivantes:

Ça t'ennuie, mon garçon? Eh bien, fais-le *tout de même* (ou *quand même*) (just the same).

Joyeux Noël! — Merci, à vous *de même* (the same to you)!

Les vins blancs se boivent frais; *il en est de même* des vins rosés (it's the same with . . .).

Si je te reprends à boire *à même* la bouteille (from the bottle), tu seras puni.

Malheureusement, je ne suis pas *à même* (in a position) de vous aider.

5.27 Employé comme **pronom, même**(s) est précédé de l'article défini. Il signifie *the same* (*one*), *the same* (*ones*), *the same people*:

Marianne! . . . restez *la même* une minute encore, permettez-moi de vous parler! (VI:361–364)

. . . leurs destinées devaient être *la même.* (XI:91)

Dans une entreprise, ce sont souvent *les mêmes* qui font tout le travail.

TEL

5.28 **Tel**(s), **telle**(s) s'emploie comme adjectif ou comme pronom.

5.29 **Tel, adjectif**, précédé ou non de l'article indéfini, marque la similitude, l'identité, l'intensité, ou l'indétermination. Il se traduit le plus souvent, selon les cas, par *such, such a,* ou *such and such.*

5.30 Dans les exemples suivants, **tel** marque:
a. La similitude ou l'identité:

L'histoire nous apprend qu'en de *tels* accidents,
    On fait de pareils dévouements. (III:A,21–22)

Qui pourrait ne pas réussir avec un ambassadeur *tel* que vous? (VI:38–39)

C'est faux: je n'ai jamais rien dit de *tel.*

Les hommes naissent pour mourir: *telle* est leur destinée.

Tel père, *tel* fils (Like father, like son).

Faut-il vous envelopper vos livres? — Non, merci, je les prendrai *tels* quels (just as they are).

b. L'intensité:

On ne peut que s'incliner devant un *tel* talent.

Tel était le talent de cet artiste (ou: le talent de cet artiste était *tel*) qu'on accourait de plusieurs lieues pour l'entendre.

c. L'indétermination:

> Je connais *tel* village (a certain village [among others] which I
> shall not mention . . .) où les habitants ont à peine de quoi
> se vêtir.
>
> Dans *telle et telle* circonstance, on ferait *telle* et *telle* chose (ou
> bien: *telle* ou *telle* chose).
>
> Elles . . . causaient toujours de Virginie, se demandant si *telle*
> chose lui aurait plu, en *telle* occasion ce qu'elle eût dit
> probablement. (XII:23–25)

5.31 **Tel, pronom,** s'emploie surtout au singulier pour désigner une personne indéterminée. On le traduit généralement par *such and such,*
so and so:

> Monsieur Un *tel,* Madame Une *telle*
> On m'a dit de m'adresser à *tel* et *tel* – je ne me rappelle plus les
> noms.
> *Tel* qui rit vendredi, dimanche pleurera.

QUELQUE (Cf. *quelqu'un,* **4.65** sqq.)

5.32 L'adjectif **quelque,** au singulier, marque l'indétermination ou indique une petite quantité; au pluriel, il indique un petit nombre
d'êtres ou de choses:

> Je m'attends à *quelque* importunité de leur part. . . . (V:387)
> Je compte y rester *quelque* temps.
> . . . l'église s'ouvrit pour nous *quelques* semaines après. (V:330–
> 331)

NOTE. Il ne faut pas confondre **quelques** (*a few*) avec **plusieurs**
(*several*) ni avec **des** (*some*):

> Il a *des* amis.
> Il n'a que *quelques* amis.
> Il a invité *plusieurs* amis qui lui sont particulièrement chers.

5.33 **Quelque** peut s'employer comme adverbe devant un nom de
nombre avec le sens de "environ". Il est alors invariable:

> Il a perdu dans cette affaire *quelque* trente mille francs.

QUEL QUE, QUELQUE . . . QUE

5.34 **Quel(s) que, quelle(s) que** s'emploie le plus souvent avec le verbe
être et signifie *whatever*. Il est attribut et s'accorde avec le sujet du
verbe, lequel se met au subjonctif (cf. **8.69**):

Quelles que soient ses qualités, il manque encore d'expérience.

Marianne! *quelle que soit* la raison qui a pu vous inspirer une minute de complaisance . . . restez la même une minute encore, permettez-moi de vous parler! (VI:361–364).

Notez que **quel que** s'écrit toujours en **deux** mots.

5.35 **Quelque** dans l'expression **quelque . . . que**, qui se construit avec un verbe au subjonctif, s'emploie comme adjectif ou comme adverbe (cf. **8.69**).

5.36 Comme **adjectif, quelque(s)**, précède immédiatement le nom et signifie *whatever:*

Quelques raisons que vous *ayez,* elles ne suffisent pas.

Quelque bien *qu*'on nous *dise* de nous, on ne nous apprend rien de nouveau. (II:A,50–51)

5.37 Comme **adverbe, quelque** précède un adjectif ou un adverbe. Il est invariable et signifie *however:*

Quelque adroits qu'ils soient, ils ne pourront pas se tirer d'affaire.

Quelque adroitement qu'ils s'y prennent, ils ne pourront pas se tirer d'affaire.

Notez que **quelque** s'écrit en un seul mot et évitez de le confondre avec **quel que.**

QUELCONQUE

5.38 **Quelconque** se place généralement après le nom et signifie "n'importe quel":

Quelle explication vous a-t-il donnée? — Oh, une explication *quelconque,* et qui ne m'a pas du tout satisfait.

5.39 Dans le langage familier, **quelconque** s'emploie avec le sens de "médiocre", "ordinaire":

Que pensez-vous de ces ouvrages? — Ils sont (bien) *quelconques.*

CERTAIN (Cf. *certains,* **4.70** sq.)

5.40 Placé devant le nom, **certain** marque l'indétermination. Au singulier il est souvent précédé de l'article indéfini:

C'est une femme d'un *certain* âge.

. . . vous m'apporterez une *certaine* Rosalinde qui est rousse et qui est toujours à sa fenêtre. (VI:103–105)

La jument de Liébard, à de *certains* endroits, s'arrêtait tout à coup. (X:46–47)

5.41 Placé après le nom, ou employé comme attribut, **certain** signifie "sûr":

> Vous pouvez l'annoncer: c'est un fait *certain.*
> C'est un garçon de grande valeur: sa nomination est *certaine.*
> Nous sommes *certains* qu'il acceptera.

CHAQUE (Cf. *chacun,* 4.72 sq.)

5.42 **Chaque** ne s'emploie qu'au singulier et signifie *each:*

> *Chaque* lundi matin, le brocanteur qui logeait sous l'allée étalait par terre ses ferrailles. (IX:131–132)

NOTE. Il ne faut pas confondre l'adjectif **chaque**, qui est toujours suivi immédiatement d'un nom, avec le pronom **chacun**, qui s'emploie seul ou qui est séparé du nom qui l'accompagne par la préposition **de**:

> *Chaque artiste* occupe un pavillon dans un grand parc.
> *Chacun des artistes* occupe un pavillon.
> Ces beaux fruits coûtent un franc *chacun.*

AUCUN (Cf. 4.74 sqq.)

5.43 Comme le pronom, l'adjectif **aucun(e)** s'emploie surtout au singulier et il est généralement négatif, mais on peut aussi l'employer affirmativement.

5.44 Quand il a un sens négatif, **aucun** est accompagné de **ne** (sauf quand le verbe est omis) et signifie *no:*

> Dès la cinquantaine, elle *ne* marqua plus *aucun* âge. . . . (IX:49)
> *Aucun* bruit dans le village. (X:108)

NOTE. Dans la langue écrite **nul**, qui affirme la négation avec plus de force, remplace quelquefois **aucun**:

> Je *n'*en avais *nul* droit. . . . (III:A,54)
> *Nulle* idée *n'*en approche. (I:A,10–11)

5.45 Aucun s'emploie au pluriel devant des noms qui n'ont pas de singulier ou lorsqu'on veut mettre l'accent sur la pluralité:

> *Aucunes* mœurs *ne* furent plus dissolues que celles du Bas-Empire.
> Les affaires étaient si mauvaises que, pendant plusieurs mois, il *ne* reçut *aucuns* appointements.
> Connaissez-vous *aucunes* mains plus fines que les siennes?

NOTE. **Nul** peut s'employer au pluriel à la place de **aucun**:

> *Nulles* mœurs *ne* furent plus dissolues.
> Je *ne* connais *nulles* mains plus fines que les siennes.

5.46 Quand il a un sens affirmatif, **aucun** n'est pas accompagné de **ne** et signifie *any*. Il s'emploie ainsi dans (ou après) une proposition interrogative, après une proposition exprimant le doute ou la négation, dans une proposition conditionnelle, après **sans** ou **sans que, avant de** ou **avant que,** et après un comparatif suivi de **que** (cf. **4.76, 4.81, 4.86**):

> *Est-il aucun* bonheur qui vaille celui de voir grandir ses enfants?
> *Croyez-vous* qu'il y ait là *aucun* sujet d'alarme?
> Je *doute* qu'*aucun* maître se soit montré plus patient.
> *S'il* y a *aucune* œuvre qui l'ait influencé, c'est bien celle-là.
> Il lui annonça la nouvelle *sans* prendre *aucune* précaution.
> Il est *plus intelligent qu'aucun* autre enfant de son âge.

TOUT (Cf. **4.94** sqq.)

5.47 **Tout** s'emploie comme adjectif, comme adverbe, ou comme pronom.

5.48 **Tout, adjectif,** est généralement séparé du nom qu'il détermine par un article ou par un déterminatif. Au singulier, il signifie *all, whole:*

> Pendant *toute* la messe, elle éprouva une angoisse. (X:177)
> Les lattes du toit pourrissaient; pendant *tout* un hiver son traversin fut mouillé. (XIII:74–75)
> *Tout* ce monde visible n'est qu'un trait imperceptible dans l'ample sein de la nature. (I:A,9–10)

5.49 Au pluriel, **tout, adjectif,** signifie *all, every.* Au masculin, comme au féminin, l's final ne se prononce pas (cf. **4.95**):

> *Tous* les jeudis, des habitués venaient faire une partie de boston. (IX:128)
> Les institutions politiques des Etats-Unis mettent sans cesse en contact les citoyens de *toutes* les classes. . . . (IV:B,15–16)
> L'intérêt, que l'on accuse de *tous* nos crimes, mérite souvent d'être loué de nos bonnes actions. (II:A,54–55)

NOTE. Il faut éviter de confondre: *tous* les matins (soirs, jours, ans) (*every morning*, etc.), avec *toute* la matinée (soirée, journée, année) (*the whole morning,* etc.).

5.50 **Tout, adjectif,** peut précéder immédiatement un nom ou un pronom, avec le sens de *all, each, each and every, any, any whatsoever.*

> Certains affirment que *tout* homme a droit au bonheur.
> Dans la vie, on a affaire à *toute* sorte (ou: *toutes* sortes) de gens.
> Il s'enfuit à *toute* vitesse (à *toutes* jambes).

Ce travail est remarquable à *tous* égards (*in every respect*).

Faut-il écrire les nombres en *toutes* lettres?

Tout ce qui brille n'est pas or.

En *toute* saison elle portait un mouchoir d'indienne. . . . (IX:44)

Car on doit souhaiter, selon *toute* justice,

> Que le plus coupable périsse. (III:A,32–33)

. . . malgré l'absence de *toutes* preuves, ses soupçons portèrent sur Fabu. (XII:166–167)

5.51 Tout, adverbe signifie *all, quite.* Il est invariable, mais, quand il précède un adjectif féminin commençant par une consonne ou un **h** aspiré, il s'accorde avec celui-ci:

Il lui paraissait *tout* simple de perdre la tête à l'occasion de la petite. (XI:89)

Ils sont *tout* seuls.

Elles sont *toutes* seules.

Ils sont *tout* honteux.

Elles sont *toutes* honteuses.

. . . elle . . . s'en retourna *tout* agitée, *toute* pensive, *toute* remplie du désir d'être savante. . . . (IV:A,52–54)

5.52 Voici des exemples de **tout, adverbe,** employé devant d'autres mots que des adjectifs:

Il demeure *tout* près (ou: *tout* à côté).

Le village est situé *tout* en haut de la colline.

Elle se dépêcha tellement qu'elle arriva *tout* en sueur.

Elle avait mis son chapeau *tout* de travers.

Notez l'emploi de **tout** devant **en** + participe présent:

Tout en marchant, ils évoquaient mille souvenirs.

5.53 Tout, adverbe, sert à former la locution **tout** + adjectif + **que,** qui signifie *however (much)* et se construit le plus souvent avec un verbe à l'indicatif:

Tout adroits qu'ils sont, ils n'ont pas réussi à se tirer d'affaire.

5.54 Pour **tout, pronom,** v. 4.94 sqq.

L'ADJECTIF NUMÉRAL

LES ADJECTIFS CARDINAUX

5.55 De **zéro** à **vingt,** les adjectifs numéraux cardinaux sont:

0. zéro			
1. un, une	6. six	11. onze	16. seize
2. deux	7. sept	12. douze	17. dix-sept
3. trois	8. huit	13. treize	18. dix-huit
4. quatre	9. neuf	14. quatorze	19. dix-neuf
5. cinq	10. dix	15. quinze	20. vingt

NOTE. Devant **huit** et **onze**, il n'y a pas d'élision:
le *huit* avril, ma lettre du *huit* avril
le *onze* décembre, votre lettre du *onze* décembre

5.56 Notez l'emploi de **tous les** devant un nombre cardinal:

Ils viennent ***tous les deux*** (*both*), ***tous les trois*** (*all three*), etc.;
tous les deux jours (*every other day*).

5.57 Voici comment on représente les quatre opérations arithmétiques:

$2 + 2 = 4$ ***deux*** plus ***deux*** (*deux* et *deux*) font (égalent) ***quatre.***
$2 - 2 = 0$ ***deux*** moins ***deux*** égale ***zéro.***
$2 \times 2 = 4$ ***deux*** fois ***deux*** font (égalent) ***quatre.***
$2 \div 2 = 1$ ***deux*** divisé par ***deux*** égale ***un.***

NOTE. Pour l'addition et la multiplication on peut aussi employer le verbe au singulier.

5.58 De **vingt** à **cinquante-neuf** on compte par dizaines de la manière suivante:

20. vingt	30. trente	40. quarante	50. cinquante
21. *vingt et un*	31. *trente et un*	41. *quarante et un*	51. *cinquante et un*
22. vingt-deux	32. trente-deux	42. quarante-deux	52. cinquante-deux
etc.	etc.	etc.	etc.
29. vingt-neuf	39. trente-neuf	49. quarante-neuf	59. cinquante-neuf

5.59 Devant un nom féminin on dit:

vingt et une pages, *trente et une* pages, etc.

5.60   De **soixante** à **quatre-vingt-dix-neuf,** on compte par vingtaines de la manière suivante:

60. soixante	80. *quatre vingts*
61. *soixante et un*	81. *quatre-vingt-un*
62. soixante-deux, etc.	82. quatre-vingt-deux, etc.
69. soixante-neuf	89. quatre-vingt-neuf
70. soixante-dix	90. quatre-vingt-dix
71. *soixante et onze*	91. *quatre-vingt-onze*
72. soixante-douze, etc.	92. quatre-vingt-douze, etc.
79. soixante-dix-neuf	99. quatre-vingt-dix-neuf

Notez que **quatre-vingts** perd l's du pluriel quand il précède un autre adjectif numéral:

quatre-*vingts* ans
quatre-*vingt*-sept ans

5.61   A partir de **cent,** on compte ainsi:

100. cent	200. deux cents	300. trois cents
101. *cent un*	201. *deux cent un*	400. quatre cents
102. cent *deux*	202. deux cent deux	500. cinq cents
etc.	etc.	etc.

NOTE. **Cent** n'est jamais précédé de "un" et il ne varie pas quand il précède un autre adjectif numéral ou qu'il fait partie d'une date:

cent ans (*a hundred* or *one hundred years*)
deux *cent* cinquante ans
l'an treize *cent*

5.62   A partir de **mille,** on compte ainsi:

1000. mille	1100. onze cents (plus	2000. deux mille, etc.
1001. *mille un*	rarement: mille cent)	2100. *deux mille cent*
1002. mille deux	1101. *onze cent un*	2101. deux mille cent un
etc.	1102. onze cent deux	etc.
	etc.	

Notez que **mille** n'est jamais précédé de "un" et qu'il ne varie pas au pluriel.

mille hommes (*a thousand* or *one thousand* men)
deux mille hommes

5.63 Dans les dates, **mille** est généralement remplacé par **mil** (sauf pour l'an mille), mais pour désigner les années antérieures au XIXe siècle on emploie de préférence les formes **onze cent, douze cent, treize cent,** etc:

> 1066 (*mil* soixante-six)
> 1610 (*seize cent dix*)
> 1789 (*dix-sept cent* quatre-vingt-neuf)

5.64 *Million* et *milliard* (c'.-à-d. mille millions) sont des noms de quantité qui s'emploient avec la préposition **de** quand ils sont suivis d'un complément de nom:

> un *million* d'hommes
> cinq *milliards de* francs

5.65 A certains des adjectifs numéraux cardinaux correspondent des noms en **-aine** exprimant (sauf **douzaine,** *dozen*) l'approximation. Ils s'emploient avec la préposition **de** quand ils sont suivis d'un complément de nom. En voici la liste: **huitaine, dizaine, douzaine, quinzaine, vingtaine, trentaine, quarantaine, cinquantaine, soixantaine, centaine:**

> *une huitaine* ou *une quinzaine*   about a week or a fortnight
> *de* jours
> un homme d'*une soixantaine*   a man in his sixties
> d'années

LES ADJECTIFS ORDINAUX

5.66 On forme les ordinaux en ajoutant **-ième** à la dernière consonne des adjectifs cardinaux sauf pour les nombres suivants:

1er, 1ère:	*premier, première*	
5[e]	:	*cinquième*
9[e]	:	*neuvième*
80[e]	:	*quatre-vingtième*

5.67 Les ordinaux au-dessus de 20e s'écrivent de la manière suivante:

21e–69e:	*vingt et unième, trente et unième,* etc; *vingt-deuxième, trente-deuxième,* etc.
70e, 71e, 72e, etc.:	*soixante-dixième, soixante et onzième, soixante-douzième,* etc.
80e, 81e, 82e, etc.:	*quatre-vingtième, quatre-vingt-unième, quatre-vingt-deuxième,* etc.
90e, 91e, 92e, etc.:	*quatre-vingt-dixième, quatre-vingt-onzième, quatre-vingt-douzième,* etc.

100e, 101e, 102e, etc.: *centième, cent unième, cent deuxième,* etc.

1000e, 1001e, 1002e, etc.: *millième, mille et unième, mille deux-ième,* etc.

5.68 Les ordinaux s'accordent en genre et en nombre avec le nom qu'ils déterminent:

la *première* place, les *deuxièmes* classes

5.69 Contrairement à l'usage observé en anglais, **premier** (ainsi que **dernier**) suit les adjectifs cardinaux:

les *trois premiers* jours, les *quatre derniers* rangs

5.70 Dans les dates et dans les titres de souverains, à l'exception de **premier,** on emploie un adjectif cardinal:

le 1er (*premier*) novembre, Napoléon 1er (*premier*)
le 19 (*dix-neuf*) décembre, Napoléon III (*trois*)

5.71 Voici comment on désigne les pages, chapitres, actes, scènes d'un livre ou d'une pièce:

A la page *un, deux, trois,* etc.
A la *première, deuxième, troisième* page, etc.
Chapitre *un* (ou: *premier*), *premier* chapitre
Acte *deux* (ou: *deuxième*), *deuxième* acte
Scène *trois* (ou: *troisième*), *troisième* scène

5.72 Les fractions s'expriment de la manière suivante:

½: un *demi*   ⅕: un *cinquième*
⅓: un *tiers*   ⅙: un *sixième*
¼: un *quart*   etc.
Un *demi* plus un *tiers* égale cinq *sixièmes.*
Le *tiers* de neuf est trois.
Le *quart* de huit est deux.

5.73 **Demi** est adjectif quand il accompagne un nom. Il est invariable s'il précède et s'accorde s'il suit:

une *demi-*heure, une heure et **demie,** deux heures et *demie*

Quand le nom déterminé ne représente pas une unité de mesure exacte, on remplace **demi** par **moitié:**

une *moitié* de poulet, la *moitié* d'un poulet

5.74 Dans la représentation des nombres, le français emploie une virgule là où l'anglais emploierait un point, et un point là où l'anglais emploierait une virgule:

fr.	angl.
3,5 (trois et cinq dixièmes)	3.5
2.325.652 (deux millions trois cent	2,325,652
vingt-cinq mille six cent cin-	
quante-deux)	

5.75 Voici comment on exprime les mesures en français:

> Cette pièce a (ou: mesure) *5 mètres de long* (ou: *de longueur*) sur *4 mètres de large* (ou: *de largeur*) et *3 mètres de haut* (ou: *de hauteur*).
>
> Combien mesurez-vous? — Je mesure (ou: j'ai) *1 mètre 95* et je pèse *85 kilos.*
>
> Donnez-moi, s'il vous plaît, *un demi-kilo* (plus rarement: une livre) *de* poires et *un kilo d'*oranges.

L'adjectif qualificatif

FONCTIONS DE L'ADJECTIF QUALIFICATIF

5.76 L'adjectif qualificatif peut être **attribut,** ou **épithète.** Quand il est **attribut,** il est relié au nom par un verbe d'état comme **être, paraître, devenir;** quand il est **épithète,** il suit ou précède immédiatement le nom:

Adjectif *attribut:*	Cet homme est *remarquable.*
Adjectif *épithète:*	C'est un homme *remarquable.*
	C'est un *bel* homme.

PLACE DE L'ADJECTIF ÉPITHÈTE

5.77 **En principe,** l'adjectif épithète peut se placer avant ou après le nom. Placé avant le nom, il a une valeur subjective, voire poétique, et s'emploie au sens figuré; placé après le nom, il a une valeur objective et s'emploie au sens propre (cf. **5.82**):

> Yseut aux *blanches* mains (sens poétique)
> une robe *blanche* (sens propre)
> un *triste* personnage (sens figuré: a *sorry* character)
> un homme *triste* (sens propre: a *sad* man)

5.78 **En pratique,** l'adjectif épithète se place le plus souvent après le nom:

> un homme *charmant*
> une femme *instruite*

une cravate *bleue*
une table *ronde*
Les Lettres *persanes*
L'Eglise *catholique*

5.79 Toutefois, certains adjectifs, dont voici les principaux, précèdent généralement le nom:

un *bon* garçon	une *vieille* connaissance
une *gentille* amie	un *grand* pays
une *mauvaise* nouvelle	une *grosse* fortune
un *beau* chapeau	un *petit* enfant
un *joli* dessin	une *longue* conversation
un *jeune* homme	un *court* séjour

5.80 Les adjectifs numéraux précèdent aussi le nom:

le *premier* janvier, le *vingt-cinq* décembre

NOTE. Quand le nom est précédé d'un nombre cardinal et de l'adjectif **premier, dernier,** ou **prochain,** on dit (cf. **5.69**):
les *trois* premiers chapitres, les *cinq* dernières lignes, les *deux* prochaines semaines.

5.81 Quand plusieurs adjectifs qualifient le même nom, chacun se place, généralement, selon les règles énoncées aux paragraphes précédents:

une *belle petite* robe *blanche*

5.82 Les adjectifs suivants, d'usage courant, changent de sens en changeant de position (cf. **5.77**):

ancien:
Un meuble *ancien* = un meuble datant d'une époque passée.
L'*ancien* président = le président qui n'est plus en fonction (*former*).

brave:
Un *brave* homme = un homme bon, généreux.
Un homme *brave* = un homme courageux.

certain:
Une nouvelle *certaine* = une nouvelle sûre.
Une *certaine* personne = une personne à laquelle on pense, mais qu'on ne nomme pas.

dernier:
Le mois *dernier* = le mois qui vient de s'écouler.
Le *dernier* mois = le mois qui vient à la fin.

différent:
> Des personnes *différentes* = des personnes distinctes.
> *Différentes* personnes = plusieurs ou diverses personnes.

nouveau:
> Une robe *nouvelle* = une robe d'un modèle récent.
> Une *nouvelle* robe = une robe autre que celle qu'on portait.

pareil:
> Des maisons *pareilles* = des maisons semblables.
> De *pareilles* maisons = de telles maisons.

pauvre:
> Un homme *pauvre* = un homme qui a peu de ressources.
> Un *pauvre* homme = un homme qui inspire la pitié.

prochain:
> Le mois *prochain* = le mois qui va suivre immédiatement.
> La *prochaine* fois = la fois qui suivra dans un temps indéterminé.

propre:
> Des mains *propres* = des mains nettes.
> Ses *propres* mains = ses mains à lui.

seul:
> Une femme *seule* = une femme sans compagnie.
> Une *seule* faute = une faute unique (*single*).

simple:
> Un homme *simple* = un homme sans affectation.
> Un *simple* employé = un homme qui n'est rien de plus qu'un employé.

5.83   Notez la position de l'adjectif attribut dans une exclamation commençant par *comme* ou *que* (*how*) (cf. **1.2**):

> . . . *comme* vous êtes *bête!* (XII:140)
> *Qu'*il est *aimable!*

ACCORD DE L'ADJECTIF QUALIFICATIF

5.84   L'adjectif s'accorde en genre et en nombre avec le nom qu'il qualifie:

Ces jeunes filles sont *belles.*

5.85   Si un seul adjectif qualifie plusieurs noms de genres différents, il se met, généralement, au masculin pluriel:

Les garçons et les filles sont *studieux.*

5.86 Quand un adjectif désignant une couleur est lui-même qualifié par un autre adjectif ou complété par un nom, il est invariable ainsi que les mots qui le qualifient:

> une étoffe *vert clair*
> des gants *jaune citron*

GENRE DE L'ADJECTIF QUALIFICATIF

Formation du féminin (Cf. 3.5 sqq.)

5.87 On forme le féminin de la plupart des adjectifs en ajoutant un **e** muet au masculin:

> un grand arbre   une *grande* fête
> un homme posé   une femme *posée*

5.88 Si le masculin se termine par un **e** muet, l'adjectif ne change pas de forme au féminin:

> un devoir facile; une lecture *facile*

5.89 Devant l'**e** muet, certains adjectifs modifient la consonnne finale du masculin:
a. **f** devient **v**:

> un tapis neuf; une maison *neuve*

Notez aussi: vif, *vive;* naïf, *naïve;* bref, *brève.*

b. **x** devient **s**:

> un ménage heureux; une vie *heureuse*

Mais doux devient *douce,* et faux devient *fausse.*

c. **c** devient **ch**:

> un gilet blanc; une blouse *blanche*

Notez aussi: franc, *franche;* sec, *sèche.* Mais public devient *publique,* grec, *grecque.*

d. **g** devient **gu**:

> un long séjour; une *longue* promenade

5.90 Les adjectifs en **-er** et quelques adjectifs en **-et** prennent au féminin un accent grave sur l'**e**.

> cher monsieur   *chère* madame
> un repos complet   une phrase *complète*

Notez aussi: discret, **discrète;** inquiet, **inquiète;** secret, **secrète.** Mais la plupart des adjectifs en -et redoublent le t: muet, *muette;* coquet, *coquette.*

5.91 Les adjectifs en **-el, -eil, -en, -on** redoublent la consonne au féminin:

un geste naturel	une pose *naturelle*
un pareil talent	une *pareille* colère
un ancien ami	une *ancienne* amie
un bon fils	une *bonne* fille

Notez aussi: gentil, *gentille.*

5.92 Les adjectifs **bas, las, gras, gros, épais** doublent l's devant l'e du féminin:

un mur bas	une chaise *basse*
un gros chat	une *grosse* souris
un livre épais	une couverture *épaisse*

Mais les autres adjectifs en -s ne doublent pas l's au féminin: gris, *grise;* français, *française,* etc.

Toutefois, notez que frais devient *fraîche.*

5.93 La plupart des adjectifs en **-eur** forme le féminin en **-euse:**

un étudiant travailleur   une étudiante *travailleuse*

Mais **meilleur, inférieur, supérieur,** et quelques autres adjectifs en -eur ajoutent simplement un **e** au féminin: *meilleure, inférieure, supérieure.* **Créateur** et beaucoup d'autres adjectifs en **-teur** (**directeur, destructeur,** etc.) changent le **-teur** en **-trice:** *créatrice, directrice, destructrice,* etc.

MASCULIN SINGULIER DE BEAU, NOUVEAU, VIEUX

5.94 **Beau, nouveau** et **vieux** ont deux formes au masculin singulier:

Devant consonne	*Devant voyelle ou* **h** *muet*
un beau paysage	un *bel* enfant un *bel* homme
un nouveau livre	un *nouvel* ami un *nouvel* habit
un vieux camarade	un *vieil* ami un *vieil* homme

Les formes du masculin pluriel sont: *beaux, nouveaux, vieux.* Elles ne varient pas devant une voyelle ou un **h** muet.

Le féminin singulier de ces adjectifs est: *belle, nouvelle, vieille.*

Le féminin pluriel se forme régulièrement: *belles, nouvelles, vieilles.*

Notez aussi: **fou (fol), folle**

NOMBRE DE L'ADJECTIF QUALIFICATIF

Formation du pluriel (Cf. 3.12 sqq.)

5.95   On forme généralement le pluriel de l'adjectif en ajoutant un s au singulier:

grand, *grands;* facile, *faciles*

5.96   Le masculin des adjectifs terminés par -s ou -x ne varie pas au pluriel:

un gros homme	de *gros* hommes
un homme curieux	des hommes *curieux*

5.97   Le masculin des adjectifs en -eau prend un x au pluriel:

beau, *beaux;* nouveau, *nouveaux*

5.98   Le masculin des adjectifs en -al change généralement -al en -aux:

capital, *capitaux;* général, *généraux*

Exceptions: fatal, *fatals;* final, *finals;* naval, *navals,* etc.

COMPARAISON DE L'ADJECTIF QUALIFICATIF

5.99   La plupart des adjectifs forment leur comparatif et leur superlatif de la manière suivante:

Positif	*Comparatif*	*Superlatif*
intéressant	plus intéressant aussi — moins —	le plus intéressant le moins —
intéressante	plus intéressante aussi — moins —	la plus intéressante la moins —
intéressant(e)s	plus intéressant(e)s aussi — moins —	les plus intéressant(e)s les moins —

5.100   L'adjectif **bon** se compare de la manière suivante:

Positif	Comparatif	Superlatif
bon	meilleur aussi bon moins bon	le meilleur le moins bon
bonne	meilleure aussi bonne moins bonne	la meilleure la moins bonne
bons (bonnes)	meilleur(e)s aussi bons — bonnes moins bons — bonnes	les meilleur(e)s les moins bons — bonnes

Voici des exemples de l'emploi des adjectifs au comparatif et au superlatif:

Adjectif attribut

Comparatif
> Le loup est *plus fort* que l'agneau.
> L'agneau est *moins fort* que le loup.
> La grenouille n'est pas *aussi grosse* que le bœuf.

NOTE. Dans une proposition suivant un adjectif au comparatif, le verbe est précédé d'un **ne** explétif (cf. **1.17**a; **6.13** *note*):
> C'est *plus difficile* que je *ne* pensais.

Superlatif
> De toutes vos étudiantes, quelle est la *meilleure?*
> Cette étudiante est *la plus intelligente,* mais elle est aussi *la moins travailleuse.*

Adjectif épithète

Comparatif
> Je ne saurais vous donner un *meilleur* conseil.
> Je ne saurais vous donner un conseil *plus désintéressé.*
> Elle n'a pas un *aussi beau* visage que sa mère.

Elle n'a pas un visage *aussi intelligent* que sa mère.

Depuis qu'il fait du journalisme, il écrit de **moins bons** romans.

Depuis qu'il fait du journalisme, il écrit des romans **moins intéres-sants.**

Superlatif

Quel est *le plus beau* roman de l'année?

Quelle est *l'œuvre la plus achevée* de cet écrivain?

Quel est *son plus beau* roman?

Quelle est *son* œuvre *la plus achevée?*

5.101 Dans les exemples suivants notez l'emploi, comme complément du superlatif, de la préposition **de** suivi d'un nom, là où l'anglais emploierait la préposition *in*.

Ce fut le plus beau jour *de* ma vie.

C'est la plus belle église *de* la région.

5.102 En comparant deux personnes ou deux objets, le français emploie un superlatif, au lieu du comparatif employé en anglais:

L'aîné est *le plus doué* des deux garçons (*the more* gifted of the two boys).

6

L'ADVERBE

Il y a plusieurs catégories d'adverbes. Dans les paragraphes qui suivent, il s'agira surtout d'adverbes de manière, de quantité, et de temps.

FORMATION

6.1   On forme la plupart des adverbes de manière en ajoutant le suffixe **-ment** au féminin de l'adjectif:

> . . . il marche *doucement* et *légèrement.* (II:B,27)
> Loulou n'avait rien, *heureusement.* (XII:189)
> Faut-il te parler *franchement?* (V:127)

Mais on dit: . . . il conte *brièvement.* . . . (II:B,22)

6.2   Quand l'adjectif se termine par une voyelle, on forme l'adverbe en ajoutant **-ment** au masculin:

> Félicité le poussait dehors *poliment.* . . . (IX:150)
> Belle Marianne, vous dormirez *tranquillement.* (VI:30)

6.3   Beaucoup d'adverbes de manière, qu'ils soient dérivés du féminin ou du masculin de l'adjectif, se terminent en **-ément:**

> . . . il ne sait pas *précisément* en quoi ils consistent. (IV:B,60)
> . . . la mer, plus loin, s'étalait *confusément.* (XII:195–196)
> . . . il dort le jour, il dort la nuit, et *profondément.* . . . (II:B,6)

6.4 Les adjectifs dont le masculin se termine par **-ant** et **-ent** forment des adverbes en **-amment** et **-emment**, prononcés tous deux: a-ment.

> . . . ce double péril tient *constamment* son esprit à la gêne. . . . (IV:B,54–55)
>
> Du mardi au samedi . . . elle toussa plus *fréquemment.* (XIII:90– 91)
>
> . . . elle lui prit *innocemment* la main. . . . (IV:A,60–61)

6.5 Certains adverbes de manière sont des adjectifs employés adverbialement et qui, de ce fait, demeurent invariables:

> . . . elle parlait très *haut,* même à l'église. (XII:134–135)
>
> . . . il parle *bas* dans la conversation. . . . (II:B,37)
>
> Il va plus *vite* que le vent. . . . (V:99)
>
> . . . et le neuvième soir elle expira, ayant *juste* soixante-douze ans. (XIII:37–38)
>
> Le lacryma-christi coûte *cher.*
>
> Les herbages sentaient *bon.*
>
> Il chante *faux.*

PLACE DE L'ADVERBE

6.6 Aux temps simples, l'adverbe suit généralement le verbe:

> L'automne s'écoula *doucement.* (XI:165)
>
> Fellacher garda *longtemps* le perroquet. (XII:202)
>
> Il le promettait *toujours* pour la semaine prochaine. . . . (XII: 202–203)

6.7 Mais quand on veut mettre l'adverbe en relief, on le place au début de la phrase:

> *Enfin* il arriva. . . . (XII:206)
>
> . . . *malheureusement* j'ai tout entendu. (VI:133–134)
>
> . . . *évidemment* ils l'exploitaient. (X:130)

6.8 L'adverbe **aussi,** signifiant *also,* ne se place jamais au commencement de la phrase:

> . . . elle pourrait bien être la raison suffisante du jeune Candide, qui pouvait *aussi* être la sienne. (IV:A,54–55)
>
> Et vous *aussi,* vous avez été belle! (V:305)

6.9 Quand *aussi* signifie *so* ou *therefore,* il a la valeur d'une conjonction et se place au commencement de la proposition; on le fait suivre généralement de l'inversion:

> Remarquez bien que les nez ont été faits pour porter des lunettes, *aussi* avons-nous des lunettes. (IV:A,31–32)

6.10 L'adverbe *peut-être* se place généralement après le verbe:

Il serait, *peut-être,* deux ans parti. (XI:28)

Mais on peut placer *peut-être* au commencement de la phrase si on le fait suivre de l'inversion:

Peut-être acceptera-t-il de nous rendre service.

Ou bien, l'on emploie, dans la langue parlée, la locution *peut-être que,* sans la faire suivre de l'inversion:

Peut-être qu'il s'était promené aux environs! (XII:131)

6.11 Aux temps composés du verbe, l'adverbe, s'il est court, se place généralement entre l'auxiliaire et le participe passé:

J'ai *bien* travaillé.
Nous avons *beaucoup* souffert.
Tu n'es pas *encore* parti? (VI:423)

S'il est long, on le placerait plutôt après le participe passé:

Il était mort *immédiatement.* . . . (XI:145–146)
As-tu remarqué que sa mère . . . a été *tout d'un coup* du même avis que moi? (V:343–344)

6.12 Les adverbes de lieu: **ici, là, là-haut, là-bas, dessus, dessous, là-dessus, là-dessous,** etc.; les adverbes de temps: **aujourd'hui, demain, hier, tôt, tard,** etc.; les adjectifs employés adverbialement: **cher, haut, bas, bon** (cf. **6.5**) se placent **après** le participe passé:

Elle est venue *ici* pour se reposer.
Il est arrivé *hier.*
Il a parlé si *bas,* que je n'ai rien compris.

COMPARAISON

6.13 La plupart des adverbes se comparent régulièrement:

Positif	Comparatif	Superlatif
vite	plus vite aussi vite moins vite	le plus vite le moins vite

Voici des exemples de la comparaison régulière de l'adverbe:

Positif
Le lièvre court *vite.*

Comparatif

Le lièvre court *plus vite* que la tortue.

La tortue ne court pas *aussi vite* que le lièvre.

La tortue court *moins vite* que le lièvre.

NOTE. Dans une proposition suivant un adverbe au comparatif, le verbe est précédé d'un **ne** explétif (cf. **1.17**a; **5.100** *note*):

Mon travail avance *moins vite* que je *ne* l'avais espéré.

Superlatif

Des deux, c'est le lièvre qui court *le plus vite* et la tortue, *le moins vite.*

6.14 Les adverbes suivants se comparent irrégulièrement:

Positif	Comparatif	Superlatif
bien	mieux aussi bien moins bien	le mieux le moins bien
mal	plus mal (*ou* pis) aussi mal moins mal	le plus mal (*ou* le pis) le moins mal
beaucoup	plus	le plus
peu	moins aussi peu	le moins

6.15 **Bien** s'emploie:

a. Comme adverbe de manière. Dans cet emploi, il faut éviter de le confondre avec l'adjectif **bon** (cf. **5.100**):

Il écrit *bien;* c'est un *bon* écrivain.

b. Comme adverbe de degré ou de quantité. Dans cet emploi, **bien** se distingue de **très** et de **beaucoup** par la nuance d'évaluation subjective qu'il ajoute souvent à l'idée de degré ou de quantité:

C'est une chose *bien* extraordinaire! Comment peut-on être Persan? (III:B,28–29)

Je suis *bien* sotte en vérité! (VI:327–328)

Cruelle Marianne! vos yeux ont causé *bien* du mal. . . . (V:204)

Cet événement, pendant *bien* des années, fut un sujet de conversation à Pont-l'Evêque. (X:28–29)

6.16   **Bien** s'emploie aussi:

a. Comme adverbe d'affirmation:

> Elle n'a plus sa tête, vous voyez *bien!* (XIII:101–102)
> Je vous l'avais *bien* dit.

b. Adjectivement, avec le sens de "distingué" ou de "à l'aise":

> C'est une personne très *bien.*
> Comme on est *bien* dans ce fauteuil!

6.17   **Mieux** s'emploie comme comparatif de **bien** dans la plupart des constructions où l'on emploie **bien** au positif:

> Cet étudiant travaille bien, celui-ci travaille *mieux.*
> Ce jeune homme est *mieux* que son frère, qui manque un peu de distinction.
> Asseyez-vous là; vous serez *mieux* pour lire.

NOTE. Évitez de confondre l'adverbe **mieux** avec l'adjectif **meilleur** (cf. **5.100**):

> . . . tout étant fait pour une fin, tout est nécessairement pour la *meilleure* fin. (IV:A,30–31)
> . . . le plus grand baron de la province doit être le *mieux* logé. . . . (IV:A,35–36)

6.18   **Mal** s'emploie avec un sens opposé à celui de **bien:**

> . . . il articule *mal.* . . . (II:B,37)
> Ce travail n'est pas *mal* (ou: *mauvais*).
> Comme on est *mal* dans ce fauteuil!

NOTE. Il faut éviter de confondre l'adverbe **mal** avec les adjectifs **malade** et **mauvais:**

> Elle va *mal;* elle est très *malade.*
> Cet auteur écrit de *mauvais* romans; il écrit *mal.*

6.19   Au comparatif et au superlatif, **plus mal, le plus mal** s'emploient de préférence à **pis, le pis,** sauf dans certaines expressions idiomatiques:

> Aujourd'hui, la malade va *plus mal.*

Mais on dit:

> *Tant pis!*
> Les choses vont *de mal en pis.*

6.20   **Beaucoup** signifie à la fois *much* et *very much.* Il n'est jamais précédé de "très":

> Cela me plaît *beaucoup.*   I like that very much.

6.21   Evitez de confondre **beaucoup** et **beaucoup de:**

> J'aime *beaucoup* les livres.
> Je lis *beaucoup de* livres.

Dans le premier exemple, **beaucoup** se rattache au verbe et marque le degré; dans le second, il se rattache au nom et marque la quantité.

6.22   **Peu** peut être précédé de **assez, aussi, bien, très,** ou **trop:**

> Ils aiment *assez peu* la flatterie.
> Il est *aussi peu* studieux que son frère.
> Il est *bien peu* studieux.
> Il est *très peu* studieux.
> Il est *trop peu* studieux.

6.23   Evitez de confondre:

a. **Peu** (*little, but little*) et **un peu** (*a little*):

> Il l'aime *peu.*
> Elle l'aime *un peu.*

b. **Peu** et **peu de:**

> Il l'aime *peu.*
> Elle lui inspire *peu d'*amour.

c. **Peu de** et **un peu de:**

> Elle lui inspire *peu d'*amour.
> Il voudrait lui inspirer au moins *un peu d'*amour.

d. **Peu de** (*few, but few*) et **quelques** (*à few*):

> Il a *peu d'*amies.
> Elle a *quelques* amies fidèles.

6.24   **Plus** et **moins,** devant un adjectif numéral ou devant un nom employé partitivement, sont suivis de la préposition **de:**

> Il a *plus de* trente ans; elle en a *moins de* vingt.
> Il lui faudrait *plus de* courage pour mener à bien cette tâche.

Mais on dirait:

> Il travaille *plus que* moi.

6.25   A la fin d'une phrase **plus** est souvent remplacé par **davantage:**

> . . . elle en buvait deux doigts, pas *davantage.* (XI:163–164)

6.26   Notez l'emploi idiomatique de **plus** et de **moins** dans les phrases suivantes:

> *Plus* on travaille, *plus* on apprend.
> *Plus* il étudie, *moins* il comprend.

Cela devient *de plus en plus* (*de moins en moins*) difficile.
Il a dix ans *de plus* (*de moins*) que moi.
Pensez-y *le plus* (*le moins*) possible.
Nous nous voyons *le plus* (*le moins*) souvent possible.

6.27 **Aussi,** qui marque l'équivalence, se distingue de l'adverbe **si,** qui marque le degré. Ces deux adverbes ne s'emploient qu'avec un adjectif ou un autre adverbe:

. . . on l'écoute *aussi* longtemps qu'il veut parler. . . . (II:B,10–11)
. . . il n'y a point de rues ni de galeries *si* embarrassées et *si* remplies de monde où il ne trouve moyen de passer sans effort. . . . (II:B,34–35)

6.28 **Aussi** et **si** se distinguent également de l'adverbe, **autant,** qui marque l'équivalence et de **tant,** qui marque le degré. Ces adverbes ne s'emploient qu'avec un verbe:

Il est *aussi travailleur* que vous; il travaille *autant* que vous.
Il est *si travailleur* qu'on ne peut s'empêcher de l'admirer.
Il *travaille tant* (ou *tellement*) qu'il finira par compromettre sa santé.

6.29 Notez, pour terminer, deux adverbes, qui ne se rapportent pas à la comparaison, et que l'on confond souvent: **comme,** qui marque le degré, **comment,** qui exprime la manière:

Mon Dieu! *comme* vous êtes bête! (XII:140)
Comme c'est beau! (ou: *Que* c'est beau!)
Il ne sait pas *comment* s'y prendre.

7

LA PREPOSITION

7.1 La préposition sert à introduire un nom, un pronom, un adjectif numéral, un adverbe, une locution prépositive, un verbe, ou une proposition tout entière, qu'elle relie à un autre élément de la phrase:

L'amour *d'*une mère   Sortir *de* chez soi
Sa vie *à* elle   *En* arrivant
Travailler *pour* deux   *Après* être arrivé
Partir *pour* toujours   *Pour* quand est-ce?

7.2 D'ordinaire, la préposition se répète devant chacun des éléments qu'elle régit:

C'est *à* vous et *à* elle que je pense.
Il nous entretint *de* ses espoirs et *de* ses déceptions.
C'est *en* lisant et *en* relisant chaque phrase que vous finirez par comprendre.
On appelle Bayard le chevalier *sans* peur et *sans* reproche.
Flaubert a écrit un ouvrage intitulé "*Par* les champs et *par* les grèves."

NOTE. Quand ces éléments constituent un tout ou représentent un seul être ou un seul objet, la préposition ne se répète pas:
Nous avons écrit *à* nos parents, amis et connaissances.
J'en parlerai *à* mon collègue et ami, M. Lebrun.

7.3 Quand une préposition s'emploie avec la locution **l'un(e) l'autre, les un(e)s les autres,** elle se place entre les deux éléments:

Ces deux êtres vivent l'un *pour* l'autre.
Ils s'assirent les uns *à côté des* autres.

NOTE. Certaines prépositions composées, notamment: **à côté de, en face de,** peuvent se placer aussi de la manière suivante:

Ils s'assirent *à côté* les uns *des* autres.

Nous étions placés *en face* l'un *de* l'autre.

7.4   Quand une préposition régit un pronom complément se rapportant à une chose, le pronom s'omet généralement, surtout dans la langue familière:

Comme l'autobus partait, j'ai couru *après.*

L'enfant ramassa la balle et se sauva *avec.*

Les boutiques étaient brillamment éclairées; des passants s'arrêtaient *devant.*

NOTE. Dans cette construction, les prépositions **dans, sur, sous** sont remplacées par les adverbes **dedans, dessus, dessous:**

Ouvrez la boîte et vous verrez qu'il n'y a rien *dedans.*

J'ai débarrassé la table et j'ai mis mes livres *dessus.*

Cache-toi sous le lit! Vite! Cache-toi *dessous!*

7.5   Dans quelque langue que ce soit, les prépositions sont toujours d'un maniement délicat. Voici quelques exemples de l'emploi idiomatique de certaines prépositions, qui marquent, en français:

a. L'agent:

Il est aimé (estimé, respecté) *de* ses collègues.	He is loved (esteemed, respected) *by* his colleagues.
Partout où elle va, elle est suivie (accompagnée) *de* sa mère.	Everywhere she goes she is followed (accompanied) *by* her mother.
Il s'aperçut qu'il était suivi *par* un individu de mauvaise mine.	He noticed that he was being followed *by* a suspicious-looking character.

Notez qu'on emploie **de** quand l'agent joue un rôle passif et **par,** quand le rôle de l'agent est actif.

b. La cause, l'origine:

En le revoyant, elle a pleuré *de* joie.	When she saw him again, she wept *with* joy.
On l'a félicité *de* sa réussite.	He was congratulated *on* his success.
On n'est pas toujours puni *de* ses péchés.	One isn't always punished *for* one's sins.
Je me réjouis *de* sa venue.	I rejoice *at* his coming.
Il a cédé *par* faiblesse.	He gave in *out of* weakness.

Complimentez-le *de* ma part.

Congratulate him *for* me.

J'ai acheté ce tableau *à* un ami qui voulait s'en défaire.

I bought this picture *from* a friend who wanted to dispose of it.

Il faut éviter d'emprunter de l'argent *à* ses amis.

One should avoid borrowing money *from* one's friends.

c. La distribution, la mesure:

On les interrogea un *à* un.

They were questioned one *by* one.

Il faut verser l'huile goutte *à* goutte.

The oil must be poured drop *by* drop.

Le vin se vend *au* litre.

Wine is sold *by* the liter.

Je suivais jour *par* jour les progrès de sa maladie.

I followed day *by* day the progress of his illness.

Je ne prends qu'un repas *par* jour.

I have only one meal a day.

Cela réussit neuf fois *sur* dix.

It works nine times *out of* ten.

d. Le lieu:

Ils s'étendirent côte *à* côte.

They stretched out side *by* side.

Il fait trop chaud *au* soleil; mettons-nous *à* l'ombre.

It's too hot *in* the sun; let us get *into* the shade.

Elle était assise *à* (ou: *auprès de*) la fenêtre.

She sat *by* the window.

On voit de jolies choses *aux* devantures des magasins.

One sees pretty things *in* the shop windows.

Aux murs on ne voyait pas un seul tableau.

On the walls not a single picture was to be seen.

Elle prit une robe *dans* l'armoire.

She took a dress *out of* the wardrobe.

Défense de boire *à* la bouteille: bois *dans* ton verre.

Don't drink *out of* the bottle; drink *out of* your glass.

Ils ont fait connaissance *dans* le train.

They met *on* the train.

Hier, je suis passé *devant* chez vous.

Yesterday, I passed *by* your house.

De ce côté-ci, on aperçoit le clocher de notre église.

In this direction you can see our church steeple.

Je vous suivrai *jusqu'au* bout du monde.	I shall follow you *to* the ends of the earth.
Ne passez pas *par* là; passez *par* la grande porte.	Don't go that way; go *through* the main door.
Il ne faut rien jeter *par* la fenêtre.	You mustn't throw anything *out of* the window.

e. La manière, le moyen:

C'est *de* cette manière qu'il faut s'y prendre.	This is the way to go about it.
Il répondit *d'*une voix tremblante.	He answered *with* a trembling voice.
Elle le remercia *d'*un sourire.	She thanked him *with* a smile.
Je vous remercie *de* tout mon cœur.	I thank you *with* all my heart.
Il se débattit *de* toutes ses forces.	He struggled *with* all his might.
Nous avancions pas *à* pas.	We were advancing step *by* step.
Des femmes *à* genoux priaient avec ferveur.	Women *on* their knees were deep in prayer.
Comment y va-t-on? *A* pied ou *en* voiture?	How shall we go? *On* foot or *by* car?
Faut-il écrire *au* crayon ou *à* l'encre?	Must we write *in* pencil or *in* ink?
Nous avons vécu *de* pain et *de* fromage.	We lived *on* bread and cheese.
Je l'ai reconnue *à* sa voix.	I recognized her *by* her voice.
Je le connais *de* vue.	I know him *by* sight.

f. La séparation:

Il ne peut pas s'arracher *à* son travail.	He cannot tear himself *away from* his work.
Enlevez les ciseaux *à* cet enfant: il va se faire mal.	Take the scissors *away from* the child; he is going to hurt himself.
On a volé sa montre *à* mon père.	My father had his watch stolen.
On a pris son sac *à* cette dame.	This lady's bag was taken (or: snatched) *from* her.
Elle a caché *à* ses parents qu'elle s'était mariée.	She concealed *from* her parents that she had got married.

g. Le temps:

A mon arrivée, j'ai trouvé mes amis qui m'atten-daient.	*On* my arrival I found my friends waiting for me.
A cette occasion, il pro-nonça un discours mémorable.	*On* (or: *upon*) this occasion, he made a memorable speech.
*A partir d'*aujourd'hui, vous me ferez le plaisir d'arriver *à* l'heure.	*From* now *on* I expect you to arrive *on* time.
A partir de ce jour-là, il changea du tout au tout.	*From* that day *on* he changed completely.
Quand vous embarquez-vous? — *Dans* huit jours.	When are you sailing? — *In* a week (i.e., a week from now).
En huit jours il peut se passer beaucoup de choses.	*In* a week (i.e., within the space of a week) many things can happen.
Je pars *pour* huit jours.	I'm leaving *for* a week (i.e., with the intention of staying a week).
Il a plu *pendant* huit jours.	It rained *for* a week (i.e., during a week).
Voyagez-vous *de* jour ou *de* nuit?	Are you traveling *by* day or *by* night?
De mon temps, tout allait beaucoup mieux.	*In* my day conditions were much better.
Mais non, c'est *de* nos jours que tout va mieux.	Not at all! Things are much better now.
Du temps des rois, il y avait des ordres privi-légiés.	*In* the days of the kings there were privileged orders.
Il faut imposer la discipline *dès* le début.	Discipline must be imposed *from* the very beginning.
Vous partirez *dès* demain.	You will leave *no later than* tomorrow.
Nous sommes arrivés *en* même temps.	We arrived *at* the same time.
En chemin, nous avons bavardé.	*On* the way we chatted.

Jusqu'à ce jour (ou: *jusqu'*ici) sa conduite a été irréprochable.

Until now he has behaved perfectly.

Mme de Sévigné vécut *sous* le règne de Louis XIV.

Mme de Sévigné lived *during* the reign of Louis XIV.

7.6 Nous avons groupé dans ce paragraphe un certain nombre de prépositions et de locutions idiomatiques qu'il eût été difficile de classer par catégories. Il a paru plus instructif de prendre comme point de départ la préposition (ou locution) anglaise:

According to

According *to* him the story isn't true.

D'après (ou: *selon*) lui cette histoire n'est pas vraie.

After

He takes *after* his father.

Il tient *de* son père.

She was called Emily *after* her mother.

On l'a nommée Emilie, **comme** sa mère.

Against

What do you have *against* your father?

Que reprochez-vous *à* votre père?

At

He rushed *at* me.

Il s'est précipité *sur* moi.

By

I shall let you know *by* Thursday.

Je vous le ferai savoir *d'ici* jeudi (ou: jeudi au plus tard).

The living-room is fifteen *by* twenty feet.

Le salon a quinze pieds *sur* vingt.

In

In a word, he did absolutely nothing.

En un mot, il n'a absolument rien fait.

In all respects, it's perfect.

Sous tous les rapports, c'est parfait.

In my opinion, we should wait.

A mon avis, nous devrions attendre.

Of

Think *of* me.

Pensez *à* moi.

What do you think *of* him?

Que pensez-vous *de* lui?

On

He's *on* leave.

Il est *en* congé.

On the other hand, this plan presents serious drawbacks.

*D'*autre part (ou: par contre) ce projet présente de sérieux inconvénients.

On the contrary, we must in-   Il faut, *au* contraire, l'inviter.
vite him.

On arriving, I went straight   *En* arrivant, je suis allé directement
home.   à la maison.

I met them *on the way to*   Je les ai rencontrés *en allant*
work.   travailler.

It depends *on* the price you   Cela dépend *du* prix qu'on paie.
pay.

To

He turned *to* me.   Il s'est tourné *vers* moi.

What is our duty *to* society?   Quels sont nos devoirs *envers* la
                                     société?

He was very good (or kind)   Il a été très bon *pour* moi.
to me.

To me, it was a surprise.   *Pour* moi, ce fut une surprise.

To me, he's a great poet.   *Pour* moi (ou: *à* mon avis), c'est
                                     un grand poète.

With, without

He is always meddling *with*   Il se mêle toujours *des* affaires des
other people's business.   autres.

One can *do without* a great   On peut *se passer de* beaucoup de
many things.   choses.

7.7 Certains verbes, qui sont, en français, accompagnés d'une préposition, n'expriment pas la préposition en anglais:

Il *manque de* courage.   He *lacks* courage.

Savez-vous *jouer au* tennis?   Can you *play* tennis?

Savez-vous *jouer du* piano?   Can you *play* the piano?

On n'*obéit* pas toujours *à* ses   One doesn't always *obey* one's
parents.   parents.

Il faut *pardonner à* ceux qui   We must *forgive* those who have
nous ont offensés.   offended us.

On ne peut pas *plaire à* tout   You can't *please* everybody.
le monde.

Il est difficile de *résister à* la It is difficult to *resist* flattery.
flatterie.

A qui *ressemble*-t-il?   Whom does he *resemble*?

De quoi *se sert*-on pour   What do you *use* to measure tem-
évaluer la température?   perature?

Le fils *succéda au* père.   The son *succeeded* the father.

7.8 Certains verbes, qui se construisent en anglais avec un complément
de préposition, sont suivis en français d'un complément direct:

He *asked for* my opinion. — Il *a demandé* mon avis.

Listen to the music. — *Ecoute* la musique.

He *looked at* her without saying a word. — Il la *regarda* sans rien dire.

What are you *looking for?* — Que *cherchez*-vous?

He *paid for* everything. — Il a tout *payé.*

I'm *waiting for* your answer. — *J'attends* votre réponse.

NOTE. **Demander** et **payer** s'emploient aussi de la manière suivante:

Il a demandé conseil *à* son professeur. — He asked his teacher *for* advice.

Il a demandé *à* son professeur *de* le conseiller. — He asked his teacher *to* advise him.

J'ai payé ce livre dix francs. — I paid ten francs *for* this book.

J'ai payé le libraire. — I paid the bookseller.

J'ai payé plus de quatre mille francs d'impôts *à* l'Etat. — I paid the state more than four thousand francs in taxes.

7.9 Souvent l'anglais, par souci de précision ou de pittoresque, fait accompagner le verbe d'une préposition qu'on n'exprime pas en français:

He *filled up* his glass. — Il a *rempli* son verre.

Will you *sew on* a button for me? — Voulez-vous me *coudre* un bouton?

The snow has *melted away.* — La neige *a fondu.*

Take off your coat. — *Otez* votre pardessus.

NOTE. Le français peut, à l'occasion, représenter cette préposition par un adverbe ou une locution adverbiale:

He filled *up* his glass. — Il a rempli son verre *jusqu'au bord.*

Did you read the book *through?* — Avez-vous lu le livre *d'un bout à l'autre?*

The snow has melted away. — La neige a fondu *entièrement.*

Speak *up!* — Parlez *plus fort!*

7.10 Dans beaucoup de cas, le français, s'en rapportant au contexte, emploie un verbe ou une locution de sens très général pour représenter une action ou un état que l'anglais, plus épris du détail concret, exprime au moyen d'un verbe descriptif accompagné d'une préposition ou d'une locution prépositive:

Come in! (*Walk in! Step in!*) — *Entrez!*

He *walked* (*rode, drove*) *through* the forest. — Il *a traversé* la forêt.

We *walked* (*rode, drove*) *across* some fields.	Nous *avons traversé* des champs.
Shall we *walk* (*ride, drive*) *around* the lake.	Voulez-vous que nous *fassions le tour du* lac?
He *walked down* endless corridors.	Il *a suivi* d'interminables couloirs.
They *showed* us *through* the house.	On nous *a fait visiter* la maison.
He lives *across the street from* us.	Il demeure *en face de* chez nous.

NOTE. Dans les exemples qui précèdent, observez que l'idée exprimée en anglais par la préposition (*in, through, across, down,* etc.) est rendue en français par le verbe principal (*entrer, traverser, suivre,* etc.), qui évite de préciser le caractère de l'action (cf. par contraste l'anglais *walk, step, ride,* etc.). Toutefois quand le sens l'exige, le français représente le détail concret au moyen d'une locution verbale ou adverbiale:

He *ran* across the room.	Il traversa la pièce *en courant.*
He *swam* across the river.	Il traversa le fleuve *à la nage.*
The prisoners *burrowed their way through* to freedom.	*Au prix de mille efforts,* les prisonniers s'évadèrent *en creusant un tunnel.*
The cat *jumped* down from the tree.	*D'un bond* le chat descendit de l'arbre.

7.11 Quand, en anglais, une préposition reliant deux noms exprime le mouvement, la direction, on la remplace le plus souvent en français, par un membre de phrase ou une proposition:

What is the shortest way *to* Barcelona?	Quelle est la route la plus directe *pour aller à* Barcelone?
It's the road *through* Perpignan, *over* the Pyrenees.	C'est la route *qui passe par* Perpignan et *qui traverse* les Pyrénées.
It's the road *around* the Massif Central.	C'est la route *qui contourne* le Massif Central.

NOTE. L'expression *the road to* (*through* or *over*) peut se traduire aussi par **la route de,** comme dans les phrases suivantes:

Which is the road *to* Perpignan, please?	Quelle est la route *de* Perpignan, s'il vous plaît?
We took the road *over* (or *through*) the Alps.	Nous avons pris la route *des* Alpes.

$$8$$

LE VERBE

Les différentes espèces de verbes

LE VERBE TRANSITIF

8.1 Le verbe **transitif** exprime une action qui passe du sujet à un objet. Si l'action s'exerce directement, c'.-à-d., sans le secours d'une préposition, l'objet s'appelle complément direct. Si l'action s'exerce indirectement, c'.-à-d., par l'intermédiaire d'une préposition, l'objet s'appelle complément indirect:

Verbe transitif direct: Je *lis un livre.* Je *le lis.*
Verbe transitif indirect: Je *parle au professeur.* Je *lui parle.*

LE VERBE INTRANSITIF

8.2 Le verbe **intransitif** exprime une action qui ne s'exerce sur aucun objet:

Il *marche.*
La neige *tombe.*

Parmi les verbes transitifs et intransitifs, nous étudierons plus particulièrement, dans les paragraphes qui suivent, le verbe pronominal, le verbe impersonnel, les verbes auxiliaires et les verbes dits auxiliaires.

LE VERBE PRONOMINAL

8.3 Il y a deux sortes de verbes pronominaux: les pronominaux réfléchis et les pronominaux non réfléchis.

LE PRONOMINAL RÉFLÉCHI

8.4 Le verbe pronominal réfléchi représente une action exercée par le sujet sur lui-même.

Il *se lave.*

8.5 L'action peut s'exercer directement ou indirectement:

Action directe:	Elle *se* (compl. dir.) *couche.*
Action indirecte:	Elle *se* (compl. indir.) *pose* une question.

8.6 Aux temps composés, le verbe pronominal réfléchi se conjugue avec l'auxiliaire **être.** Si le pronom réfléchi est complément direct, le participe passé s'accorde avec lui; si le pronom est indirect, le participe ne s'accorde pas (cf. **8.95c**):

Complément direct:	Elle *s'*est couch*ée.*
Complément indirect:	Elle *s'*est posé une question.

8.7 Le verbe pronominal réfléchi peut aussi représenter une action exercée par plusieurs sujets les uns sur les autres (action réciproque):

Ils **se regardent.**	Ils *se sont regardés.*
Ils **se parlent.**	Ils *se sont parlé.*

8.8 Le verbe pronominal réfléchi s'emploie idiomatiquement pour représenter une action que le sujet exerce sur un nom désignant une partie du corps. Dans cette construction, le pronom réfléchi est indirect et le participe passé, aux temps composés, ne s'accorde pas:

Nous *nous* (*compl. indir.*) *lavons* les mains (*compl. dir.*)
Nous *nous sommes lavé* les mains.
Elle *s'est coupé* le doigt.

Mais on fait l'accord dans les exemples suivants:

Nous *nous* (*compl. dir.*) sommes lav*és.*
Elle *s'*est coup*ée.* (se: *compl. dir.*)

8.9 Quand on traduit un verbe anglais en français, il faut avoir soin d'en analyser le sens pour savoir s'il faut employer un verbe transitif ou un verbe pronominal:

The driver stops his car.	Le conducteur *arrête* sa voiture.
The driver stopped his car.	Le conducteur *a arrêté* sa voiture.
The car stops.	La voiture *s'arrête.*
The car stopped.	La voiture *s'est arrêtée.*

LE PRONOMINAL NON RÉFLÉCHI

8.10   Le verbe pronominal non réfléchi représente une action qui, à proprement parler, ne s'exerce pas sur le sujet. Aux temps composés, le participe passé du pronominal non réfléchi s'accorde avec le **sujet** (cf. **8.95c**). Voici une liste des verbes les plus courants appartenant à cette catégorie: s'apercevoir (de), s'attendre (à), se douter (de), s'échapper, s'écrier, s'emparer (de), s'en aller, s'enfuir, s'évanouir, se moquer (de), se plaindre (de), se promener, se repentir, se sauver, se souvenir (de), se tromper (de), se taire, s'y prendre, etc:

Ils se sont *aperçus* qu'on les trompait.
Elles s'en sont *allées* sans rien dire.

8.11   Le verbe pronominal non réfléchi s'emploie avec un sens passif, le plus souvent à la 3e personne et sans indication d'agent.

Cela ne *se fait* pas.
Cela ne *se dit* pas.
Le champagne *se boit* froid.
La récolte s'est bien *vendue* cette année.

LE VERBE IMPERSONNEL

8.12   Sauf exception, les verbes impersonnels ne s'emploient qu'à l'infinitif et à la troisième personne du singulier, et ne se rapportent à aucun sujet déterminé. Les plus courants sont:

a. Les verbes exprimant les phénomènes de la nature:

Il pleut. Il vente. Il tonne. Il grêle.

b. Le verbe **faire**, employé impersonnellement avec un adjectif ou un nom pour caractériser l'état du temps:

Il fait beau.   *Il fait froid.*
Il fait nuit.   *Il fait du soleil.*

c. Le verbe **être**, employé impersonnellement pour indiquer l'heure:

Il est trois heures. *Il est* minuit.

d. Le verbe **être**, employé impersonnellement avec un adjectif et suivi d'un infinitif ou d'une proposition (Cf. **8.62, 8.63**)

Il est bon de parler et meilleur de se taire.
Il est heureux que les hommes ignorent l'heure de leur mort.

e. **Il faut, il vaut mieux, il convient, il se peut**, etc., suivis d'un infinitif ou d'une proposition (dont le verbe se met au subjonctif):

Pourquoi *faut-il* ici que je mette la main à tout si je veux obtenir
quelque chose? (V:285–286)

Il vaut mieux tenir que courir.

f. *Il y a,* locution invariable, qui s'emploie pour exprimer l'existence
ou pour marquer l'écoulement d'une période de temps (Cf. **8.97**g,
8.122c)

Il y a (ou: **il est**) quelque part une maison où je voudrais vivre.
Il y a trois ans déjà qu'il est parti.

8.13 On peut employer impersonnellement un verbe personnel, pour en
mettre en valeur le sujet, qui se trouve ainsi rejeté à la fin de la phrase:

Il est venu quelqu'un.
Il souffle un vent terrible.

NOTE. Dans cette construction, le verbe employé impersonnellement
est toujours au singulier. Aux temps composés, le participe est invariable:

Il lui *est arrivé* plusieurs aventures.

LES VERBES AUXILIAIRES: AVOIR, ETRE

8.14 Employés comme verbes auxiliaires, **avoir** et **être** servent à former
les temps composés.

8.15 Se conjuguent avec **avoir**,
a. Les verbes **avoir** et **être**:

J'ai eu. *J'avais* été. *J'aurai* eu. *J'aurais* été.

b. Tous les verbes transitifs et la plupart des verbes intransitifs (cf.
8.96):

Il *a* mangé une pomme.
Il *a* marché.

c. Les verbes **entrer, rentrer, sortir, monter, descendre** quand ils sont
employés transitivement:

On *a* entré le piano par la fenêtre.
J'ai rentré ma voiture dans le garage.
Il *a* sorti un portefeuille de sa poche.
Nous *avons* monté et descendu l'escalier.

8.16 Se conjuguent avec **être**:
a. Certains verbes intransitifs exprimant le mouvement ou un changement d'état, dont voici les plus courants: **aller, venir; arriver,**

partir; entrer, sortir; monter, descendre, tomber; rentrer, revenir, retourner, rester; naître, devenir, mourir (cf. 8.95b):

> Ils *sont* entrés dans la maison.
> Elle *est* sortie à huit heures.

b. Tous les verbes pronominaux (**8.3** sqq.; **8.95c**):

> Ils se *sont* regardés.
> Elle s'en *est* souvenue.

8.17   Se conjuguent avec l'auxiliaire **être**, à tous les temps, les verbes employés à la voix passive (cf. **8.51, 8.95a**):

> Les fleurs *sont* arrosées par le jardinier.
> Beaucoup de maisons *ont été* détruites pendant la guerre.
> Ceux qui ne feront pas leur travail *seront* renvoyés.

8.18   Pour l'accord du participe passé aux temps composés, V. **8.95, 8.96.**

LES VERBES DITS AUXILIAIRES

8.19   Quand ils sont accompagnés d'un autre verbe, **devoir, pouvoir, savoir** se construisent avec l'infinitif; **falloir, vouloir,** avec l'infinitif ou le subjonctif (cf. **8.80**a, **8.62, 8.65**).

FALLOIR

8.20   **Falloir** (verbe impersonnel) et **devoir** s'emploient pour exprimer l'obligation. **Falloir,** qui a un sens plus général, est d'un usage plus courant, **devoir** étant le plus souvent réservé pour les cas où l'obligation a un caractère moral (cf. le sens du nom **devoir** = *duty*). Les deux exemples suivants feront ressortir cette différence:

> *Il faut* vous reposer, voyons: vous allez vous surmener. Vous *devez* vous reposer: votre santé en dépend, et celle de vos enfants.

8.21   **Falloir** s'emploie avec l'**infinitif**:
a. Quand le sujet est impersonnel:

> *Il faut* avouer qu'il a l'air bien persan. (III:B,11)

NOTE. Il serait inélégant de dire: "Il faut qu'on avoue. . . ."

b. Quand, grâce au contexte, le sujet est évident. Cette construction est particulièrement fréquente quand le sujet principal de la phrase est une 2e personne du singulier ou du pluriel:

> Vous avez assez paressé; *il faut* vous mettre au travail.
> Tu es ridicule, voyons: *il ne faut pas* te tourmenter ainsi.
> Nous étions sans ressources: *il a fallu* tout vendre.

8.22 **Falloir** s'emploie avec le subjonctif quand on veut préciser le sujet (cf. **8.62**) :

> *Il faut que je* vous quitte.
> *Il a fallu qu'il* renonce à son projet.

NOTE. Dans le cas où **il faut** suivi du subjonctif serait inélégant, on peut le construire avec un pronom personnel indirect et le faire suivre de l'infinitif :

> Il a prétendu qu'*il lui avait fallu* passer la nuit à finir ce travail (plutôt que: "Il a prétendu qu'il avait fallu qu'il passe . . .).

8.23 Quand on veut traduire en français l'expression: "I (he, they, etc.) don't have to . . . ," au lieu de **il faut**, on emploie **il n'est pas nécessaire de** + l'infinitif ou **il n'est pas nécessaire que** + le subjonctif:

> *Il n'est pas nécessaire* de faire ce voyage.
> *Il n'est pas nécessaire que* vous fassiez ce voyage; d'autres peuvent tout aussi bien le faire à votre place.

NOTE. On pourrait dire aussi:

> *On n'est pas obligé de* faire ce voyage.
> *Vous n'êtes pas obligé de* faire ce voyage. . . .

8.24 **Falloir,** suivi d'un complément d'objet, s'emploie indépendamment de l'infinitif ou du subjonctif, pour traduire l'anglais *need* ou *require*:

> Combien d'argent *vous faudra-t-il* pour finir le mois?
> Après la messe, *il fallut* encore trois quarts d'heure pour atteindre le cimetière. (XI:212–213)

Notez que le sujet de la phrase anglaise devient en français un complément indirect:

> How much do *you* need?   Combien **vous** faut-il?

DEVOIR

8.25 **Devoir** s'emploie au **présent** pour affirmer une obligation morale:

> . . . le plus grand baron de la province *doit* être le mieux logé. . . . (IV:A,35–36)

8.26 Le **conditionnel présent** et le **conditionnel passé** de **devoir** expriment une nuance de l'idée d'obligation représentée en anglais par *ought to* et *ought to have:*

> Vous *devriez* être plus prévoyant.
> . . . elle *aurait dû* l'emporter dans le Midi. D'autres docteurs l'auraient sauvée! (XI:220–221)

8.27   Au **passé composé** et au **passé simple, devoir** exprime fréquemment la simple obligation et remplace **il faut** suivi du subjonctif:

> Comme la pluie persistait, nous *avons dû* passer la nuit chez nos hôtes.

8.28   Outre l'idée d'obligation, **devoir** sert aussi à exprimer:
a. la réalisation probable d'un fait futur:

> Il *doit* arriver demain. (*He is to, he is expected to* arrive to-morrow or *It is expected that* he will arrive tomorrow.)

NOTE. L'anglais *was to, was expected to,* se traduit par l'**imparfait:**
Il *devait* arriver hier.
Il lui apprit qu'elle ne *devait* plus le revoir. (IX:107)

b. la supposition:

> En ta qualité de parent, tu *dois* être reçu dans la maison. (V: 129)

NOTE. Quand la supposition s'applique a un fait passé, on emploie le **passé composé** de **devoir:**
S'il n'est pas venu, c'est qu'il *a dû* oublier (. . . *he must have* forgotten).

8.29   **Devoir** s'emploie, indépendamment de l'infinitif, avec un nom ou un pronom complément, pour traduire l'anglais *owe:*

> Combien vous *dois*-je?

VOULOIR, POUVOIR

8.30   Le sens de ces verbes varie légèrement selon le temps auquel on les emploie. Ce sont ces nuances que nous étudierons dans les para-graphes suivants.

VOULOIR

8.31   **Vouloir,** au **présent,** correspond à l'anglais *want* ou *will:*

Je *veux* qu'on m'obéisse.	I *want* to be obeyed.
Je *veux* le faire.	I *will* do it.
Voulez-vous m'accompagner?	*Will* you come with me?
Je *veux* bien.	I *am willing.*

NOTES. [1] Je **veux bien** veut dire: I *am willing* et non: I very much want to.

[2] L'anglais *will* se traduit, selon le sens de la phrase, tantôt par le présent de **vouloir,** tantôt par un verbe au futur:

Voulez-vous nous faire le plaisir de venir dîner?

Si vous allez demain à la plage, vos amis *iront*-ils aussi?

   ³ L'anglais *wish* (opposé à *want*) se traduit par **désirer:**

Que *désirez*-vous, Madame?

8.32 L'imparfait de **vouloir** indique que la volonté du sujet est demeurée
à l'état de puissance (potentiality), qu'elle ne s'est pas réalisée. Il
correspond à l'anglais *wanted:*

Paul, qui s'ennuyait, *voulait* partir. (X:96)

8.33 Le **passé composé** et le **passé simple** de **vouloir** indiquent au contraire, que la volonté du sujet s'est réalisée, ou qu'elle a commencé de
se réaliser. On traduirait ces temps en anglais par *insisted on, tried to,
would;* au négatif, par *refused to, wouldn't:*

Pourquoi n'*a*-t-elle pas *voulu* dire ce qu'elle a répondu? (Why *did
she refuse . . .*) (V:392)

Puis elle *voulut* parler au capitaine du bateau. . . . (she *insisted
on . . .*) (XII:200)

8.34 Le **conditionnel présent** et le **conditionnel passé** de **vouloir** servent
à exprimer un souhait. Ils correspondent à l'anglais *would* (cf. *would
you, please . . .*), *should* (*would*) *like to, should* (*would*) *have liked
to:*

Voudriez-vous me dire, s'il vous plaît . . .	*Would* you, please, tell me . . .
Je *voudrais* bien partir.	I *should* like very much *to* leave.
Je *voudrais* que vous me disiez . . .	I *should like* you to tell me . . .
Ils *auraient* bien voulu nous accompagner.	They *would have liked* very much to come with us or: they *would like* very much *to have* come with us.

   . . . et si je n'avais que dix-neuf ans, que *voudriez*-vous que j'en
pense? (V:243–244)

NOTES. ¹ La tournure anglaise *I wish you* (*he*, etc.) *would* + un verbe
se traduit généralement en français par: Je *voudrais* (*bien*) *que* + le
subjonctif (cf. **8.65**):

I *wish he would leave* me alone.	Je *voudrais* (*bien*) *qu*'il me *laisse* tranquille.

   ² Selon le sens, l'anglais *would* + un verbe se traduit soit par
vouloir + l'infinitif (ainsi qu'il a été exposé plus haut), soit par

l'imparfait ou le conditionnel du verbe employé dans la phrase. Comparez les exemples suivants:

I asked him, but he *wouldn't* tell me.	Je le lui ai demandé, mais il *n'a pas voulu* me le dire. (cf. **8.33.**)
He *wouldn't* tell me even if he knew.	Il ne me le *dirait* pas même s'il le savait. (cf. **8.108**a.)
*W*ould you please tell me where one can find . . . ?	*Voudriez*-vous me dire, s'il vous plaît, où l'on peut trouver . . . ? (cf. **8.109**a.)
Before I went to sleep, my mother *would* tell me a story.	Avant que je ne m'endorme, ma mère me *racontait* une histoire. (cf. **8.118,** *note* c.)

8.35 **Vouloir** s'emploie aussi avec un nom ou un pronom complément, indépendamment de l'infinitif ou du subjonctif:

Je *voudrais* une petite maison blanche avec des contrevents verts.

Notez qu'on dit, au négatif, avec **de:**
Cœlio me déplaît; je ne *veux* pas *de* lui. (VI:397–398)

POUVOIR

8.36 **Pouvoir** correspond à l'anglais *can, be able, may.* Il sert à exprimer: a. la faculté d'agir; b. la supposition. Voici des exemples de son emploi au **présent:**

Ma belle dame, *puis*-je vous dire un mot? (V:1)
Est-ce que vous *pouvez* empêcher qu'on donne des sérénades à votre femme? (V:31–32)
Il me semble vous avoir prévenu, mais je *peux* (ou *puis*) me tromper.

NOTE. Devant -je, on emploie toujours **puis.**

8.37 L'imparfait de **pouvoir** indique que la faculté d'agir du sujet n'existe qu'à l'état de puissance (potentiality), qu'elle est considérée indépendamment de toute idée de réalisation.

Il *pouvait* venir. Il *ne pouvait pas* venir.

NOTE. Telles quelles, ces deux phrases ne sous-entendent ni que le sujet est venu, ni qu'il n'est pas venu. Elles indiquent seulement que, dans un cas, il y avait pour lui possibilité, dans l'autre, impossibilité de venir. Ces imparfaits pourraient se traduire en anglais par: *It was possible* (or *not possible*) *for him to come,* ou mieux encore par: *He was* (or *was not*) *in a position to come.* Maintenant, insérons ces deux phrases dans un contexte pour en faire ressortir le sens:

Il *pouvait* venir, et il est venu.

Il *pouvait* venir, mais il n'est pas venu.

Il *ne pouvait pas* venir, et il n'est pas venu.

Il *ne pouvait pas* venir, mais il s'est rendu libre et il est venu tout de même.

8.38 Le **passé composé** et le **passé simple** de *pouvoir* indiquent que la faculté d'agir du sujet s'est ou ne s'est pas réalisée. On traduit ces temps en anglais par *could, was able, managed to:*

Entre elle et moi est une muraille imaginaire que je n'*ai pu* escalader. (V:167–168)

Mme Aubain, quand elle *put* y venir, en éprouva un soulagement, une espèce de consolation. (XI:241–243)

8.39 Le **conditionnel présent** et le **conditionnel passé** de **pouvoir** représentent les formes *could, could have, might, might have* de l'anglais:

. . . voilà du monde qui *pourrait* (*might*) nous entendre. (V:23–24)

Que *pourrions*-nous (*could we*) imaginer? (V:126)

J'*aurais pu* (*could have*) vous aider.

Vous *auriez pu* (*might have*) vous blesser.

NOTE. Quand on traduit *could* en français, il faut éviter de confondre l'emploi du conditionnel présent avec celui du passé composé, du passé simple, ou de l'imparfait. Comparez les exemples suivants:

Could you tell me . . .	*Pourriez*-vous me dire. . . . (Cf. **8.109**a.)
I wouldn't tell you, even if I *could*.	Je ne vous le dirais pas même si je le *pouvais*. (Cf. **8.108**a.)
He tried to tell me, but he *couldn't* remember.	Il a voulu me le dire, mais il n'*a* pas *pu* se rappeler. (Cf. **8.38**.)
He said he *couldn't* remember.	Il a dit qu'il ne *pouvait* pas se rappeler. (cf. **8.122**b.)

8.40 **Pouvoir** s'emploie aussi, indépendamment de l'infinitif, avec le pronom personnel **le** (neutre), ou un pronom indéfini comme **tout, quelque chose, rien,** compléments directs:

Pouvez-vous m'obtenir ce renseignement? — Je *le peux* (ou: *puis*).

Certains croient qu'un roi absolu *peut tout.*

Je ne *peux* (ou: *puis*) *rien* pour vous.

Notez les tournures idiomatiques:

Y pouvez-vous quelque chose?   *Can* you help *it?*
— Non, je *n'y peux rien.*   No, I *can't* (help it).
Je *n'en peux plus.*   I am exhausted.

SAVOIR

8.41   **Savoir,** suivi d'un infinitif, veut dire *to know how:*

... elle ... *savait* brider un cheval, engraisser les volailles, battre le beurre. .... (IX:3–5)

NOTE. Dans cet emploi, **savoir** se traduit souvent en anglais par *can:* il faut, alors, le distinguer de **pouvoir:**
Je *sais* agir, mais je ne *puis* parler. (VI:269–270)

8.42   Employé négativement (sans *pas*) au conditionnel présent, **savoir** a un sens idiomatique correspondant à l'anglais *couldn't:*

En vérité, je ne *saurais* aimer cette femme comme toi. .... (V: 146–147)

8.43   **Savoir** peut s'employer, aussi, seul, ou suivi d'un complément d'objet (nom, pronom, ou proposition):

Je ne *sais* pas le langage de l'amour. (VI:378–379)
Je ne *sais* point aimer; Cœlio seul le *savait.* (VI:518)
Vous ne *savez* ce que vous dites. (V:268)

NOTE. Dans cet emploi, **savoir** (*to know*), se distingue de **connaître** (*to be acquainted with*), qui implique un rapport plus "extérieur", voire plus superficiel, de l'être avec les choses. Etudiez les exemples suivants:

Je *connais* cette poésie mais je ne la *sais* pas par cœur.
Il *connaît* cinq langues, mais il ne les *sait* pas toutes.
Connaissez-vous ce livre? *Savez*-vous ce qu'il vaut?
Je *sais* que vous *connaissez* Paris.
Je *sais* son nom mais je ne la *connais* pas.

8.44   Il faut avoir soin de distinguer entre l'imparfait et le passé composé de **savoir.** Le premier correspond à l'anglais *knew,* le second, à *learned, found out:*

Je ne *savais* pas, alors, ce qui était arrivé, mais je l'*ai su* depuis.

FAIRE, LAISSER, VOIR, REGARDER, ENTENDRE, ÉCOUTER, SENTIR

8.45   Quand **faire, laisser, voir, regarder, entendre, écouter, sentir** s'emploient avec un autre verbe qui dépend d'eux, celui-ci se met à l'infinitif (cf. **8.80**b).

FAIRE

8.46 Sauf les exceptions notées ci-dessous, **faire** est suivi **immédiatement** de l'infinitif (cf. **8.96,** *note* 2). Cette locution correspond à l'anglais: *to have* (someone do something), *to cause* (something to be done):

> . . . le soleil *faisait luire* la rivière. . . . (XIII:112)
> Un souffle qui passait le *fit tomber* plus bas. (VII:28)

NOTE. **Faire** ne peut être séparé de l'infinitif que par un adverbe ou un pronom personnel complément:

> . . . il ne se *fait* pas *écouter.* . . . (II:B,23)
> . . . on le lui *fit* bien *voir.* (III:A,62)
> Eh bien! *faites*-le *empailler!* (XII:168–169)

8.47 Quand l'infinitif dépendant de **faire** régit un complément direct, le sujet de l'infinitif devient complément indirect:

> . . . une chose qui *fait* crier miséricorde *à tout le monde.* . . . (I: B,10–11)
> Je veux *lui faire voir* là-dedans un abîme nouveau. (I:A,30–31)
> . . . on le *lui fit* bien *voir.* (III:A,62)

NOTE. Dans certains cas, on emploie la préposition **par** devant le nom complément pour éviter l'ambiguïté:

> Il a *fait écrire* une lettre *par*   He had his father write a letter.
>   son père.

Observez que: "Il a fait écrire une lettre *à* son père" voudrait dire: "He had a letter written to his father," mais pourrait signifier dans un autre contexte: "He had his father write a letter."

8.48 **Faire** est toujours suivi d'un infinitif actif même quand le sens, en anglais, est passif:

> . . . elle *fit dire* une messe pour le repos de son âme. (XII:64–65)

NOTE. Evitez de confondre entre eux le sens actif et le sens passif de l'infinitif:

> Il a *fait changer* son ami de place. (sens actif)
> Il a *fait changer* le piano de place. (sens passif)

8.49 Sauf l'exception notée ci-dessous, **laisser** se construit comme **faire:**

> . . . Cunégonde *laissa tomber* son mouchoir. . . . (IV:A,60)
> *Laisse*-moi *rire* de toi. . . . (V:128)
> . . . regardez comme elle se *laisse faire!* (VI:230–231)

NOTE. **Laisser** doit être séparé de l'infinitif quand celui-ci a pour sujet un nom et qu'il est suivi d'un complément:

Ils laissent *leur fille* faire toutes ses volontés (ou: Ils laissent faire
    à leur fille toutes ses volontés. Cf. **8.47.**)

Mais on dirait:

Ils *laissent sortir* leur fille.

Laissez sortir votre fille.

8.50 **Voir, regarder, entendre, écouter, sentir** se construisent comme
laisser:

. . . vous le *voyez s'enfoncer* dans un fauteuil. . . . (II:B,12)

Vois se pencher les défuntes Années. . . . (VIII:B,9)

Michel-Ange, lieu vague, où l'on *voit* des Hercules

Se mêler à des Christs. . . . (VIII:A,13–14)

Quel charme j'éprouve . . . à les *entendre chanter* la beauté de
    Marianne. (V:111–114)

. . . vingt fois *j'ai senti* mes genoux *fléchir* en approchant d'elle.
    (V:135–136)

La voix active et la voix passive

8.51 La **voix active** indique que le sujet de la phrase **accomplit** l'action
du verbe; la **voix passive** indique que le sujet **subit** l'action du verbe.
En principe, on ne peut mettre au passif que les verbes transitifs
régissant un complément direct, qui devient, alors, le sujet du verbe
passif:

Voix active: L'auto *a renversé* le piéton.

Voix passive: Le piéton *a été renversé* par l'auto.

8.52 A la différence de l'anglais, le complément indirect d'un verbe
transitif ne peut, en français, devenir le sujet d'un verbe passif.
Comparez entre eux les exemples suivants (cf. **4.54** *note*):

The firm gives its employees a three weeks' holiday.	La maison donne à ses employés trois semaines de vacances.
The employees are given a three weeks' holiday.	**On donne aux employés** trois semaines de vacances.

8.53 On + un verbe actif s'emploie également, de préférence au passif,
quand le sujet de l'action est indéterminé. (Cf. **4.54.**)

On parle anglais dans tous les pays du monde.	*English is spoken* in every country of the globe.

8.54 Pour l'emploi du passif au passé composé, au passé simple et à
l'imparfait, *v.* **8.121.**

Les modes

L'INDICATIF

8.55 L'indicatif exprime un fait considéré dans sa réalité la plus objective:

> . . . il *est* riche . . . il *est* pauvre. (II:B,17, 43)

LE SUBJONCTIF

8.56 Par contraste avec l'indicatif, le subjonctif s'emploie surtout pour représenter un fait envisagé du point de vue de celui qui parle, c'est-à-dire, coloré par l'attente, le souhait, l'incertitude, le doute, la négation, la concession, la joie, le regret, la colère, ou tout autre sentiment de l'âme humaine. La plupart des exemples illustrant l'emploi du subjonctif qui figurent dans cet exposé peuvent se rattacher à cette définition.

> **Indicatif:**   Il part.
> **Subjonctif:** J'*attends qu'il parte.*
> J*e souhaite qu'il parte.*
> J*e veux qu'il parte.*
> *Croyez-vous qu'il parte?*
> J*e ne suis pas sûr qu'il parte.*
> J*e doute qu'il parte.*
> J*e ne crois pas qu'il parte.*
> J*e suis content qu'il parte.*
> J*e cherche* un ami *qui puisse* partir avec moi.
> *Bien qu'il parte,* je ne suis pas triste.

8.57 Le subjonctif peut s'employer dans une proposition indépendante; le plus souvent, il s'emploie dans une proposition subordonnée: substantive, adjective, ou adverbiale. Nous examinerons successivement chacune de ces catégories, après avoir étudié la concordance des temps.

CONCORDANCE DES TEMPS

8.58 Quand le verbe de la proposition principale est à l'indicatif **présent** ou **futur**, ou bien au conditionnel **présent**, on met le verbe de la subordonnée:

a. Au **présent** du subjonctif, si le fait exprimé coïncide avec le fait de la principale ou s'il lui est postérieur:

Je voudrais que vous me *disiez* toute la vérité.

Il faut que je *fasse* part de cette découverte à ma belle-mère.
   (V:398–399)

. . . qui n'admirera que notre corps . . . *soit* à présent un
   colosse. . . . (I:A,39–41)

NOTE. Après un conditionnel présent, la langue littéraire emploie souvent, dans cette construction, l'imparfait du subjonctif:

Je voudrais que ma mère *fût* là. (VI:325–326)

b. Au **parfait** du subjonctif, si le fait exprimé est antérieur au fait de la principale, ou s'il est représenté comme déjà achevé à un moment quelconque du futur:

Je regrette que vous *soyez partis* de si bonne heure.

Il faudra qu'à six heures nous *soyons rentrés.*

Je souhaiterais qu'il *ait agi* avec plus de réflexion.

NOTE. Après un conditionnel présent, la langue littéraire emploie souvent, dans cette construction, le *plus-que-parfait* du subjonctif:

Pour être sorti, il *faudrait* d'abord qu'il *fût rentré.* (V:266)

8.59 Quand le verbe de la proposition principale est à **un temps passé de l'indicatif** ou au **conditionnel passé,** on met le verbe de la subordonnée:

a. A **l'imparfait** du subjonctif, si le fait exprimé coïncide avec le fait de la principale ou s'il lui est postérieur:

Il attendait patiemment qu'elle *se remît* en marche. . . . (X: 47–48)

. . . je ne me serais jamais imaginé que je *dusse* troubler le repos d'une grande ville. . . . (III:B,17–18)

NOTE. Dans le langage courant et, moins souvent, dans la langue littéraire, on remplace l'imparfait du subjonctif par un **présent,** surtout aux deux premières personnes du singulier et du pluriel:

Il demanda que je *parte* à sa place.

Si j'avais su, j'aurais demandé qu'il *parte* immédiatement.

b. Au **plus-que-parfait** du subjonctif, si le fait exprimé est antérieur au fait de la principale:

Félicité n'en tira aucun orgueil, ne se doutant même pas qu'elle *eût* rien *fait* d'héroïque. (X:29–30)

LE SUBJONCTIF DANS LA PROPOSITION INDÉPENDANTE

8.60 Il est, le plus souvent, introduit par la conjonction **que** et il s'emploie pour exprimer une exhortation ou un souhait. Il peut aussi exprimer un ordre à la 3ᵉ personne du singulier et du pluriel, là où l'impératif ne possède pas de formes qui lui soient propres:

>*Que* l'homme *contemple* donc la nature entière dans sa haute et pleine majesté. . . . (I:A,1–2)
>
>Il est en bas, dites-vous? *Qu'*il *monte.* (VI:412)

8.61   Il s'emploie sans la conjonction **que:**

a. Dans certaines tournures idiomatiques exprimant généralement le souhait:

Ainsi *soit-*il!	Grand bien vous *fasse!*
Dieu *soit* loué!	Venez *coûte* que coûté!
A Dieu ne *plaise!*	*Sauve* qui peut!
Vive la liberté!	*Advienne* que pourra!

>*Soit,* je vous accepte! (IX:119)
>
>*Soit* dit en passant, seigneur Octave. . . . (VI:117)
>
>La peste *soit* de tout l'univers! (VI:182)
>
>Dieu *veuille* qu'il soit encore temps! (VI:459)
>
>. . . *puisse* Cœlio vous oublier! (VI:252–253)

b. Au plus-que-parfait, pour représenter, dans la langue littéraire, un conditionnel passé:

>Elle *eût été* heureuse, la femme qui l'*eût aimé.* (VI:515)

LE SUBJONCTIF DANS LA PROPOSITION SUBSTANTIVE

8.62   Il est introduit par la conjonction **que** et il s'emploie après une locution ou un verbe impersonnel (cf. **8.12**d; **8.22**):

>*Il est possible* (ou: *impossible*) qu'il *vienne.*
>
>*Il se peut* que j'y *aille.*
>
>*Il semble* qu'il *ait oublié.*
>
>*Il faut que* vous me *compreniez.*
>
>*Il vaut mieux* que vous *partiez.*
>
>*C'est dommage* que vous ne *puissiez* pas rester.
>
>*Il serait temps* que vous vous *décidiez.*
>
>*Il est étonnant* qu'on ne vous *ait* pas encore *avisé.*
>
>*Il est inutile* qu'il *vienne.* . . . (V:372)
>
>Pourquoi *faut-il* que je *mette* ici la main à tout, si je veux obtenir quelque chose? (V:285–286)

NOTE. **Il semble,** accompagné d'un complément d'objet indirect, est suivi généralement de l'indicatif:

>Je ne puis dire pourquoi; *il me semble* que tu *vas* me tromper. (V:188–189)

8.63 Quand l'expression impersonnelle, employée affirmativement, exprime la probabilité ou la certitude, le verbe de la proposition subordonnée qui en dépend se met le plus souvent à l'indicatif:

Il est probable (sûr, certain, clair, évident, vrai, etc.) qu'il *viendra.*

Il est démontré . . . que les choses ne *peuvent* être autrement. . . . (IV:A,29)

NOTE. Mais quand l'expression impersonnelle est employée interrogativement, négativement, ou de tout autre manière pouvant suggérer le doute, l'incertitude, le verbe de la proposition subordonnée se met généralement au subjonctif:

Est-il probable (sûr, vrai, etc.) qu'il *vienne?*

S'il est vrai qu'il *vienne,* nous pourrons l'attendre.

Il est peu probable qu'il *vienne.*

Il n'est guère probable qu'il *vienne.*

Il n'est pas certain qu'il *vienne.*

8.64 Le subjonctif dans la proposition substantive s'emploie aussi après:

a. Les verbes exprimant ou impliquant la négation, le doute, l'incertitude, notamment les verbes *nier* et *douter:*

Je *nie (doute)* qu'il *ait* raison.

Je *ne nie pas (ne doute pas)* qu'il *ait* raison.

*Niez-*vous *(doutez-*vous) qu'il *ait* raison?

NOTES. [1] *Douter* se construit avec **de** + l'infinitif quand le verbe principal et le verbe subordonné se rapportent à un seul et même sujet (cf. **8.65** *note* 1; **8.66**d; **8.67** *note;* **8.70** *note* 1; **8.73** *note;* **8.74** *note*):

Je *doute de pouvoir* arriver à temps.

[2] Après **se douter** (*to suspect*) on emploie généralement l'indicatif:

Je *me doute* qu'il *viendra.*

Je ne *me doutais* pas qu'il *viendrait.*

*Vous doutiez-*vous qu'il *était parti?*

b. Les verbes annonçant une opinion, tels que **croire, penser, trouver** (dans le sens de: *to be of the opinion that*) quand ils sont interrogatifs ou négatifs:

Je ne pense pas que son habitude *soit* de coucher dans cette maison. (VI:491–492)

Combien *croyez-vous* qu'on *puisse* donner par an? (V:354)

Etes-vous sûr qu'il ne me *soit* pas permis de sourire? (VI:391)

On emploie aussi, mais plus rarement, l'indicatif, pour suggérer la réalité, ou la réalisation éventuelle, du fait qu'on exprime:

Pensez-vous qu'il *viendra?* (Réponse suggérée: Oui.)

Je *ne crois pas* qu'il *a été reçu* (Idée sous-entendue: Il paraît qu'il a été reçu mais je ne le crois pas.)

Trouvez-vous qu'il *fait* bien son travail? (Réponse suggérée: Oui.)

Pensez-vous que je n'*ai* pas *entendu* vos propres paroles . . . ? (VI:280) (Idée sous-entendue: Soyez sûr que j'ai entendu vos paroles.)

NOTE. Après **croire, penser, trouver,** employés affirmativement, le verbe de la proposition subordonnée est à l'indicatif:

Je *crois* que le Ciel *a permis*
Pour nos péchés cette infortune. (III:A,16–17)
. . . je *pense*
Qu'il *est* bon que chacun s'accuse ainsi que moi. (III:A,30–31)
. . . si enfin vous nous dites des injures: nous *trouverons* que vous *avez* raison. . . . (I:B,34)

Même quand ces verbes sont employés interrogativement ou négativement, s'ils sont à un temps passé, le verbe de la proposition subordonnée se met à l'indicatif ou au conditionnel:

Pensiez-vous qu'il *reviendrait* si tôt?
Je *ne croyais pas* qu'il *était revenu* si tôt.

8.65 Le subjonctif, dans la proposition substantive s'emploie encore après les verbes exprimant diverses nuances de la volonté. Voici quelques-uns des plus courants: *désirer, préférer, souhaiter, vouloir; conseiller, demander, dire, ordonner, prier; défendre, empêcher, permettre,* etc. (cf. **8.34** *note* 1):

Je *veux* qu'on m'*obéisse.*
Je lui *ai dit* qu'il *vienne.*
Je ne *permets* pas qu'on me *parle* sur ce ton.
Car on doit *souhaiter,* selon toute justice,
Que le plus coupable *périsse.* (III:A,32–33)
Peut-elle *empêcher* qu'on ne *chante* sous ses croisées? (V:341)
Que *veux*-tu que je *fasse?* (VI:20)

NOTE. Ces verbes se construisent aussi avec l'infinitif, mais il faut distinguer entre deux espèces de cas:
[1] **Désirer, préférer, souhaiter, vouloir,** se construisent obligatoirement avec l'infinitif quand le verbe principal et le verbe subordonné se rapportent à un seul et même sujet (cf. **8.64a** *note* 1; **8.66d**; **8.67** *note*; **8.70** *note* 1; **8.73** *note*; **8.74** *note*):
. . . *Paul,* qui s'ennuyait, *voulait partir.* (X:96)

Mais on dit, quand il y a deux sujets différents:
> Où *voulez-vous* que *je m'assoie?* (VI:334)

² **Conseiller, demander, dire, ordonner, prier, défendre, empêcher, permettre** se construisent avec l'infinitif (précédé de la préposition **de**) quand on veut exprimer un rapport plus direct, plus immédiat, entre le sujet et le complément:
> . . . elle le *pria de* lui *montrer* la maison où demeurait Victor. (XI:104–105)
>
> . . . a-t-on *dit* aux musiciens *de venir?* (V:259–260)

Je vous *conseille* d'abord *de sortir* d'ici. . . . (V:16)

8.66 Le verbe **espérer** (qu'il ne faut pas confondre avec **souhaiter**) se construit:

a. Avec l'indicatif quand il est affirmatif:
> Nous *espérons* que vous *êtes* en bonne santé et que vous *ferez* (ou: que vous *avez fait*) bon voyage.

b. Généralement avec le subjonctif quand il est négatif (cf. **8.64**b):
> Je *n'espère pas* qu'il *vienne.*

c. Avec l'indicatif ou le subjonctif (selon le degré de certitude impliquée) quand il est interrogatif (cf. **8.64**b):
> — *Espérez*-vous qu'il *vienne?*
> — Oui, j'*espère* qu'il *viendra.*
> — Vous *espérez* vraiment qu'il *viendra?*
> — Mais certainement.

d. Avec l'infinitif quand le verbe principal et le verbe subordonné se rapportent à un seul et même sujet (cf. **8.64**a *note* 1; **8.65** *note* 1; **8.67** *note;* **8.70** *note* 1; **8.73** *note;* **8.74** *note*):
> J'*espère partir* demain.

8.67 Le subjonctif dans une proposition substantive s'emploie, enfin, après les verbes (ou locutions) exprimant un sentiment. Voici quelques-uns des plus usités: **s'étonner, se réjouir, avoir peur, craindre, regretter, être content** (**désolé, étonné, fâché, heureux, surpris**), etc.:
> Cela m'*étonne* que vous ne *buviez* pas du vin à quinze sous. . . . (VI:204–205)
>
> . . . elle *avait peur* qu'une telle gymnastique ne lui *causât* des étourdissements. (XII:110–111)

NOTE. Ces verbes et locutions se construisent avec l'infinitif (précédé de la préposition **de**) quand le verbe principal et le verbe subordonné se rapportent à un seul et même sujet (cf. **8.64**a *note* 1; **8.65** *note* 1; **8.66**d; **8.70** *note* 1; **8.73** *note;* **8.74** *note*):

Il s'étonna de n'avoir reçu aucune nouvelle.
Je crains de ne *pouvoir* me rendre libre.
Nous avons été heureux d'apprendre la nouvelle de son mariage.

LE SUBJONCTIF DANS LA PROPOSITION ADJECTIVE

8.68 Il s'emploie dans une proposition introduite par un pronom ou un adverbe relatif (**qui, que, dont, où,** etc.)
a. Pour indiquer un but à atteindre:

> Je cherche un ami à *qui* je *puisse* me confier.

b. Quand l'antécédent du relatif a un sens négatif ou restreint, ou qu'il appartient à une proposition négative, interrogative ou conditionnelle:

> *Pas un arbre* des trois cours *qui* n'*eût* des champignons à sa base. . . . (X:69–70)
> *Qu'y trouvez-vous qui puisse* vous blesser? (VI:56)
> Si elle refuse . . . *est-il un monstre qui* lui *soit* comparable? (VI:72–73)
> . . . que t'avait-elle dit? — *Rien qui pût* me faire pressentir cette douce nouvelle. . . . (VI:159–160)

c. Quand l'antécédent du relatif est qualifié par un superlatif ou un adjectif ayant cette valeur, tel que **premier, dernier,** ou **seul:**

> Car c'est vraiment, Seigneur, *le meilleur témoignage*
> *Que* nous *puissions* donner de notre dignité. . . . (VIII:A,41–42)
> . . . ne fermez pas votre cœur au *premier éclair qui* l'*ait* peut-être *traversé!* (VI:386–387)
> . . . elles ont versé sur mon cœur *les seules gouttes* de rosée *qui* y *soient* jamais *tombées.* (VI:510–511)

NOTE. On emploie l'indicatif après **premier** et **dernier** quand on fait allusion à un fait précis:

> *Ce soir-là* nous attendions mon père: c'était *la première fois* qu'on nous *permettait* de veiller.
> *La dernière fois que* je l'*ai vue* elle était souffrante.

8.69 Le subjonctif s'emploie aussi dans les constructions suivantes, qui marquent la concession (cf. **4.102** sqq.; **5.34** sqq.):

Qui que vous *soyez* . . .	Whoever you may be . . .
Qui que ce soit qui ait parlé . . .	Whoever has spoken . . .
Quoi qu'il dise . . .	Whatever he may say . . .
Où qu'on aille . . .	Wherever you may go . . .

Quelques précautions *qu*'on *prenne* . . .	Whatever precautions one may take . . .
Quelque mélodieux *que* soient ses vers . . .	However musical his verse may be . . .

Quelque bien *qu*'on nous *dise* de nous, on ne nous apprend rien de nouveau. (II:A,50–51)

. . . *quelle que soit* la raison qui a pu vous inspirer une minute de complaisance. . . . (VI:361–362)

LE SUBJONCTIF DANS LA PROPOSITION ADVERBIALE

8.70 Il s'emploie dans les propositions temporelles, après **avant que, jusqu'à ce que, attendre que, en attendant que,** etc.:

Dépêchons-nous de sortir *avant qu*'il *pleuve* (ou: *ne pleuve;* cf. **8.75**).

Reste là *jusqu'à ce que* je *revienne.*

. . . *jusqu'à ce qu*'il *ait aperçu* clairement l'injure, il ne croit pas qu'on veuille l'outrager. (IV:B,9–10)

Il *attendait* patiemment *qu*'elle *se remît* en marche. . . . (X:47–48)

NOTES. [1] On remplace généralement **avant que** + le subjonctif par **avant de** + l'infinitif quand le verbe principal et le verbe subordonné se rapportent à un seul et même sujet (cf. **8.64**a *note* 1; **8.65** *note* 1; **8.66**d; **8.67** *note;* **8.73** *note;* **8.74** *note;* **8.84**c):

Je passerai vous voir *avant de partir.*

Je passerai vous voir *avant que vous partiez* (ou: *ne partiez;* cf. **8.75**).

Malheur à *celui* qui se livre à une douce rêverie, *avant de savoir* où sa chimère le mène. . . . (V:54–55)

[2] Evitez de confondre **avant que** et **avant de,** employé dans les constructions verbales, avec la préposition **avant,** qui ne s'emploie qu'avec un nom ou un pronom:

Je suis arrivé *avant mes amis* (ou: *avant eux*).

[3] Evitez de confondre la conjonction **jusqu'à ce que** employée dans les constructions verbales avec la préposition **jusqu'à** qui ne s'emploie qu'avec un nom ou un pronom:

Je vous attendrai *jusqu'à minuit.*

8.71 Le subjonctif s'emploie aussi dans les propositions concessives après **bien que, quoique,** etc.:

Bien qu'il ne *fût* pas un cadavre, les vers le dévoraient. . . . (XIII:107)

... il trouvait mademoiselle Cunégonde extrêmement belle, *quoiqu*'il ne *prît* jamais la hardiesse de le lui dire. (IV:A,39–41)

NOTE. Evitez de confondre la conjonction **quoique** (*although*), écrite en un seul mot, avec le pronom indéfini **quoi que** (*whatever*), écrit en deux mots. (Cf. **4.104; 8.69.**) Comparez:

Quoiqu'elle dise la vérité, on ne la croit pas.

Quoi qu'elle dise, on ne la croit pas.

8.72 Il s'emploie également dans les propositions conditionnelles, après **à moins que, en cas que, pourvu que, supposé que,** etc.:

Je viendrai *à moins que* vous soyez occupé (ou: *ne soyez;* cf. **8.75**).

J'accepte *pourvu que* le travail *soit* intéressant.

Supposé qu'il nous *interroge,* que dirons-nous?

8.73 Le subjonctif s'emploie encore dans les propositions finales, après **afin que, de façon que, de manière que, de sorte que, pour que,** etc.:

Sois sans crainte, *afin qu*'on te *craigne.* . . . (VI:425–426)

... elle se présenta dans la sacristie, *pour que* M. le curé lui *donnât* la communion. (X:192–193)

NOTE. On remplace **pour que** ou **afin que** + le subjonctif par **pour** ou **afin de** + l'infinitif quand le verbe principal et le verbe subordonné se rapportent à un seul et même sujet (cf. **8.64**a *note* 1; **8.65** *note* 1; **8.66**d; **8.67** *note;* **8.70** *note* 1; **8.74** *note;* **8.84**d):

... *je* tâche d'y voir double, *afin de me servir* à moi-même de compagnie. (VI: 189–190)

8.74 Il s'emploie enfin dans les propositions introduites par **sans que:**

... il suppose qu'une affaire pressante m'excède *sans que* je le lui *dise.* . . . (IV:B,30–31)

NOTE. On remplace **sans que** + le subjonctif par **sans** + l'infinitif quand le verbe principal et le verbe subordonné se rapportent à un seul et même sujet (cf. **8.64**a *note* 1; **8.65** *note* 1; **8.66**d; **8.67** *note;* **8.70** *note* 1; **8.73** *note;* **8.84**e):

... *il* soulève son arme en silence, *sans faire* un pas et *sans respirer.* (V:142–143)

... *elle* me déteste fort *sans* m'*avoir* jamais *vu.* (V:161)

EMPLOI DE "NE" EXPLÉTIF AVEC LES VERBES AU SUBJONCTIF

8.75 Dans une proposition subordonnée dépendant des verbes et des conjonctions indiqués ci-dessous (et de plusieurs autres), **ne** s'emploie sans donner au verbe un sens négatif. Le langage courant l'omet fréquemment mais la langue littéraire l'emploie généralement. Bien que **ne** ait perdu sa valeur négative, il n'en suggère pas moins l'élément de négation souvent implicite dans l'affirmation d'une pensée ou d'un sentiment. Ainsi: je crains qu'il **ne vienne** sous-entend: je souhaite qu'il **ne vienne pas;** je sortirai à moins qu'il **ne vienne** sous-entend: je sortirai s'il **ne vient pas:**

> **avoir peur:** . . . elle *avait peur* qu'une telle gymnastique *ne* lui *causât* des étourdissements. (XII:110–111)
>
> **de peur que:** Je . . . n'entrerai point au logis, *de peur que* vous *ne* m'en *chassiez* tout à l'heure. . . . (V:198–199)
>
> **empêcher:** Peut-elle *empêcher* qu'on *ne chante* sous ses croisées? (V:341)
>
> **à moins que:** Je viendrai vous voir *à moins que* vous *ne sortiez.*
>
> **avant que:** Je viendrai vous voir *avant que* vous *ne sortiez.*

8.76 Quand le verbe de la proposition subordonnée est négatif, on emploie **ne . . . pas.** Comparez:

> Je crains qu'il *ne* vienne.   I'm afraid he will come.
> Je crains qu'il *ne* vienne *pas.*   I'm afraid he won't come.

NOTE. Pour l'emploi de **ne** explétif après un comparatif, *v.* **1.17a; 5.100** *note;* **6.13** *note.*

L'INFINITIF

8.77 L'infinitif peut s'employer, sans préposition, comme **verbe principal** d'une proposition exclamative ou interrogative:

> Que *faire?* A qui *parler?* Quoi *dire?*
> L'*avoir soupçonné* d'un meurtre, un homme comme lui! (XIII: 100–101)

8.78 Il peut s'employer aussi comme **sujet** d'un verbe, comme **attribut,** ou **en apposition** avec un nom:

> *Chanter* n'est pas un mal. . . . (V:347)
> Dis-lui que me tromper, c'est me *donner* la mort. . . . (VI:24)
> *Manger* l'herbe d'autrui! quel crime abominable! (III:A,60)

8.79 Mais il s'emploie le plus souvent, précédé ou non d'une préposition, comme **complément** d'un verbe, d'un nom, d'un pronom, ou d'un adjectif.

L'INFINITIF SANS PRÉPOSITION

8.80 Il s'emploie:

a. Après **devoir, falloir, pouvoir, savoir, vouloir** (cf. **8.19** sqq.):

Il *faut avouer* qu'il a l'air bien persan. (III:B,11)
Que *pourrions*-nous *imaginer?* (V:126)
Je *sais agir,* mais je ne *puis parler.* (VI:269–270)

b. Après **faire, laisser, regarder, voir, écouter, entendre, sentir** (cf. **8.45** sqq.):

. . . il *fait répéter* celui qui l'entretient. . . . (II:B,3)
Laisse-moi *rire* de toi. . . . (V:128)
Vois se pencher les défuntes Années. . . . (VIII:B,9)

c. Après **aller, venir, revenir, retourner, entrer, rentrer, sortir, partir, monter, descendre** (cf. **8.16**a, **8.95**b):

Tu as l'air d'*aller te noyer.* (VI:172)
. . . cet ardent sanglot qui roule d'âge en âge
Et *vient mourir* au bord de votre éternité! (VIII:A,43–44)

d. Après les verbes suivants, qui sont aussi d'usage courant: **aimer, compter, désirer, espérer, oser, préférer, sembler, valoir mieux,** etc.:

On *aime* mieux *dire* du mal de soi-même que de n'en point parler. (II:A,27)
On n'*osa* trop *approfondir*
Du Tigre, ni de l'Ours, ni des autres puissances,
Les moins pardonnables offenses. (III:A,44–46)

L'INFINITIF PRÉCÉDÉ DE "DE"

8.81 Il s'emploie:

a. Après certains verbes exprimant ou suggérant un ordre, tels que: **conseiller, demander, dire, ordonner, prier, défendre, empêcher, permettre,** etc. (cf. **8.65** *note* 2):

Je vous *conseille* d'abord *de sortir* d'ici. . . . (V:16)
Si on le *prie de s'asseoir,* il se met à peine sur le bord d'un siège. . . . (II:B,36–37)
. . . a-t-on *dit* aux musiciens *de venir?* (V:259–260)
. . . la raison et l'instinct de l'honneur l'*empêchèrent de faillir.* (IX:92–93)

Notez que tous ces verbes régissent un nom ou un pronom complément indirect sauf **empêcher** et **prier,** qui régissent un complément direct.

b. Après les verbes suivants, qui sont aussi d'un usage courant: **accepter, refuser, essayer, tâcher, s'arrêter, cesser, finir, craindre** (cf. **8.67**), **décider, douter** (cf. **8.64**a), **oublier, promettre,** etc.:

Il *craint de se poser* trop haut, et surtout *d'être rangé* trop bas.
. . . (IV:B,53–54)

. . . il *oublie de dire* ce qu'il sait. . . . (II:B,20)

Dans son désœuvrement, elle *essaya de faire* de la dentelle. (X:
220–221)

. . . ces impudentes guitares ne *cessent de murmurer* sous les
fenêtres de ma femme. (V:21–22)

c. Comme complément d'un nom, d'un pronom, ou d'un adjectif:

Le refus de la louange est un *désir d'être loué* deux fois. (II:A,
28)

. . . depuis un mois entier, il cherche vainement *l'occasion de*
vous *l'apprendre.* . . . (V:4–5)

Quand je te dis quelque chose, tu me ferais *plaisir de* le *croire.*
(V:51–52)

. . . est-ce que j'ai *envie de dormir?* (VI:108)

. . . je ne suis plus que votre vieille sœur, *incapable* peut-être
de soulager vos ennuis, mais non pas *de* les *partager.* (V:
303–304)

Elle chancela, et fut *obligée de s'asseoir.* (XIII:55)

d. Après une expression impersonnelle (cf. **8.12**d, e; **8.62**):

. . . *il est aisé de* me *tromper.* . . . (V:164)

C'est un peu *triste de s'enivrer* tout seul. (VI:187–188)

Il est plus *honteux de se défier* de ses amis que *d'en être trompé.*
(II:A,15)

Il ignore . . . quelle place *il convient d'occuper* dans cette
hiérarchie à moitié détruite. . . . (IV:B,50–51)

Même *il* m'*est arrivé* quelquefois *de manger*
Le berger. (III:A,28–29)

L'INFINITIF PRÉCÉDÉ DE "A"

8.82 Il s'emploie:

a. Après certains verbes pronominaux, dont voici quelques-uns des
plus courants: s'accoutumer, s'habituer, s'amuser, s'apprêter, s'attendre, se mettre, se résoudre, etc.:

Ils *s'accoutument* donc aisément *à considérer* . . . les sentiments
et les idées plutôt que les manières. . . . (IV:B,19–21)

Je ne puis *me résoudre à* la *dire.* . . . (I:B,14)

Pendant que nous parlions, elle *s'amusait à dessiner.*

Je *m'apprêtais à sortir* quand vous avez sonné.

Comment, c'est vous! Je ne *m'attendais* pas *à* vous *rencontrer* ici.

En le voyant, elles *se sont mises à rire.*

NOTES. [1] Evitez de confondre **s'apprêter** (à) (*to get ready to*) avec **être prêt** (à) (*to be ready to*):

Il *s'apprête à partir.* Dans quelques heures, il *sera prêt à partir.*

[2] **S'attendre** est suivi de **à ce que** + le subjonctif quand le sujet du verbe principal diffère de celui du verbe subordonné:

Je ne *m'attendais* pas *à ce que vous arriviez* si tôt.

[3] Evitez de confondre **s'attendre** (à) (*to expect*), qui se construit avec un verbe et **attendre** (*to wait for, await, expect*), employé seul ou avec un nom ou un pronom complément:

Je ne *m'attendais* pas *à* vous *rencontrer.*
Je ne *vous attendais* pas.

[4] **Se mettre** (à) (*to begin*), par contraste avec **commencer** (à), suggère le plus souvent que l'action est soudaine:

La remarque était si imprévue que nous *nous sommes mis à rire.*
Tout à coup, la pluie *s'est mise à tomber.*

b. Après les verbes suivants qui sont d'un usage courant: **aider, apprendre, chercher, commencer, continuer, inviter, réussir, tenir,** etc.:

Avec quel tremblement elle *aida* sa mère *à l'habiller!* (X:175–176)
. . . [qu'il] *apprenne à estimer* la terre. . . . (I:A,20)

c. Après certaines locutions exprimant la durée:

Il *passe* son *temps à flâner.*
J'ai *perdu une heure à l'attendre.*
Cette lettre *a mis deux jours à l'atteindre.*

8.83 Précédé de à, l'infinitif s'emploie aussi:

a. Comme complément d'un nom ou d'un pronom sur lequel il est appelé à exercer son action. Dans cet emploi, l'infinitif ne peut être accompagné d'un complément d'objet direct:

Il apportait ses *nippes à raccommoder.* . . . (XI:12)
. . . l'apothicaire lui cria dans l'oreille que la *maison* était *à vendre.* (XIII:53–54)
J'ai un *service à* te *demander.* (V:80)

Notez que le nom ou le pronom sur lequel s'exerce l'action **précède** l'infinitif. Il en est de même des phrases anglaises correspondantes:

Je n'ai rien *à dire.*	I have nothing *to say.*
Qu'avez-vous *à répondre?*	What have you *to answer?*
Je lui ai donné un travail *à faire.*	I gave him a job *to do.*

b. Comme complément d'un adjectif qualifiant un nom ou un pronom sur lequel l'infinitif exerce son action. Dans cet emploi, l'infinitif ne peut être accompagné d'un complément d'objet direct:

Ce chanteur est *agréable à entendre.*
Dans ce fruit, tout est *bon à manger.*
C'est *facile à dire.*
Voilà qui est bien *difficile à deviner.* . . . (I:B,18–19)

NOTE. Evitez de confondre les deux constructions suivantes:
Le français est difficile *à apprendre.* (L'infinitif exerce son action sur le nom qui **précède**: on emploie **à.**)
Il est difficile *d'apprendre* le français sans maître. (L'infinitif exerce son action sur le nom qui **suit**: on emploie **de.**)

8.84   L'infinitif s'emploie aussi après les prépositions et locutions suivantes quand le verbe principal et le verbe subordonné se rapportent à un seul et même sujet:

a. **Au lieu de:**

. . . *au lieu de prendre* à gauche, elle prit à droite, se perdit dans des chantiers. . . . (XI:33–34)

b. **Après** (cf. **8.125, 8.129**):

Après avoir été d'abord clerc de notaire, puis dans le commerce, . . . il avait découvert sa voie: l'enregistrement! . . . (XIII: 20–23)

NOTE. L'emploi de l'infinitif parfait est obligatoire après cette préposition.

c. **Avant de** (cf. **8.70** *note* 1):
Malheur à celui qui se livre à une douce rêverie, *avant de savoir* où sa chimère le mène. . . . (V:54–55)

d. **Pour** (cf. **8.73** *note*):

Elle se levait dès l'aube, *pour* ne pas *manquer* la messe. . . . (IX:35)

e. **Sans** (cf. **8.74** *note*):

. . . Candide lui parla *sans savoir* ce qu'il disait. (IV:A,57–58)
. . . elle me déteste fort *sans* m'*avoir* jamais *vu.* (V:161)

f. **Commencer par, finir par:**

. . . elle le bourrait tellement de nourriture qu'il finissait *par s'endormir.* (XI:6–7)

NOTE. Evitez de confondre **commencer par** avec **commencer à** (ou **de**) (cf. **8.82**b) et **finir par** avec **finir de** (cf. **8.81**b).

LE PARTICIPE

8.85 Le participe présent et le participe passé peuvent être considérés comme **adjectifs** ou comme **verbes.**

PARTICIPE PRÉSENT

8.86 Le participe **présent** est considéré comme **adjectif** quand il exprime un **état.** Il s'accorde alors en genre et en nombre avec le nom ou le pronom auquel il se rapporte:

> Je m'en vais vous mander la chose la plus *étonnante,* la plus *surprenante,* . . . la plus *triomphante,* la plus *étourdissante,* . . . la plus *éclatante,* . . . la plus *brillante.* . . . (I:B,1–7)
>
> Les matelots jetaient par-dessus le bordage des poissons *palpitants.* . . . (X:117–118)

8.87 Il est considéré comme **verbe** quand il exprime une **action,** et il ne s'accorde pas. Il est alors souvent accompagné d'un complément d'objet ou d'un complément circonstanciel:

> . . . c'était une falaise *surplombant* des bateaux. . . . (X:77–78)
>
> Et les encensoirs, *allant* à pleine volée, glissaient sur leurs chaînettes. (XIII:158–159)

8.88 En tant que verbe, le participe **présent** peut s'employer avec la valeur d'une proposition subordonnée circonstancielle pour exprimer:
a. Le temps:

> Une atmosphère obscure enveloppe la ville,
> Aux uns *portant* la paix, aux autres le souci. (VIII:B,3–4)

b. La cause:

> Félicité soupirait, *trouvant* Madame insensible. (X:198–199)

8.89 Précédé de la préposition **en,** le participe présent exprime:
a. La simultanéité:

> C'est *en forgeant* qu'on devient forgeron.

NOTE. Pour souligner la simultanéité, on emploie souvent **tout** devant en + participe: *Tout en mangeant,* j'observais leur manège.

b. La manière:

> Elle reprit, *en souriant,* que c'était mal de se moquer. (IX:82)

c. Le moyen:

> . . . [elle] épargnait l'éclairage *en se couchant* dès le crépuscule. (XIII:64–65)

d. La condition:

> *En prenant* des précautions, vous n'avez rien à craindre. (*if you take* . . .).

e. La cause:

> Vous leur fîtes, Seigneur,
> *En* les *croquant,* beaucoup d'honneur. . . . (III:A,37–38)

PARTICIPE PASSÉ

8.90   Le participe **passé** peut revêtir deux formes:

Une forme simple:	appris, parti.
Une forme composée:	ayant appris, étant parti.

8.91   Sous sa forme **simple,** il peut, comme le participe présent, être considéré comme **adjectif** ou comme **verbe.**

8.92   Employé comme **adjectif** le participe **passé** exprime un état et s'accorde avec le nom ou le pronom auquel il se rapporte:

> N'est-ce pas une femme bien abjecte que celle qui obéit à point *nommé,* à l'heure *convenue,* à une pareille proposition? (VI:69–71)

8.93   Comme **verbe,** il exprime, avec la valeur d'une proposition subordonnée circonstancielle, le temps, la cause, la manière ou la condition et s'accorde avec le nom ou le pronom auquel il se rapporte:

> *Arrivée* au sommet d'Ecquemauville, elle aperçut les lumières de Honfleur. . . . (XII:194–195) (*temps*).
> Mme Aubain penchait son front, *accablée* de souvenirs. . . . (IX:177–178) (*cause*).
> Mollement *couché* dans une barque, il s'éloigne peu à peu de la rive. . . . (V:56–57) (*manière*).

8.94   Joint au participe présent des auxiliaires **avoir** et **être,** le participe passé devient **composé** et sert à exprimer, avec la valeur d'une proposition circonstancielle, le temps et la cause. Il s'accorde selon les règles énoncées aux paragraphes **8.95** et **8.96:**

> . . . *ayant reçu* ses comptes, elle enferma son petit bagage dans un mouchoir, et se rendit à Pont-l'Evêque. (IX:113–114) (*temps*).
> . . . les cochons *étant faits* pour être mangés, nous mangeons du porc toute l'année. (IV:A,36–37) (*cause*).

8.95 Employé avec l'auxiliaire **être**, le participe passé sert à former:

a. Tous les temps de la voix passive, l'accord se faisant avec le **sujet** (cf. **8.17, 8.51, 8.121**):

> Sa porte *est fermée* à tous les jeunes gens de la ville. . . . (V: 123)
>
> Les pierres *ont été formées* pour *être taillées.* . . . (IV:A,33–34)

b. Les temps composés des verbes intransitifs **arriver, partir, entrer, sortir, monter, descendre, aller, venir, tomber, rester, revenir, retourner, rentrer, naître, devenir, mourir,** etc., l'accord se faisant avec le **sujet** (cf. **8.16**a):

> Cœlio était la bonne partie de moi-même; elle *est remontée* au ciel avec lui. (VI:511–512)

c. Les temps composés des verbes pronominaux; quand le verbe est un pronominal réfléchi l'accord se fait avec le **pronom réfléchi** si celui-ci est complément direct (cf. **8.16**b):

> Ils *se* sont *salués.*

Si le pronom réfléchi est complément indirect, l'accord ne se fait pas (cf. **8.6**):

> Mais ils ne *se* sont pas *parlé.*

Quand le verbe est un pronominal non réfléchi l'accord se fait avec le **sujet** (cf. **8.10**):

> *Nous* nous sommes *aperçus* qu'on nous trompait.

Quand le verbe pronominal a la valeur d'un passif, l'accord se fait aussi avec le **sujet** (cf. **8.11**):

> Beaucoup de *livres* illustrés se sont *vendus* pendant les fêtes.

8.96 Employé avec l'auxiliaire **avoir** (cf. **8.15**b), le participe passé sert à former les temps composés des verbes transitifs à la voix active (et de la plupart des verbes intransitifs). Dans cet emploi il s'accorde avec le **complément direct** si celui-ci précède le verbe; autrement il ne s'accorde pas.

> Nous avons lu plusieurs poèmes.
> Quels poèmes avez-vous *lus?*
> Voici les poèmes *que* nous avons *lus.*
> Nous *les* avons *lus* attentivement.

NOTES. [1] Le participe passé ne s'accorde pas avec **en** qui précède (cf. **4.8** sqq.):

> Nous *en* avons *lu* plusieurs.

² Le participe passé de *faire* suivi d'un infinitif ne s'accorde pas avec le complément direct qui précède (cf. **8.46** sqq.):

Ces poèmes, votre professeur vous *les* a-t-il *fait* réciter?

Les temps

LE PRESENT

8.97   Le présent exprime:

a. Un fait qui a lieu à l'instant où l'on parle.

Tu réclamais le Soir; il *descend;* le voici. . . . (VIII:B,2)

b. Un fait qui se produit habituellement:

. . . il *dort* le jour, il *dort* la nuit, et profondément. . . . (II:B,6)

c. Une vérité générale:

Toute notre dignité *consiste* donc en la pensée. (I:A,60)
L'esprit *est* toujours la dupe du cœur. (II:A,18)

d. Un fait se rapportant au passé récent ou au futur proche:

Je *quitte* à l'instant Claudio. (VI:156–157)
M. de Lauzun *épouse* dimanche au Louvre, devinez qui? (I:B, 16–17)

e. Un fait qui a eu lieu dans le passé mais qu'on représente comme s'il se produisait à l'instant où l'on parle, pour rendre le récit plus vivant:

Le fantôme le regarda fixement, versa des larmes, et sauta à son cou. Candide effrayé *recule.* (Voltaire, *Candide.*)

f. Un fait futur, après *si,* le verbe de la proposition principale étant au futur (cf. **8.100** *note*):

Je me dévouerai donc, s'il le *faut.* . . . (III:A,30)

g. Un fait qui a commencé dans le passé et qui dure encore, ou vient de s'achever, au moment où l'on parle. Pour indiquer la durée on emploie une locution adverbiale introduite par **depuis,** ou la construction **il y a . . . que** (cf. **8.122c**):

. . . *depuis* un mois j'*erre* autour de cette maison la nuit et le jour. (V:111)
Il y a huit jours *que* je l'*attends.*

LE FUTUR

8.98 Le futur exprime un fait qui se réalisera dans un avenir plus ou moins éloigné du moment où l'on parle:

Les soleils s'*éteindront* autour de toi, maudit! (VII:15)

8.99 Le futur s'emploie idiomatiquement:
a. Pour exprimer la probabilité d'un fait présent:

S'il n'est pas venu, c'est qu'il *sera* souffrant.

NOTE. Dans cette construction, on emploie plus fréquemment le présent du verbe **devoir,** suivi d'un infinitif (cf. **8.28b**):

En ta qualité de parent, tu *dois être* reçu dans la maison. (V:129)

b. Avec la valeur d'un impératif futur, le plus souvent pour atténuer l'expression d'un ordre, d'un souhait, d'une prière:

Vous *voudrez* bien m'excuser, je vous prie.

8.100 Le futur s'emploie aussi dans une proposition subordonnée (souvent introduite par **quand, lorsque, dès que, aussitôt que**) pour exprimer un fait futur, lequel serait représenté, en anglais, par le présent:

Faites (ou: Vous ferez) ce qu'il vous *plaira* (what you *please*).
Faites (ou: Vous ferez) comme il vous *plaira* (as you *please*).
Quand vous le *verrez* (when you *see* him), dites-lui, je vous prie, bien des choses de ma part.
Fais ce que tu *voudras,* mais ne me trompe pas. . . . (V:163)

NOTE. Mais on dirait, après **si** (cf. **8.97f**):
Si vous le *voyez,* dites-lui, je vous prie, bien des choses de ma part.
Elle instruira son mari, dit-elle, si on la *poursuit* plus longtemps. (V:11–12)

8.101 Pour exprimer le futur proche, on emploie le verbe **aller** (cf. **8.80c**):

. . . il me semble que tu *vas* me tromper. (V:188–189)

8.102 Pour exprimer le futur avec une nuance d'incertitude, on emploie **devoir,** suivi d'un infinitif (cf. **8.28a**):

Il *doit* me *faire savoir* l'heure de son arrivée.

LE FUTUR ANTERIEUR

8.103 Le futur antérieur exprime un fait qui sera déjà achevé au moment où un autre fait se réalisera (cf. **8.113**):

. . . jetez-vous sur lui dès qu'il *sera parvenu* à ce bosquet. (VI: 462–463)

NOTE. Dans une proposition subordonnée, le futur antérieur se traduit, en anglais, par un parfait (*present perfect*):

Je . . . n'entrerai point au logis, de peur que vous ne m'en chassiez tout à l'heure, quand je vous *aurai dit* (when I *have told* you) ce qui m'amène. (V:198–200)

8.104 Le futur antérieur s'emploie idiomatiquement pour exprimer la probabilité d'un fait passé:

C'était à croire que jamais Loulou ne reviendrait. "Ils me l'*auront volé!*" pensait-elle. (XII:204–205)

NOTE. Dans cette construction, on emploie plus fréquemment le passé composé du verbe **devoir**, suivi d'un infinitif (cf. **8.28b**, *note*):

On a *dû* le *voler.*

LE CONDITIONNEL

8.105 Le conditionnel peut être considéré à la fois comme un **temps** et comme un **mode**. Nous l'étudierons successivement sous ces deux aspects.

8.106 Comme **temps**, le conditionnel **présent** s'emploie dans une proposition subordonnée introduite par un verbe au passé, pour représenter, dans le discours indirect, un futur du discours direct (cf. **8.122b**, **8.126b**):

Discours direct: J'irai la rejoindre
Discours indirect: . . . Victor annonça qu'il . . . *irait* rejoindre sa goélette. . . . (XI:25–27)

8.107 Dans une construction analogue, le conditionnel **passé** représente un futur antérieur du discours direct·

Discours direct: Nous serons déjà partis quand il rentrera.
Discours indirect: Il a dit que nous *serions* déjà *partis* quand il rentrerait.

8.108 En tant que **mode**, le conditionnel s'emploie:

a. Au **présent**, dans la proposition principale d'une phrase conditionnelle, pour exprimer un fait présent ou futur, considéré comme possible ou, au contraire, comme irréel. Dans cette construction, le verbe de la proposition subordonnée se met à l'imparfait de l'indicatif (cf. **8.122a**):

Si je *voulais* vous faire envie, je vous *dirais* qu'il est beau comme
le jour. . . . (V:230–231)

Si nous n'*avions* pas de défauts, nous ne *prendrions* pas tant de
plaisir à en remarquer dans les autres. (II:A,6–7)

b. Au **passé**, dans une construction analogue à la précédente, pour
exprimer un fait passé considéré comme irréel, le verbe de la
proposition subordonnée étant au plus-que-parfait de l'indicatif
(cf. **8.126**a):

Comme tu m'*aurais détesté*, Marianne, si je *t'avais aimée!* . . .
(VI:440–441)

NOTE. Le mode conditionnel s'emploie ainsi qu'il est dit aux paragraphes qui précèdent, même si la phrase n'a pas une forme conditionnelle:

La parfaite valeur est de faire sans témoins ce qu'on *serait*
capable de faire devant tout le monde. (II:A,38–39)

8.109   Le mode conditionnel s'emploie encore:

a. Pour atténuer l'expression d'un souhait ou d'un refus:
Voudriez-vous me rendre un service?
Pourriez-vous me rendre ce service?
Auriez-vous l'obligeance de me dire . . . ?
Je *voudrais* que ma mère fût là. (VI:325–326)
Quand je te dis quelque chose, tu me *ferais* plaisir de le croire.
(V:51–52)

b. Pour représenter un fait dont on ne peut garantir l'exactitude:
Il *serait arrivé* un accident; il y *aurait* plusieurs morts.

LE PASSE COMPOSE

8.110   Ce temps, composé d'un élément **présent**: l'auxiliaire **avoir** ou
être, et d'un élément **passé**: le participe du verbe, exprime un fait
qui a eu lieu, et s'est achevé, à un moment determiné du passé, mais
qui demeure en contact avec le présent (cf. **8.114**):

. . . mon mari vous *a vu* entrer ce soir; il *a écouté* notre conversation, et votre mort est certaine, si vous restez une minute
encore. (VI:475–477.)

Le passé composé est donc, essentiellement, le temps du **discours
familier** (la conversation, par exemple), la présence effective ou implicite de celui qui parle ou écrit constituant le lien entre le présent
et le passé:

Il vous *a écrit,* et vous *avez déchiré* ses lettres. Il vous *a envoyé* quelqu'un, et vous lui *avez fermé* la bouche. Il vous *a donné* des concerts, vous l'*avez laissé* dans la rue. (VI:340–342)

NOTE. Dans l'emploi qui vient d'être défini, le passé composé correspond au passé (*past*) de l'anglais.

8.111 Le passé composé sert aussi à exprimer un fait qui a eu lieu, et s'est achevé, à une époque déterminée ou indéterminée du passé, mais dont les conséquences se font sentir dans le présent. Dans cet emploi, il correspond au parfait (*present perfect*) de l'anglais:

Mes chers amis,
Je crois que le Ciel *a permis* (*has allowed*)
Pour nos péchés cette infortune. (III:A,15–17)
J'ai embrassé (*have embraced*) l'aube d'été. (XIV:A,1)

8.112 Le passé composé peut exprimer la durée ainsi que la répétition à condition que celles-ci soient délimitées d'une façon quelconque:

Vingt fois j'ai tenté de l'aborder; *vingt fois j'ai senti* mes genoux fléchir en approchant d'elle. (V:135–136)

8.113 Le passé composé s'emploie encore après **si,** pour exprimer un fait qui se réalisera, et sera achevé, à un moment donné du futur, le verbe de la proposition principale étant au futur ou au futur antérieur (cf. **8.103**):

Si vous *avez fini* votre travail avant midi, nous pourrons en discuter.
Si, demain, *j'ai écrit* ce chapitre, j'aurai terminé plus de la moitié de mon travail.

LE PASSE SIMPLE

8.114 Le passé simple exprime un fait qui a eu lieu, et s'est achevé, à un moment déterminé du passé, et que l'on représente comme n'ayant aucun contact avec le présent:

Un soir du mois d'août (elle avait alors dix-huit ans), ils l'**entraî-nèrent** à l'assemblée de Colleville. (IX:61–62)
La cloche *tinta.* Les têtes se *courbèrent;* il y *eut* un silence. (X:181–182)

NOTE. Il est rappelé que, par contraste, le passé composé exprime un fait qui se relie au présent (cf. **8.110**):
— Il *a passé* la nuit dehors.
— Vous ne savez ce que vous dites. — Il *a soupé* hier avec moi, et m'*a ramenée* ici. (V:268–269)

8.115   Le passé simple est donc un temps essentiellement **narratif**. Il s'emploie surtout dans la langue écrite, et, plus particulièrement dans la narration soutenue, pour exprimer des faits que l'auteur évoque tout en demeurant étranger à son récit:

> Le lendemain, après le dîner, comme on sortait de table, Cunégonde et Candide se *trouvèrent* derrière un paravent; Cunégonde *laissa* tomber son mouchoir, Candide le *ramassa;* elle lui *prit* innocemment la main, le jeune homme *baisa* innocemment la main de la jeune demoiselle avec une vivacité, une sensibilité, une grâce toute particulière; leurs bouches se *rencontrèrent,* leurs yeux s'*enflammèrent,* leurs genoux *tremblèrent,* leurs mains s'*égarèrent.* (IV:A,58–64)

NOTE. Au contraire, le passé composé, temps de la conversation, de la narration familière, révèle ou suggère la présence de celui qui parle ou écrit:

> As-tu remarqué que sa mère, lorsque *j'ai touché* cette corde, *a été* tout d'un coup du même avis que moi? (V:343–344)

8.116   Le passé simple s'emploie aussi pour exprimer la durée ou la répétition lorsque celle-ci est déterminée par une expression en précisant les limites:

> Pareil aux dieux d'airain debout sur leurs pilastres,
> Il *attendit mille ans,* l'œil fixé sur les astres. (VII:21–22)
> *Pendant un demi-siècle,* les bourgeoises de Pont-l'Evêque *envièrent* à Mme Aubain sa servante Félicité. (IX:1–2)

L'IMPARFAIT

8.117   Comme son nom l'indique, l'imparfait sert à exprimer un fait qui était en train de se dérouler, et était **inachevé**, à un moment donné du passé qu'on ne précise pas:

> Les herbages *envoyaient* l'odeur de l'été; des mouches *bourdon-naient;* le soleil *faisait* luire la rivière, *chauffait* les ardoises. (XIII:111–112)

8.118   Le plus souvent, ce fait se déroule au moment où s'achève un autre fait (représenté par le passé simple ou le passé composé; cf. **8.110** sqq.) auquel le premier sert de cadre:

> Elle se *tenait* à l'écart modestement, quand un jeune homme d'apparence cossue . . . *vint* l'inviter à la danse. (IX:65–67)

NOTE. Un verbe à l'imparfait se traduit souvent, en anglais, par:

¹ *was* (ou *were*) + un participe présent:

I *was reading* when he came.

² *used to* + un infinitif:

As a boy, I *used to sit* for hours, listening to music.

³ *would* + un infinitif:

As a boy, I *would sit* for hours dreaming.

8.119 L'imparfait est donc un temps essentiellement **descriptif**, qui marque:

a. La répétition indéfinie dans le passé:

> Pour cent francs par an, elle *faisait* la cuisine et le ménage, *cousait, lavait, repassait.* . . . (IX:3–4)

b. La durée, la continuité, dans le passé, sans aucune indication de limites:

> Madame la baronne, qui *pesait* environ trois cent cinquante livres, *s'attirait* par là une très grande considération, et *faisait* les honneurs de la maison avec une dignité qui la *rendait* encore plus respectable. (IV:A,17–19)

8.120 Au sujet des observations qui précèdent, il convient de noter que:

a. C'est la notion de répétition ou de durée **indéfinie** (ou **illimitée**) qui détermine l'emploi de l'imparfait plutôt que l'idée de durée ou de répétition en soi. Dès qu'il s'agit de délimiter celles-ci, on emploie le passé simple ou le passé composé. Comparez les deux groupes d'exemples suivants:

> Tous les jeudis, des habitués *venaient* faire une partie de boston. (IX:128) (Répétition indéfinie.)
>
> Félicité *reculait* toujours devant le taureau. . . . (X:18–19) (Durée indéfinie.)
>
> . . . *à partir de Noël,* elle *mena* tous les jours la petite fille au catéchisme. (X:139–140) (Répétition limitée.)
>
> Elle . . . *gémit* toute seule dans la campagne *jusqu'au soleil levant.* (IX:110–112) (Durée limitée.)

b. Etant donné sa nature, l'imparfait s'emploie couramment avec des verbes d'état, tels que: **être, avoir, paraître, sembler, préférer, vouloir, pouvoir, connaître, savoir, penser, croire, aimer, craindre,** dont la durée est, le plus souvent, indéterminée:

> C'*était* un homme d'un autre temps; il *connaissait* les plaisirs, et leur *préférait* la solitude; il *savait* combien les illusions sont trompeuses, et il *préférait* ses illusions à la réalité. (VI:512–515)

Mme Aubain *voulait* faire de sa fille une personne accomplie; et comme Guyot ne *pouvait* lui montrer ni l'anglais ni la musique, elle résolut de la mettre en pension. . . . (X:195–197)

NOTE. Mais si l'on veut délimiter la durée d'un état ou indiquer le moment auquel il s'est réalisé, c'est le passé simple ou le passé composé qu'il faut employer:

Elle *a su* (c'.-à-d. elle *a appris*) qu'il partait.

Beaucoup plus tard, par le capitaine de Victor lui-même, elle *connut* les circonstances de sa fin. (XI:143–144)

Il *a voulu* (c'.-à-d. il *a essayé* de) se lever, mais il *n'en a pas eu* la force (c'.-à-d. à l'instant où il a essayé).

. . . elle *voulut* dépasser un grand chariot de foin qui avançait lentement, et en frôlant les roues elle reconnut Théodore. (IX:71–73)

Je *l'ai vu,* mais *n'ai pu* (c'.-à-d. je n'*ai pas réussi à*) lui parler.

Mme Aubain, quand elle *put* y venir, en éprouva un soulagement. . . . (XI:241–242)

Ce mot plus tard *fut* homme et s'appela Caïn. (VII:11) (c'.-à-d. Ce mot plus tard se *fit* [ou: *devint*] homme . . .).

8.121 A la voix passive, il faut éviter de confondre l'imparfait avec le passé simple ou le passé composé:

Imparfait.   Celle [l'éducation] des enfants *était* faite par Guyot. . . . (IX:167)

Passé simple.   Le mariage *fut décidé* le jour même. . . . (V:330)

Passé composé.   Mon mariage *a été remis.*

NOTE. En anglais ces trois temps seraient représentés par un seul auxiliaire: *was.*

8.122 L'imparfait s'emploie encore:

a. Dans une proposition introduite par **si** (le verbe de la proposition principale étant au conditionnel présent), pour exprimer un fait présent ou futur dont la réalité est niée implicitement ou représentée comme incertaine (cf. **8.108**a):

Si nous *n'avions* point de défauts, nous ne *prendrions* pas tant de plaisir à en remarquer dans les autres. (II:A,6–7)

b. Dans une proposition subordonnée dépendant d'un verbe au passé, pour représenter, dans le discours indirect, un présent du discours direct (cf. **8.106, 8.126**b):

Discours direct: Il a dit: "Je m'en vais."
Discours indirect: Il a dit qu'il *s'en allait.*

Puis elle déclara qu'elle *avait besoin* de parler à Fabu. (XIII: 94–95)

c. Avec **depuis** ou après **il y avait . . . que,** pour exprimer un fait qui avait commencé dans le passé et qui durait encore, ou venait de s'achever, lorsqu'un autre fait s'est produit (cf. **8.97**g):

Je l'*attendais* depuis huit jours quand j'ai enfin reçu sa lettre.
Il y avait huit jours que je l'attendais quand. . . .

LE PLUS–QUE–PARFAIT

8.123 Le plus-que-parfait exprime un fait isolé qui avait eu lieu à un moment indéterminé du passé, quand s'est réalisé un autre fait, que l'on représente par le passé simple ou le passé composé:

Votre père *changea* de rôle et *demanda* pour lui ce qu'il n'*avait pu* obtenir pour Orsini. (V:327–328)

8.124 Le plus-que-parfait peut aussi marquer la répétition indéterminée. Dans ce cas, le verbe qui l'accompagne dans l'autre proposition de la phrase se met généralement à l'imparfait:

Quand elle *avait fait* à la porte une génuflexion, elle s'*avançait* sous la haute nef. . . . (X:141–142)

NOTE. Ici, **quand** équivaut à: **toutes les fois que.** . . .

8.125 Quand la phrase ne contient qu'un seul et même sujet, on remplace généralement une proposition subordonnée temporelle contenant un plus-que-parfait par **après** + un infinitif parfait (cf. **8.84**b, **8.129**):

Après avoir été d'abord clerc de notaire, puis dans le commerce, . . . *il* avait découvert sa voie: l'enregistrement! . . . . (XIII: 20–23)

8.126 Le plus-que-parfait s'emploie encore:
a. Après **si,** pour représenter un fait qui aurait pu avoir lieu, mais ne s'est pas réalisé, dans le passé, le verbe de la proposition principale étant au conditionnel passé (cf. **8.108**b):

Comme tu m'*aurais détesté,* Marianne, si je t'*avais aimée!* . . . . (VI:440–441)
Si j'*avais su, j'aurais agi* autrement.

On peut dire aussi, en omettant la proposition principale:

  Ah! si j'*avais su!*

NOTE. La langue littéraire remplace souvent le plus-que-parfait de l'indicatif de la proposition conditionnelle par le plus-que-parfait du subjonctif:

  En songeant à la procession, elle la voyait, comme si elle l'*eût suivie.* (XIII:115–116)

b. Le plus-que-parfait s'emploie enfin dans une proposition subordonnée dépendant d'un verbe au passé, pour représenter, dans le discours indirect, un passé composé du discours direct (cf. **8.106, 8.122**b):

Discours direct: J'ai essayé en vain de lui parler.
Discours indirect: Il a dit qu'il *avait essayé* en vain de lui parler.

  Ne vous a-t-il pas dit que la belle Marianne lui *avait fermé* sa porte? (VI:254–255)

LE PASSE ANTERIEUR

8.127 Le passé antérieur exprime un fait isolé qui venait d'avoir lieu quand un autre fait s'est réalisé. Il s'emploie dans une proposition subordonnée, introduite généralement par **quand, lorsque, dès que, aussitôt que, après que,** le verbe de la proposition principale étant le plus souvent au passé simple ou au passé composé:

  . . . Cunégonde s'évanouit; elle fut souffletée par madame la baronne dès qu'elle *fut revenue* à elle-même. . . . (IV:A,67–68)

8.128 Pour éviter de confondre l'emploi du passé antérieur avec celui du plus-que-parfait, comparez les deux exemples suivants:

  Quand j'*avais fini* mon travail, je *sortais me promener.* (c'.-à-d. *toutes les fois* que j'avais fini . . . le nombre de fois étant *indéterminé.*)
  Quand j'*eus fini* mon travail, je *sortis* (ou *suis sorti*) me promener. (c'.-à-d. quand j'eus fini *ce jour-là* mon travail . . .)

8.129 Quand la phrase ne contient qu'un seul et même sujet, on remplace généralement **après que** + un passé antérieur par **après** + un infinitif parfait (cf. **8.84**b, **8.125**). Comparez les exemples suivants:

  Après avoir fini son travail, *il* sortit (ou: est sorti) se promener.
  Après qu'*il eut* fini son travail, *je* sortis (ou: suis sorti) me promener.

Appendice

LA CONJUGAISON

RADICAL ET DÉSINENCES

8.130 Une forme verbale se compose de deux éléments: un **radical** qui exprime l'idée du verbe, et une **désinence,** ou **terminaison,** qui marque les changements de personne, de temps et de mode:

nous ***donn***-ons
vous ***vend***-iez
il ***reçoiv***-e

NOTE. Le radical peut aussi indiquer un changement de mode et de temps:
je ***boi***-s
je ***boiv***-e
je ***buv***-ais

8.131 On qualifie de **régulier** un verbe dont le radical demeure invariable:

je ***donn***-e
nous ***donn***-ons
vous ***donn***-er-ez

On appelle **irrégulier** un verbe dont le radical change au cours de la conjugaison:

je ***vai***-s
nous ***all***-ons
vous ***ir***-ez

VERBES RÉGULIERS

8.132 Les verbes réguliers peuvent se diviser en trois groupes:

1ᵉʳ GROUPE: les verbes dont l'infinitif se termine par **-er**, et la première personne du singulier de l'indicatif présent par **-e**:

> donn-*er*
> je donn-*e*

Ce groupe comprend environ les neuf-dixièmes des verbes français. Les verbes de création nouvelle se forment sur le modèle de cette conjugaison: **radiodiffuser, téléviser,** etc.

2ᵉ GROUPE: les verbes dont l'infinitif est en **-ir**, et la première personne du singulier de l'indicatif présent, en **-is**. Dans certaines formes la syllabe **-iss** s'intercale entre le radical et la terminaison:

> fin-*ir*
> je fin-*is*
> nous fin-*iss*-ons

Ce groupe comprend environ trois cents verbes.

3ᵉ GROUPE: certains verbes dont l'infinitif est en **-re**, la première personne du singulier de l'indicatif présent, en **s**, le participe passé en **-u**:

> vend-*re*
> je vend-*s*
> vend-*u*

Ce groupe comprend une vingtaine de verbes et leurs dérivés.

Formation des temps

8.133 Pour former les temps de l'indicatif, du subjonctif et du conditionnel des verbes réguliers, on part de cinq formes verbales appelées **temps primitifs**: *v.* pp. 328–329.

Particularités orthographiques de certains verbes en -er

8.134 Les verbes, comme **men-er** dont le radical a un e muet à l'avant-dernière syllabe de l'infinitif, change cet e en è devant une syllabe muette, aux temps et modes indiqués ci-dessous:

Indicatif présent		Subjonctif présent		Futur	Conditionnel présent
mèn-e	men-ons	*mèn-e*	men-ions	*mèn-er-ai*	*mèn-er-ais*
mèn-es	men-ez	*mèn-es*	men-iez	etc.	etc.
mèn-e	*mèn-ent*	*mèn-e*	*mèn-ent*		
Impératif: *mèn-e*, men-ons, men-ez					

8.135 La plupart des verbes en **-el-er**, comme **appel-er**, et en **-et-er**, comme **jet-er**, redoublent la consonne devant un **e** muet:

Indicatif présent		Subjonctif présent		Futur	Condit. présent
appell-e	appel-ons	*appell-e*	appel-ions	*appell-er-ai*	*appell-er-ais*
appell-es	appel-ez	*appell-es*	appel-iez	etc.	etc.
appell-e	*appell-ent*	*appell-e*	*appell-ent*		
jett-e	jet-ons	*jett-e*	jet-ions	*jett-er-ai*	*jett-er-ais*
jett-es	jet-ez	*jett-es*	jet-iez	etc.	etc.
jett-e	*jett-ent*	*jett-e*	*jett-ent*		
Impératif: *appell-e*, appel-ons, appel-ez; *jett-e*, jet-ons, jet-ez					

8.136 Les verbes, comme **préfér-er**, dont le radical a un **é** à l'avant-dernière syllabe de l'infinitif, change cet **é** en **è** devant une syllabe muette, sauf au futur et au conditionnel:

Indicatif présent		Subjonctif présent		Futur	Condit. présent
préfèr-e	préfér-ons	*préfèr-e*	préfér-ions	préfér-er-ai	préfér-er-ais
préfèr-es	préfér-ez	*préfèr-es*	préfér-iez	etc.	etc.
préfèr-e	préfér-ent	*préfèr-e*	préfèr-ent		
Impératif: *préfèr-e*, préfér-ons, préfér-ez					

8.137 Les verbes en **-yer**, comme **nettoy-er** ou **essuy-er**, changent l'y en **i** devant un **e** muet:

Indicatif présent		Subjonctif présent		Futur	Condit. présent
nettoi-e	nettoy-ons	*nettoi-e*	nettoy-ions	*nettoi-er-ai*	*nettoi-er-ais*
nettoi-es	nettoy-ez	*nettoi-es*	nettoy-iez	etc.	etc.
nettoi-e	*nettoi-ent*	*nettoi-e*	*nettoi-ent*		
essui-e	essuy-ons	*essui-e*	essuy-ions	*essui-er-ai*	*essui-er-ais*
essui-es	essuy-ez	*essui-es*	essuy-iez	etc.	etc.
essui-e	*essui-ent*	*essui-e*	*essui-ent*		
Impératif: *nettoi-e*, nettoy-ons, nettoy-ez					

Infinitif présent	Participe présent	Participe passé	Indicatif présent	Passé simple
domn -er	domn -ant	domn -é	domn -e	domn -ai
fin -ir	fin-iss -ant	fin -i	fin -is	fin -is
vend -re	vend -ant	vend -u	vend -s	vend -is

Indicatif futur

$$\left. \begin{array}{l} \text{domn-er} \\ \text{fin -ir} \\ \text{vend-r} \end{array} \right\} - \left\{ \begin{array}{l} \text{ai} \\ \text{as} \\ \text{a} \\ \text{ons} \\ \text{ez} \\ \text{ont} \end{array} \right.$$

Conditionnel présent

$$\left. \begin{array}{l} \text{domn-er} \\ \text{fin -ir} \\ \text{vend-r} \end{array} \right\} - \left\{ \begin{array}{l} \text{ais} \\ \text{ais} \\ \text{ait} \\ \text{ions} \\ \text{iez} \\ \text{aient} \end{array} \right.$$

Indicatif futur antérieur

$$\text{aurai} \left\{ \begin{array}{l} \text{domn-é} \\ \text{fin -i} \\ \text{vend-u} \end{array} \right.$$

Conditionnel passé

$$\text{aurais} \left\{ \begin{array}{l} \text{domn-é} \\ \text{fin -i} \\ \text{vend-u} \end{array} \right.$$

Indicatif présent pluriel

$$\left. \begin{array}{l} \text{domn} \\ \text{fin-iss} \\ \text{vend} \end{array} \right\} - \left\{ \begin{array}{l} \text{ons} \\ \text{ez} \\ \text{ent} \end{array} \right.$$

Indicatif présent singulier

$$\text{domn-} \left\{ \begin{array}{l} \text{e} \\ \text{es} \\ \text{e} \end{array} \right. \qquad \text{fin-} \left\{ \begin{array}{l} \text{is} \\ \text{is} \\ \text{it} \end{array} \right. \qquad \text{vend-} \left\{ \begin{array}{l} \text{s} \\ \text{s} \\ \text{\_1} \end{array} \right.$$

Impératif singulier

donn	-e[2]
fin	-is
vend	-s

Indicatif passé simple

donn- { ai, as, a, âmes, âtes, èrent }

fin { is, is, it, îmes, îtes, irent }

vend -

Subjonctif imparfait

donn- { asse, asses, ât, assions, assiez, assent }

fin { isse, isses, ît, issions, issiez, issent }

vend -

Impératif pluriel

donn
fin-iss
vend
- { ons, ez }

Indicatif passé composé
Plus-que-parfait
Passé antérieur

ai
avais
eus
{ donn-é, fin -i, vend-u }

Subjonctif parfait
Plus-que-parfait

aie
eusse
{ donn-é, fin -i, vend-u }

Indicatif imparfait

donn
fin-iss
vend
- { ais, ais, ait, ions, iez, aient }

Subjonctif présent

donn
fin-iss
vend
- { e, es, e, ions, iez, ent }

[1] Les verbes dont le radical ne se termine pas par un **d** prennent un **t** à la 3e personne du singulier de l'indicatif présent: **interrompt.**

[2] Devant y et **en,** la 2e personne du singulier de l'impératif des verbes du 1er groupe prend un **s:**
Si tu vas au cirque, **emmènes-y** les enfants. Achète du chocolat et **donnes-en** aux enfants.

NOTE. Les verbes en **-ay-er**, comme **essay-er**, peuvent conserver l'y dans toute leur conjugaison: j'essai-e ou j'essay-e.

8.138   Devant les voyelles **a** et **o**, on ajoute une cédille au **c** des verbes en **-cer** et on intercale un **e** après le **g** des verbes en **-ger**:

Indicatif présent		Indicatif imparfait		Passé simple	
commenc-e	*commenç-ons*	*commenç-ais*	commenc-ions	*commenç-ai*	*commenç-âmes*
commenc-es	commenc-ez	*commenç-ais*	commenc-iez	*commenç-as*	*commenç-âtes*
commenc-e	commenc-ent	*commenç-ait*	*commenç-aient*	*commenç-a*	commenc-èrent

Impératif: commenc-e, *commenç-ons,* commenc-ez
Participe présent: *commenç-ant*

mang-e	*mang-e-ons*	*mang-e-ais*	mang-ions	*mang-e-ai*	*mang-e-âmes*
mang-es	mang-ez	*mang-e-ais*	mang-iez	*mang-e-as*	*mang-e-âtes*
mang-e	mang-ent	*mang-e-ait*	*mang-e-aient*	*mang-e-a*	mang-èrent

Impératif: mang-e, *mang-e-ons,* mangez
Participe présent: *mang-e-ant*

NOTE. Comme les verbes en **-cer**, le verbe irrégulier **recevoir** et d'autres conjugués sur le même modèle prennent une cédille, mais seulement devant **o** et **u**:
    je **reçois,** je **reçus,** j'ai **reçu.**

VERBES IRRÉGULIERS

8.139   Les verbes irréguliers comprennent:
a. Deux verbes en **-er: all-er, envoy-er**
b. Les verbes en **-ir** autres que ceux du type **fin-ir:**

   dorm-ir, ven-ir, mour-ir, etc.

c. Les verbes en **-re** autres que ceux du type **vend-re:**

   mett-re, prend-re, craind-re, etc.

d. Les verbes en **-oir: voul-oir, recev-oir, sav-oir,** etc.

8.140   L'irrégularité de ces verbes se manifeste de plusieurs manières:

a. Au présent de l'indicatif et, le plus souvent, du subjonctif, le radical de certains verbes diffère au singulier et au pluriel: aux deux premières personnes du pluriel, il revêt, sauf exception, la même forme qu'au **participe présent:**

Indicatif		Subjonctif	
je boi-s	nous *buv*-ons	je boiv-e	nous *buv*-ions
tu boi-s	vous *buv*-ez	tu boiv-es	vous *buv*-iez
il boi-t	ils boiv-ent	il boiv-e	ils boiv-ent

Voici un tableau de quelques verbes d'usage courant, qui illustre ce changement:

Infinitif (*Part. Prés.*)	Indicatif Sing.	Plur.	Subjonctif Sing.	Plur.
all-er (*all*-ant)	vai-s	*all*-ons -ez	aill-e	*all*-ions -iez
av-oir (*ay*-ant)	ai	av-ons -ez	ai-e	*ay*-ons -ez
boi-re (*buv*-ant)	boi-s	*buv*-ons -ez	boiv-e	*buv*-ions -iez
craind-re (*craign*-ant)	crain-s	*craign*-ons -ez	craign-e	*craign*-ions -iez
dev-oir (*dev*-ant)	doi-s	*dev*-ons -ez	doiv-e	*dev*-ions -iez
mour-ir (*mour*-ant)	meur-s	*mour*-ons -ez	meur-e	*mour*-ions -iez
pouv-oir (*pouv*-ant)	peu-x	*pouv*-ons -ez	puiss-e	puiss-ions -iez
prend-re (*pren*-ant)	prend-s	*pren*-ons -ez	prenn-e	*pren*-ions -iez
recev-oir (*recev*-ant)	reçoi-s	*recev*-ons -ez	reçoiv-e	*recev*-ions -iez
savoir (*sach*-ant)	sai-s	sav-ons -ez	sach-e	*sach*-ions -iez
val-oir (*val*-ant)	vau-x	*val*-ons -ez	vaill-e	*val*-ions -iez

Infinitif	Indicatif		Subjonctif	
(Part. Prés.)	Sing.	Plur.	Sing.	Plur.
ven-ir	vien-s	ven-ons	vienn-e	ven-ions
(ven-ant)		-ez		-iez
voul-oir	veu-x	voul-ons	veuill-e	voul-ions
(voul-ant)		-ez		-iez

b. Au présent de l'indicatif de certains verbes, le radical, tel qu'il apparaît au participe présent, perd, au singulier, une consonne finale, qui réapparaît au pluriel:

dorm-ir	dor-s	dorm-ons
(dorm-ant)	-s	-ez
	-t	-ent

Voici un tableau de quelques verbes d'usage courant, qui illustre ce changement:

dorm-ir	dor-s	dorm-ons
(dorm-ant)		etc.
écri-re	écri-s	écriv-ons
(écriv-ant)		etc.
mett-re	met-s	mett-ons
(mett-ant)		etc.
part-ir	par-s	part-ons
(part-ant)		etc.
sent-ir	sen-s	sent-ons
(sent-ant)		etc.
serv-ir	ser-s	serv-ons
(serv-ant)		etc.
sort-ir	sor-s	sort-ons
(sort-ant)		etc.
suiv-re	sui-s	suiv-ons
(suiv-ant)		etc.
viv-re	vi-s	viv-ons
(viv-ant)		etc.

c. Au futur de l'indicatif, le radical des verbes indiqués ci-dessous, et qui sont d'usage courant, changent de la manière suivante:

all-er	*ir*-ai
asse-oir	*assoir*-ai ou
	assiér-ai
av-oir	*aur*-ai
sav-oir	*saur*-ai
cour-ir	*courr*-ai
mour-ir	*mourr*-ai
dev-oir	*devr*-ai
pleuv-oir	*pleuvr*-a
recev-oir	*recevr*-ai
envoy-er	*enverr*-ai
v-oir	*verr*-ai
êt-re	*ser*-ai
fai-re	*fer*-ai
fall-oir	*faudr*-a
val-oir	*vaudr*-ai
voul-oir	*voudr*-ai
ven-ir	viendr-ai

d. **Au participe passé,** certains verbes changent entièrement de forme. Le tableau présente quelques-uns de ces verbes, d'usage courant:

avoir	*eu*
boire	*bu*
croire	*cru*
devoir	*dû*
lire	*lu*
mettre	*mis*
mourir	*mort*
naître	*né*
plaire	*plu*
pleuvoir	*plu*
pouvoir	*pu*
prendre	*pris*
recevoir	*reçu*
savoir	*su*
vivre	*vécu*
voir	*vu*

Les indications qui précèdent doivent être complétées par l'étude de la table des verbes irréguliers, pp. 334–346.

TABLE DES VERBES IRREGULIERS

8.141

ACQUÉRIR, to acquire

Inf. **acquérir;** *fut.* acquerrai; *cond.* acquerrais.

Part. prés. **acquérant;** *ind. imp.* acquérais; *subj. prés.* acquière, acquières, acquière, acquérions, acquériez, acquièrent

Part. passé. **acquis;** *passé comp.* ai acquis

Ind. prés. **acquiers,** acquiers, acquiert, acquérons, acquérez, acquièrent; *impér.* acquiers, acquérons, acquérez

Passé simple. **acquis,** acquis, acquit, acquîmes, acquîtes, acquirent; *subj. imp.* acquisse, acquisses, acquît, etc.

Comme **acquérir:**
   conquérir: to conquer

ALLER, to go

Inf. **aller;** *fut.* irai; *cond.* irais

Part. prés. **allant;** *ind. imp.* allais; *subj. prés.* aille, ailles, aille, allions, alliez, aillent

Part. passé. **allé;** *passé comp.* suis allé

Ind. prés. **vais,** vas, va, allons, allez, vont; *impér.* va, allons, allez

Passé simple. **allai,** allas, alla, allâmes, allâtes, allèrent; *subj. imp.* allasse, allasses, allât, etc.

Comme **aller:**
   s'en aller, to go away

ASSEOIR, to seat

Inf. **asseoir;** *fut.* assiérai ou assoirai; *cond.* assiérais ou assoirais, etc.

Part prés. **asseyant** ou **assoyant;** *ind. imp.* asseyais ou assoyais; *subj. prés.* asseye, asseyes, asseye, asseyions, asseyiez, asseyent ou assoie, assoies, assoie, assoyions, assoyiez, assoient

Part. passé. **assis;** *passé comp.* ai assis

Ind. prés. **assieds,** assieds, assied, asseyons, asseyez, asseyent ou **assois,** assois, assoit, assoyons, assoyez, assoient; *impér.* assieds, asseyons, asseyez ou assois, assoyons, assoyez

Passé simple. **assis,** assis, assit, assîmes, assîtes, assirent; *subj. imp.* assisse, assisses, assît, etc.

Comme **asseoir:**
   s'asseoir, to sit down

AVOIR, to have

Inf. **avoir;** *fut.* aurai; *cond.* aurais

Part. prés. **ayant;** *ind. imp.* avais; *subj. prés.* aie, aies, ait, ayons, ayez, aient

Part. passé. **eu;** *passé comp.* ai eu

Ind. prés. **ai,** as, a, avons, avez, ont; *impér.* aie, ayons, ayez
Passé simple. **eus,** eus, eut, eûmes, eûtes, eurent; *subj. imp.* eusse, eusses, eût, eussions, eussiez, eussent

BOIRE, to drink

Inf. **boire;** *fut.* boirai; *cond.* boirais
Part. prés. **buvant;** *ind. imp.* buvais; *subj. prés.* boive, boives, boive, buvions, buviez, boivent
Part. passé. **bu;** *passé comp.* ai bu
Ind. prés. **bois,** bois, boit, buvons, buvez, boivent; *impér.* bois, buvons, buvez
Passé simple. **bus,** bus, but, bûmes, bûtes, burent; *subj. imp.* busse, busses, bût, etc.

CONCLURE, to conclude

Inf. **conclure;** *fut.* conclurai; *cond.* conclurais
Part prés. **concluant;** *ind. imp.* concluais; *subj. prés.* conclue, conclues, conclue, concluions, concluiez, concluent
Part. passé. **conclu;** *passé comp.* ai conclu
Ind. prés. **conclus,** conclus, conclut, concluons, concluez, concluent; *impér.* conclus, concluons, concluez
Passé simple. **conclus,** conclus, conclut, conclûmes, conclûtes, conclurent; *subj. imp.* conclusse, conclusses, conclût, etc.

CONDUIRE, to conduct, to lead

Inf. **conduire;** *fut.* conduirai; *cond.* conduirais
Part. prés. **conduisant;** *ind. imp.* conduisais; *subj. prés.* conduise, conduises, conduise, conduisions, conduisiez, conduisent
Part. passé. **conduit;** *passé comp.* ai conduit
Ind. prés. **conduis,** conduis, conduit, conduisons, conduisez, conduisent; *impér.* conduis, conduisons, conduisez
Passé simple. **conduisis,** conduisis, conduisit, conduisîmes, conduisîtes, conduisirent; *sub. imp.* conduisisse, conduisisses, conduisît, etc.

Comme **conduire:**
    construire, to build   *réduire,* to reduce
    détruire, to destroy   *traduire,* to translate
    instruire, to instruct

CONNAÎTRE, to know

Inf. **connaître;** *fut.* connaîtrai; *cond.* connaîtrais
Part. prés. **connaissant;** *ind. imp.* connaissais; *subj. prés.* connaisse, connaisses, connaisse, connaissions, connaissiez, connaissent
Part. passé. **connu;** *passé comp.* ai connu
Ind. prés. **connais,** connais, connaît, connaissons, connaissez, connaissent; *impér.* connais, connaissons, connaissez
Passé simple. **connus,** connus, connut, connûmes, connûtes, connurent; *subj. imp.* connusse, connusses, connût, etc.

Comme **connaître**:

apparaître, to appear   *paraître,* to seem
disparaître, to disappear   *reconnaître,* to recognize

COUDRE, to sew

Inf. **coudre**; *fut.* coudrai; *cond.* coudrais
Part. prés. **cousant**; *ind. imp.* cousais; *subj. prés.* couse, couses, couse, cousions,
cousiez, cousent
Part. passé. **cousu**; *passé comp.* ai cousu
Ind. prés. **couds**, couds, coud, cousons, cousez, cousent; *impér.* couds, cousons,
cousez
Passé simple. **cousis**, cousis, cousit, cousîmes, cousîtes, cousirent; *subj. imp.*
cousisse, cousisses, cousît, etc.

Comme **coudre**:

découdre, to rip, to unsew
recoudre, to sew up again

COURIR, to run

Inf. **courir**; *fut.* courrai; *cond.* courrais
Part prés. **courant**; *ind. imp.* courais; *subj. prés.* coure, coures, coure, courions,
couriez, courent
Part. passé. **couru**; *passé comp.* ai couru
Ind. prés. **cours**, cours, court, courons, courez, courent; *impér.* cours, courons,
courez
Passé simple. **courus**, courus, courut, courûmes, courûtes, coururent; *subj. imp.*
courusse, courusses, courût, etc.

Comme **courir**:

parcourir, to travel over; to look through

CRAINDRE, to fear

Inf. **craindre**; *fut.* craindrai; *cond.* craindrais
Part. prés. **craignant**; *ind. imp.* craignais; *subj. prés.* craigne, craignes, craigne,
craignions, craigniez, craignent
Part. passé. **craint**; *passé comp.* ai craint
Ind. prés. **crains**, crains, craint, craignons, craignez, craignent; *impér.* crains,
craignons, craignez
Passé simple. **craignis**, craignis, craignit, craignîmes, craignîtes, craignirent;
subj. imp. craignisse, craignisses, craignît, etc.

Comme **craindre**:

atteindre, to reach   *se plaindre,* to complain
éteindre, to extinguish   *joindre,* to join
peindre, to paint   *rejoindre,* to catch up with
plaindre, to pity

CROIRE, to believe

Inf. **croire;** *fut.* croirai; *cond.* croirais
Part. prés. **croyant;** *ind. imp.* croyais; *subj. prés.* croie, croies, croie, croyions, croyiez, croient
Part. passé. **cru;** *passé comp.* ai cru
Ind. prés. **crois,** crois, croit, croyons, croyez, croient; *impér.* crois, croyons, croyez
Passé simple. **crus,** crus, crut, crûmes, crûtes, crurent; *subj. imp.* crusse, crusses, crût, etc.

CUEILLIR, to gather, to pick

Inf. **cueillir;** *fut.* cueillerai; *cond.* cueillerais
Part. prés. **cueillant;** *ind. imp.* cueillais; *subj. prés.* cueille, cueilles, cueille, cueillions, cueilliez, cueillent
Part. passé. **cueilli;** *passé comp.* ai cueilli
Ind. prés. **cueille,** cueilles, cueille, cueillons, cueillez, cueillent; *impér.* cueille, cueillons, cueillez
Passé simple. **cueillis,** cueillis, cueillit, cueillîmes, cueillîtes, cueillirent; *subj. imp.* cueillisse, cueillisses, cueillît, etc.

Comme **cueillir:**
   accueillir, to welcome

DEVOIR, to owe; to be obliged, to be supposed to

Inf. **devoir;** *fut.* devrai; *cond.* devrais
Part. prés. **devant;** *ind. imp.* devais; *subj. prés.* doive, doives, doive, devions, deviez, doivent
Part. passé. **dû** [*f.* due, *pl.* du(e)s]; *passé comp.* ai dû
Ind. prés. **dois,** dois, doit, devons, devez, doivent
Passé simple. **dus,** dus, dut, dûmes, dûtes, durent; *subj. imp.* dusse, dusses, dût, etc.

DIRE, to say, to tell

Inf. **dire;** *fut.* dirai; *cond.* dirais
Part. prés. **disant;** *ind. imp.* disais; *subj. prés.* dise, dises, dise, disions, disiez, disent
Part. passé. **dit;** *passé comp.* ai dit
Ind. prés. **dis,** dis, dit, disons, dites, disent; *impér.* dis, disons, dites
Passé simple. **dis,** dis, dit, dîmes, dîtes, dirent; *subj. imp.* disse, disses, dît, etc.

Comme **dire:**
   contredire,[1] to contradict   *prédire,*[1] to predict
   interdire,[1] to forbid
   [1] *Deuxième pers. plur. indic. prés. et impér.:* contredisez, interdisez, prédisez

DORMIR, to sleep

Inf. **dormir;** *fut.* dormirai; *cond.* dormirais
Part. prés. **dormant;** *ind. imp.* dormais; *subj. prés.* dorme, dorme, dormions,
dormiez, dorment
Part. passé. **dormi;** *passé comp.* ai dormi
Ind. prés. **dors,** dors, dort, dormons, dormez, dorment; *impér.* dors, dormons,
dormez
Passé simple. **dormis,** dormis, dormit, dormîmes, dormîtes, dormirent; *subj.
imp.* dormisse, dormisses, dormît. etc.

Comme **dormir:**
   s'endormir, to go to sleep   *se rendormir,* to go back to sleep

ÉCRIRE, to write

Inf. **écrire;** *fut.* écrirai; *cond.* écrirais
Part. prés. **écrivant;** *ind. imp.* écrivais; *subj. prés.* écrive, écrives, écrive,
écrivions, écriviez, écrivent
Part. passé. **écrit;** *passé comp.* ai écrit
Ind. prés. **écris,** écris, écrit, écrivons, écrivez, écrivent; *impér.* écris, écrivons,
écrivez
Passé simple. **écrivis,** écrivis, écrivit, écrivîmes, écrivîtes, écrivirent; *subj. imp.*
écrivisse, écrivisses, écrivît, etc.

Comme **écrire:**
   décrire, to describe   *s'inscrire,* to register
   inscrire, to inscribe   *prescrire,* to prescribe

ENVOYER, to send

Inf. **envoyer;** *fut.* enverrai; *cond.* enverrais
Part. prés. **envoyant;** *ind. imp.* envoyais; *subj. prés.* envoie, envoies, envoie,
envoyions, envoyiez, envoient
Part. passé. **envoyé;** *passé comp.* ai envoyé
Ind. prés. **envoie,** envoies, envoie, envoyons, envoyez, envoient; *impér.* envoie,
envoyons, envoyez
Passé simple. **envoyai,** envoyas, envoya, envoyâmes, envoyâtes, envoyèrent;
subj. imp. envoyasse, envoyasses, envoyât, etc.

Comme **envoyer:**
   renvoyer, to send away, to dismiss

ÊTRE, to be

Inf. **être;** *fut.* serai; *cond.* serais
Part. prés. **étant;** *ind. imp.* étais; *subj. prés.* sois, sois, soit, soyons, soyez, soient
Part. passé. **été;** *passé comp.* ai été
Ind. prés. **suis,** es, est, sommes, êtes, sont; *impér.* sois, soyons, soyez
Passé simple. **fus,** fus, fut, fûmes, fûtes, furent; *subj. imp.* fusse, fusses, fût,
fussions, fussiez, fussent

FAIRE, to do, to make

Inf. **faire;** *fut.* ferai; *cond.* ferais
Part. prés. **faisant;** *ind. imp.* faisais; *subj. prés.* fasse, fasses, fasse, fassions, fassiez, fassent
Part. passé. **fait;** *passé comp.* ai fait
Ind. prés. **fais,** fais, fait, faisons, faites, font; *impér.* fais, faisons, faites
Passé simple. **fis,** fis, fit, fîmes, fîtes, firent; *subj. imp.* fisse, fisses, fît, etc.

Comme **faire:**
   satisfaire, to satisfy

FALLOIR, to be necessary

Inf. **falloir;** *fut.* il faudra; *cond.* il faudrait
Ind. imp. il fallait; *subj. prés.* il faille
Part. passé. **fallu;** *passé comp.* il a fallu
Ind. prés. il **faut**
Passé simple. il **fallut;** *subj. imp.* il fallût

FUIR, to flee

Inf. **fuir;** *fut.* fuirai; *cond.* fuirais
Part. prés. **fuyant;** *ind. imp.* fuyais; *subj. prés.* fuie, fuies, fuie, fuyions, fuyiez, fuient
Part. passé. **fui;** *passé comp.* ai fui
Ind. prés. **fuis,** fuis, fuit, fuyons, fuyez, fuient; *impér.* fuis, fuyons, fuyez
Passé simple. **fuis,** fuis, fuit, fuîmes, fuîtes, fuirent; *subj. imp.* fuisse, fuisses, fuît, etc.

Comme **fuir:**
   s'enfuir, to flee, to escape

HAÏR, to hate

Inf. **haïr;** *fut.* haïrai; *cond.* haïrais
Part. prés. **haïssant;** *ind. imp.* haïssais; *subj. prés.* haïsse, haïsses, haïsse, haïssions, haïssiez, haïssent
Part. passé. **haï;** *passé comp.* ai haï
Ind. prés. **hais,** hais, hait, haïssons, haïssez, haïssent; *impér.* hais, haïssons, haïssez
Passé simple. **haïs,** haïs, haït, haïmes, haïtes, haïrent; *subj. imp.* haïsse, haïsses, haït, etc.

LIRE, to read

Inf. **lire;** *fut.* lirai; *cond.* lirais
Part. prés. **lisant;** *ind. imp.* lisais; *subj. prés.* lise, lises, lise, lisions, lisiez, lisent
Part. passé. **lu;** *passé comp.* ai lu
Ind. prés. **lis,** lis, lit, lisons, lisez, lisent; *impér.* lis, lisons, lisez
Passé simple. **lus,** lus, lut, lûmes, lûtes, lurent; *subj. imp.* lusse, lusses, lût, etc.

Comme **lire:**
 élire, to elect   *relire,* to reread

METTRE, to place, to put

Inf. **mettre;** *fut.* mettrai; *cond.* mettrais
Part. prés. **mettant;** *ind. imp.* mettais; *subj. prés.* mette, mettes, mette, mettions, mettiez, mettent
Part. passé. **mis;** *passé comp.* ai mis
Ind. prés. **mets,** mets, met, mettons, mettez, mettent; *impér.* mets, mettons, mettez
Passé simple. **mis,** mis, mit, mîmes, mîtes, mirent; *subj. imp.* misse, misses, mît, etc.

Comme **mettre:**
 admettre, to admit   *promettre,* to promise
 commettre, to commit   *remettre,* to put back, to hand to
 omettre, to omit   *soumettre,* to submit
 permettre, to permit

MOURIR, to die

Inf. **mourir;** *fut.* mourrai; *cond.* mourrais
Part. prés. **mourant;** *ind. imp.* mourais; *subj. prés.* meure, meures, meure, mourions, mouriez, meurent
Part. passé. **mort;** *passé comp.* suis mort
Ind. prés. **meurs,** meurs, meurt, mourons, mourez, meurent; *impér.* meurs, mourons, mourez
Passé simple. **mourus,** mourus, mourut, mourûmes, mourûtes, moururent; *subj. imp.* mourusse, mourusses, mourût, etc.

NAÎTRE, to be born

Inf. **naître;** *fut.* naîtrai; *cond.* naîtrais
Part. prés. **naissant;** *ind. imp.* naissais; *subj. prés.* naisse, naisses, naisse, naissions, naissiez, naissent
Part. passé. **né;** *passé comp.* suis né
Ind. prés. **nais,** nais, naît, naissons, naissez, naissent; *impér.* nais, naissons, naissez
Passé simple. **naquis,** naquis, naquit, naquîmes, naquîtes, naquirent; *subj. imp.* naquisse, naquisses, naquît, etc.

OUVRIR, to open

Inf. **ouvrir;** *fut.* ouvrirai; *cond.* ouvrirais
Part. prés. **ouvrant;** *ind. imp.* ouvrais; *subj. prés.* ouvre, ouvres, ouvre, ouvrions, ouvriez, ouvrent
Part. passé. **ouvert;** *passé comp.* ai ouvert
Ind. prés. **ouvre,** ouvres, ouvre, ouvrons, ouvrez, ouvrent; *impér.* ouvre, ouvrons, ouvrez

Passé simple. **ouvris,** ouvris, ouvrit, ouvrîmes, ouvrîtes, ouvrirent; *subj. imp.* ouvrisse, ouvrisses, ouvrît, etc.

Comme **ouvrir:**

couvrir, to cover   *recouvrir,* to cover (completely)
découvrir, to discover, to find out   *souffrir,* to suffer, to endure
offrir, to offer

PARTIR, to leave

Inf. **partir;** *fut.* partirai; *cond.* partirais
Part. prés. **partant;** *ind. imp.* partais; *subj. prés.* parte, partes, parte, partions, partiez, partent
Part. passé. **parti;** *passé comp.* suis parti
Ind. prés. **pars,** pars, part, partons, partez, partent; *impér.* pars, partons, partez
Passé simple. **partis,** partis, partit, partîmes, partîtes, partirent; *subj. imp.* partisse, partisses, partît, etc.

Comme **partir:**

sortir, to go out

PLAIRE, to please

Inf. **plaire;** *fut.* plairai; *cond.* plairais
Part prés. **plaisant;** *ind. imp.* plaisais; *subj. prés.* plaise, plaises, plaise, plaisions, plaisiez, plaisent
Part. passé. **plu;** *passé comp.* ai plu
Ind. prés. **plais,** plais, plaît, plaisons, plaisez, plaisent; *impér.* plais, plaisons, plaisez
Passé simple. **plus,** plus, plut, plûmes, plûtes, plurent; *subj. imp.* plusse, plusses, plût, etc.

Comme **plaire:**

déplaire, to displease
se taire,[2] to be silent

PLEUVOIR, to rain

Inf. **pleuvoir;** *fut.* il pleuvra; *cond.* il pleuvrait
Part. prés. **pleuvant;** *ind. imp.* il pleuvait; *subj. prés.* il pleuve
Part. passé. **plu;** *passé comp.* il a plu
Ind. prés. il **pleut**
Passé simple. il **plut;** *subj. imp.* il plût

POUVOIR, to be able

Inf. **pouvoir;** *fut.* pourrai; *cond.* pourrais
Part. prés. **pouvant;** *ind. imp.* pouvais; *subj. prés.* puisse, puisses, puisse, puissions, puissiez, puissent
Part. passé. **pu;** *passé comp.* ai pu

---

[2] (Il se) tait n'a pas d'accent circonflexe.

Ind. prés. **puis** ou **peux,** peux, peut, pouvons, pouvez, peuvent
Passé simple, **pus,** pus, put, pûmes, pûtes, purent; *subj. imp.* pusse, pusses, pût, etc.

PRENDRE, to take

Inf. **prendre;** *fut.* prendrai; *cond.* prendrais
Part. prés. **prenant;** *ind. imp.* prenais; *subj. prés.* prenne, prennes, prenne, prenions, preniez, prennent
Part. passé. **pris;** *passé comp.* ai pris
Ind. prés. **prends,** prends, prend, prenons, prenez, prennent; *impér.* prends, prenons, prenez
Passé simple. **pris,** pris, prit, prîmes, prîtes, prirent; *subj. imp.* prisse, prisses, prît, etc.

Comme **prendre:**

apprendre, to learn	*reprendre,* to take back, to resume
comprendre, to understand	*surprendre,* to surprise

RECEVOIR, to receive

Inf. **recevoir;** *fut.* recevrai; *cond.* recevrais
Part. prés. **recevant;** *ind. imp.* recevais; *subj. prés.* reçoive, reçoives, reçoive, recevions, receviez, reçoivent
Part. passé. **reçu;** *passé comp.* ai reçu
Ind. prés. **reçois,** reçois, reçoit, recevons, recevez, reçoivent; *impér.* reçois, recevons, recevez
Passé simple. **reçus,** reçus, reçut, reçûmes, reçûtes, reçurent; *subj. imp.* reçusse, reçusses, reçût, etc.

Comme **recevoir:**

apercevoir, to perceive	*concevoir,* to conceive

RÉSOUDRE, to resolve; to solve

Inf. **résoudre;** *fut.* résoudrai; *cond.* résoudrais
Part. prés. **résolvant;** *ind. imp.* résolvais; *subj. prés.* résolve, résolves, résolve, résolvions, résolviez, résolvent
Part. passé. **résolu;** *passé comp.* ai résolu
Ind. prés. **résous,** résous, résout, résolvons, résolvez, résolvent; *impér.* résous, résolvons, résolvez
Passé simple. **résolus,** résolus, résolut, résolûmes, résolûtes, résolurent; *subj. imp.* résolusse, résolusses, résolût. etc.

RIRE, to laugh

Inf. **rire;** *fut.* rirai; *cond.* rirais
Part. prés. **riant;** *ind. imp.* riais; *subj. prés.* rie, ries, rie, riions, riiez, rient
Part. passé. **ri;** *passé comp.* ai ri

Ind. prés. **ris,** ris, rit, rions, riez, rient; *impér.* ris, rions, riez
Passé simple. **ris,** ris, rit, rîmes, rîtes, rirent; *subj. imp.* risse, risses, rît, etc.

Comme **rire:**
  sourire, to smile

SAVOIR, to know

Inf. **savoir;** *fut.* saurai; *cond.* saurais
Part. prés. **sachant;** *ind. imp.* savais; *subj. prés.* sache, saches, sache, sachions,
  sachiez, sachent
Part. passé. **su;** *passé comp.* ai su
Ind. prés. **sais,** sais, sait, savons, savez, savent; *impér.* sache, sachons, sachez
Passé simple. **sus,** sus, sut, sûmes, sûtes, surent; *subj. imp.* susse, susses, sût, etc.

SENTIR, to feel

Inf. **sentir;** *fut.* sentirai; *cond.* sentirais
Part. prés. **sentant;** *ind. imp.* sentais; *subj. prés.* sente, sentes, sente, sentions,
  sentiez, sentent
Part. passé. **senti;** *passé comp.* ai senti
Ind. prés. **sens,** sens, sent, sentons, sentez, sentent; *impér.* sens, sentons, sentez
Passé simple. **sentis,** sentis, sentit, sentîmes, sentîtes, sentirent; *subj. imp.*
  sentisse, sentisses, sentît, etc.

Comme **sentir:**
  bouillir, to boil: *ind. prés.* bous, bous, bout, bouillons, bouillez, bouillent

SERVIR, to serve

Inf. **servir;** *fut.* servirai; *cond.* servirais
Part. prés. **servant;** *ind. imp.* servais; *subj. prés.* serve, serves, serve, servions,
  serviez, servent
Part. passé. **servi;** *passé comp.* ai servi
Ind. prés. **sers,** sers, sert, servons, servez, servent; *impér.* sers, servons, servez
Passé simple. **servis,** servis, servit, servîmes, servîtes, servirent; *subj. imp.*
  servisse, servisses, servît, etc.

Comme **servir:**
  se servir de, to use

SORTIR, to go out

Inf. **sortir;** *fut.* sortirai; *cond.* sortirais
Part. prés. **sortant;** *ind. imp.* sortais; *subj. prés.* sorte, sortes, sorte, sortions,
  sortiez, sortent
Part. passé. **sorti;** *passé comp.* suis sorti
Ind. prés. **sors,** sors, sort, sortons, sortez, sortent; *impér.* sors, sortons, sortez
Passé simple. **sortis,** sortis, sortit, sortîmes, sortîtes, sortirent; *subj. imp.* sortisse,
  sortisses, sortît, etc.

SUFFIRE, to be sufficient

Inf. **suffire;** *fut.* suffirai; *cond.* suffirais
Part. prés. **suffisant;** *ind. imp.* suffisais; *subj. prés.* suffise, suffises, suffise,
suffisions, suffisiez, suffisent
Part. passé. **suffi;** *passé comp.* ai suffi
Ind. prés. **suffis,** suffis, suffit, suffisons, suffisez, suffisent; *impér.* suffis, suffisons,
suffisez
Passé simple. **suffis,** suffis, suffit, suffîmes, suffîtes, suffirent; *subj. imp.* suffisse,
suffisses, suffît, etc.

SUIVRE, to follow

Inf. **suivre;** *fut.* suivrai; *cond.* suivrais
Part. prés. **suivant;** *ind. imp.* suivais; *subj. prés.* suive, suives, suive, suivions,
suiviez, suivent
Part. passé. **suivi;** *passé comp.* ai suivi
Ind. prés. **suis,** suis, suit, suivons, suivez, suivent; *impér.* suis, suivons, suivez
Passé simple. **suivis,** suivis, suivit, suivîmes, suivîtes, suivirent; *subj. imp.*
suivisse, suivisses, suivît, etc.

Comme **suivre:**
poursuivre, to pursue

TENIR, to hold

Inf. **tenir;** *fut.* tiendrai; *cond.* tiendrais
Part. prés. **tenant;** *ind. imp.* tenais; *subj. prés.* tienne, tiennes, tienne, tenions,
teniez, tiennent
Part. passé. **tenu;** *passé comp.* ai tenu
Ind. prés. **tiens,** tiens, tient, tenons, tenez, tiennent; *impér.* tiens, tenons, tenez
Passé simple. **tins,** tins, tint, tînmes, tîntes, tinrent; *subj. imp.* tinsse, tinsses, tînt,
etc.

Comme **tenir:**

appartenir (*à*), to belong (to)	*obtenir,* to obtain
contenir, to contain	*retenir,* to delay
maintenir, to maintain	*soutenir,* to uphold

VAINCRE, to conquer

Inf. **vaincre;** *fut.* vaincrai; *cond.* vaincrais
Part. prés. **vainquant;** *ind. imp.* vainquais; *subj. prés.* vainque, vainques,
vainque, vainquions, vainquiez, vainquent
Part. passé. **vaincu;** *passé comp.* ai vaincu
Ind. prés. **vaincs,** vaincs, vainc, vainquons, vainquez, vainquent; *impér.* vaincs,
vainquons, vainquez
Passé simple. **vainquis,** vainquis, vainquit, vainquîmes, vainquîtes, vainquirent;
subj. imp. vainquisse, vainquisses, vainquît, etc.

Comme **vaincre:**
convaincre, to convince

VALOIR, to be worth

Inf. **valoir;** *fut.* vaudrai; *cond.* vaudrais
Part. prés. **valant;** *ind. imp.* valais, etc.; *subj. prés.* vaille, vailles, vaille, valions, valiez, vaillent
Part. passé. **valu;** *passé comp.* ai valu
Ind. prés. **vaux,** vaux, vaut, valons, valez, valent; *impér.* vaux, valons, valez
Passé simple. **valus,** valus, valut, valûmes, valûtes, valurent; *subj. imp.* valusse, valusses, valût, etc.

Comme **valoir:**
équivaloir, to be equivalent to

VENIR, to come

Inf. **venir;** *fut.* viendrai; *cond.* viendrais
Part. prés. **venant;** *ind. imp.* venais; *subj. prés.* vienne, viennes, vienne, venions, veniez, viennent
Part. passé. **venu;** *passé comp.* suis venu
Ind. prés. **viens,** viens, vient, venons, venez, viennent; *impér.* viens, venons, venez
Passé simple. **vins,** vins, vint, vînmes, vîntes, vinrent; *subj. imp.* vinsse, vinsses, vînt, etc.

Comme **venir:**

convenir, to be acceptable, agreeable to
devenir, to become
parvenir(à), to succeed in
prévenir, to notify, to warn

provenir(de), to come (from), originate (from)
revenir, to come back
se souvenir(de), to remember

VÊTIR, to clothe

Inf. **vêtir;** *fut.* vêtirai; *cond.* vêtirais
Part. prés. **vêtant;** *ind. imp.* vêtais; *subj. prés.* vête, vêtes, vête, vêtions, vêtiez, vêtent
Part. passé. **vêtu;** *passé comp.* ai vêtu
Ind. prés. **vêts,** vêts, vêt, vêtons, vêtez, vêtent; *impér.* vêts, vêtons, vêtez
Passé simple. **vêtis,** vêtis, vêtit, vêtîmes, vêtîtes, vêtirent; *subj. imp.* vêtisse, vêtisses, vêtît, etc.

Comme **vêtir:**
revêtir, to put on
se vêtir, to get dressed

VIVRE, to live

Inf. **vivre;** *fut.* vivrai; *cond.* vivrais
Part. prés. **vivant;** *ind. imp.* vivais; *subj. prés.* vive, vives, vive, vivions, viviez, vivent

Part. passé. **vécu;** *passé comp.* ai vécu
Ind. prés. **vis,** vis, vit, vivons, vivez, vivent; *impér.* vis, vivons, vivez
Passé simple. **vécus,** vécus, vécut, vécûmes, vécûtes, vécurent; *subj. imp.*
    vécusse, vécusses, vécût, etc.

VOIR, to see

Inf. **voir;** *fut.* verrai; *cond.* verrais
Part. prés. **voyant;** *ind. imp.* voyais; *subj. prés.* voie, voies, voie, voyions,
    voyiez, voient
Part. passé. **vu;** *passé comp.* ai vu
Ind. prés. **vois,** vois, voit, voyons, voyez, voient; *impér.* vois, voyons, voyez
Passé simple. **vis,** vis, vit, vîmes, vîtes, virent; *subj. imp.* visse, visses, vît, etc.

Comme **voir:**
    revoir, to see again, to revise

VOULOIR, to want

Inf. **vouloir;** *fut.* voudrai; *cond.* voudrais
Part. prés. **voulant;** *ind. imp.* voulais; *subj. prés.* veuille, veuilles, veuille,
    voulions, vouliez, veuillent
Part. passé. **voulu;** *passé comp.* ai voulu, etc.
Ind. prés. **veux,** veux, veut, voulons, voulez, veulent; *impér.* veuille, veuillez
    (*have the kindness to, be good enough to*); *plus rarement:* veux, voulons,
    voulez
Passé simple. **voulus,** voulus, voulut, voulûmes, voulûtes, voulurent; *subj. imp.*
    voulusse, voulusses, voulût, etc.

INDEX